KB269376

서울의 개혁

생활도시 서울을 향해

서울의 개혁

초판 1쇄 발행 2014년 12월 2일

지은이 · 홍성태
발행인 · 김영진
발행처 · 진인진
등 록 · 제25100-2005-000003호
표지디자인 · 배원일
본문 편집 · 배원일
주 소 · 경기도 과천시 별양동 1-14 과천오피스텔 614호
전 화 · 02-507-3077~8
팩 스 · 02-507-3079
홈페이지 · http://www.zininzin.co.kr
이메일 · pub@zininzin.co.kr

ⓒ 진인진 2014
ISBN 978-89-6347-200-3 93300

차 례

___머리말

1.

서울이 안전하고 쾌적하게 살 수 있는 도시가 될 수 있을까? 부유하고 건강한 사람들만이 아니라 가난하고 약한 사람들도 그렇게 살 수 있는 도시가 될 수 있을까? 서울이 일제의 식민지 근대화를 넘어서는 것은 물론, 박정희-전두환의 개발주의를 넘어서고, 이명박-오세훈의 신개발주의를 넘어서, 진정한 선진화를 향해 나아갈 수 있을까? 이 책은 이런 질문들을 품고 오랜 시간에 걸쳐 쓰인 여러 편의 논문들을 고치고 다듬어 모은 것이다. 이 책이 이미 거대한 내파^{implosion}* 가 진행되고 있기 때문에 결코 더 이상 미룰 수 없는 '서울의 개혁'을 이해하고 촉진하는 데 이바지할 수 있기를 바란다. 서울은 하루빨리 파괴적 개발의 덫에서 벗어나서 자연과 역사와 사람을 돌보는 도시로 나아가야 한다.

서울은 한국의 최대 인구 집중 도시일 뿐만 아니라 한국의 정치, 경제, 문화의 최대 집결지이다. 이 때문에 서울의 변화는 한국 도시들의 변화를 이끌고, 나아가 한국 사회의 변화를 이끌게 된다. 서울의 중심성과 주도성은 대단히 강력하며, 이 점에서 그 중요성은 대단히 크다. 그러나 서울과 한국의 개혁을 위해, 해결해야 하는 과제는 대

---

* 내파(內破, implosion)는 안으로 폭파되어 무너지는 것을 뜻한다. 보통 폭파는 밖으로 폭파되어 파괴되는 외파(外破, explosion)를 뜻하며, 외파는 폭파와 파괴의 상태를 겉으로 명확히 확인할 수 있다. 이에 비해 내파는 겉으로는 멀쩡해 보이지만 속으로는 폭파되고 있는 것이다. 파괴공학의 건물 파괴나 방사능 내부 피폭은 내파의 좋은 예이다. 건물과 관련된 내파의 가장 참혹한 예는 1987년 전두환 독재 때 허가되어 1990년 노태우 독재 때 준공된 삼풍백화점의 붕괴(1995년 6월 29일)이다. 겉으로는 가장 화려한 고급 백화점이었으나 내부는 비리에 의한 부실로 무너지고 있었다. 이 사건은 박정희-김현옥 개발독재가 그럴 듯해 보였으나 실은 비리와 부실의 덩어리였던 와우아파트의 붕괴(1970년 4월 8일)가 고스란히 되풀이된 것이었다.

단히 많고, 넘어야 할 장벽도 대단히 많다. 무엇보다 중요한 문제는 개발을 내세운 투기와 비리로 축재한 개발독재 세력이 여전히 지배 세력으로서 강력한 위력을 발휘하고 있으면서 파괴적 개발을 계속 조장하고 있는 것이다. 개혁이 올바로 이루어지게 하기 위해서는 먼저 문제를 올바로 이해하고 진정 시민의 생활을 위하는 행정이 이루어져야 할 것이다.

2.

서울은 도쿄, 뉴욕, LA 등과 비교되는 세계적인 대도시이다. 서울은 1천만 명이 넘는 사람들이 모여 사는 세계적인 과밀도시*일 뿐만 아니라 2012년의 지역내 총생산이 288조6258억여 원에 이른 세계적인 경제도시이다. 서울은 단순히 한국의 수도가 아니라 세계 10위권의 경제대국 한국을 대표하는 한국 최대의 경제도시인 것이다. 이런 서울의 특징은 서울의 곳곳에 들어서 있는 많은 초고층 건물들로 명확하게 나타난다. 더욱 놀라운 것은 이런 서울의 모습이 불과 지난 50여 년 사이에 이루어진 것이라는 사실이다. 이런 점에서 서울은 인류의 의지와 능력을 보여주는 중요한 예라고 할 수 있다.

그러나 서울은 도쿄, 뉴욕, LA 등과 비슷하게 많은 문제들을 안고 있다. 특히 두드러지는 것은 반생태성이다. 본래 서울은 북한산과 한강에 의지해서 만들어진 아름다운 생태도시였으나 이제는 거대한 콘크리트 건물들, 시커먼 아스팔트 도로들, 그리고 늘 희뿌연 스모그로 대표되는 흉칙한 반생태도시가 되었다. 더욱이 반생태성은 반건강성과 직결되어 있다. 서울에서는 매년 수만 명이 대기오염으로 조기사망하고 있는 것으로 추정되며, 이에 따른 의료비 지출만도 수조 원에

---

* 오늘날 세계적으로 인구 1천만 명이 넘게 사는 도시를 '메가시티'(초거대도시)로 부른다. '메가시티'는 대체로 아시아에 몰려 있다. 서울시는 2014년 3월에 '아시아 메가시티의 삶의 질'에 관한 국제 토론회를 열기도 했다.

이를 것으로 추정되고 있다. 생태성의 회복은 무엇보다 우리의 건강을 위해 중요한 것이다.

또한 서울은 심각한 불평등성의 문제를 안고 있다. 서울 강남 도곡동의 타워 팰리스는 70층이 넘는 초고층 아파트 단지로서 커다란 반생태성의 문제를 안고 있는 동시에 불평등성의 문제를 잘 보여주는 곳이기도 하다. 타워 팰리스는 빈부격차가 극단적 수준에 이른 이중도시 서울, 이중사회 한국을 대표하는 곳으로 꼽히는 것이다. 그리고 타워 팰리스와 같은 곳이 용산, 목동 등 여러 곳에 형성되면서 이중도시 서울, 이중사회 한국의 문제는 더욱 더 확대되었다. 서울의 외양은 갈수록 화려해지고 있으나 그 이면은 갈수록 어두워지고 있다. 서울은 화려한 폐허의 도시이며, 화려한 어둠의 도시이다. 돈과 힘이 내뿜는 화려한 어둠을 내몰고 자연과 역사와 사람을 존중하는 도시를 만드는 것은 참으로 어려운 일이다. 우리 안에 자연과 역사와 사람을 존중하는 빛을 잘 지니기 위해 애써야 한다

서울의 심각한 반생태성과 불평등성은 불과 50여 년만에 이루어진 서울의 놀라운 변화에 대한 깊은 성찰을 요청한다. 서울의 문제에만 주목해서 서울의 성과를 부정해서는 안 되며, 서울의 성과에만 주목해서 서울의 문제를 무시해서도 안 된다. 서울의 성과를 인정하는 동시에 그것이 안고 있는 문제를 직시하고 개혁하기 위해 노력해야 한다. 발전은 언제나 개혁을 위한 노력의 결과로 이루어지는 것이다. 서울은 놀라운 성과를 이루는 과정에서 빚어진 심각한 문제로 말미암아 스스로 무너지는 거대한 내파의 위기를 겪고 있다. 내파는 오염, 투기, 비리, 불평등, 과밀화 등으로 이미 진행되고 있다. 서울의 놀라운 성과는 자연, 역사, 지역의 일방적인 파괴를 강행한 파괴적 개발destructive development의 산물이었다.

서울에 대한 성찰은 결국 현대 한국 사회의 형성과 변화에 대한 성

찰로 이어진다. 현대 한국 사회의 형성은 1948년 8월 15일의 한국 정부의 수립으로 시작되어 1960년 4월 19일 시민혁명을 통해 본격화되었으나 1961년 5월 16일 박정희의 군사반란에 의해 거대한 좌절과 왜곡을 겪게 되었다. 그 결과 서울의 근대화에서 가장 강력하게 나타난 한국의 근대화는, '강남 졸부'에서 잘 볼 수 있듯이, 경제적 이익을 전면에 내세워서 돈의 지배를 극렬하게 강화하고, 사회의 근간을 규정하는 국민의 정치적 권리를 무시하는 왜곡된 근대화였다. 이 문제를 극복하는 것이야말로 서울의 발전에서, 그리고 한국 사회의 발전에서 결정적으로 중요한 과제이다.

이제 반생태성과 불평등성의 문제를 극복하기 위해 자연과 사람을 근본적인 가치로 추구하는 생태인문주의eco-humanism의 관점에서 서울의 개혁이 적극 추구되어야 한다. 그 목표는 자연과 문화의 조화를 강조해서 '생태문화도시eco-culture city'로 제시될 수 있으며, 생활을 강조해서 그냥 '생활도시'로 제시될 수도 있다. 생활도시는 무엇보다 안전도시여야 하며, 다시 그것은 무엇보다 생태도시이자 복지도시여야 한다. 안전은 단순히 기술의 차원을 넘어서 자연과 사회의 양 면에서 확보되어야 한다. 이런 변화는 물리적인 면에서 탈핵발전과 탈시멘트를 양 축으로 하는 탈개발주의로 시작될 것이다.

3.

현대 사회는 분명히 도시 사회이다. 세계 전역에서 인구의 다수가 도시에서 살고 있는 것이다. 이런 점에서 현대 사회에서는 도시의 상태에 따라 사회의 상태가 크게 결정된다. 좋은 도시를 만드는 것은 좋은 사회를 만드는 것의 핵심적인 과제이다. 그런데 좋은 사회를 만들지 않고 좋은 도시를 만들 수 있는 길은 없다. 도시는 사회의 물리적 구현체이기 때문이다. 따라서 도시를 정치인, 공무원, 기술자의 손에

맡겨서는 안 된다. 좋은 도시 서울을 만드는 것은 좋은 사회 한국을 만들기 위한 핵심적인 과제이니, 서울은 시민들의 각성과 참여로 거대한 내파의 위기를 넘어서 생활도시를 향해 나아가야 할 것이다.

생활도시가 되기 위해서는 무엇보다 '안전 도시'를 추구해야 한다. 이것은 무엇보다 위험(사고가 일어날 가능성)에 철저히 대응해서 사고를 예방하는 것으로 이루어질 수 있다. 서울은 건설 비리의 만연에 의한 극심한 난개발 도시로서 심각한 '악성 위험 도시', '사고 도시'이기도 하다. 그 허가부터 거대한 특혜와 비리의 의혹이 제기됐던 잠실 롯데 123층 건물의 건축을 둘러싸고 잠실 일대의 붕괴 우려가 제기된 것은 이 때문이었다. 그 직접 원인은 일단 삼성물산의 지하철 9호선 부실공사인 것으로 밝혀졌지만 원래 강변이었던 땅에 지어지는 잠실 롯데 123층 건물을 둘러싼 우려는 해소되지 않았다. 나아가 서울시가 롯데와 삼성물산의 문제를 지적하는 것을 넘어서 더욱 적극적인 조치를 취하지 않는 것에 대해 큰 우려가 제기되기도 했다. 서울시는 극도의 경각심을 갖고 이 위험에 대처해야 한다.

1970년 4월 8일의 와우아파트 붕괴와 1995년 6월 29일의 삼풍백화점 붕괴가 잘 보여주었듯이 사고는 대체로 '비리와 부실의 먹이사실'에 의해 발생한다. 다행히 서울시는 2014년 8월에 〈서울 공직사회 혁신대책〉을 발표해서 천 원이라도 받으면 대가성과 상관없이 처벌한다는 올바른 비리 근절 대책을 시행하기 시작했다. 그러나 2011년 7월 27일 아침에 발생해서 16명의 목숨을 앗아간 서초구 우면산의 산사태에 대한 2011년 11월의 조사 보고서와 2014년 3월의 재조사 보고서가 모두 강수량을 120년 주기로 크게 부풀려서 명백히 '인재'인 것을 '천재'로 만들었다는 비판이 제기되었다(JTBC, 2014년 8월 7일). 서울시의 안전 행정에 여전히 심각한 비리가 있다는 중대한 우려가 제기된 것이다. 서울시가 '안전 도시'가 되기 위해 아직 가야 할 길은 멀어 보인다.

제인 제이콥스, 마샬 버만, 데이빗 하비, 강홍빈, 정기용, 강병기, 김정욱, 윤일성, 장세훈 등의 여러 연구들이 이미 오래 전부터 잘 보여주었듯이, 도시의 형성과 변화는 치열한 사회적 투쟁과 조정의 산물이며, 따라서 좋은 도시를 위해서는 도시 정치와 행정의 민주화가 대단히 중요하다. 사실 이런 점에서 서울은 세계적인 사례 도시이다. 개발독재는 토건국가와 투기사회를 구조화했고, 이 때문에 민주화의 지체와 왜곡이 심화되었다. 서울이 좋은 도시가 되기 위해서는 서울에서 도시 정치와 행정의 민주화를 위해 정치인, 공무원, 전문가에 대한 시민들의 감시와 비판이 크게 활성화되어야 한다. 생활과 마을에 대한 관심이 커지는 것은 아주 바람직한 변화이지만 도시 정치와 행정의 민주화가 크게 진척되지 않는다면 올바른 성과를 거두지 못할 우려가 크다. 도시 정치와 행정의 민주화가 올바로 진행되는 위에서 시대의 요청인 탈개발주의 생활 시정이 서울에서 안착되고 전국으로 확산되어 한국 사회의 개혁을 이끌게 되기를 바란다.

이 책은 지난 10년 동안 여러 지면과 자리에서 발표됐던 글들을 현재의 시점에서 모두 다시 쓰다시피 전면적으로 고쳐서 모은 것이다. 지난 10년 동안 서울은 신개발주의에 의해 크게 훼손되었다. 이 책은 신개발주의의 궤적과 문제를 집중적으로 검토하며 그것이 탈개발주의로 전환되는 과정과 과제에 대해 논의한다. 이 책의 출간을 추진한 진인진 출판사의 김영진 사장과 원고를 꼼꼼히 검토해 준 김태진 부장에게 깊은 감사의 말씀을 전한다.

2014년 12월 1일
서울 구기동 은민재에서
홍성태

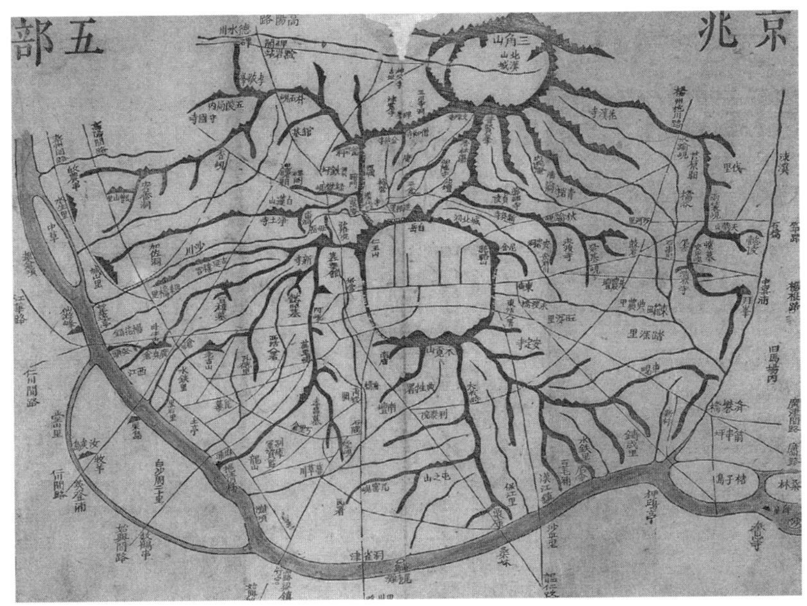

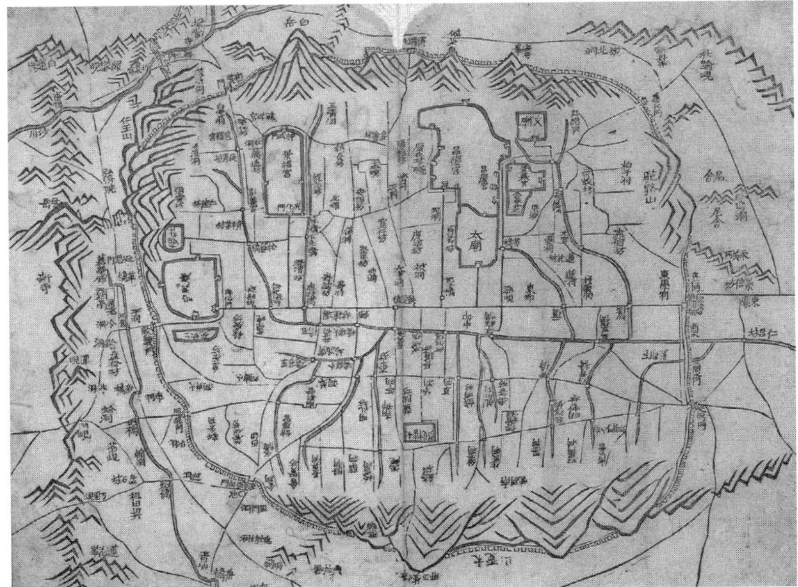

경조오부도와 도성도

1861년 김정호가 교간한 〈대동여지도〉에 있는 '경조오부도'와 '도성도'(국립중앙도서관 소장). 경조 오부
(한양 5부)는 삼각산, 한양도성과 그 안팎, 한강 등을 나타낸 것이고, '도성도'는 한양도성 안과 주변의 산
들을 나타낸 것이다.

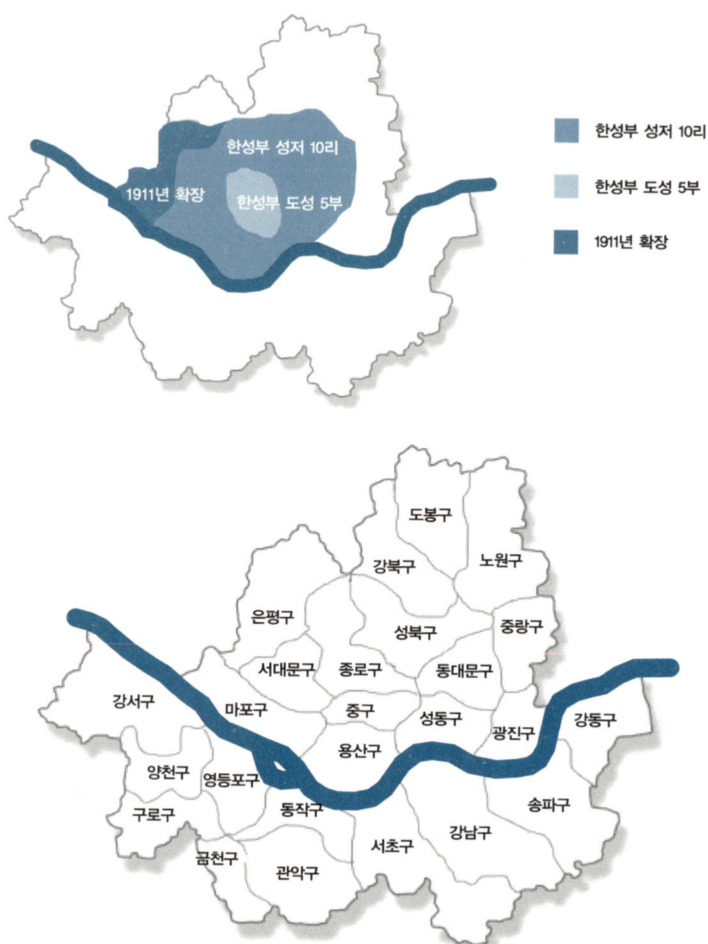

서울의 행정구역 변천

조선의 태조는 1394년 10월 한양으로 천도했으며, 1395년 6월 한양부를 한성부로 바꿨고, 1396년 4월 도성 안과 도성 밖 십리(성저십리)를 한성부의 구역으로 확정했고, 도성 안은 5부로 나누었으며, 성저 지역에는 면을 설치했다. 도성의 길이는 약 18km였고, 도성 안의 넓이는 약 16.5㎢였다. 1963년에 박정희 정권이 지금의 강남 지역을 서울에 편입해서 서울의 넓이는 지금과 거의 같은 크기가 되었다. 현재 전체 넓이는 대략 606.5㎢ 정도이며, 동서의 거리는 36.78km이고 남북의 거리는 30.3km이다. 행정구역은 1995년에 지금과 같은 25개구로 나뉘었다.

(출처: '서울지도 홈페이지'의 '행정구역 변천사', http://gis.seoul.go.kr/Information/District.jsp)

1부
서울은 어디로 가고 있나?

___서울과 기억

● 서울과 기억의 정치

서울은 초거대도시이다. 1천만명 정도의 사람들이 606㎢ 정도 되는 땅에서 복잡하게 얽혀 살고 있다. 1㎢에 17,000명 정도의 사람들이 살고 있는 것이며, 전체 국토의 0.6%밖에 되지 않는 땅에 전체 인구의 22%가 살고 있는 것이다. 이러한 초거대도시 서울은 박정희 정권의 개발독재가 서울 중심의 지역집중정책을 축으로 추진한 '조국 근대화'의 역사적 산물이다. 박정희 정권은 원천적으로 결여된 정치적 정당성을 급속한 경제성장으로 보완하고자 했고, 이를 위해 서울과 부산을 양 축으로 하는 개발정책을 강행했다. 그 결과 1961~80년의 급속한 경제성장과 함께 서울은 지금과 같은 초거대도시로 변모했다.*

'조국 근대화'를 통해 서울의 지리적 경계가 양적으로 급격히 팽창했을 뿐만 아니라 질적으로 서울의 모습 자체가 크게 바뀌었다. 전통적 단층 가옥 중심의 '수평도시'가 서구의 현대적 건물 중심의 '수직도시'로 바뀌었고, 보행자 중심의 '골목도시'가 자동차 중심의 '도로도시'로 바뀌었다. 한성-경성은 해방 이후에 서울로 이름을 바꾸었거니와 개발독재 시대를 지나면서 서울은 그 역사를 거의 잃어버리고 한성-경성과는 사뭇 다른 도시가 되고 말았다. 사실 이런 파괴적 변화는 이미 일제의 식민지 때부터 시작되었다. 그런데 '조국 근대화'에 따른 파괴적 변화는 그 주체가 바로 우리 자신이며 그 규모가 일제

---

* 서울 인구는 1960년 244만5천명에서 1970년 543만명, 1972년 11월 600만명 돌파, 1980년 836만명, 1987년 12월 1000만명 돌파로 늘어났다. 1961년부터 매년 발표되고 있는 『서울통계연보』 참고.

때보다 훨씬 컸다는 점에서 더욱 안타까운 것이었다.

기억의 면에서 모든 공간의 변화는 두 종류로 나눌 수 있다. 하나는 기억을 유지하는 변화이고, 다른 하나는 기억을 파괴하는 변화이다. '조국 근대화'는 어떤 변화였는가? 그것은 노골적으로 기억을 파괴하는 변화였다. 예컨대 박정희의 개발독재가 모든 국민들에게 배우고 부르게 했던 '새마을 노래'는 '초가집도 없애고 마을길도 넓히는' 방식으로 기억을 없애야 한다고 요구했다. 지금 우리의 농촌에서 집다운 집을 좀처럼 보기 힘들고, 좋은 마을을 보는 것 자체가 아주 어려워진 것은 바로 새마을 운동의 직접적 유산이다. 서울도 마찬가지 변화를 겪었다. 사실 '전통=과거=낡은 것=열등한 것=없애야 할 것'이라는 파괴적 등식이 가장 강력하게 작동했던 곳은 바로 서울이었다.

기억의 정치는 단순히 기억의 유지와 파괴만으로 이루어지지 않는다. 현재는 과거의 집적이요, 미래는 현재의 결과이다. 그러므로 기억은 단순히 과거에 대한 것이 아니라 현재와 미래를 위한 것이기도 하다. 기억의 정치는 시간의 흐름 자체를 대상으로 한다. 다시 말해서 기억의 유지와 파괴는 어떤 현재와 미래를 만들 것인가의 문제와 직결되어 있다. 이른바 '과거사 청산'에 대해 보수-비리 세력이 줄기차게 반대하는 것은 이 때문이다. 그들은 과거의 이름으로 현재의 변화를 막고 미래의 희망을 저지하려 한다. 이렇듯 기억의 정치는 기억의 내용뿐만 아니라 기억의 주체라는 관점에서도 검토되어야 한다. 단순히 무엇을 기억하는가가 아니라 '누가 무엇을 기억하는가'가 기억의 정치를 규정하는 기본적 문제틀이다.

도시는 거대한 공간적 기호의 집적체이자 사회의 공간적 구현체이다(홍성태, 2004와 2005). 따라서 도시라는 기호를 통해 우리는 사회를 읽을 수 있다. 도시라는 기호는 사회의 변화와 특징을 살펴볼 수 있는 공간적 기억이다. 그런데 지난 100여 년 동안 서울은 계속 급격한 변화를 겪었다. 다시 말해서 지난 100여 년 동안 서울의 공간적 기억에 계속 큰 변화가 일어났다. 그 결과 서울의 정체성 자체가 대단히 모호해지고 말았다. 이러한 기억의 정치를 주도한 것은 바로 권력과 자본이었다. 서울을 시민의 도시로 만들기 위해서는 시민의 관점에서 서울을 둘러싼 기억의 정치를 잘 살펴보고 서울의 정체성을 재정립해야 한다.

• 서울의 다층성과 기억

모든 역사도시가 그렇듯, 또한 모든 거대도시가 그렇듯, 서울은 대단히 다층적이다. 도시는 여러 시설들이 모여 있고 다양한 사람들이 모여 살기에 다층적이기 마련이며, 도시의 역사가 오래 되고 크기가 클수록 더욱 더 다층적이기 마련이다. 이에 대한 올바른 이해는 서울의 개혁을 위한 출발로서 중요하다.* 서울의 다층성은 크게 네가지 영역으로 나누어 살펴볼 수 있다.

첫째, 역사적 다층성이다. 『돈 키호테』의 작가 미겔 데 세르반테스(1547~1616)는 "로마는 하루 아침에 이루어지지 않았다"고 했다. 로마와 마찬가지로 서울도 하루 아침에 이루어지지 않았다. 서울은 오랜 역사를 통해 형성되었다. 서울의 역사는 서울의 문화적 핵심이다. 도시로서 서울의 역사는 실로 2000년 전으로까지 거슬러 올라갈 수 있지만 그 본격적인 시작은 1392년에 조선의 수도인 한성이 건설되면서부터이다. 현재 서울은 600년의 역사를 간직한 조선의 층, 파괴

---

* 사실 어떤 도시의 특징이나 목표를 하나로 규정해서 제시하는 것은 큰 잘못을 수반할 수 있다. 모든 도시는 다층적일 수밖에 없기 때문이다. 예컨대 문화도시에서도 다양한 산업활동이 이루어져야 하며, 공업도시에서도 다양한 문화활동이 펼쳐져야 한다.

적 개발이 시작된 일제의 층, 파괴적 개발이 더욱 확대되어 현재 서울의 형태가 형성된 개발독재의 층, 이명박-오세훈에 의해 강행된 신개발주의의 층 등 크게 네 층으로 이루어져 있다. 서울의 진정한 발전을 위해 일제, 개발독재, 신개발주의에 의해 추구된 파괴적 개발의 문제를 직시하고 바로잡기 위해 최선을 다해야 한다.

둘째, 사회적 다층성이다. 서울에는 이 나라에서 가장 부유한 이건희 회장부터 가장 가난한 노숙자까지 모두 살고 있다. 그러나 그들은 서로 뒤섞여 있을 뿐 어울려 살지 못하고 저마다 다른 공간 속에서 살아간다. 사실 사회적 차이는 다양한 공간적 차이로 나타나고, 이런 공간적 차이의 복잡한 결합체가 바로 도시이다. 이 차이는 기억의 차이로 이어진다. 어떤 공간은 오래 존속하지만, 어떤 공간은 그렇지 못하다. 공간적 차이는 사회적 차이를 잘 보여준다. 그런데 서울의 경우는 '부동산 투기'의 힘이 너무나 강해서 많은 곳에서 이런 공간적 차이가 모두 '아파트'라는 단일공간으로 수렴되는 양상을 보이고 있기도 하다. 전면적인 아파트화는 공간적 차이를 제거하고 사회적 차이를 은폐한다.

셋째, 문화적 다층성이다. 사회적 다층성은 당연히 문화적 다층성을 수반한다. 부유한 사람과 가난한 사람의 주거형태와 생활방식이 같을 수는 없는 것이다. 또한 세대 차이 등의 여러 요인들이 공간의 문화적 다층성을 낳는다. 여기에는 사회적 요인과 밀접하게 연관된 차별이나 불평등이 반영되어 있기도 하다. 따라서 문화적 다층성을 단순히 문화적 다양성과 같은 것으로 여겨서는 안 된다. 차별을 없애고 불평등을 완화하며 차이를 존중하고 다양성을 확대해야 한다. 서울에서 가장 큰 공간의 문화적 문제는 전면적인 아파트화 또는 전면적인 시멘트화로 부를 수 있는 현상이다. 난개발에 의해 자행되는 역사적 다층성과 사회적 다층성의 훼손은 문화적 다층성의 훼손이기도

하다.

　네째, 생태적 다층성이다. 서울은 생태적으로 비교적 풍부한 곳과 그렇지 않은 곳이 복잡하게 얽혀 있다. 이것도 생태적 다양성으로 오해되어서는 안 된다. 이것은 지역마다 생태적 격차가 두드러진다는 것을 가리킨다. 생태적 조건이 건강한 삶의 기본조건이라는 점에서 보자면, 이것은 건강한 삶의 기본조건이 편중되어 있다는 것을 뜻한다. 이것은 그 자체로 하나의 심각한 문제이며, 사실 서울에서 가장 보편적인 문제이다. 생태적 차원에서 서울의 수준은 전체적으로 극히 불량한 상태에 있다. 시멘트로 뒤덮인 청계천과 한강, 서울 전역을 뒤덮고 있는 고층 아파트, 그리고 일년 내내 발생하는 스모그 현상의 문제를 직시해야 한다. 살기 좋은 도시 서울을 만들기 위한 가장 기본적인 과제는 시멘트와 자동차의 지배를 완화하고 서울의 생태성을 개선하는 것이다.

　이러한 다양한 영역의 다층성이 어떻게 기억되고 있는가? 또한 누가 이러한 기억을 주도하고 있는가? 여기에는 합리-비리, 민주-독재, 민족-식민, 시민-자본, 자연-개발 등의 여러 계열이 작용하고 있다. 그런데 지난 100여 년 동안 이루어진 서울의 급격한 변화는 대체로 근대화라는 관점에서 추진되었다. 그러나 그 실제 내용을 보면 여기에는 상당한 문제가 있다. 근대화에도 여러 방식이 있는데, 서울의 경우는 비리-식민-독재-자본-개발이 주도했던 것이다. 1980년대 후반 이후의 민주화와 함께 이러한 지배적 흐름은 비로소 큰 변화를 맞게 된다. 그 대표적인 예로 아마도 문민정부에서 추진했던 이른바 '역사 바로세우기'를 들 수 있을 것이다. 이것은 민주화와 함께 펼쳐진 새로운 '기억의 정치'였다.

　그러나 이것은 대단히 미흡한 것이었으면서 그 자체로 큰 문제를 안고 있는 것이었으며 깊은 반성적 성찰이 필요한 것이었다. 조선총독부 청사의 철거(1996년 11월)는 그 중요한 예이다. 잘 알다시피 일제는 경복궁 근정전 앞에 조선총독부 청사를 세웠고(1926년 1월), 경운궁과 원구단 사이에 경성부 청사를 세웠다(1926년 10월). 이것은 조선의 기억을 지우고 굴복시키기 위한 문화침략의 핵심적 방식이었다. 문민정부는 '역사 바로세우기'의 이름으로 조선총독부 청사를 철거했다. 그러나 이것은 결코 지울 수 없는 역사를 지우고자 한 그릇된 시도였다. 건물을 짓는다고 역사가 없어질 수 없는 것과 마찬가지로 건물을 부순다고 역사가 없어지는 것은 아니다. 일제가 자신의 능력을 과시하기 위해 동양 최대의 '근대식 건물'로 지었던 조선총독부 청사는 다른 곳으로 옮겨져서 '식민지 역사박물관'으로 사용되었어야 했다.

　개발독재의 시대는 오래 전에 끝났지만 서울은 여전히 개발의 아수라장이다.* 이명박과 오세훈의 뉴타운 정책은 개발독재의 재현을 방불케 했다. 이런 와중에 보존과 복원의 문제, 또는 기억의 문제가 학계와 시민의 관심사로 떠오른 것은 그나마 다행스러운 일이었다. 그러나 신개발주의처럼 이러한 관심을 정치적으로 경제적으로 이용하고자 하는 흐름도 나타났다. 이제 네 영역의 다층성을 모두 충분히 고려한 기억의 정책을 추진해야 한다. 그렇지 않다면 서울은 갈수록 정체성을 잃은 도시가 될 것이며, 갈수록 삶의 조건이 열악한 도시가 될 것이다. 이제 서울에서 펼쳐진 기억의 정치를 역사적으로 살펴보도록 하자(서울시정개발연구원, 2000, 2001ㄱ, 2001ㄴ).

---

* 강력한 재개발 정책을 내걸고 당선된 이명박과 오세훈이라는 한나라당 소속 두 시장 시절에 서울에서는 무려 천 개가 넘는 '뉴타운' 관련 재개발 사업들이 추진되었다. 이 재개발의 광풍은 오세훈의 사퇴에 따라 시민운동가 출신으로 무소속으로 출마해서 2011년 10월에 당선된 박원순 시장에 의해 겨우 진정되었다. 그러나 그 폐해는 이미 대단히 커서 치유되기까지는 많은 시간이 걸릴 것이다. 각종 물리적 파괴의 경우는 대부분 영원히 치유되지 못할 것이다.

한성의 조성

조선의 태조 이성계(1335~1408)는 1392년 5월에 반란을 일으켜 7월에 조선을 세우고, 1393년에 고려의 남경(한양)을 도읍으로 정하고, 1394년에 한양으로 천도해서 1395년에 '한성'으로 이름을 바꿨다. '한성'은 자연에 의지해서 만들어진 아름다운 도시였으나 박제가(1750~1815)가 『북학의』(1778년)에서 지적했듯이 길과 집이 조잡하고 오물이 널려 있는 더러운 도시이기도 했다.

한성부는 한양도성 안과 그 밖 10리(성저 십리)로 이루어졌다. 한양도성과 그 내부가 한성의 핵심이었는데, 그 내부는 정도전의 지휘 아래 중국의 왕도 건설을 규정한 고대 문서인 『주례周禮』의 「고공기考工記」를 기초로 건설되었다. 이에 따르면, 중국의 왕도는 자연을 존중하는 사상에 기본을 둔 몇 가지 원칙에 근거하여 건설되었는데, 그 중에서 '좌묘우사左廟右社'는 '한성부'의 조성에서도 그대로 따른 것이다. 이것은 정궁의 왼쪽에 종묘를 두고, 오른쪽에 사직을 두는 것을 뜻한다. 이에 따라 태조는 경복궁의 왼쪽에 종묘를, 오른쪽에 사직단을 두었다. 사직단은 땅의 신인 '사社'와 곡식의 신인 '직稷'을 모시는 정사각형의 제단으로서 농업국가인 조선에서 가장 신성한 곳이었다.

본래 한성은 백악, 목멱, 인왕, 타락 등 네 개의 산을 잇는 둘레 18km에 이르는 도성을 쌓아서 만들어진 조선의 왕도였다. 성(城, castle)은 높은 벽으로 둘러싸인 왕을 비롯한 영주의 거처를 뜻하고, 곽(廓, fortress)은 높은 벽으로 둘러싸인 성 밖의 백성 거주지를 뜻한다. 대체로 옛 도시에서는 이중의 높은 벽을 볼 수 있다. 외벽이 곽이고, 내벽이 성이다. 태조, 세종, 숙종 등 세 왕에 의해 완성된 한양 도성은 한성의 가장 거대한 방어벽이자 상징물이었다. 사실 한양 도성은 임진왜란(1592년)과 병자호란(1636년) 등 외침에 대해서는 전혀 쓸모가 없었으며, 광해군을 몰아낸 인조반정(1623년)에서 잘 드러났듯이 내정에서도 별로 쓸모가 없었으나, 백성의 이동을 통제하고 권력을 과시하는 시설로서는 확실히 쓸모가 있었다.

19세기 중반에 접어들며 조선도 더 이상 고립된 상태로 머물 수 없었다. 안에서는 홍경래의 반란(1811년) 이래 무능한 왕실과 사악한 양반들의 학정에 대한 반란이 계속 일어났다. 1863년 고종(1852~1919)의 즉위에 따라 그의 아버지 홍선대원군 이하응(1820~1898)이 집권하며 개혁이 이루어지는가 했으나 결국 그렇게 되지 않았다. 이런 상황에서 외침이 계속 이어지다가 마침내 1876년 일본의 무력에 의해 조선은 개방되었다. 이에 따라 조선의 '개화'가 추진되었는데, 그 일환으로 한성의 도시 개조 사업이 시행되기 시작했다. 먼저 1882년 김옥균(1851~1894)이 도로의 중요성과 개선 방안을 제시한 『치도개략』을 발표했고, 이에 근거해서 1883년 박영효(1861~1939)가 한성부윤이 되어 치도사업(도로 개수 사업)을 시행했다. 그러나 이런 노력은 민비(1851~1895, 뒤에 명성황후로 추존)가 그 대표였던 민씨 척족을 비롯한 세도가들의 반발로 박영효가 석 달만에 부윤에서 쫓겨나게 되어 중단되어 버렸다. 1884년 12월 4일 김옥균, 박영효 등이 갑신정변을 일으켰던 것은 이렇듯 세도가들이 개혁을 계속 저지했기 때문이었다. 그 뒤 1894년 2월에 일어난 동학농민전쟁을 계기로 7월에 청일전쟁이 일어났는데, 1895년 4월에 일본이 청일전쟁에서 승리해서 조선 침략을 본격화했다. 이런 상황에서 민비 세력이 러시아와 손을 잡고 일본을 견제하자 일본은 1895년 10월에 경복궁으로 난입해서 민비를 참혹하게 시해하고 반란을 일으켜 친일 내각을 세웠다('을미사변'). 조선 정부는 동학농민전쟁의 결과로 1894년 7월부터 1896년 2월까지 개혁 조치('갑오경장')을 추진했으나, 고종은 '을미사변'을 겪고 경복궁을 떠나 서구 강대

국들의 공사관으로 둘러싸여 있던 경운궁으로 거처를 옮겼으며, 1896
년 2월에는 아예 경운궁 뒤에 있던 러시아 공사관으로 도피해서 1897
년 2월까지 머물렀다('아관파천'). 이렇게 해서 임진왜란 이후 버려져
있다가 흥선대원군에 의해 어렵게 복원되었던 경복궁은 사실상 다시
버려지게 되었다. 그런데 조선 정부는 고종의 '아관파천' 때부터 경운
궁을 중심으로 하는 한성부의 개조사업(1896~1905?)을 시작했으며,
'아관파천' 이후 경운궁이 경복궁을 대신해서 '정궁' 또는 '법궁'이 되면
서 이 사업은 더욱 힘을 얻었다. 이번에는 초대 주미공사를 지낸 박정
양(1841~1905)과 이채연(1861~1900)이 그 책임자였다. 박정양은 총리
대신으로서 1896년 10월에 한성부윤이 된 이채연의 한성 개조 사업을
지원했다. 이채연은 종로와 남대문로를 무단으로 차지해서 좁게 만들
었던 '가가'들을 없애고, 골목길들을 깨끗하게 청소하고, 최초의 공원
인 '탑골공원'을 종로에 조성하고, 경운궁 앞으로 방사형 도로를 만들
어 한성의 구조 개편을 추구했다. 그러나 대한제국(1897년 10월 12일
~1910년 8월 29일)의 수립과 이어져 있던 이런 자주적 근대화 노력은
결국 일제에 의해 큰 성과를 거두지 못하고 좌절하게 되었다. 그리고
1910년 10월에 한성은 일제의 대표 식민도시인 경성으로 전락해서 대
대적인 파괴적 개발을 당해 삽시간에 500년 역사를 크게 잃게 되었다.

일제의 파괴

서울의 대대적인 변화는 식민지 근대화*의 방식으로 시작되었다.

---

* 식민지 근대화는 식민지를 무력으로 점령하고 지배하는 제국주의 국가를 위한 근대화이다.
그것은 제국주의 국가를 위해 식민지를 훼손하고 파괴하고 착취하는 파행적 근대화이자 기형
적 근대화이다(허수열, 2005, 2011). 식민지 근대화를 칭송하는 '뉴라이트' 무리는 반민족 반
민주 반인권의 삼반 집단이라고 할 수 있다. 이들은 심지어 안중근 의사, 유관순 열사, 김구 선
생 등을 '테러리스트'로 여기고, 일제의 강제 군위안부를 '자발적 창녀'라고 부르는 만행조차 저
질렀다. '뉴라이트' 무리는 육체는 한국인이지만 정신은 악랄한 우익 일본인과 같은 존재이다.

일제는 근대화의 이름으로 서울을 일방적으로 변형시키고 이용하고자 했다. 일제는 근대화를 내걸어서 서울의 파괴적 개발을 서울의 전면적 발전으로 보이고자 했던 것이다. 일제는 조선을 병합한 직후인 1910년 10월 1일 한성을 '경성부'로 바꾸었고, '시구개정사업'(1912~1929년 시행), '조선 시가지계획령'(1934년 6월 20일 발표), '경성 시가지계획'(1936년 3월 26일 1차 발표) 등으로 서울의 대대적인 개조를 추진했다(손정목, 2003: 9~10). 1920년대 초부터 경성의 인구증가에 따라 확대의 요구가 제기되어 '대경성'이라는 말이 퍼지기 시작했고, 1930년에 입안된 최초의 경성부 전체 도시계획에서는 '국제도시'라는 용어가 제시되었다.*

경성 시가지계획 평면도
출처: 서울시 GIS 포털서비스 지도전시관

---

* 한국콘텐츠진흥원의 '문화콘텐츠닷컴'에서 '시구개정', '조선 시가지계획령', '대경성 도시계획' 등을 참고.

　그러나 '경성 시가지계획'은 일제가 서울을 이용하기 위한 일방적인 개조계획이었으며, 이마저도 1937년의 중국 침략, 1941년의 미국 침략 등 일제의 침략전쟁 만행과 맞물려서 제대로 입안되지도 시행되지도 못했다(손정목, 2003: 9~10). 일제가 강행한 서울의 식민지근대화는 이런 역사와 정책을 통해 이루어졌다. 그 시초는 숭례문 옆의 성곽을 허무는 것이었지만, 그 대표적인 상징은 바로 조선총독부의 건립이었다.

　한양도성은 1898년 말에 서대문과 청량리를 잇는 전차공사를 하면서 서대문 옆과 동대문 옆의 구간이 일부 철거되었다. 그러나 그 본격적인 철거는 일본에 의해 자행되었다. 일본은 1906년 6월에 고종의 밀사들이 헤이그 만국평화회의에 가서 일본의 야욕을 알리려고 했던 것에 대응해서 7월 20일에 고종을 강제로 퇴위시키고 이른바 '차관정치'를 실시해서 7월 30일에 '내각령 1호'로 '성벽처리위원회'를 설치하여 한양도성을 본격적으로 철거하기 시작했다. 1907년 10월에 메이지 왕의 아들인 다이쇼大正 왕자가 서울을 방문하기로 예정되어 있었는데 이것을 계기로 조선의 강력한 물리적 상징이었던 한양도성을 없애기로 했던 것이다. 일본은 일본의 왕자가 숭례문을 통과해 서울로 들어갈 수 없다며 숭례문 옆의 성곽을 허물어 길을 냈다. 이때 숭례문 앞에 있던 남지도 메워졌다. 본래 숭례문 앞에 남지, 서대문 앞에 서지, 동대문 앞에 동지가 있었다. 그리고 조선을 병탄한 뒤인 1912년에는 근대적인 도시를 만든다며 '시구개정사업'(1929년까지 시행)을 시작해서 세종로 사거리에 있던 황토현을 없애고 그 옆으로 있던 작은 도로('황토현 신작로', '신교통')를 확장해서 남대문까지 이어지는 태평로를 만들었으며, 1914~15년에는 서울의 성곽과 성문들을 대대적으로 철거해서 500년이 넘는 유구한 역사를 간직한 성곽도시 서울을 대대적으로 훼손했다. 성곽은 외적의 방어라는 역할을 실제로 구현하지는 못했다. 그러나 그것은 서울의 물리적인 상징으로서 자리잡고 있었다. 이런 점에서 성곽의 파괴는 조선의 몰락을 보여주는 것이었다.

더욱 극적인 사건은 조선총독부의 건축이었다. 일제는 조선의 정궁인 경복궁을 대대적으로 파괴하고 그 중심 건물인 근정전 앞에 거대한 조선총독부를 건축했다. 조선은 한양에 모두 다섯 궁궐을 지었다. 정궁인 경복궁의 서쪽에 자리한 경희궁과 경운궁, 동쪽에 자리한 창덕궁과 창경궁이 그것이다. 한양은 거대한 궁궐 도시였다. 그러나 경복궁은 임진왜란 때 소실된 뒤 19세기 중반 대원군이 중건할 때까지 사용되지 못했다. 경복궁의 파괴와 조선총독부의 건축은 조선의 몰락과 일제의 지배를 강변하는 너무나 강력한 공간적 사건이었다. 조선총독부와 함께 조선의 몰락을 상징하고 일제의 지배를 과시하기 위한 목적을 지니고 건립된 대표적 건물이 경성부 청사였다. 이 건물은 조선총독부와 같은 해인 1926년에 완공되었다.* 경성부청사의 위치는 조선총독부 청사의 위치만큼이나 모욕적인 것이었다. 조선총독부는 조선의 정궁인 경복궁 근정전 앞에 위치해서 조선의 몰락을 상징했으며, 경성부청사는 경운궁과 환구단 사이에 위치해서 조선의 몰락을 상징했다.

환구단은 황제가 하늘에 제사를 지내는 곳이다. 조선은 중국의 속국으로서 하늘에 제사를 지낼 수 없었다. 중국의 황제는 하늘의 자식(천자)로서 베이징의 천구단에서 하늘에 제사지내 자신의 즉위를 알렸고, 중국의 속국인 조선의 왕은 중국의 황제에게 그 즉위를 보고해서 승인을 받았다. 그러나 1897년에 대한제국이 수립되어 중국으로부터 독립해서 하늘에 제사를 지내게 되었다. 그러나 이 독립은 오

---

* 2008년 8월 26일에 당시 오세훈 서울시장은 이미 2003년에 등록문화재로 지정된 본관의 뒷부분인 태평홀을 문화재위원회의 철거 중단 요구조차 무시하고 기습적으로 철거했다.

조선총독부 청사

경성부 청사와 환구단 황궁우

총독부: 1912년 설계 시작. 1916년 6월 25일 착공, 1926년 10월 1일 준공.
경성부: 1923년 설계. 1925년 3월 착공, 1926년 10월 30일 준공.
환구단 황궁우: 1899년 건축.

래 가지 못했다. 1910년에 일본은 대한제국을 무력으로 합병했으며, 1913년 4월에 환구단을 철거하고 1914년에 그 자리에 총독부 철도호텔을 건축했고, 그 뒤 1968년에 지금의 조선호텔이 건축되었다. 황궁우는 신위를 모신 전각으로 현재까지 유일하게 남아 있는 환구단의 시설이다. 환구단 황궁우는 대한제국의 비운을 상징하는 건물이다.*

---

* "천자(天子)가 하늘에 제사를 드리는 제천단(祭天壇)을 가리킨다. 명칭의 한자 표기와 독음을 환구단(圜丘壇)과 원구단(圜丘壇 또는 圓丘壇)으로 혼용하던 것을 2005년 문화재청에서 한자 표기는 《고종실록》에 기록된 '圜丘壇'으로, 한글 표기는 고종이 제사를 지낸 1897년 10월 당시 《독립신문》을 따라 '환구단'으로 정하였다. … 지금의 환구단은 1897년(고종 34) 고종의 황제 즉위식과 제사를 지낼 수 있도록, 옛 남별궁(南別宮) 터에 단을 만들어 조성한 단지이다. 그 뒤 단지 내에는 화강암으로 된 기단 위에 3층 8각 지붕의 황궁우(皇穹宇)를 1899년에 축조하고 신위판(神位版)을 봉안(奉安)하였으며, 1902년 고종 즉위 40주년을 기념하는 석고단(石鼓壇)을 황궁우 옆에 세웠다. 석고(石鼓)의 몸체에 부각된 용무늬는 조선 말기 조각의 걸작으로 꼽힌다. 처음 조성된 단지는 1913년 일제에 의해 철거되고 이듬해 그 자리에 철도호텔이 들어서면서 축소되었으며, 지금은 황궁우와 석고 그리고 3개의 아치가 있는 석조 대문만이 보존되어 조선호텔 경내에 남아 있다"(『두산백과』, '환궁우'). 2007년 8월에 환구단 정문이 서울 우이동의 옛 그린파크 호텔에서 발견되어 2009년에 복원되었으며, 황궁우의 마당에 대한 복원공사가 2013년에 이루어졌다.

해방과 함께 일제의 식민도시 '경성'은 그 이름을 '서울'로 바꾸었다. 서울은 조선의 500년 수도 한성과 일제의 식민도시 경성을 이어받고 바로잡고 앞으로 나아가야 했다. 서울은 한국의 수도이며 한국 유일의 우리말 이름 도시이다. 그 이름과 지위는 다음과 같이 변했다.

> 1945년 8월 15일 광복과 함께 경성부를 서울시로 개칭('서울'이라는 이름은 이때 처음으로 사용하기 시작)
> 1946년 9월 28일 서울시가 경기도에서 분리하여 서울특별자유시로 승격
> 1948년 8월 15일 대한민국 정부 수립(대한민국의 건국은 1919년 4월 13일)과 함께 서울특별자유시를 수도로 지정
> 1949년 8월 15일 서울특별시로 개칭
> 1962년 1월 27일 '서울특별시 행정에 관한 특별조치법'을 제정해서 서울특별시를 국무총리 직속으로 승격하고 서울시장을 장관급으로 승격

해방은 일제의 문화침략을 바로잡는 역사적 계기여야 했다. 일제는 1912~29년에 조선 전체에서 강행한 '시구개정사업'과 1934년에 제정된 최초의 도시계획법이자 건축법인 '조선 시가지계획령'과 1936년의 '경성 시가지계획'을 통해 근대화를 내세워서 조선의 역사를 대대적으로 파괴하는 방식으로 서울을 개조했다. 가장 중요한 것은 대대적인 가로망의 개조와 신설이었지만, 대표적인 예는 남산의 조선신궁, 경복궁 앞의 조선총독부 청사, 덕수궁 앞의 경성부 청사, 남대문 밖의 경성역 등이었다.

해방은 당연히 일제의 파괴를 치유하고 원래의 서울을 복원하는 계기여야 했고, 따라서 이러한 문제가 당연히 해결되었어야 했으나 그렇게 되지 않았다. 일제가 닦아 놓은 공간적 틀 위에서 개발이 지

속되었다. 예컨대 일제는 조선신궁과 조선총독부 청사를 일직선상에 놓이게 건축했고, 그 결과 조선총독부 앞의 세종로는 경복궁과 일직선상에 놓이지 않게 되었다. 조선총독부 청사가 조선신궁과 일직선상을 이루어서 경복궁 근정전과 동쪽으로 5도 정도 어긋나게 건축되었기 때문이다.

해방 이후에 서울에서 기억의 정치는 일제에 의해 자행된 정체성의 혼란을 가속화하고 거대화하는 방향으로 이루어졌던 것이다. 미군정과 이승만*에 의한 친일파의 재집권이 그 정치적 동력이었다. 미군정은 서울의 자연, 역사, 사람들을 지키고 돌봐야 한다는 생각이 없었다. 친일파는 분단의 고착과 내분의 격화를 통해 자기들의 이익을 지키려고 발호했을 뿐이었다. 자원과 실무 인력이 부족한 것은 물론이고 심각한 정치적 혼란과 왜곡 상태에서 일제의 파괴를 치유하고 원래의 서울을 복원하는 것은 꿈조차 꾸지 못했다. 잘못된 정치는 도시를 망치고 사회를 망친다. 실무 능력이나 경제력의 부족보다 훨씬 더 중요하고 근본적인 문제가 서울을 계속 망쳤던 것이다.

공간 변화의 연속성은 강력하다. 일제의 '경성 시가지계획'에 따라 추진된 서울 개조사업은 해방 뒤에도 계속 추진되었다. 일제는 1937년~1940년 3월에 경성부 내에서 모두 10개의 구획정리사업을 추진하고 있었다. 이 중 7개가 끝나지 않은 상태였는데 한국전쟁이 일어나기 전까지 계속 그대로 추진되었다. 이 작업은 경성부 도시계획과에 근무했으며 초대 서울시 도시계획과장이 되었던 장훈**이 혼자 맡

---

* 2013년 10월에 공개된 미국 정부의 고문서 자료에는 1918년에 이승만이 직접 쓴 징집서류가 있는데, 이 서류의 국적란에 이승만은 자신의 국적을 '일본'이라고 직접 썼다. 이승만은 미국에서 '독립운동가' 행세를 했을 뿐이었던 것이었고, 그 연장선에서 반민특위를 해체시켜 친일파 처단을 막고 친일파의 재집권을 강행했다.
("'일본국적' 이승만 징집카드…미주한인 90% '한국국적' 표기 대조", 〈중앙일보〉 2013년 10월 17일).
** 손정목은 장훈을 '한국인 도시계획가 제1호'로 제시했다.

아 추진했다(손정목, 2003: 96~98). 극심한 정치적 혼란 속에서 도시와 공간에 대한 인식도 대단히 낮아서 일제의 일방적인 '경성 시가지 계획'을 개정하는 것은 고사하고 그것을 제대로 추진하는 것도 불가능한 상태였던 것이다. 장훈은 한국전쟁으로 폐허가 된 서울의 재건 계획도 혼자 도맡다시피 했다.

전쟁과 재건

1950년대는 1950년 6월 25일 김일성의 지시에 따른 북한 인민군의 침략으로 벌어진 한국 전쟁의 폐허를 복구하는 와중에 미국에 기대어 친일파와 손잡고 자행된 이승만 독재가 갈수록 기승을 부리던 괴로운 시기였다. 이승만 부부는 6월 27일 특별열차로 몰래 피난을 떠났고, 국군은 6월 28일 새벽 2시 무렵에 아무런 고지도 없이 한강의 인도교와 철교를 폭파했다. 그 결과 다리를 건너던 800명이 넘는 사람들이 사실상 살해됐고 100만 명이 넘는 사람들이 서울에 갇히게 되었다. 이어서 인민군을 막기 위해 계속 시행된 미군의 대대적인 서울 폭격으로 서울은 역사상 최대의 파괴를 겪게 되었다. 국군과 인민군의 시가전, 방화, 시민의 약탈 등도 서울의 파괴를 야기했다.

전쟁으로 처참하게 부서진 도시의 기억은 오래도록 사람들의 머릿속에서 좀처럼 낫지 않는 아픈 상처로 남았다. 당시의 서울은 지금보다 작았으며, 여전히 도성 안이 서울의 핵심이었다. 그런데 다행히 도성 안의 1/3 정도는 전화를 피할 수 있었다. 1927년에 일제에 의해 경복궁의 동쪽으로 이전되었던 광화문의 목조 문루는 전쟁에서 불탔으나 석조 성문은 파괴되지 않았다. 당시 주일공사였던 김용주는 회고록에서 자신이 맥아더에게 도성 안의 청계천 북쪽과 덕수궁, 남대문 등을 폭격하지 말라고 강력히 요청했고 맥아더가 고마워하며 이 요청을 받아들였다고 썼다. 이에 대해 손정목은 청계천 남쪽에 대해서는 무차별 폭격을 해도 괜찮다는 '면죄부'를 주었던 것이 아니냐고 지적했다(손정목, 2003: 57).*

당시에 서울의 역사성을 올바로 인식하고 실천했더라면 남은 것을 잘 보존하고 복원해서 서울은 세계 유수의 역사도시로 제대로 발전할 수 있는 기반을 다졌을 것이다. 한양도성과 궁궐은 물론이고 북촌**을 비롯한 전통 주거지역을 지키는 것이 그것이다. 그러나 당시에는 이런 인식이 없다시피 했고 서둘러 전쟁의 피해를 복구하며 편리한 도시를 만드는 것이 최대의 과제였다. 1951년 4월에 서울이 재수복되고 5월부터 서울시 행정건설대가 활동하기 시작했다. 그리고 6월 27일에 김태선***이 서울시장에 임명되어 장훈 도시계획과장과 함께 서울의 전재복구 계획을 세웠다.

1952년 3월 25일자 내무부 고시로 '서울 도시계획 가로변경 · 토지구획정리지구 추가 및 계획지역 · 변경'('서울 전재복구계획'으로 통칭)이 발표되었다. 이것은 '한국인에 의한 최초의 도시계획'이자 '서울 시가지계획의 전면적인 재검토 · 재정비'였다****(손정목, 2003: 115,

---

* 손정목은 이승만이 별 학력과 경력이 없던 김용주를 높이 평가한 이유를 알 수 없다고 썼다(51). 김용주(1905~1985)는 대한해운공사 사장, 주일공사, 전남방직 사장 등을 지냈고, 1960년 민주당의 국회의원이 되었으나 1961년 박정희의 군사반란 뒤에 사퇴했다. 새누리당 대표 김무성은 둘째 부인 방연숙(1926~2013)이 낳은 그의 차남이며, 현대그룹 회장 현정은은 첫째 부인 강정순(1908~1990)이 낳은 장녀의 차녀이고, 〈조선일보〉 회장 방상훈은 둘째 부인 방연숙의 조카이다(〈위키백과〉, '김용주').

** 1977년 4월에 휘문고가 강남으로 이전하고 그 자리에 거대한 현대 사옥이 들어서면서 북촌의 훼손은 본격적으로 시작되었다. 서울시는 북촌을 1983년에 4종 미관지구, 1984년에 한옥보존지구로 지정했으나 반발이 거세지자 1991년 5월에 4종 미관지구를 완화하고 한옥보존지구를 해제해서 많은 한옥들이 사라졌다(김영수, 2013).

*** 그는 일제 때 미국의 보스턴대학교에서 범죄 연구로 사회학 석사학위를 받고 경찰의 핵심 간부로 일하다가 1950년 8월에 내무부 치안국장(현 경찰청장)이 되었다.

**** 1962년에 '도시계획법'이 제정될 때까지 해방 뒤의 각종 건설사업과 전재복구사업은 1934년의 '조선 시가지계획령'에 사실상 그대로 의거했다. 이런 점에서 "최소한 도시계획 분야에 한정해서 보면, 한국(정확하게는 '남한')의 1950년대는 여전히 식민지 안에 있었던 것"으로 평가된다(염복규, 2005: 29).

112). 그 핵심은 가로·광장 계획과 전재복구 구획정리사업이었다. 그러나 박정희의 군사반란 뒤인 1962년 12월에 8개 광장의 넓이가 크게 줄었으며, 군사독재의 전횡에 의해 이마저도 제대로 시행되지 않았다(손정목, 2003: 116~117, 119). 다음에 전쟁의 피해를 입은 지역을 모두 구획정리 대상지역으로 결정해서 19개 지역으로 정리했다. 이 사업은 상당히 엉터리로 진행되었지만 도로와 공원용지의 확보라는 중요한 과제를 추진했다. 특히 명동과 을지로에 상당한 넓이의 공원을 만들기로 했는데 명동공원계획은 1960년대 후반에 김현옥에 의해 폐기되었고, 을지로공원은 1970년대 초에 역시 박정희 정권에 의해 폐기되었다.* 1953년 8월 3일에 ‘서울특별시 건축행정요강’이 제정되었다. 1962년에 ‘건축법’이 제정될 때까지 이 요강에 의해 건축허가가 이루어졌다. 이런 정책의 입안과 시행에 김태선 시장, 장훈 도시계획과장에 이어 1953년 8월 12일에 최초의 서울시 도시계획위원회 상임위원으로 위촉된 주원이 참여했다. 세 사람은 일제가 추구한 서울의 광역화와 격자화를 계속 추구하는 동시에 고층화를 추구했다(손정목, 2003: 132~133).

그런데 서울의 역사를 대대적으로 없애는 이런 변화가 단지 세 사람만의 결정으로 추진되지는 않았을 것이다. 이승만 정권은 서구의 도시를 모범으로 해서 일제가 근대화를 내세우고 강행했던 서울의 개조를 계속 강행했다. 물론 달라진 것은 있었다. 특히 중요한 것은 서울의 변화를 일제가 아니라 친일파가 주도했다는 것이었고, 그들은 일본의 도시가 아니라 미국의 도시를 모범으로 서울의 변화를 추진했다는 것이었다. 1956년 6월 20일에 이승만의 80살 생일을 축하하며 세종로에 건축되기 시작한 국제주의 양식의 ‘우남회관’(우남은

---

* 손정목은 장훈이 어렵게 만든 도심 공원이 결국 폐기된 것에 대해 ‘그 후의 무식한 위정자들에 의해 이렇게 무참하게 짓밟혀버린 것’이라고 분개했다(손정목, 2013: 130).

이승만의 호. 1935년 부민회관, 1961년 우남회관, 1978년 세종문화
회관)은 미국에 의지해서 권력을 장악한 친일-독재 세력의 상징물이
될 것이었다(박길룡, 2005: 38~39). 이제 미국의 도시를 모범으로 하
는 거리와 건물들이 서울의 공간을 주도하게 되었다. 1950년대를 지
나며 미국은 세계 최강국으로 확립되었고, 한국은 친미 국가로 확실
히 변신했다. 친일파는 친미파로 변신해서 다시 권력을 장악했다. 그
정치적 동학은 서울의 공간적 변화에서도 구현되었다.

개발독재 1

한국전쟁은 분단의 고착화와 독재의 강화로 이어졌다. 전쟁과 분단
을 배경으로 이승만 독재는 수십만 명의 양민들을 학살하고 정치인
들을 살해하고 헌법을 유린했다. 그러나 이렇게 험난한 상황에서도
시민들의 피땀어린 노력으로 경제는 조금씩 성장했고, 이승만 독재
에 맞선 민주화운동도 계속 펼쳐졌다. 동학혁명과 독립운동에 뿌리
를 둔 민주화운동은 독재의 필연적 귀결인 부패와 망국으로부터 이
나라를 구한 시민의 고귀한 희생이었다. 그리고 마침내 1960년 4. 19
혁명이 일어나서 이승만 독재는 종말을 고하게 되었다. 이승만 독재
는 악랄했다. 1960년 4월 19일 당일에만 경찰의 발포 등으로 183명
이 목숨을 잃었고 1000명이 넘는 사람들이 부상했다.

　1963년 박정희 독재 정권 시기에 서울 우이동의 4.19혁명 기념묘
지가 완공되었다. 현재는 국립묘지가 된 이곳은 민주화를 기억하기
위해 건립된 최초의 국가시설이다. 그러나 그 기념탑은 놀랍게도 친
일작가인 김경승(1915~1992)의 작품이다. 이승만 독재는 친일파가
친미파로 변신해서 권력을 전횡한 독재였다. 따라서 4.19혁명은 독
재의 타도뿐만 아니라 친일파의 처단이라는 역사적 의미를 갖고 있
었다. 그러나 4.19혁명은 결국 친일파의 반동에 의해 무산되고 말았
다. 일제 관동군 출신의 육군 소장이었던 박정희가 일으킨 5.16 군사

반란이 그것이다. 이런 점에서 4.19혁명을 기념하는 기념탑이 대표적인 친일 조각가인 김경승에 의해 그 의미를 알 수 없는 추상적 형태로 만들어진 것은 당연한 귀결이었다.

박정희 정권은 군사독재이자 개발독재였다. 박정희는 군사력을 동원한 강력한 경제성장으로 원천적으로 결여된 정치적 정당성을 보완하고자 했다. 박정희의 '조국 근대화'는 일제의 식민지 근대화보다 더욱 철저하게 한국 사회를 바꿔 놓은 '본격적 근대화'였다. 그는 오랜 역사를 간직한 서울의 도심을 오늘날과 같은 저급한 난개발 도시로 바꿔 놓은 장본인이다. 그러나 그는 한편에서 복원을 추진하기도 했다. 새것의 이름으로 옛것을 없애는 동시에 민족의 이름으로 역사의 복원을 시도했던 것이다. 그러나 그것은 형식적 복원이었다. 기억의 정치로서 그것은 자신의 수치스런 이력을 숨기고 민족의 지도자로 보이고자 하는 정략적 계산의 산물이었다.

박정희의 군사-개발독재 18년 동안 서울에서는 대규모 개발사업들이 끊임없이 진행되었다. 특히 육군 준장 출신으로서 불과 40살인 1966년에 서울시장에 임명되었다가, 대규모 참사로 인해 1970년에 물러난 김현옥은 대표적인 개발사업들을 강력히 밀어붙였다. 여의도 개발, 영동 개발, 한강 개발, 강변도로, 청계고가, 세운상가, 세종로 지하도, 광화문 복원, 시민 아파트 등이 모두 김현옥의 주도로 이루어졌다. 그러나 김현옥은 결국 무리한 개발사업으로 물러나게 되었다. 많은 시민 아파트들을 무리하게 지었고, 비리와 부실의 창궐을 조장-방치했으며, 그 결과 그 중의 하나인 와우 아파트가 무너지는 참사가 일어났던 것이다. 1969년 7월에 착공되어 12월에 준공된 와우 아파트 단지의 15동이 1970년 4월 8일 아침에 무너져서 33명이 죽었다. 박정희식 개발의 실상이 적나라하게 드러난 순간이었다.*

---

* 박정희 부부는 와우아파트 준공식에 참석해서 김현옥의 안내로 둘러보고 치하했다. 박정희는 비리와 부실을 치하했던 것이다.

이런 문제들에도 불구하고 박정희의 개발주의는 한국 사회의 상식으로 확립되었다. 박정희는 18년 동안 쉬지 않고 대규모 개발사업을 전국에서 벌였고, 그 결과 이 나라를 불필요한 대규모 개발사업이 끝없이 남발되며 국토가 파괴되고 비리가 만연한 토건국가로 만들었다(홍성태, 2007, 2011). 그 가장 두드러진 결과는 강남 개발로 시작된 아파트의 보편화이다. 아파트를 중심으로 한 부동산 투기의 구조가 박정희식 개발주의의 핵심에 자리잡고 있었다(신한종합연구소, 1991). 부동산 투기를 상징하는 이른바 '복부인'은 박정희 정권의 강남 개발과 함께 이미 1970년대 초에 나타났다. 박정희의 개발독재는 아파트 개발을 중심으로 부동산 투기의 보편화를 이루고 부동산 중산층을 양산해서 정치적 지지를 확보하고자 했다. 그 결과 서울은 강남을 중심으로 빠르게 아파트 도시로 바뀌었고, 이어서 전국이 아파트 국가로 바뀌게 되었다.

아파트로 대표되는 '시멘트 도시 서울'이라는 부정적 이미지는 박정희의 개발독재가 낳은 역사적 기억이다. 그리고 그것은 재벌과 강남으로 대표되는 비리, 부패, 불평등, 양극화 등의 사회적 기억이기도 하다. 서울의 아파트 도시화와 그 확산으로서 전국의 아파트 국가화는 망국적인 국토 난개발과 부동산 투기의 보편화를 야기했다. '강남 신화'의 대표격인 말죽거리(양재동)의 땅값은 1961~2010년의 50년 동안 평당 200~400원에서 평당 1500~3000만원으로 무려 16만배 정도 올랐다. 재벌로 대표되는 부자들은 강남을 장악해서 서울을 장악했고 전국을 장악했다.

개발독재 2

1961년 5월 16일에 시작되어 1979년 10월 26일에 종식된 박정희의 개발독재를 통해 서울은 도성과 그 외곽이라는 틀을 크게 벗어나서 강북과 강남이라는 구조로 변모했다. 1960년대를 지나며 도성 안은 고가도로와 고층 건물들이 즐비한 현대식 도시로 바뀌었고, 1970년대를 지나며 이런 변화는 강북은 물론 강남으로 빠르게 확산되었다. 구릉과 들판, 그리고 강변의 습지와 모래밭이 모두 빠르게 사라지고 강남의 도시화는 급속히 진행되었다. 그리고 1970년대에 들어와서 고가도로에 이어 새로운 도로이자 교통수단으로서 지하철이 빠르게 건설되었다. 박정희의 개발독재에 의해 지금과 같은 서울이 만들어졌다. 서울의 역사적 정체성과 생태적 건강성은 대대적으로 파괴되었고, 서울은 삽시간에 삭막한 시멘트 도시로 변모해 버렸다.

1980년대는 1970년대의 연장이면서 전환이었다. 박정희의 개발독재가 끝나고 전두환의 개발독재가 이어졌다. 전두환은 박정희의 돌연한 죽음과 그에 따른 민주화 운동의 열기를 광주에서의 시민 학살이라는 악랄한 무력 행사로 짓밟고 권력을 잡았다. 민주화 운동은 강력히 억압되었고 또 다시 친일-독재-비리 세력의 지배가 이어졌다. 그러나 그들도 시대의 변화를 완전히 무시할 수는 없었다. 해방 이후 수많은 사람들이 피와 땀을 흘려 노력한 결과로 놀라운 경제 성장과 지적 성장이 동시에 이루어졌다. 그 결과 단순히 폭력과 선동만으로 독재를 유지할 수는 없었다. 전두환 정권은 이 상황을 각종 소비사회 정책으로 돌파하고자 했다. 이것은 한편으로 변화된 국민들의 욕구를 충족시키는 것이면서, 다른 한편으로 정치에 대한 국민들의 관심을 오도하는 것이었다.

이를 위해 전두환 정권이 서울에서 추진한 대표적인 개발사업은 '한강종합개발사업'이었다. 1982년에 시작되어 1986년에 완료된 이 사업은 박정희 정권이 1967~69년에 추진한 한강개발사업을 더 큰 규모로 재개한 것이면서 변화된 상황을 고려해서 서울 한강을 여가공간으로 바꾸는 새로운 개발사업이었다. 전두환 정권은 강변을 모두 파괴하고 콘크리트 제방과 보를 건설해서 서울 한강을 완전한 콘크리트 운하로 만들어 버렸다. 그리고 전두환은 이 반생태적 반역사적 운하에 유람선을 띄워서 자신을 국민을 위하는 좋은 대통령으로 기억시키고자 했다. 이와 함께 전두환은 스포츠를 적극 활용했다. 가장 중요한 것은 1986년의 아시안게임과 1988년의 올림픽 개최였다. 잠실 종합경기장의 건설과 함께 서울 전역에서 대대적인 '정비사업'이 강행되었다. 이것은 박정희의 방법을 그대로 답습한 것이었다.

여기서 건축가 김수근의 이름을 기억해 둘 필요가 있다. 그는 1950년 서울대 건축과에 입학했으나 전쟁이 벌어지자 1951년에 일본으로 밀항해서 건축을 배우고 1960년에 귀국해서 1961년에 김종필과 알게 되어 박정희의 개발독재 시대에 많은 건물들을 설계했고 도시계획을 주도했다. 그는 1986년에 세상을 떠났지만 전두환의 개발독재 시대를 대표하는 건물인 잠실 종합경기장을 설계했다. 김수근은 박정희와 전두환의 개발독재 시대를 대표하는 건축가로서, 당대의 건축을 비롯한 여러 문화에 크게 영향을 미쳤을 뿐만 아니라 박정희와 전두환의 독재에 적극 복무한 정치적 문화인으로서 재조명되고 재평가될 필요가 있다.

박정희와 마찬가지로 전두환은 보수 세력*, 즉 친일-독재-비리 세력을 미화해서 기억하기 위한 건축도 추진했다. 그런데 박정희는 '자유센터'(1964년)에서 잘 볼 수 있듯이 '자유'를 내세웠다면, 전두환은 '전쟁기념관'에서 잘 볼 수 있듯이 아예 '전쟁'을 내세워서 더욱 크고 강력하게 보수 세력을 지키고자 했다. 박정희 정권은 4.19혁명으

---

* 보수 세력은 본래 민족을 최고의 준거로 설정한다. 그러나 한국의 보수 세력은 민족보다 일본, 미국 등 외세를 중시한다. 한국의 보수 세력은 실은 비리 세력이기 때문에 일본, 미국 등 강대국에 의지해서 민주주의를 억제하고 독재를 추진하여 사익을 추구한다. 이 점에서 한국의 보수 세력은 사이비 보수 세력이다. 물론 김구로 대표되는 진정한 보수 세력도 있다. 여기서는 사이비 보수 세력을 가리킨다.

로 어렵게 지킨 자유를 억압하고 들어섰기 때문에 자신을 독재가 아니라 자유를 추구하는 세력으로 호도하고자 했고, 전두환 정권은 민주화 운동의 열기를 억누르기 위해 가장 처참한 현대사의 사건인 한국전쟁을 대대적으로 내세워야 했던 것이다. '전쟁기념관'은 전두환 때에 논의되기 시작했으나 전두환이 권좌에서 쫓겨난 뒤인 1988년에 건립되기 시작해서 1994년에 완공되었다.

민주화의 전개

1919년의 3.1운동은 사실 독립과 민주공화국의 수립을 요구한 3.1혁명이었다. 이에 따라 1919년 4월 대한민국 임시정부가 수립되었다. 그런데 결국 3.1혁명의 요구는 불행히도 1948년 남한 단독정부의 수립으로 귀결되었다. 그러나 불행은 이것만이 아니었다. 북한은 더 말할 것도 없지만, 남한 단독정부는 민주주의를 내걸었지만 실제로는 독재 정부였다. 독재는 이승만, 박정희, 전두환 등 무려 40년에 걸쳐 이루어졌다.* 1919년 3.1혁명이 민주공화국의 수립을 천명한 제1차 시민혁명이었다면, 1960년 4.19혁명은 독재의 타도와 민주공화국의 실질화를 요구한 제2차 시민혁명이었다. 이 요구는 1980년 5월의 광주항쟁과 1987년의 6월 항쟁을 통해 비로소 실현될 수 있게 되었다. 그러나 야당 지도자들의 분열로 말미암아 다시 독재 세력이 집권하는 과도기를 거치고, 독재 세력과 민주 세력이 결합하는 기형적인 방식으로 민주화가 시작되었다.

민주 세력과 독재 세력이 결합해서 형성된 기형 정권인 김영삼 정권은 자신의 민주성을 강조하기 위해 강력한 기억의 정치를 추진했

---

* 노태우는 대통령 직선제로 대통령에 당선됐지만 상당한 부정선거가 있었고 전두환과 함께 광주학살의 주범이라는 점에서 노태우 정부는 전두환 독재의 연장이라는 성격을 갖는다. 이렇게 보면 비리 세력의 독재는 1948년에서 1992년까지 44년에 걸쳐 진행됐다.

철거되는 조선총독부 청사

돔 위의 첨탑을 잘라내는 것으로 철거가 시작되었으며, 이 첨탑은 독립기념관으로 옮겨져서 전시되고 있다. 이 건물의 철거는 폭파가 아니라 장비를 써서 자르고 부수는 방식으로 이루어졌다. 이 과정에서 큰 먼지가 일어나서 폭파한 것으로 널리 오인되었다. 이곳은 근정전의 바로 앞이기 때문에 폭파작업을 절대 해서는 안 되는 곳이다.

다. 그러나 이것은 잘못된 역사를 증언하는 생생한 기억의 대상을 없애는 것이었다는 점에서 대단히 잘못된 기억의 정치였다. 1995년 8월 15일에 시작된 조선총독부 청사의 철거는 그 대표적인 사업이었다. 김영삼 정권은 일제의 식민 지배 이래 계속되어 온 친일과 독재의 역사를 종식시키고 독립과 민주의 역사를 새롭게 시작한다는 의미로 '역사 바로세우기'를 내걸고 그 상징적인 사업으로 조선총독부 청사의 철거를 추진했다.

그러나 '역사 바로세우기'는 분명히 올바른 것이었지만 조선총독부 청사의 철거는 그렇지 않았다. 조선총독부 청사는 철골 콘크리트 구조에 벽돌로 벽을 만들고 외부에 한국의 화강석과 대리석을 붙여 장식한 '네오 르네상스' 또는 '네오 바로크' 양식의 건물로서 일제의 식민 지배를 증거하는 가장 거대한 역사 유적으로서 대단히 중요한 역사적 가치를 지니고 있었다. 그것은, 분명히 많은 비용이 필요하기는 했지만, 다른 곳으로 옮겨져서 식민역사 박물관으로 사용되었어야 했다. 없애야 할 것은 친일 독재 세력의 지배였지 그 역사적 상징물인 조선총독부 청사가 아니었다. 더욱이 당시 조선총독부 청사는 국립중앙박물관으로 사용되고 있었다. 새로운 국립중앙박물관 부지는 1989년에 주한 미군으로부터 돌려받은 용산 미군기지 부지로 정해졌다. 용산 미군기지는 전체 100만평에 이르렀는데 1989년에 그 중 12만평을 돌려받았다. 이 땅은 원래 모두 공원으로 만들기로 했으나 김영삼 정권의 갑작스런 국립중앙박물관 건립 계획 때문에 9만평 정도가 그 부지로 전용되어 결국 23000평 정도만 공원이 되었다. 김영삼 정권의 무모한 조선총독부 청사의 철거는 소중한 공원 부지의 축소와 졸속적 국립중앙박물관의 건립으로 이어졌다.

박정희의 개발독재는 노동과 자연에 대한 이중의 착취를 추구했다. 전두환의 개발독재는 경제성장을 배경으로 박정희의 개발독재를 소비사회적으로 변형해서 지속했다. 그 결과 31년에 걸친 박정희와 전두환-노태우의 개발독재를 통해 토건국가가 확립되고 나라 전체가 그야말로 '시멘트 공화국'으로 변모하였다. 토건국가는 병적으로 비대한 토건업을 중심으로 운영되는 기형적인 개발국가를 뜻한다. 1990년대의 민주화는 친일과 독재의 역사에 대한 깊은 반성을 바탕에 두고 진행되었다. 그러나 개발독재가 추진한 개발의 문제에 대한 반성은 제대로 이루어지지 않았다. 김영삼 정권, 김대중 정권, 노무현 정권의 민주화 시기에도 서울을 포함한 전국 모든 곳에서 시멘트화는 계속 추진되었다. 1994년에 지방자치제가 부활해서 1995년 6

월에 서울시장 선거가 치러졌는데 이때 당선된 조순 시장*은 아스팔
트 광장이었던 여의도 광장을 숲이 우거진 여의도 광장 공원으로 바
꾸었다. 이것은 민주화의 올바른 방향을 보여준 것으로 중요하게 기
억해야 한다. 생태위기 시대에 민주화는 단순히 인권의 확립, 평등한
경제를 추구하는 것이 아니라 생태적 전환을 적극 추구해야 한다. 사
실 민주화는 시대의 변화에 따른 새로운 과제를 추구하는 '민주화의
민주화'여야 한다(홍성태, 2009).

신개발주의의 문제

조순 시장과 고건 시장은 시대의 변화를 반영해서 서울의 생태적, 문
화적 변화를 추구했다. 그러나 조순 시장과 고건 시장의 행정에서도
대체적인 기조를 이룬 것은 대대적인 재개발을 통한 아파트화와 시
멘트화였다. 그리고 이런 기반 위에서 2002년 7월 1일에 이명박 시
장이 취임했다. 이명박은 청계천의 복원을 전면에 내걸고 서울시장
에 당선되었다. 박정희는 청계고가도로의 건설로 자신의 능력을 과
시했으나, 이명박은 청계고가도로의 철거로 자신의 능력을 과시했

* 조순 시장은 당선되자마자 삼풍백화점의 붕괴라는 대사건을 만나게 되었다. 이 백화점은
전두환 독재 때인 1987년에 기공되어 노태우 독재 때인 1989년에 완공되었다. 1995년 6월 29
일 오후 5시 55분에 발생한 삼풍백화점의 붕괴는 비리와 부패로 얼룩진 개발독재의 문제를 상
징하는 대사건이었다. 1994년 10월 21일에 발생한 성수대교 붕괴로 각종 시설의 붕괴 위험이
이미 1985년에 확인되었으나 전두환 독재가 86년 아시안 게임과 88년 올림픽 때문에 그 공표
를 막았다는 사실이 밝혀진 상황이었다. 성수대교는 1979년 10월 16일 준공했고 박정희가 준
공식에 참석해서 테이프를 끊고 걸어서 다리를 건넜으나 원천적인 부실 상태였으며 관리 부
실이 이어져서 결국 붕괴했다. 박정희 개발독재의 공무원들은 공간이 부족하다는 이유나 비
리 의혹에 대한 감사를 피하기 위해 토목, 건축 관련 자료들을 마구 폐기했으며, 1971년 12월
25일의 '대연각 호텔 화재' 이후에는 처벌을 피하기 위해 보존연한이 지난 건물의 도면을 폐기
하는 것이 아예 관례가 되었다(손정목, 2003: 26). 토건국가의 구조 속에서 성수대교와 삼풍백
화점의 붕괴로 참혹히 드러난 비리와 부실의 문제는 해결되지 않은 채, 새만금 개발, 구럼비
개발, 한탄강댐 건설, 4대강 사업, 세월호 대참사 등으로 계속 나타났다. 오늘날 한국은 세계
적으로 무서운 비리~사고사회이다.

다. 박정희는 자연과 역사를 폄하하고 강력한 개발을 추구했으나, 이명박은 이런 개발의 문제를 치유하고 새로운 개발을 해야 한다고 주장했다. 이런 점에서 박정희를 구개발주의로, 이명박을 신개발주의로 구분하게 되었다. 그러나 사실 이명박의 신개발주의는 구개발주의의 문제를 치유하는 것이 아니라 새로운 형태로 지속하고 악화시키는 것이었다. 이명박은 박정희가 남겨 놓은 기억을 없애고 새롭게 환경과 문화로 치장된 기억을 곳곳에 건설했다. '청계천복원사업'은 그 대표적인 예이다. 그러나 그것은 복원을 빙자한 개발이었다. 이명박은 청계천을 완전한 시멘트 인공수로로 만들어 버렸다. 이명박에 의해 '청계천'은 완전히 없어지고 그 자리에 '명박천'이 만들어졌다.*

　이명박이 과연 생태와 문화를 추구했는가? 청계천 개발사업은 그에 대한 명백히 부정적인 답을 제시해준다. 같은 예를 이른바 '뉴타운 사업'에서도 찾아볼 수 있다. 특히 '은평 뉴타운'에 포함되어 영원히 사라진 '한양주택'은 그 대표적인 예이다. 이곳은 서울시에서 1996년에 '아름다운 마을 제1호'로 지정했던 곳이다. 이명박은 개발을 거부한 주민들의 뜻을 무시하고 '한양주택'의 개발을 확정했다. 오세훈은 이명박의 계획을 그대로 강행해서 결국 아름다운 '한양주택'을 영원히 없애 버렸다. 이명박과 오세훈은 '뉴타운 사업'을 통해 박정희가 시작한 서울의 시멘트화를 결국 극단적으로 추구했다. 이명박식 신개발주의가 구개발주의의 문제를 치유하는 것이 아니라 극단화하는 초개발주의라는 사실을 '뉴타운 사업'은 명확히 보여주었다. 더욱이 그 바탕에는 재벌을 비롯한 부자가 주도하는 투기의 문제가 자리잡고 있었다. 이런 점에서 2009년 1월 20일 새벽에 다섯 명의 철

---

* 청계천복원시민위원회의 역사문화분과 간사위원으로 활동했던 필자는 청계천 복원사업과 관련된 자료들을 참여연대에 연재했던 칼럼들에 기록해 두었으며, 더 중요한 상황들과 논점들에 대해서는 논문들을 써서 밝히고 기록해 두었다(홍성태, 2005).

거민이 경찰의 무모한 강제진압 과정에서 불에 타죽은 '용산 참사'는 이명박식 신개발주의의 문제를 극명히 보여준 역사적 대사건으로 기억되어야 할 것이다.

● **맺음말**

서울은 복잡한 생태상을 갖고 있으며, 또한 오랜 역사성을 갖고 있으며, 그런 만큼 다양한 공간적 기억을 간직하고 있다. 지난 100여년 동안 서울의 기억은 정치와 경제의 지배 세력에 의해 일방적으로 파괴되거나 변형되었다. 그 결과 주로 조선과 연관된 전근대의 기억들은 거의 대부분 파괴되어 사라졌고, 주로 일제의 식민 지배와 연관된 근대의 기억들도 거의 남지 못하고 사라졌으며, 박정희의 개발독재 이래 급속히 늘어난 크고 작은 시멘트 건물들이 서울의 공간적 기억을 지배하게 되었다. 세계인의 머릿속에 서울은 세계적으로 보기 드문 삭막한 시멘트 아파트 도시로 각인되어 있다.

공간은 사회를 형상화해서 보여준다. 서울의 복잡성은 이 사회의 사회적, 역사적, 생태적 복잡성을 반영한다. 그러나 박정희의 개발독재 이래 서울은 계속 단일화, 동질화되었다. 이명박과 오세훈의 '뉴타운 사업'은 그 결정판이라고 할 수 있다. 서울은 아파트와 자동차로 대변되는 무표정의 도시이다. 곳곳에 저마다 남다른 자태를 뽐내는 거대한 초고층 건물들이 들어서고 있는 것은 이런 해석을 부정하는 것처럼 보인다. 그러나 각양각색의 다양한 건물들이 더 많은 지대와 이윤을 노린 재개발에 의해 시멘트 아파트를 중심으로 한 획일적인 고층건물들로 바뀌고 있다. 서울은 참으로 다양한 모습을 잃어버린 '획일적 다양성'의 도시이다. 그것은 문화와 역사와 생태의 다층성을 모두 잃어버린 도시이다.

　이런 변화를 주도한 것은 권력이었다. 일제와 박정희는 근대화의 이름으로 서울의 본래 모습을 일방적으로 파괴하고 변형했다. 박정희의 개발독재가 추구한 '본격적 근대화'는 일제보다 더욱 대대적으로 이런 변화를 강행했다. 박정희의 개발독재에 의해 불과 20년만에 서울은 다른 기억을 가진 공간으로 바뀌고 말았다. 도심에 건설된 청계고가도로는 그 중요한 상징이었지만, 사실 거대한 아파트단지로 바뀐 강남이야말로 더욱 중요한 그 상징이었다. 이명박은 이런 변화의 폐해를 바로잡겠노라고 선언했지만, 그의 신개발주의는 사실 더욱 거대하고 화려한 문제를 낳는 초개발주의일 뿐이었다.

　권력이 주도하는 한편에서 자본의 힘이 계속 커졌다. 1980년대 이후에는 권력보다 자본이 서울의 변화를 더욱 강하게 주도했다. 자본은 이미 서울의 모든 곳을 점령한 상태이고, 생태까지 내세우며 새로운 개발을 대대적으로 진행하고 있다. 우리가 거대하고 화려한 자본의 지배 속에서 살아간다는 사실을 서울은 그야말로 온몸으로 보여준다. 그러나 이것은 극히 불안하고, 심지어 불길한 지배이다. 자연과 역사와 문화의 파괴, 그리고 가난한 사람들의 추방이 더욱 더 확산되기 때문이다. '한양주택'처럼 자기 집을 갖고 행복하게 살던 사람들조차 재개발에 밀려 집과 이웃과 기억을 송두리채 빼앗기고 쫓겨났다.

　개발의 논리는 기억을 무시하기 십상이다. 기억이 바로 우리의 정체성을 이룬다는 사실로 미루어 보자면, 개발은 본질적으로 우리 자신을 무시하기 십상이다. 그러므로 바로 우리 자신을 지키기 위해, 우리가 자기 자신으로 살아가기 위해, 우리는 개발의 문제에 주목해야 한다. 사회적인 면에서 보자면, 힘센 자와 가진 자가 개발을 주도하면서 결국 약한 자와 없는 자에게 자기 자신으로 살아가지 못하도록 강요하는 것이 핵심적인 개발의 문제이다. 이제 이 문제를 적극 해결해야 한다. 이것이야말로 서울에 관한 기억의 정치학이 우리에게 제기하는 가장 큰 과제이다.

___참고자료

강홍빈(2002), 『서울 에세이』, 열화당
김영수(2013), '서울 역사경관보존정책에 따른 북촌 한옥주거지의 변화 양상', 『건축과 도시공간』, 2013년 12월호
박길룡(2005), 『한국 현대건축의 유전자』, 공간사
서울시정개발연구원(2000), 『서울 20세기 100년의 사진기록』
_________________(2001ㄱ), 『서울 20세기 공간 변천사』
_________________(2001ㄴ), 『서울 20세기 생활·문화 변천사』
손정목(2003), 『서울 도시계획 이야기1』, 한울
신한종합연구소(1991), 『7089 우리들』, 고려원
염복규(2005), 『서울은 어떻게 계획되었는가』, 살림
이경재(2003), 『한양이야기』, 가람기획
최완수(2004), 『겸재의 한양진경』, 동아일보사
허수열(2005), 『개발 없는 개발』, 은행나무
______(2011), 『일제 초기 조선의 농업』, 한길사
홍성태(2004), 『서울에서 서울을 찾는다』, 궁리
______(2005), 『생태문화도시 서울을 찾아서』, 현실문화
______(2007), 『개발주의를 비판한다』, 당대
______(2009), 『민주화의 민주화』, 현실문화
______(2011), 『토건국가를 개혁하라』, 한울

___생태문화를 향한 서울의 개혁

● 생태문화도시의 과제

도시는 무엇인가? 그것은 그저 많은 사람들이 모여 사는 곳인가? 아니면 그것은 그저 많은 건물들이 모여 있는 곳인가? 도시는 많은 사람들이 모여 사는 곳이고, 이 때문에 많은 건물들이 모여 있는 곳이다. 그러나 도시는 분명히 많은 사람과 많은 건물로 이루어졌지만 그것을 넘어서 훨씬 더 복잡한 실체이다. 예컨대 도시는 인류가 만든 가장 거대한 문화적 산물이고, 수많은 사람들이 사는 가장 중요한 사회적 기반이다. 그러므로 우리는 도시에 대해 계속 묻고, 그 문제를 고치기 위해 애써야 한다.

본래 도시都市라는 한자어는 많은 사람들이 모여 물건을 사고파는 곳을 뜻했다. 도都는 많은 사람들이 강 근처 언덕 위 넓은 땅에 모여 있는 것을 뜻하고, 시市는 길 양쪽으로 가게들이 늘어서 있는 것을 뜻한다. 중국에서는 도시보다 성시라는 말을 선호한다. 성시城市는 성벽으로 둘러싸여 물건을 사고파는 곳을 뜻한다. 외부의 침략에 대비해서 도시를 성벽으로 방어하게 됐는데 그 성벽을 강조하는 말이 성시인 것이다. 서구의 -berg, -burg 등도 모두 성을 뜻한다. 서구도 중국처럼 성벽을 강조해서 도시를 파악했던 것이다. 서구에서 도시를 뜻하는 대표적인 일반명사로는 시티city를 들 수 있다. 어간인 시트cit는 벽으로 둘러싸는 것이니 시티도 성시와 비슷한 말인 것이다.

성시나 시티가 잘 보여주듯이 도시의 일차적 특징은 농촌에서 볼 수 없는 거대하고 강력한 물리적 요소에서 찾을 수 있다. 성벽이 바로 그것이다. 그러나 근대화와 함께 성벽은 장애물로 여겨져 많이 파괴되었고, 새로운 도시는 성벽을 필요로 하지 않았다. 요컨대 전근대 도시가 성벽 도시였다면, 근대 도시는 탈성벽 도시라고 할 수 있다. 근대화에도 여전히 도시는 많은 사람들이 모여서 주로 상업을 하는 곳이 되었지만 그 구조와 형태는 크게 바뀌었다. 이런 점에서 근대화는 사회의 변화뿐만 아니라 도시의 변화를 파악하는 데서도 중요한 역사적 변화이다.

그런데 근대화와 함께 이루어진 도시의 변화에서 가장 중요한 것은 사실 물리적인 것이 아니라 생태적인 것이다. 근대화와 함께 도시는 그야말로 자연을 없애고 건설된 반생태적 공간이 되었다. 사실 전근대 도시도 반생태적 공간의 문제를 안고 있었다. 사람과 건물이 밀집해서 식수와 식량을 자급할 수 없었던 것은 그 단적인 예이다. 인류 최초의 문명인 메소포타미아 문명의 몰락은 이러한 반생태적 공간의 문제를 극복하지 못한 전근대 도시의 한계를 잘 보여준다. 그러나 전근대 도시는 자연을 거의 몰아내지 못했고, 그 운영 자체를 대체로 자연의 질서에 맡기고 있었다. 이와 달리 근대 도시는 자연을 대대적으로 몰아내고 파괴하는 곳이 되었다. 그 결과 근대 도시는 대체로 위험도시가 되었다.

근대화의 물질적 핵심은 공업화이다. 공업은 자연을 대대적으로 변형하고 파괴한다. 이러한 공업의 거대한 물리적 구현체인 근대 도시에서 자연은 불필요한 것을 넘어서 아예 사악한 것으로 여겨졌다. 자연은 도시를 불편하게 하거나 불쾌하게 하는 것으로 여겨지게 된 것이다. 그 결과 근대 도시는 대대적인 자연의 파괴 위에서 형성되었다(홍성태, 2000). 숲, 들, 강이 모두 대대적으로 파괴되고, 거대한 콘크리트 시설과 건물들이 들어섰다. 그러나 인간은 자연 속의 존재이다. 자연이 파괴되면 결국 인간이 파괴되고 만다. 자연을 파괴하는 근대 도시의 문제는 각종 오염사고와 그에 따른 인명의 살상으로 이어졌다. 이에 따라 서구에서는 19세기 중반부터 도시의 생태적 개선이 추구되기 시작했다. 쓰레기 매립장에서 생태공원으로 거듭난 뉴욕의 '센트럴 파크'는 그 대표적인 예이다.

1990년대 이후 '선진국'의 도시들은 생태적 개선을 넘어선 생태적 전환을 추구하고 있다. 쉽게 말해서 자연이 살아 있는 도시, 따라서 사람들이 쾌적하고 건강하게 살아갈 수 있는 도시를 만들기 위한 역사적 개혁을 추구하고 있는 것이다. 이와 함께 '선진국'의 도시들은 자연과 문화를 대립적으로 파악하던 종래의 반생태적 문화관을 혁파하고 살아 있는 자연 속에서 아름다운 문화가 꽃필 수 있다는 생태적 문화관을 실현하기 위해 애쓰고 있다. 게이츠헤드, 빌바오 등 문화도시로 도시 재생을 이룬 유명한 중소도시뿐만 아니라 근대를 대표하는 뉴욕, 런던, 파리, 베를린 등의 대도시들도 마찬가지이다.

오늘날 한국은 세계 10위권의 경제대국이다. 그러나 사회 질과 삶의 질은 세계 40위 수준에 머물고 있으며, 환경 질은 놀랍게도 세계 130위 수준에 그치고 있다. 경제력과 사회 질, 삶의 질의 격차도 대단히 큰 것이지만 경제력과 환경 질이 이렇듯 극단적인 대비를 보이고 있는 나라는 한국밖에 없다. 그리고 이 문제는 다른 어느 곳보다 서울에서 분명하게 확인할 수 있다. 2009년 현재, 서울의 미세먼지 농도는 '선진국'의 도시들보다 2배 이상 높고, 온난화 속도는 세계 평균보다 3배 이상 빠르다. 서울은 여전히 세계에서 가장 빠르게 (재)개발되고 있는 도시일 뿐만 아니라 세계에서 가장 빠르게 죽어가고 있는 도시인 것이다.

서울이 정말 '선진 도시'가 되고자 한다면, '선진국'의 도시들이 그렇듯이 살아 있는 자연 속에서 아름다운 문화가 꽃피는 '생태문화도시'를 추구해야 한다. 2002년부터 서울은 한나라당의 이명박과 오세훈이 시장이 되어 반생태적인 신개발주의를 격렬하게 추구했다. 이

제 신개발주의에 의해 악화된 서울의 반생태성에 대해 살펴보도록 하자. 특히 난개발 도시, 초고층 도시, 시멘트 도시, 자동차 도시로 나누어 서울의 반생태성을 살펴보고, 생태문화도시 서울을 향한 서울의 개혁에 대해 정리해 보자.

● 난개발 도시

한국의 도시들은 '난개발 도시'라는 특징을 갖고 있다. 난개발이란 계획이 없이 또는 계획을 무시하고 개별 건축주들이 자신의 이익을 극대화할 수 있도록 마구 개발하는 것을 뜻한다. 개발은 질서를 추구해야 하는데 난개발은 오히려 무질서를 촉진하는 것이다. 이런 점에서 도시의 가장 큰 적은 무개발이나 비개발이 아니라 난개발이라고 할 수 있다. 난개발은 도시를 흉칙하게 만드는 동시에 위험하게 만들어서 결국 내파implosion에 이르게 하기 때문이다. 난개발 문제에 적극 대응하는 것은 도시를 구하는 것일 뿐만 아니라 그 도시에 근거한 사회를 구하는 것이다. 난개발을 치유하는 것은 공익을 무시하고 사익을 추구하는 사회를 개혁하는 것이다.

도시는 많은 사람들이 모여 사는 곳이기 때문에 치밀한 계획에 따라 개발되어야 한다.* 그렇지 않으면 도시는 불편한 것을 넘어서 대단히 위험하고 불평등한 곳이 되고 만다. 사람을 위한 도시는 무엇보다 먼저 난개발의 문제를 해결하는 것으로 이루어질 수 있다. 아주 오래 전에 자연적으로 만들어진 도시라고 해도 근대 이후에는 치

---

* 세계 최초의 본격적인 도시계획은 1909년에 영국에서 '도시계획법'이 제정되면서 시작되었다. 한국 최초의 도시계획은 일본 총독부가 1934년에 '조선 시가지 계획령'을 제정한 것으로 시작되었다.

밀한 계획에 따라 재개발되어 근대 도시로 거듭나야 했다. 그리고 오랜 역사를 간직한 도시들은 그 역사를 잘 지키면서 근대 도시로 거듭나야 하기 때문에 더욱 치밀한 계획에 따라 개발되어야 했다. 건축가 정기용이 잘 지적했듯이 좋은 도시는 기본이 바로 선 도시이고, 그 것은 자연과 역사와 주민을 존중하는 것으로 시작될 수 있다(정기용 외, 2002).

그러나 한국의 도시들은 그렇지 않다. 도시계획이 수립되어 있어도 제대로 집행되지 않으며, 이명박이 서울시장 시절에 잘 보여주었듯이 수립된 계획도 쉽게 변질된다. 그는 2000년에 수립된 서울시 도시기본계획을 서울시장이 된 2002년에 대대적으로 고쳤다. 청계천 개발사업과 뉴타운 개발사업이 그 핵심에 자리잡고 있다. 결국 이명박에 의해 서울시 전역에서 자연과 역사의 대대적인 파괴와 주민들의 추방이 이루어졌다. 청계천의 경우는 영조 때의 역사 유적을 모두 없애서 이명박과 청계천사업본부장 양윤재가 서울지검에 형사고발되었고, 이런 문제에도 불구하고 얼마 뒤에 부시장으로 영전한 양윤재는 청계천 주변 지역의 재발을 둘러싸고 커다란 비리를 저질러서 결국 대법에서 중형을 선고받았다.*

난개발은 주체의 면에서 보자면 지주와 개발업자의 이익을 위해 온갖 비리를 통해 비계획적으로 마구 이루어지는 개발이다. 그것은 자연도, 역사도, 문화도 모두 파괴해서 인간이 만든 가장 거대한 문화적 산물인 도시를 인간이 만든 가장 거대한 괴물로 타락시켜 버린다. 그 괴물을 이용해서 지주와 개발업자는 이익을 극대화할 수 있지만 그것은 결국 자연과 역사와 문화라는 공공재를 파괴하고 사유화

---

* 이명박은 2008년 2월에 대통령에 취임하고, 8월에 사면권을 행사해서 양윤재를 석방시켰으며, 12월에 대통령 직속 국가건축정책위원회의 위원으로 임명했고, 2011년 11월에 4대강 친수구역조성위원회 위원에 임명했다.

해서 얻는 기형적인 사익이다. 따라서 난개발이 횡행하는 곳에서는 공익이 제대로 지켜지지 않으며, 사익의 무한경쟁이 추구되어 신뢰라는 가장 근본적인 사회 자본이 극히 취약해지고 만다. 난개발은 투기 사회를 만들고, 이윽고 불신 사회를 만든다.

이명박에 이어 서울시장에 당선된 오세훈은 자신의 환경운동 경력을 내세워서 서울의 난개발 문제를 해결할 것처럼 선전했다. 그러나 현실은 전혀 그렇지 않았다. 그 단적인 예가 바로 은평 뉴타운을 건설하기 위해 서울시가 파괴해 버린 '한양주택'이다. '한양주택'은 1996년에 서울시가 '아름다운 마을 제1호'로 지정한 단독주택 단지였다. 주민들의 30년에 걸친 노력으로 자연과 조화를 이룬 아름다운 마을이 만들어졌다. 그러나 이곳은 대다수 주민들의 반대에도 불구하고 이명박에 의해 강제로 뉴타운에 편입되었고, 오세훈은 결국 이곳을 철거해 없애 버렸다. 오세훈은 이런 파괴를 저지르고 은평 뉴타운을 '생태주거'로 선전하고 친환경 정책을 펼치고 있다고 주장했다. 그러나 대형 아파트 단지인 은평 뉴타운은 당연히 은평 지역의 자연을 크게 훼손했다.

난개발과 관련된 오세훈의 문제는 한양주택에 그치지 않았다. 그는 한국의 근대 체육사를 고스란히 간직하고 있던 동대문 운동장을 파괴하고 그 아래에 보존되어 있던 역사 유적조차 제대로 지키지 않은 채 동대문 디자인 플라자^{DDP}라는 거대한 전시성 건물을 서둘러 짓는 데 몰두했으며, 근대 상수의 역사를 간직하고 있어서 문화재청에서 2007년 10월 22일에 등록문화재 제358호로 지정한 구의 정수장도 대대적으로 파괴했고, 심지어 일제의 식민 역사를 잘 간직한 문화재인 서울시청사(1926년 완공)마저 크게 파괴하고 기괴한 형태의 신청사 건축을 서둘러 강행했고, 세운상가를 친환경적으로 재개발한다며 극히 반환경적인 초고층 건물의 건축을 추진했고, 사실상 대대적인 한강과 남산의 파괴 사업이었던 한강 르네상스와 남산 르네상스를 추진했다.

난개발이 횡행하는 곳에서 도시는 문화가 될 수 없다. 도시의 (재) 개발은 자연과 역사를 존중하고 문화를 추구하는 것이어야 한다. 난개발은 극소수 지주와 개발업자의 이익을 극대화하기 위해 자연과 역사와 문화를 파괴하고 사유화하는 것이다. 이 참담한 문제를 극복하기 위해 뜻과 힘을 모아야 한다. 한국에서 양극화는 무엇보다 부동산에서 발생하고 있다. 혈세의 낭비를 막고 양극화를 저지하기 위해서도 난개발을 막아야 한다. 이명박-오세훈 서울시정의 문제를 개혁하는 데서 가장 중요한 것은 바로 그들이 강행한 신개발주의 난개발의 개혁이다.

● 초고층 도시

오늘날 서울의 난개발은 초고층화를 중심으로 이루어지고 있다. 그런데 초고층은 어떤 것인가? 초고층의 기준은 시대에 따라 다르다. 세계 최초의 초고층 건물은 1885년에 시카고에서 지어진 '홈 인슈어런스 건물'이라고 하는데, 이 건물은 42m 높이의 10층 건물이었다. 강철이 개발되기 전까지는 건물의 무게를 지탱할 강한 자재가 없었기에 이렇게 높은 건물을 지을 수 없었다. 19세기 중반에 강철이 개발되고 비로소 고층 건물들이 지어지기 시작했다. '홈 인슈어런스 건물'은 강철을 골격으로 이용한 최초의 건물이었다. 이 건물로부터 '마천루'라는 말이 널리 사용되기 시작했다.

오늘날 초고층은 60층 이상 건물을 가리키는 것으로 사용되기도 한다. 그러나 10층 이상을 고층, 30층 이상을 초고층, 60층 이상을 초

초고층으로 부르는 것이 더 옳을 것 같다. 10층은 사람이 가장 큰 공포를 느끼는 높이라고도 하고, 30층 이상은 쉽게 헤아리기도 어렵고, 60층 이상은 아예 평상적인 지각의 범위를 넘어서는 것 같기 때문이다. 초초고층 도시라고 하면 미국의 뉴욕이 가장 대표적이지만 사실 최초의 초초고층 도시는 미국의 시카고였다. 그런데 이제 서울이 시카고와 뉴욕을 적극 모방하고 있는 것으로 보인다.* 이것도 큰 문제이지만 뉴욕이나 시카고와 달리 난개발의 방식으로 그렇게 하고 있어서 더 큰 문제이다.

한국 최초의 초고층 건물은 1970년에 건축가 김중업의 설계로 지어진 서울의 삼일빌딩이다. 31층이어서 삼일빌딩인 이 건물은 박정희 개발독재를 상징하는 건물로 널리 선전되기도 했다. 그 뒤 1985년에 서울 여의도에 63층인 63빌딩이 들어서서 한국 최고의 초고층 건물이 되었다. 이미 1980년대 후반부터 이렇게 초고층 건물들이 본격적으로 지어지기 시작했지만, 2000년대에 들어와서 아예 전국에서 경쟁적으로 지어지게 되었다. 가장 대표적인 곳은 역시 서울이었다. 주거와 사무의 차이를 막론하고 서울 곳곳에서 초고층 건물들이 크게 늘어났다. 이명박과 오세훈이 서울의 초고층화를 강력히 추진했기 때문이다.

서울 도곡동에 들어선 전체 7개 동에 최고층이 73층인 삼성의 '타워 팰리스'(2004년 완공)는 단순한 초고층 주거의 대표 건물을 넘어서 한국 사회의 양극화를 대표하는 건물로 여겨지고 있다. 이명박과 오세훈의 초고층화 정책에 따라 이런 식의 초고층 주거는 강북에서도 빠르게 늘어나서 용산의 '시티파크'(2007년 완공), 자양동 건대

---

* 부산과 인천이 초고층화에서 서울과 격렬한 경쟁을 벌이고 있다. 부산은 해운대 지구, 인천은 송도 지구가 그 장소이다. 둘 다 아름다운 바닷가를 매립해서 만든 땅이라는 공통점을 갖고 있다. 부산과 인천에서 공유재였던 바닷가와 바다 경관의 사유화가 격렬히 진행되고 있는 것이다.

앞의 '스타시티'(2006년 완공) 등이 들어섰고, 심지어 월곡동('미아리 텍사스')과 전농동('청량리 588')의 집창촌도 초고층 주거로 변신했다.* 이명박과 오세훈의 시정 시기에 강북에서 추진된 대규모 개발사업은 무려 50개를 넘었다. 그 중에 10여 개는 용산 국제업무지구, 상암DMC, 뚝섬 등 50층~100층 이상의 초초고층 재개발이었다.**

이명박과 오세훈은 초고층화를 추진하는 대신에 지상에 녹지를 확보한다고 선전했다. 당시 서울시는 초고층화를 추진하는 것이 아니라 녹지화를 추진하는 것처럼 보이게 선전했다. 그러나 초고층화로 부분적인 녹지화가 진행된다고 하더라도 초고층화는 생태적으로 훨씬 더 큰 문제를 낳는다. 초고층 건물은 저층은 물론이고 고층보다도 훨씬 더 많은 에너지를 소모한다. 그리고 시야를 차단하는 것을 넘어서 햇빛과 바람을 차단해서 도시의 온난화와 오염을 더욱 더 악화시킨다. 세계 평균의 3배를 넘는 서울의 온난화 속도는 초고층화와 함께 더욱 더 빨라질 것이다. 초고층화는 도시의 메소포타미아화라고 할 수 있다. 6000년 전에 메소포타미아에는 인류 최초의 도시 문명이 들어섰다. 그러나 메소포타미아는 자연의 한계를 무시하고 개발을 지속해서 결국 몰락하고 말았다. 초고층화는 지속불가능하기에 파멸을 향한 질주이다. 나아가 생태적인 면뿐만 아니라 경제적인 면에서도 '마천루 지수'와 '로렌스 저주'가 보여주듯이 초고층화는 심각한 문제를 안고 있다(홍성태, 2012: 173).

초고층화는 지주와 개발업자가 도시를 지배하고 있다는 사실을 잘 보여준다. 이런 점에서 초고층화 도시는 양극화 사회의 공간적 구현체이다. 이명박이 군사적 위험마저 무시하고 숱한 의혹 속에 허가한

---

* 그 결과 성매매여성들을 착취하던 포주들이 집창촌에 땅이나 건물을 갖고 있었기에 수백억 대 건물의 주인이 되는 사회적으로 불의한 일도 벌어졌다.
** 이와 별도로 소규모 재개발 사업이 200곳이 넘는 곳에서 진행되었다. 이명박과 오세훈은 강북을 재개발의 아수라장으로 만들어 버렸던 것이다.

잠실 롯데 123층 건물은 그 대표적인 예이다. 이명박은 군사 비행장인 성남 비행장의 활주로를 옮기는 무리를 감행하며 잠실 롯데 123층 건물의 건축을 허가했다. 이 때문에 이 사업은 '4대강 살리기'에 버금가는 이명박 정권의 초대형 의혹사업으로 꼽히기도 했다. 그런데 2014년 봄부터 잠실 롯데 123층 건물의 옆인 석촌 호수의 물이 계속 크게 줄어들고 있고, 그 주변 도로에서 '싱크 홀'(갑자기 땅이 꺼져서 구멍이 생기는 것)들이 잇따라 생겨서, 이 건물의 공사 때문에 지하 수맥이 크게 바뀌어 거대한 지반 침하와 붕괴가 이루어지는 것이 아니냐는 우려가 제기되었다. 2014년 8월에 서울시가 80여 가지의 보완사항을 제시하고 사실상 조기개장을 허용했지만 그렇다고 해서 그 문제와 우려가 완전히 해소된 것은 아니었다. 싱크 홀의 원인은 삼성물산의 지하철 9호선 부실공사로 일단 밝혀졌지만 환경영향평가가 석촌호수의 수위 저하와 주변의 침하에 대해 낙관했던 것과는 달리 문제가 계속 나타났기 때문이었다.

자연과 문화를 존중하는 도시라면 초고층화는 물론이고 고층화도 극히 신중하게 이루어져야 한다. 고층화는 도시를 거대한 시멘트 덩어리들로 구획된 수많은 작은 장소들의 뭉텅이로 망가트리고 사람들을 이러한 열린 시멘트 감옥 속에 구속시킨다. 초고층화는 이 문제를 극단화시킨다. 또한 초고층 건물은 강력한 반생태성 때문에 사람이 안전하고 쾌적하게 살 수 있는 곳이 아니다. 이런 점에서 초고층화는 사실상 강력히 저지되어야 할 반생태적 변화이다.

● 시멘트 도시

서울의 한강을 질식시키고 있는 시멘트* 호안은 서울을 상징하는 토목 시설이다. 이것은 전두환이 서울 한강에 대해 감행한 시멘트 쿠데타의 결과이다. 오늘날 시멘트는 서울을 상징하는 물질이 되고 말았다. 대다수 시민들이 이 문제의 개선을 오래 전부터 요구했다. 그러나 이 문제는 이명박과 오세훈에 의해 더욱 더 악화되었다. 이미 10년 전에 서울의 50%가 시멘트로 뒤덮였다. 오늘날 그 면적은 아마도 70%를 넘을 것이다. 동네의 작은 골목길부터 하천가의 작은 녹지까지 모두 시멘트로 뒤덮여 버린 것인 시멘트 도시 서울의 처참한 현실이다. 광화문과 강남역의 잇따른 도심 침수도 이 때문에 발생한 것이었다.

이렇듯 서울이 시멘트로 뒤덮이게 된 까닭은 무엇보다 먼저 마구 녹지를 훼손하고 난개발을 추진했던 것에서 찾을 수 있다. 1990년대 중반 무렵까지 서울의 50%는 녹지였다. 그러나 오늘날 서울의 녹지는 20% 정도로 줄어들었다. 한때 녹지였던 곳은 이제 모두 시멘트로 포장되어 거대한 시멘트 덩어리들이 들어선 택지며 상가가 되었다. 서울을 대표하는 주거인 아파트는 거대한 시멘트 절벽이다. 건축가 정기용은 아파트를 거대한 시멘트 절벽에 구멍을 뚫고 들어가서 사는 것이라고 묘사했다. 그야말로 핵심을 찌른 촌철의 설명이 아닐 수 없다. 난개발은 시멘트 난개발이며, 초고층화는 시멘트 초고층화이다. 서울은 시멘트

---

* 고대 그리스 시대부터 사용된 시멘트는 물로 반죽해서 사용하는 대단히 편리하고 강력한 토건 재료이다. "시멘트의 경화는 수화작용(水和作用)에 의한 것이다. 일반적으로 시멘트는 골재 같은 메움재료와 섞어서 사용되는데, 모래와 섞으면 석조건축에서 사용하는 모르타르가 되고 자갈이나 부순 돌과 섞으면 콘크리트가 된다. 시멘트를 이용한 건축재료로 가장 널리 사용되는 것은 단단하며 융통성이 있고 저렴한 콘크리트이다. 수경성 시멘트의 기원은 고대 그리스와 로마 시대까지 거슬러 올라가는데, 그 원료는 물과 접촉하면 느린 속도로 경화하는 석회와 화산재였다. 이것은 2000년 전 로마 시대와 후에 서유럽의 건축물에 사용되었다." (다음 백과사전, '시멘트')

로 뒤덮이고 시멘트 절벽이 가득 들어선 세계적으로 희한한 도시이다.

서울에서는 평지나 산자락뿐만 아니라 하천가도 거의 모두 시멘트로 뒤덮였다. 서울에는 한강만이 아니라 크고 작은 하천들이 많다. 청계천, 중랑천, 탄천, 양재천, 안양천 등은 그 대표적인 지천들이다. 이 하천들은 이미 박정희 시대부터 대대적으로 파괴되어 둑과 둔치조차 모두 아스팔트나 시멘트로 뒤덮였거나 여러 시설들이 가득 들어서 있다. 그런데 이명박과 오세훈은 겨우 남아 있던 하천가마저 시멘트로 뒤덮어 자전거 도로를 만들어 버렸다. 자전거는 생태적일지라도 지금의 자전거 도로는 결코 생태적이지 않다. 더욱이 겨우 남아 있는 하천가를 시멘트로 포장해서 만드는 자전거 도로는 극히 반생태적이다.

사실 하천가는 박정희 이래 아주 좋은 것으로 여겨지게 된 '시멘트 직강화'라는 잘못된 치수정책에 의해 거의 모두 시멘트로 뒤덮이고 말았다. 시멘트 직강화는 본래 굽이치며 흐르는 하천을 직강화하고 하천가를 시멘트로 뒤덮어서 변형되지 않도록 하는 것을 뜻한다. 이것은 하천의 본래 모습을 대대적으로 파괴하는 것이면서 하천가를 크게 파괴해 버리는 것이다. 요컨대 자연의 하천을 시멘트 수로로 만드는 것이 바로 시멘트 직강화이다. 이명박과 오세훈은 이 문제를 개선하는 것이 중요한 과제인 시대에 오히려 이 문제를 더욱 더 악화시켰던 것이다.

시민의 휴식과 운동 공간은 다른 방식으로 마련되어야 한다. 그것은 겨우 남은 자연의 공간인 하천가를 파괴하는 방식이 아니라 도로의 차량 운행을 줄이고 건물 사이의 연결통로를 확보하는 방식으로 크게 개선될 수 있다. 이렇게 해야 서울의 생태적 질이 개선되고 시민의 삶을 건강하고 쾌적하게 만들어 줄 수 있다. 봉화의 산골에서 농사를 지으며 생을 보낸 전우익 선생은 '혼자만 잘 살믄 무슨 재민겨'라는 말로 자연을 파괴하고 결국 자신을 파괴하는 삶을 사는 도시인들을 일깨웠다. 편리하지만 자연을 죽이는 시멘트를 가능한 적게 써야 자연의 일부인 우리도 건강하게 살 수 있다.

한국은 일본보다 2배나 많은 시멘트를 소비한다고 한다. 나아가 한국의 시멘트는 '쓰레기 시멘트', '중금속 시멘트', '발암성 시멘트'라는 비판과 의혹마저 받고 있다(홍성태, 2007). 시멘트에 점령당한 땅과 하천을 되살려야 한다. 청계천은 시멘트 고가도로를 벗어버렸지만 다시 시멘트로 뒤덮이고 말았다. 거대한 시멘트 어항이요 분수에 불과한 청계천을 진정한 하천으로 되살려야 한다. 시멘트 호안을 가능한 한 제거해서 시멘트 수로가 되어 버린 서울 한강을 진정한 강으로 되살려야 한다. 서울은 시멘트 도시에서 찬란한 풀빛의 생태문화도시로 거듭나야 한다(서울환경운동연합·대한하천학회 엮음, 2010).

● 자동차 도시

서울은 세계적으로 손꼽히는 자동차 도시이다. 1996년부터 2013년까지 17년 간의 통계를 보면, 서울의 인구는 별로 변동하지 않았지만 자동차 수는 2,168,000대에서 2,973,000대로 80만대가 넘게 늘었다. 로스 앤젤레스처럼 일상의 공간이 넓게 떨어져 있어서 자동차가 꼭 필

표. 서울의 인구와 자동차 통계

	1996	2002	2006	2010	2013
인구(천명)	10,470	10,281	10,356	10,575	10,388
자동차수(천대)	2,168	2,691	2,857	2,981	2,973
통행속도(km/h)	20.9	22.5	22.9	24.0	26.4
주차면수(천면)	1,225	2,333	2,884	3,404	3,760
도로연장(km)	7,689	7,973	8,067	8,142	8,197

자료: 서울통계연보 각년도에서 작성

요한 도시인 것도 아니고, 많은 미국의 도시들처럼 대중교통이 낙후한 도시인 것도 아니지만, 서울은 너무나 많은 자동차들이 운행되는 도시가 되었다. 여기에는 안정적인 시장을 확보하고자 한 자동차 산업의 의도가 큰 영향을 미쳤다. 그리고 서울의 자동차 중에서 승용차가 70%를 넘는다. 서울의 자동차 문제는 무엇보다 승용차 문제이다.

자동차는 수많은 문제들을 낳는다. 교통사고, 대기오염, 토양오염, 수질오염, 중금속 오염, 석유 고갈, 녹지 감소, 대대적인 시멘트화 등이 그 예이다. 1911년 서울의 자동차 등록대수는 단 2대였다. 2011년 5월에 서울의 자동차 등록대수는 300만대를 돌파했다. 실제로 운행되고 있는 자동차의 수는 당연히 등록대수보다 훨씬 더 많다. 이렇게 수많은 자동차가 운행되면서 나타난 서울의 가장 큰 문제는 대기오염이다. 중국에서 날아오는 대기 오염물질이 아주 심각하나 서울과 수도권에서 발생하는 대기 오염물질이 더 큰 문제이다. 더욱이 후자는 우리가 일으키는 것이고 해결할 수 있는 것이다. 오늘날 서울은 너무나 많은 자동차 때문에 건강에 극히 유해한 광화학 스모그의 발생이 일상화된 위험도시가 되었다(홍성태, 2000). 석탄에서 발생한 스모그는 거의 사라지고 석유에서 발생한 광화학 스모그가 시멘트와 함께 서울의 또 다른 부정적인 상징이 되었다.

자동차 배기가스에는 질산화물이 있다. 이 질산화물이 대기 중에서 햇빛과 반응하면 오존이 만들어진다. 이 때문에 스모그가 짙게 발생한 것처럼 하늘이 뿌옇게 보이지만 이것은 스모그가 아니다. 스모그는 석탄에서 발생한 연기와 안개가 결합되어 만들어진 것이다. 1952년 12월 4일에 발생한 런던 스모그로 4천명이 넘는 사람들이 죽었다. 광화학 스모그는 일시에 이렇게 많은 사상자를 발생시키지는 않았지만 사람들의 기관지와 폐에 큰 부작용을 일으켜서 건강의 악화는 물론이고 사망을 유발할 수도 있다. 경기개발연구원의 2013년

12월 보고서에 따르면, 수도권 대기오염으로 매년 2만 명 이상이 조기사망하고 12조3천억원 정도의 사회적 비용이 발생하는 것으로 추산된다(김동영 외, 2013: 69). 이런 문제에 대처하기 위해 생긴 제도가 '미세먼지 예보', '오존 경보제' 등이다. 서울은 심각한 미세먼지 도시이자 광화학 스모그 도시이다. 북한산이나 관악산에 올라 서울 시내를 보면 쉽게 알 수 있지만, 서울의 하늘 위에는 거의 늘 미세먼지와 광화학 스모그가 형성되어 있다.

2009년에 오세훈의 서울시는 "천연가스버스 증가(2000년 43대 → 2008년 5,414대), 자전거 전용도로 길이 확대(2002년 18.3km → 2008년 121.6km), 생활권 공원면적 확장(1997년 43,123 → 55,087천 m^2)"으로 서울의 대기가 좋아지고 있다고 선전했다. 그러나 전체 자동차 수(300만대)에 비해 천연가스버스의 수(5400여대)는 너무나 적고, 자전거 전용도로는 대부분 하천가에 건설되어 자동차의 운행을 줄이지 못하고 있으며, 생활권 공원면적은 일부 확장되었지만 녹지는 오히려 전체적으로 계속 줄어들고 있다. 서울시의 선전은 낯뜨거운 자화자찬에 가깝다. 많은 사람들이 자전거를 타기 위해 자동차를 타고 이동하며, 녹지는 이미 서울에서 가장 희귀한 자원이 되었다.

녹지의 감소에는 자전거 도로의 확대가 큰 영향을 미치고 있다. 자전거는 생태적인 교통수단이지만 자전거 도로는 자동차 도로와 똑같은 반생태적 시설이다. 자전거 도로를 건설하기 위해 하천의 녹지를 대대적으로 파괴하고 시멘트와 아스팔트로 뒤덮인 도로를 만들기 때문이다. 서울시가 정말로 자전거의 이용을 늘리고 자동차의 운행을 줄이고자 한다면, 자동차 도로를 대대적으로 자전거 도로로 전환해야 할 것이다. 자동차 문제에 대응한다면서 자동차 문제는 전혀 개선하지 않고 녹지의 감소와 시멘트화의 문제를 악화시키는 반생태적 토건정책인 자전거 도로 정책을 중단해야 한다. 자전거는 생활지역

안에서 유용한 자동차 대체 교통수단이다. 따라서 생활지역 안에서 자전거를 편리하게 이용할 수 있도록 해야 한다.

● 고탄소 녹색 사기

2008년 2월에 출범한 이명박 정부가 '저탄소 녹색 성장'이라는 이름으로 강력한 개발정책을 펼치기 시작하자 오세훈의 서울시도 이것을 그대로 받아들여 시행하기 시작했다. 이명박 정부가 추진하는 '저탄소 녹색 성장'의 대표는 이른바 '4대강 살리기 사업'이었다. 그러나 이 사업은 22조원이 넘는 막대한 혈세를 투여해서 멀쩡하게 살아 있는 4대강을 마구 파괴하는 것이었다. '4대강 살리기'는 사실상 '4대강 죽이기'이며 '토건족 살리기'였다. '4대강 죽이기'는 '저탄소 녹색 성장'의 실체가 '고탄소 녹색 사기'라는 사실을 입증했다. 이 때문에 서울대 환경대학원의 김정욱 교수는 '내 양심을 몽땅 걸고 4대강 사업에 반대한다'고 외쳤던 것이다(김정욱, 2010; 홍성태, 2010).

오세훈 시장이 강행한 '고탄소 녹색 사기' 정책의 대표는 '서해주운 사업'이라는 이름의 '한강운하 사업'이었다. 그 핵심은 5천톤급 유람선을 서울의 용산에서 출발해서 '경인운하'를 통해 서해를 건너 중국에 가도록 하겠다는 것이었다. 5천톤급 유람선은 한강에서는 큰 배이지만 바다에서는 작은 배이다. 중국으로 가는 유람선은 2만톤을 넘는다. 인천과 제주도를 오가던 '세월호'도 6천톤이 넘는 배였다. 5천톤급 유람선으로 한강과 중국을 오가게 하겠다는 발상 자체가 위험천만하고 허황된 것이었다. 이 발상은 '경인운하'라는 백해무익하고 불필요한 시설을 건설하기 위한 토건국가 정책에서 비롯된 것일 뿐이다(홍성태, 2011).

60

'경인운하'는 불과 18km의 구간을 통과하는 데 최소 2시간이 걸리는 철저히 반경제적인 교통수단이다. 이렇게 반경제적이어서 폐기되었던 경인운하는 이명박-한나라 정권에 의해 돌연 부활되었다. 2011년 9월에 민노당의 강기갑 의원은 2009년 11월에 작성된 수자원공사의 경인운하 보고서를 입수해서 발표했다. 한국해양수산개발원에서 작성한 이 보고서는 경인운하가 경제성을 갖고 있지 않다고 결론지었다. 이에 비해 2008년 12월에 발표된 KDI의 보고서는 경제성이 있다고 주장했는데, 시속 20km로 달리는 경운기보다 훨씬 느린 시속 9km의 운하가 어떻게 경제성이 있을 수 있는가? 애초에 경인운하는 굴포천의 홍수에 대비한 방수로로 개발되었다. 방수로는 물을 항상 비워둬야 하는 시설이고, 운하는 물을 항상 채워둬야 하는 시설이다. 용도가 완전히 뒤바뀐 것이다. 이것은 방수로도 불필요한 시설이었다는 것을 입증한다. 그저 토건족의 먹이였을 뿐이다. 결국 이명박~한나라 정권에 의해 2조5천억원의 혈세가 토건족의 손으로 들어가고, 무려 18km의 멀쩡한 땅이 깊이 6m와 너비 80m로 대대적으로 파괴되어 버렸다.

'경인운하'의 건설은 그 자체로 또 다른 토건국가의 극단화에 해당하는 것이었다. '경인운하'의 건설로 이득을 본 것은 토건업자와 개발공사(특히 수자원공사)밖에 없다. 이런 곳을 이용해서 거대한 유람선을 운항하도록 하겠다는 계획은 더욱 더 잘못된 것이 아닐 수 없었다. 이를 위해 한강의 수심을 최소 6m로 유지하도록 대대적인 준설, 굴착, 시멘트화를 시행해야 한다. 이런 점에서 '서해주운사업'은 '한강 죽이기'이며 '대운하 살리기'였다. 2014년 현재 경인운하(아라뱃길)은 3조원의 혈세를 날린 대표적인 잘못된 토건사업으로 손꼽히고 있다('아라뱃길 '물류 통로' 된다더니..화물선 한 척도 없어', JTBC 2014년 1월 29일).

아라뱃길 경인운하 사업이 엉터리 수요예측으로 3조원의 국책사업
이 손실을 본 것으로 드러났다. 특히 수송시간을 고려하지 않은 잘
못된 예측으로 개통 1주년을 맞은 현재, '깡통운하'로 밝혀지면서 장
밋빛 수요예측을 했던 한국개발연구원(이하 KDI)에 비난의 여론이
거세지고 있다. KDI의 수요예측이 빗나간 것은 물류비용 절감편익
을 산정하면서 수송시간 손실을 제대로 고려하지 않은 것으로 나타
났다. 더욱이 경인운하 선박은 강과 바다를 동시에 운항하기 때문에
'하해河海겸용선'이 돼야 하는데도 불구하고, 속도가 시속 10km내외
에 불과해 경인운하 통과하는데 2시간, 갑문통과 30분, 인천 앞바다
까지 2시간 등 총 4시간 30분이 소요되는 것으로 나타나 대책 마련
이 요구되고 있다. …
이 의원은 또 "KDI는 경인운하의 레저편익 발생 시기를 공사 중인
2011년부터 계산하는 오류를 범했고, 운하건설을 전제로 굴포천 방
수로 하폭을 40m에서 80m로 두 배 확장한 공사비를 운하 건설비
용에서 누락했다"고 강조했다. 이와 함께 2007년 발표한 네덜란드
DHV의 경인운하 용역의 오류를 답습했을 뿐만 아니라 경인운하 현
장을 제대로 둘러보지 않은 채, 연구용역을 네덜란드에 앉아서 했다
는 부실 의혹도 제기됐다. 당시 DHV의 용역은 화주들을 상대로 가
장 기본적인 화물경로선호도 조사를 누락했고, 운하의 물동량 측정
을 위한 경제모형인 로짓 모델 적용 수치를 계산하면서 암스테르담
북해운하의 물동량 연구수치 그대로 적용했다는 것이다. 이 의원은
"결국 KDI는 (경인운하) 2002년에 사업성이 있다고 했다가 2003년
감사원 감사에서 비용편익(B/C) 재산정을 하면서 '사업중단'이 됐다"
면서 "2008년에 다시 KDI가 경제성이 있다고 했지만 개통 1년 만에
'깡통운하'가 돼 3조원의 막대한 혈세가 낭비됐다"고 지적했다(〈파이
낸셜 신문〉 2013년 10월 22일).

오세훈의 서울시는 잘못된 '한강운하사업'을 폐기하기는커녕 아예
한 술 더 떠서 중랑천과 안양천에도 여객선이나 유람선이 다닐 수 있

도록 하겠다는 계획을 발표했다. 이 어처구니없는 계획을 실현하기 위해서는 중랑천과 안양천에서도 대규모 준설, 굴착, 시멘트화를 시행해야 한다. 결국 이 계획은 '중랑천 죽이기'이고 '안양천 죽이기'였다. 오세훈의 서울시는 이 백해무익한 사업에 무려 2500억원이나 되는 막대한 혈세를 퍼붓겠다고 했다. 이것은 사실 2010년 지방선거를 앞두고 거대한 개발계획을 남발하여 개발이익에 대한 기대를 자극해서 표를 얻겠다는 망국적인 토건정치의 정략이었다. 2008년의 총선에서 엄청난 논란을 불러일으켰던 '뉴타운 선거'의 문제가 2010년의 지방선거에서 오세훈에 의해 재연되었던 것이다.

오세훈의 서울시는 2009년 5월 21일에 끝난 '제3차 C40 세계도시 기후 정상회의'에서 탄소의 절감을 약속한 '서울선언문'이 채택되었다며 대대적으로 홍보했지만 실제로 서울시가 질주하고 있는 길은 탄소의 절감과는 거리가 멀어도 너무나 먼 것이었다. 서울시가 정말 '저탄소 녹색 성장'을 추진하고자 한다면, 난개발 도시, 초고층 도시, 시멘트 도시, 자동차 도시, '한강 죽이기' 등의 정책을 전면적으로 폐기하고 생태문화적 전환을 적극 추구해야 한다. 각종 대규모 파괴적인 개발계획들을 녹색 물감으로 치장해서 아름다운 친환경적 발전계획인 것처럼 제시하는 것은 녹색 정책의 탈을 쓴 녹색 사기일 뿐이다.

참고자료

김동영 외(2013), 『수도권 대기오염에 의한 건강위해 취약지역의 평가』, 경기개발연구원
김정욱(2010), 『나는 반대한다』, 느린걸음

김해창(2003), 『환경수도, 프라이부르크에서 배운다』, 이후

박용남(2000), 『꿈의 도시 꾸리찌바』, 이후

서울환경운동연합·대한하천학회 엮음(2010), 『한강의 기적』, 이매진

이필렬(1999), 『에너지 전환의 현장을 찾아서』, 이후

정기용 외(2002), 『문화도시 서울, 어떻게 만들 것인가?』, 시지락

한국방송공사(2001), 'KBS 환경스페셜 - 베를린은 녹색혁명 중',
        2001년 3월 21일

홍성태(2000), 『위험사회를 넘어서』, 새길

＿＿＿＿(2005), 『생태문화도시 서울을 찾아서』, 현실문화연구

＿＿＿＿(2007), 『대한민국 위험사회』, 당대

＿＿＿＿(2010), 『생명의 강을 위하여』, 현실문화

＿＿＿＿(2011), 『토건국가를 개혁하라』, 한울

＿＿＿＿(2012), 『사회로 읽는 건축』, 진인진

런던광역시(2004), 진보정치연구소 옮김(2006), 『런던플랜 - 런던의
        공간발전전략』

이노우에 토시히코 외(2002), 유영초 옮김(2004), 『세계의 환경도시
        를 가다』, 사계절

● 도시계획의 문제

시장이 바뀔 때마다 서울시는 습관처럼 거창하고 아름다워 보이는 도시계획을 발표한다.* 온갖 멋진 문구들과 휘황한 그림들로 장식되어 있는 그 도시계획들은 언뜻 보기에 대단히 연역적인 형태로 작성되어 있다. 따라서 시민들은 그 도시계획들을 보면서 아주 논리적이며, 따라서 객관적 근거를 가지고 있다고 생각하기 쉽다. 그러나 꼭 그런 것은 아니다. 논리적인 형태를 취하고 있다고 해서 정말로 논리적인 것은 아니며, 객관적 근거를 가지고 있는 것은 더더군다나 아니다. 분명한 것은 그저 그렇게 보이도록 도시계획을 작성하고 제시한다는 사실뿐이다. 도시계획은 시민들을 속이거나 집단최면을 걸기 위한 정치적 수단으로 활용될 수 있다.

  사실 도시계획을 잘 세워서 제대로 실행한다는 것은 대단히 어려운 일이다. 한국처럼 정치가와 전문가의 사기가 횡행하는 비리 국가가 아니라 서구의 발전된 투명 국가라고 하더라도 사정은 비슷하다. 영국의 한 학자는 거대도시계획에 관해 "형식주의적 마스터플랜은 그것을 인쇄할 종이만큼의 가치도 없다"고 지적했을 정도이다 (Angotti, 1993: 175~6; 변창흠, 1995: 452~453에서 재인용). 그러므로 도시계획에 대해 너무 큰 기대를 갖지 않는 것이 아마도 좋을 것이다. 정치적 목적이 강한 도시계획이라면 더욱 더 그렇다. 아니, 그런 도시계획이라면 아예 세우지 않도록 해야 할 것이다. 올바른 도시계획을 수립해서 추진하는 것도 서울시가 이루어야 하는 중요한

---

* 2011년 10월에 취임한 박원순 시장은 분명히 예외였다.

개혁 과제이다.

그러나 여러 문제가 있기는 하지만 도시계획은 어떤 식으로든지 도시의 변화에 영향을 미친다. 특히 시장이 정치적 목적을 갖고 강력히 추진하는 계획은 도시의 변화에 큰 영향을 미치기 십상이다. 그러므로 우리는 도시계획에 결코 무관심해서는 안 될 것이다. 중요한 것은 도시계획의 정치적 성격을 잊지 않고 적절히 대응하는 것이다. 예컨대 올바른 도시계획이 마련되어 제대로 실행될 수 있도록 서울시에서 발표하는 도시계획의 내용을 평가할 뿐만 아니라 그 실행을 감시하는 활동을 적극적으로 펼쳐야 한다. 특히 혈세를 낭비해서 불필요한 건설사업을 벌이고, 그 결과 시 재정의 심각한 왜곡을 가져오고, 도시의 자연과 역사와 문화라는 소중한 공유재를 파괴하는 등의 잘못된 '토건국가'적 정책에 대해서는 그 입안자와 실행자가 모두 철저히 처벌받도록 하는 명실상부한 책임행정을 구현해야 한다.

나아가 이러한 책임행정의 관점에서 우리는 도시계획에 대해 근본적 질문을 던질 필요가 있다. 왜 시장이 바뀔 때마다 새로운 도시계획이 추진되어야 하는가? 그것은 4년 또는 8년 안에 이루어질 수 있는 것인가? 그렇게 짧은 시간 안에 서울처럼 오랜 역사를 간직한 도시가 대대적으로 바뀌어도 좋은 것인가? 이전 시장이 추진했던 도시계획의 문제부터 먼저 명확히 제시해야 하지 않는가? 잘못된 계획과 정책으로 말미암은 폐해를 밝히고, 그 책임자들을 법에 따라 엄격히 처벌해야 하지 않는가? 그럴 듯한 미래의 청사진을 펼쳐 보이기에 앞서서 문제투성이의 과거부터 깨끗이 정리하는 것이 옳을 것이다. 이전 시장의 도시계획과 별로 다르지 않은 도시계획을 완전히 새롭고 대단한 것처럼 제시하는 것도 사실 혈세를 낭비하는 것이다.

• 오세훈의 도시계획

이명박의 뒤를 이어 2006년 7월 1일에 서울시장에 취임한 오세훈은 방대한 내용의 새로운 도시계획을 발표했다. 그것은 '시정비전 → 두 가지 시정목표 → 다섯가지 시정방향 → 스무 가지 주요 추진사업'의 연역적 형태로 구성되었다. 오세훈이 제시한 시정비전, 시정목표, 시정방향은 다음과 같다. 오세훈은 '매력있는 도시'를 전면에 내걸었는데, 이것은 사실 2004년에 삼성이 발표한 국가발전보고서의 제목인 '매력있는 한국'을 그대로 모방했던 것으로 보인다. 매력을 운운했지만 그 실상은 그저 경제성장을 이루겠다는 것이었고, 문화 복지 환경 등도 강조했지만 그 실상은 반문화 반복지 반환경이었다.

〈시정비전〉
서울의 미래모습은 '맑고 매력있는 세계도시 서울'입니다. 시민들의 맑은 웃음과 행복한 생활은 결코 꿈이 아닙니다. 세계 어디에서도 찾아볼 수 없는 서울만의 고유한 특성을 살려 매력있는 도시로 만들어가겠습니다.

〈시정목표〉
민선4기 시정의 목표는 고객의 행복지수와 경제지수를 높여 맑고 매력있는 세계도시를 만들어 가는데 있습니다. 세계적으로 경쟁력 있는 도시는 활기찬 경제와 높은 삶의 질을 기반으로 합니다.

* 세계도시 서울을 위해서는 무엇보다 경제활력이 회복되어야 합니다. 시민경제를 활성화시켜 경제지수를 높여 나가겠습니다. 높은 경제지수는 미래 세계초일류도시로 가는 지름길이며 더 나은 생활과 미래의 희망을 보여주는 시금석이기 때문입니다.

* 시민의 삶의 질이 높아지면 시민의 행복지수도 높아지게 됩니다. 소
득이 늘어나도 시민이 느끼는 행복지수가 떨어지면 진정한 의미의 발
전이라고 할 수 없습니다. 경제지수와 행복지수는 함께할 때 의미가
있습니다. 쾌적한 생활환경, 함께 더불어 살아가는 사회를 만들어 시
민이 느끼는 행복지수를 끌어 올려야 하는 이유가 여기에 있습니다.

〈시정방향〉
* 경제에 활력을 불어넣는 것이 최우선 과제입니다. 창의와 상상력
을 발휘해 기존의 하드웨어 위에 소프트웨어의 혼을 담아내야 합니
다. 창의와 활력이 넘치는 경제도시를 만들겠습니다.

* 문화는 경제이자 산업입니다. 이제 문화는 단순히 즐기는 것을 넘
어 경제적 부가가치를 창출하는 문화가 되어야 합니다. 서울의 브랜
드 가치를 높이고 서비스 산업을 부흥시키는 것도 문화입니다. 전통
과 첨단이 어우러진 서울의 문화는 새로운 성장엔진이 될 것입니다.

* 주거환경이나 삶의 질, 나아가 사회적으로 소외된 계층의 꿈과 희
망이 실현되는 복지도시를 만드는 것은 경쟁력의 기본이라고 생각합
니다.

* 환경은 도시생태계의 중요한 인프라입니다. 맑고 푸른 서울을 만
들어 후손에게 잘 물려줘야 합니다. 자연과 사람이 숨쉬는 환경도시
는 도시경쟁력의 기반이 될 것입니다.

* 시민의 자발적인 참여와 신뢰는 세계도시 서울을 향한 가장 큰 힘
이 될 것입니다.

스무 가지 주요 추진사업은 경제문화도시 마케팅, 도시균형발전,
한강르네상스, 시민행복 업그레이드, 맑고 푸른 서울, 세계 디자인

패션 중심지 조성, 세계적 컨벤션도시 개발, 미래 첨단산업단지 조성, 새로운 일자리 창출, 문화관광벨트 조성, 세계적인 축제 개최, 문화예술 인프라 확충, 생활문화시대 구현, 치매 종합복지서비스 제공, 장애인 사회적 자립 협력, 믿고 맡길 보육환경 조성, 단절된 생명녹지축 복원, 고품격 대중교통 실현, 유비쿼터스 행정 실현, 신뢰받는 열린 행정 등이다. 여기서 '경제문화도시 마케팅, 도시균형발전, 한강르네상스, 시민행복 업그레이드, 맑고 푸른 서울' 등 네가지는 '민선4기 시정 4개년계획의 핵심추진 프로젝트'로 제시되었다.

● 역사성의 파괴

오세훈의 새로운 도시계획은 사실 결코 새롭다고 할 수 없는 것이었다. 그것은 이명박 이 추진했던 뉴타운 사업으로 대표되었던 경제도시, 개발도시 계획을 충실히 이어받은 것이었기 때문이다. 사실 오세훈은 이명박보다 더 명확하게 시정목표와 시정방향에서 노골적으로 경제 제일주의를 내걸었다. 오세훈이 제시한 '세계 어디에서도 찾아볼 수 없는 서울만의 고유한 특성을 살려 매력있는 도시'를 만들겠다는 '약속'은 사실 전혀 지켜질 수 없는 것이었다. 오세훈은 '무엇보다 경제활력이 회복'되어야 한다면서 이명박보다 더 많은 시대착오적인 각종 대규모 개발사업을 추진했다. 그 결과 서울성의 핵심인 역사성과 생태성이 또 다시 크게 망가졌다.

오세훈은 오랜 역사를 간직한 도심에 초고층 건물을 짓고, 나아가 강북 곳곳에 더욱 더 많은 고층건물을 짓고자 했다. 그는 이명박이 추진했던 '강북의 강남화'를 더욱 더 확대해서 강행했다. 그런데 삼풍백화점 붕괴사고에서 잘 드러났듯이 파괴를 막을 수 있는 제도와 정책이 있으나 비리 때문에 제대로 작동하지 않는 것이 큰 문제이다. 이명박과 오세훈의 개발에는 문화재청의 '직무유기'가 크게 작용했다는 점에 크게 유의해야 한다. 이명박이 청계천과 주변 지역을 개발하는 과정에서도 문화재청의 승인이 큰 역할을 했고, 이 때문에 문화재청을 둘러싼 커다란 의혹이 제기되었다.* 이명박과 오세훈의 도심 개발과 관련된 문화재청의 문제를 지적한 국회의 질의를 다룬 다음의 기사를 보자.

(2006년 10월) 17일 열린 국회 문화관광위원회 문화재청 국정감사에서 노웅래 열린우리당 의원은 "문화재청이 현상변경 허용 등 예외를 인정한 서울시의 문화재 보호조례 개정안을 승인해주는 바람에 광화문·청계천 등 역사도시 복원의 중심 지역에 현대식 고층 건물들이 늘어서게 됐다"며 "이런 상황에서 유네스코 역사도시로 등재될 수 있겠느냐"고 물었다. 노 의원은 "경복궁과 동십자각 인근에 16~17층짜리 고층건물을 짓고, 옛 조흥은행 건물은 34층으로, 수표교지 주변엔 32층 건물을, 오간수문지 주변은 18층으로 (지을 수 있도록 하는) 현상변경 허용이 각각 이뤄져 재건축·재개발이 추진 중"이라며 "지난 3년 간 4대문 안 문화재 인근에 재건축을 한다며 현상변경 허가 신청을 낸 66건 중 부결된 것은 24건에 불과해, '역사문화 경관'이 전혀 고려되지 않고 있다"고 밝혔다. 그는 "독일의 쾰른 대성당이 고층 건물 하나 때문에 세계문화유산 등재가 취소될 뻔했다"며 "반면, 서울시는 세계문화유산인 종묘 건너편에 위치한 세운상가 주변을 재개발

---

* 필자는 이명박의 개발로부터 청계천을 지키기 위해 황평우 문화연대 문화재위원장 등과 함께 대전의 문화재청으로 가서 문화재청장을 만나 청계천을 지켜줄 것을 요청했다. 그러나 이 요청은 거부당했다. 문화재청장실에는 문화재 보호의 여덟가지 원칙이 적힌 벽보가 있었다. 그 첫번째 원칙은 문화재는 원래의 자리에 그대로 있어야 한다는 것이었다. 나는 이 원칙을 가리키며 광교의 이전과 석축의 파괴는 결코 용납할 수 없는 일이라고 지적했으나 문화재청은 이 원칙을 전혀 지키지 않았던 것이다. 앞으로 이에 대해 엄정한 조사를 해서 문화재청이 왜 이런 잘못을 저질렀는지를 철저히 밝히고 책임자를 처벌해야 한다.

하겠다는 계획을 발표하는 등 고층 건물 건축을 오히려 장려하고 있
지 않느냐”고 말했다”(이정애, 2006).

서울은 흔히 ‘600년 역사도시’로 소개된다. 이것은 조선의 왕도였
던 4대문 안의 도심을 중심으로 한 소개이다. 만일 풍납토성이 있는
풍납동 지역을 중심으로 서울을 소개한다면, 서울은 무려 ‘2000년 역
사도시’로 소개되어야 한다. 고대 백제가 처음 왕도를 건설했던 곳이
바로 풍납동 일대이기 때문이다. 물론 고대와 중세의 역사만이 서울
의 역사는 아니다. 서울에는 일제에 의해 시작된 근대의 역사, 박정
희에 의해 강력히 확대된 현대의 역사도 간직되어 있다. 요컨대 서울
은 고대, 중세, 근대, 현대의 층위를 골고루 갖고 있는 세계적으로 중
요한 도시이다. 대체로 오랜 역사일수록 귀하므로 더욱 세심한 주의
를 기울여야 하지만 현대의 역사에도 극히 귀중한 것이 있으므로 서
울에서 개발은 대단히 신중하게 이루어져야 한다.

지역의 역사라는 것은 다른 어느 곳에서도 찾을 수 없는 그 지역만
의 자산이다. 지역의 역사는 외국에서 수입할 수도 없고 공장에서 생
산할 수도 없는 것이다. 오랜 시간 동안 수많은 사람들이 오가고 어
울려 살면서 남긴 자취가 바로 그 지역의 역사인 것이다. 그러므로
‘서울만의 고유한 특성’을 살리고자 한다면, 무엇보다 서울의 역사를
지켜야 한다. 지역의 역사야말로 지역의 고유한 특성에서 핵심을 이
루기 때문이다. 물론 서울이 엊그제 뚝딱 만들어진 도시라면, 그렇게
하지 않아도 될 것이다. 그러나 로마처럼 서울도 결코 하루 아침에
이루어지지 않았다. 서울의 역사가 서울을 이루고 있다. 서울의 역사
를 파괴하면서 서울의 특성을 지킬 수는 없다.

역사적으로 보아서, ‘서울만의 고유한 특성’은 일제의 침략에 의해
크게 훼손되기 시작했으며, 일제 만주군 출신인 박정희의 개발독재

에 의해 대대적으로 훼손되어 버렸고, 전두환의 한강종합개발사업으로 더욱 심하게 훼손되었다. 그리고 이명박은 600년을 버틴 광교의 유구를 옮기고 겨우 남아 있던 청계천의 석축을 모두 파괴해서 없앴으며, 그 뒤를 이은 오세훈은 '서울만의 특성'을 살리겠다면서 계속해서 '서울만의 특성'을 없애 버리는 정책을 강행했다. 이명박과 오세훈은 새로운 서울을 내세웠으나 실제로는 일제와 박정희와 전두환을 이어받아 서울을 자기들이 원하는 대로 급속히 개조하고 개발사업으로 사람들을 현혹하고자 했던 것이다.

　도시에서는 새로운 도로와 새로운 건물이 언제나 필요하다. 그러나 서울처럼 오랜 역사를 간직한 곳에서는 역사의 보존을 전제로 새로운 도로와 새로운 건물을 만들어야 한다. 그렇지 않으면 서울의 역사라는 서울의 가장 귀중한 자원을 잃어 버리게 된다. 사실 그것은 역사도시 서울 자체를 잃어 버리는 것이다. 우리는 서울에서 서울을 찾기 위해 무진 노력을 해야 하는 안타깝고 어이없는 상황의 문제를 직시해야 한다(홍성태, 2004). 우리는 오랜 식민과 독재의 역사 속에서 이미 너무 많은 것을 잃어 버렸다. 서울의 진정한 선진화를 위해 이제 지키기에 최선의 노력을 기울여야 한다.

● 올바른 균형발전

오세훈의 '도시균형발전' 프로젝트는 '4대 산업벨트 조성', '뉴타운 지속 추진으로 지속 발전 가능한 도시공간 창조', '권역별 발전계획 수립·추진으로 상업·업무기능의 지역별 균형 배치', '상대적으로 교육환경 낙후 지역에 대한 집중지원으로 교육격차 해소' 등이었다. 그런데 여기서 '균형발전'은 좀더 정확하게는 '균형개발'을 뜻하는 것이었다. 그러나 '개발'은 '발전'의 한 조건일 수는 있어도 '발전'과 같은 것은 결코 아니다. 발전의 한 수단으로서 '개발'은 훼손, 파괴, 차별 등의 문제를 안고 있다(홍성태, 2007). 발전은 성숙하고 좋은 상태로 변모하는 것을 뜻한다. '균형발전'은 경제와 문화, 부자와 빈자, 강자와 약자, 과거와 현재, 인공과 자연, 지역과 지역 등 여러 요소와 주체의 균형을 통해 비로소 이루어질 수 있다.

첫째, 경제와 문화의 균형. 경제는 목표일 수는 있어도 목적일 수는 없다. 그것은 더 나은 삶이라는 목적을 위한 수단이다. 일찍이 웜베르가 말했듯이 '만인에게 악마'인 호모 에코노미쿠스(경제인)가 주를 이루고 있는 현대의 경제주의 사회에서는 이 사실이 전도되어 있다(Sennett, 1994). 경제의 제단에 삶을 바치는 어처구니없는 일들이 일상이 되어 있고, 그 결과 어이없는 삶의 비극이 곳곳에서 매일 연출된다. 이런 점에서 우리는 일상에서 이루어지는 다양한 생활문화를 크게 중시해야 하며, 또한 인간의 내적 능력이 고도로 표출되는 예술문화를 크게 중시해야 한다. 문화를 존중하는 경제를 통해 우리는 생활의 향상이라는 목적을 향해 올바로 나아갈 수 있다.

둘째, 부자와 빈자의 균형. 이명박과 오세훈은 뉴타운 사업으로 모든 서울시민이 부자가 될 것처럼 선전했다. 그러나 현실은 전혀 그렇지 않았다. 뉴타운의 원주민 입주율은 10%가 되지 않는다. 시범지구였던 '길음 뉴타운'에 대한 〈한겨레〉의 조사에 따르면 원주민 입주율은 심지어 5%도 되지 않았다. 대다수 가난한 원주민들은 보상금을 받고 다른 곳으로 쫓겨가야 했던 것이다. 한국의 양극화는 일차적으로 '부동산 양극화'이며, 뉴타운 사업은 이 문제를 더욱 악화시켰다. 재개발을 서둘러 강행하기 위해 5명의 세입자를 끔찍한 죽음으로 몰아간 2009년 1월 19일의 용산 참사는 그 단적인 예이다. 모두 부자로 만들어주겠다고 요란하게 선전하며 사실은 빈자를 추방과 척결의 대상으로 여기는 곳에서 균형발전은 불가능하다.

셋째, 강자와 약자의 균형. 어린이, 노인, 장애인 등 생물적 약자를 우선적으로 돌보는 도시를 추구해야 한다. 무서운 속도로 달리는 자동차, 보도를 불법점령한 자동차, 힘들게 오르락내리락 해야 하는 지하도와 고가도, 자유로운 진출입을 막는 건물 입구의 계단이나 문턱 등은 모두 건강한 성인 남자를 주체로 설정한 도시의 속성이다. 우리는 생물적 약자의 관점에서 도로, 건물, 시설을 모두 재평가하고 재설계하고 재시공해야 한다. 1990년대 말부터 서울에서는 이동권 확보를 위한 장애인들의 목숨을 건 투쟁이 쉼없이 전개되고 있다. 그리고 저출산 고령화와 양극화는 서울에서 생물적 약자를 우선적으로 배려하는 것의 중요성을 더욱 더 강화하고 있다.

넷째, 과거와 현재의 균형. 도시는 언제나 변화한다. 재개발은 도시의 숙명이자 특징이다. 그러나 무조건 재개발만 하면 도시의 역사라는 중요한 문화 자산을 모두 없애게 된다. 재개발은 언제나 과거의 현재의 균형을 전제로 이루어져야 한다. 특히 서울처럼 오랜 역사를 간직한 곳은 더욱 더 그렇다. 궁궐과 같은 중요한 유물이나 유적만 보호하는 것이 아니라 도시의 가장 큰 문화 자산인 시민의 생활과 그 기반 자체를 보호할 수 있어야 한다. 이명박은 영조 때 완성된 청계천의 석축과 그 위에 보존되어 있던 생활의 자취를 모두 없애 버렸다. 이제 이런 자기파괴적이고 후진적인 짓은 그만두어야 한다. 역사를 개발과 투기의 먹이로 내던지는 어리석은 짓은 철저히 규제되어야 한다.

다섯째, 인공과 자연의 균형. 지금 서울에서 가장 희귀한 공공재는 바로 자연이다. 이명박과 오세훈은 뉴타운 사업으로 더욱 더 그렇게 만들었다. 뉴타운 사업은 오늘날 한국의 가장 큰 사회적 과제인 양극화를 촉진하고 토건국가와 투기사회의 문제를 악화시켰다. 또한 '생태전원도시'를 내걸고 전개된 '은평 뉴타운 사업'에서 잘 드러났듯이 뉴타운 사업은 커다란 자연의 훼손과 파괴를 일으켰다. '은평 뉴타운'으로 영원히 망실된 '한양주택'은 1996년에 서울시가 '아름다운 마을 1호'로 지정했던 곳이다. 주민들은 이곳을 지키고자 했다. 그러나 이명박과 오세훈의 서울시는 주민의 뜻을 저버리고 뉴타운 사업을 강행했다. 그리고 심각한 자연의 파괴와 엄청난 폭리의 문제까지 일으켰다.

여섯째, 지역과 지역의 균형. 서울은 지역적으로도 심각한 불균형 상태에 있다. 이것은 지역간 불균형과 지역내 불균형으로 나뉜다. 전자의 대표적인 예는 강남과 강북의 불균형이다. 1970년대 중반부터 본격적으로 개발되기 시작한 강남은 기업, 학교, 공원, 병원, 도로 등 여러 면에서 강북보다 우월하다. 이 점에 착안해서 이명박과 오세훈은 뉴타운 사업을 내걸고 강북의 강남화를 추진했다. 그러나 이것은 강북의 생태적 역사적 사회적 특징을 무시하고 강남의 문제를 강북으로 확산하는 것으로서 대단히 잘못된 것이었다. 같은 지역내에서도 심각한 불균형을 볼 수 있다. 지척에 조성되어 있는 강남의 구룡마을과 타워 팰리스는 그 대표적인 예였다. 여기서 우리는 양극화의 현실이 너무도 적나라하게 구현되어 있는 것을 볼 수 있었다. 이런 점에서도 강북의 강남화는 크게 잘못된 것이다. 전체 서울의 조화를 전제로 해당 지역의 생태적 역사적 사회적 특징을 존중해야 올바른 균형발전이 이루어질 수 있다.*

---

* 서울의 개혁은 나라 전체와의 연관을 염두에 두고 추진되어야 한다. 서울은 국토의 0.6%밖에 되지 않지만 인구의 22% 정도가 모여 있는 기형적인 곳이다. 그 결과 서울에 물을 공급하기 위해 국토의 25% 정도, 전기를 공급하기 위해 국토의 80% 정도가 규제되고 있다. 서울은 과밀로 내파하고, 지방은 과소로 외파(explosion)하고 있다. 서울의 집중을 완화하는 것은 국가와 서울의 양 차원에서 중대한 전략적 과제이다. 이를 위해 서울의 최적 인구를 설정하고, 그에 따른 도시계획을 추진해야 한다.

올바른 균형발전을 위한 서울의 개혁은 생태문화적 관점을 확립하는 것으로 시작될 수 있다. 그리고 그 핵심은 '삶의 질'을 높이기 위해서는 무엇보다 먼저 자연을 존중하고, 그 위에서 복지와 문화를 확충해야 한다는 것으로 요약될 수 있다. 자연이 크게 훼손된 곳에서 '삶의 질'이 높을 수는 없다. 우리는 자연 속에서 그 한 요소로 태어나 살다가 죽는 자연 속의 존재이기 때문이다. 리들리 스콧 감독의 영화 〈블레이드 러너〉에서 묘사된 2019년의 로스 엔젤레스처럼, 아무리 부유해도 늘 스모그로 뒤덮이고 산성비가 내리는 곳에서 우리는 불행할 수밖에 없다.

지구 온난화로 대표되는 현재의 생태위기가 잘 보여주듯이, 근대화와 함께 형성된 반생태적 문화는 지속될 수 없다. 서구에서는 이런 생태적 각성과 전환이 1960년대 초부터 이루어지기 시작했다. 그 중요한 성과로서 1992년 브라질의 리우 데 자네이루에서 세계 각국의 정상들이 모여서 '우리 공동의 미래'를 위한 '지속가능한 발전'을 천명하게 되었다(홍성태, 2007). 이른바 '지속가능한 발전'은 생태적 문화에 의해서만 비로소 이루어질 수 있다. 자연을 지켜서 우리 자신과 우리 후손을 지키자는 것이 '지속가능한 발전'의 핵심이다. 서울의 개혁은 무엇보다 이 점을 염두에 두고 추진되어야 한다. 자연의 훼손은 서울의 '삶의 질'을 악화시키는 가장 큰 문제이기 때문이다.

'머서 휴먼 리서치 컨설팅'이라는 컨설팅업체는 매년 세계의 여러 도시들을 대상으로 '삶의 질'을 평가한 결과를 발표한다. 이 평가는 다국적기업의 직원들을 대상으로 이루어지며, 또한 그 결과는 다국적기업의 운영에 참고자료로 활용된다. 휴먼 리서치 컨설팅은 정치·사회환경, 경제환경, 사회문화환경, 의료·보건, 교육, 공공 서비스,

레크리에이션, 소비재, 주택, 자연환경을 기준으로 평가한다(www.
mercerhr.com). 2006년에 서울은 214개 도시에서 89위에 머물렀다.
서울의 순위가 이렇게 낮은 것은 자연의 훼손과 밀접하게 연관되어
있다. 예컨대 2004년에 자연환경을 감안한 '생활의 질'에서 서울은
무려 157위를 차지했다. 2011년 11월에 발표된 평가에서 서울의 순
위는 80위로 2006년과 비슷한 상태였다.

사실 이런 계량화된 순위가 아니더라도 우리는 서울의 자연이 심
각한 상태에 있다는 것을 잘 알고 있다. 서울에서 맑은 하늘을 보는
것은 그야말로 손가락으로 꼽을 수 있을 정도이다. 서울에서는 먼 산
이 아니라 앞 산도 거의 늘 뿌옇게 보인다. 뿌옇게 보이는 것이 거의
정상적인 것처럼 여겨지는 비정상 도시가 서울이다. 원래 부족한 자
연녹지는 계속 줄어들고 있으며, 각종 재개발과 함께 주택녹지는 더
욱 빠르게 줄어들고 있다. 대신에 거대한 초고층 시멘트 덩어리들이
장소를 가리지 않고 불쑥불쑥 솟아오르고 있다. 서울은 이미 세계적
인 초고층 도시가 되었다. 그 바탕에는 '아파트 공화국'으로 대변되는
토건국가와 투기사회의 문제가 자리잡고 있다.

오늘날 서울의 외관은 고층 건물들에 의해 지배되고 있다. 이런 점
에서 고층화의 문제에 대해 더욱 주의할 필요가 있다. 고층 건물은
생명의 원천인 땅과 물을 대대적으로 파괴하고 지어지며, 생명에 필
수적인 햇빛과 공기의 흐름을 막는다. 고층 건물이 가득 들어선 곳은
열섬, 스모그 등 많은 생태적 문제들이 일어나는 반생태적 공간이다.
그 안에서 살아가기 위해서는 외부에서 공급되는 아주 많은 자원을
소모해야 한다. 고층 건물은 그 자체로 반생태적 공간이면서 주변 지
역을 반생태적 공간으로 만든다. 따라서 고층 건물들이 점령한 도시
는 위험하고 불안하다. 그러나 서울에서는 지금 고층화를 넘어선 '초
고층화' 경쟁이 격렬하게 벌어지고 있다. 그 귀결은 생태위기의 가속

화이다.

2007년에 서울을 포함한 세계 10개 도시의 행복지수를 조사한 연구결과가 발표되었다. 이 조사에서 서울은 꼴찌인 10위로 나타났다. 8위는 도쿄, 9위는 베이징이었다. 이 연구를 진행한 숙명여대 이남영 교수는 그 교훈을 다음과 같이 요약해서 제시했다.

조사결과 세계 주요 도시 시민들의 행복도는 경제와 같은 물질적인 영역에 의해 좌우되는 게 아니라, 문화, 환경, 건강, 공동체 생활, 시민긍지와 같은 탈脫물질적인 영역에 의해 크게 영향을 받고 있다는 사실이 드러났다. 행복지수 1위의 도시 스톡홀름의 경우 문화영역, 환경영역에서 1위다. 반면에 경제영역에서 1위인 도쿄는 행복지수에서는 8위라는 점은 시사하는 바 크다.
서울시민들은 각박하게 돌아가는 돈벌기 경쟁으로부터 탈피해, 사회적으로 넉넉하고 여유있는 삶을 원하고 있다. 그러기 위해서는 복지부분을 확충하며, 문화부분을 활성화하고, 좋은 생활환경을 만드는데 서울시정의 초점을 맞춰야 할 것이다. 그리고 이웃집에 누가 살고 있는지를 모를 정도로 공동체정신이 결여된 시민문화를 바꿔나가야 할 것이다(이남영, 2007).

이남영 교수의 설명은 생태적 전환의 전제 위에서 복지와 문화를 강조하는 것으로 결국 생태문화적 접근의 중요성을 제시하는 것이다. '진정한 선진화'는 결코 경제성장만으로 이루어지지 않는다. 생태문화적 접근에 바탕을

표. 세계 10대 도시민 행복도

순위	도시	행복도
1	스톡홀름	80.08
2	토론토	79.97
3	뉴욕	78.30
4	런던	76.71
5	파리	73.88
6	베를린	72.92
7	밀라노	69.52
8	도쿄	69.01
9	베이징	67.76
10	서울	63.64
평균		73.17

둔 경제성장이 아니라면, 그것은 '돈 많은 못 사는 나라'로 귀결되고 말 것이다. 지금 한국은 그런 '기형국가'의 상태에 있다. 그리고 서울은 그 상징적 공간이다(홍성태, 2006).

● 도시계획과 불신

계획은 불신을 부를 수 있다. 이것은 계획의 역설이다. 계획은 하나의 '약속'이다. 따라서 그것을 제대로 이행하지 않으면 '양치기 소년'의 우화가 알려주는 것과 같은 상태가 조성될 수 있다. 약속이 지켜지지 않으면 그 전제인 신뢰가 약화될 수밖에 없는 것이다. 따라서 계획은 신중히 마련되어야 하며, 가능한 철저히 실행되어야 한다. 계획의 이름으로 홍보와 사기가 횡행하는 곳에서 신뢰가 강화될 수는 없다. 특히 이런 홍보와 사기를 직업적으로 자행하는 전문가는 영구적으로 퇴출되어야 한다.

그러나 계획을 지키지 않는 것만이 문제는 아니다. 사실 더욱 중요한 것은 계획의 내용이다. 잘못된 계획을 강력히 추진하면, 그것도 역시 심각한 불신의 문제를 낳을 수밖에 없을뿐더러 자연, 역사, 문화는 물론이고 경제의 면에서도 심각한 파괴의 문제를 낳기 때문이다. 대다수 국민의 반대에도 불구하고 이명박–한나라 정권이 극구 강행하고 있는 4대강 죽이기는 그 단적인 예이다. 잘못된 계획을 강력히 추진하는 사람을 믿지 않게 되는 것은 자연스러운 일이다. 따라서 올바른 계획을 세워서 제대로 추진하도록 해야 한다.

사회는 신뢰에 바탕을 두고 있다. 불신이 만연한 사회에서 법은 지켜지지 않으며, 사회는 '만인의 투쟁' 상태에 빠지고 만다. 그러므로 사회의 구성과 운영에 관한 결정에서 가장 큰 직접적 책임을 지고 있는 정치인은 불신의 해소와 신뢰의 강화를 위해 최선을 다해야 한다. 정책계획은 사회에 대한 약속이다. 서울의 곳곳에서 잘못된 계획과 부실한 소통에 맞서 매일 격렬한 저항이 벌어지고 있다. 이와 함께 신뢰의 약화와 불신의 확대가 이루어진다는 사실은 계획의 실패보다 더 중요한 부정적인 결과이다.

이명박과 오세훈은 박정희, 전두환과 달리 자연, 역사, 문화, 시민을 내세웠으나 실제로는 달라진 것이 없이 기득권층을 중심으로 한 불평등하고 파괴적인 성장주의와 개발주의를 강력히 추진했다. 사실 오세훈은 이명박을 충실히 이어받았을 뿐만 아니라 '무상급식' 논란에서 잘 드러났듯이 이명박을 넘어서 더욱 불평등하고 파괴적인 경제주의를 강행했다. 심지어 오세훈은 시정목표에서 시민을 '고객'으로 불렀다. 그러나 시민은 결코 '고객'이 아니다. '고객'은 돈으로 평가받는 존재이지만 시민은 그의 존재 자체로 존중되어야 한다. 이명박에게서 비롯된 이런 식의 경제적 접근은 시민에 대한 심각한 '모욕'이다.

진정한 '균형발전'은 청산되지 않은 개발독재의 잔재인 성장주의, 개발주의, 경제주의에서 벗어나서 생태문화적 접근을 추구하는 것으로 이루어질 수 있다. 박정희와 전두환의 군사-개발독재를 통해 형성된 토건국가의 구조가 전혀 개혁되지 않았기 때문에, 자칫하면 서울은 개혁적인 시장에 의해서도 더욱 더 과격한 개발도시가 될 수 있다. 진정 '서울만의 고유한 특성'을 지키고 서울에서 맑은 하늘을 보며 살 수 있기 위해 토건도시 서울, 비리도시 서울을 생태문화 도시, 생태복지 도시로 만들기 위한 노력을 본격적으로 추진해야 한다.

변창흠(1995), '자본주의적 도시(공간)계획과 진보적 도시(공간)계획', 한국공간환경연구회 엮음(1995), 『세계화시대 일상공간과 생활정치』, 대윤
이남영(2007), '서울시민의 행복지수를 높이려면', 『서울신문』 2007년 2월 2일
이정애(2006), '유네스코 등재한다면서 고층건물 허용하나', 『한겨레신문』 2006년 10월 18일
홍성태(2004), 『서울에서 서울을 찾는다』, 궁리
______(2005), 『생태문화도시 서울을 찾아서』, 현실문화연구
______(2006), 『현대 한국사회의 문화적 형성』, 현실문화연구
______(2007),개발주의를 비판한다, 당대

Sennett, Richard(1994), 임동근 외 옮김(1999), 살과 돌, 문화과학사

신개발주의와 서울의 파괴적 개발

● 신개발주의의 문제

2002년 6월에 이명박은 '청계천 복원'을 대표사업으로 내걸고 서울시장에 당선되었다. 이로써 서울은 박정희의 개발독재를 통해 본격화되었던 파괴적 개발의 역사를 마침내 끝내고 새로운 시대로 나아가게 된 것처럼 보였다. 그러나 이명박의 서울시정은 신개발주의의 좋은 예일 뿐이었다. '신개발주의'란 종래에 일방적으로 파괴되어 온 자연과 역사의 복원을 내걸고 추진되는 새로운 개발주의를 뜻한다. 신개발주의는 구개발주의와 아주 다른 것 같지만 사실 그 본질은 전혀 다르지 않다. 신개발주의는 개발주의의 한 유형일 뿐이다. 신개발주의는 자연과 역사의 복원을 내걸고 또 다른 자연과 역사의 파괴를 추진한다. 또한 신개발주의는 건축을 내걸고 건축을 왜곡한다(홍성태, 2012)

개발은 공간을 변형하는 행위이다. 더 많은 돈의 추구가 그 기본적인 작동방식인 자본주의에서 개발은 공간이 가지고 있는 여러 가치들 중에서 경제적 가치를 가장 중요하게 여기고 그것을 최대화하기 위해 공간의 고유한 장소성을 크게 변형시킨다. 모든 공간은 그 공간만의 고유한 장소성을 가진다. 그것은 크게 자연성과 역사성으로 나눌 수 있는데, 서울처럼 오랜 역사를 가진 곳은 두 가지를 모두 잘 갖추고 있게 마련이다. 그러나 이러한 서울의 장소성은 식민과 독재의 시대를 지나며 대대적으로 파괴되고 말았다. 그런데 이렇게 서울의 고유한 장소성을 파괴하고 경제성장이 이루어진 결과로 서울의 고유한 장소성에 대한 관심이 새롭게 커지기 시작했다. 경제성장의 변증

법이 전개된 것이다.

신개발주의는 '삶의 질'에 대한 관심이 공간적으로 나타난 것이라고 할 수 있다. 경제성장이 이루어지자 '삶의 질'에 대한 관심이 커졌고, 그 결과 삶의 질을 지탱하는 기반인 자연과 역사에 대한 관심이 커졌던 것이다.* 신개발주의로 개발주의가 모습을 바꾼 것은, 한편에서 종래의 개발주의가 더 이상 지탱될 수 없게 되었다는 것을 보여주지만, 다른 한편에서 개발주의가 여전히 막강한 힘을 지니고 있다는 것을 보여준다. 오랜 개발독재를 통해 개발주의는 이 사회를 움직이는 가장 강력한 동력이 되었으므로, 그것을 바꾸는 것은 사실 이 사회를 근원적으로 바꾸는 것이다. 개발주의를 극복하지 못하면 결국 경제와 생태의 양면에서 파국을 맞게 될 것이다(홍성태, 2007).

● 신개발주의의 전개

비록 이명박의 서울시정이 신개발주의의 좋은 예로서 집중적인 비판을 받았지만, 사실 구개발주의가 신개발주의로 모습을 바꾸기 시작한 것은 이미 1980년대 초였다. 다른 모든 것과 마찬가지로 개발주의도 시대에 따라 그 모습을 바꾼다. 개발독재 시대에 그것은 자연과 역사를 직접적으로 파괴하고 공간의 경제적 가치를 최대화하는 방식으로 나타났지만, 경제성장이 이루어진 뒤에는 우선 자연과 역사를 적극적으로 활용하는 방식으로 변모했으며, 이어서 개발독재를 통해

---

* 1990년대에 들어와서 나타난 두 가지 새로운 현상인 '웰빙'과 문화유산 찾기는 이 사실을 보여주는 좋은 예이다. 서구에서도 경제성장 이후에 비슷한 현상이 나타났는데 1970년대 중반에 미국의 사회학자 잉글하트는 이것을 '탈물질적 가치'의 확산으로 설명했다(Inglehart, 1977). 자연과 역사를 제대로 지키고 살리지 못하면 '삶의 질'은 제대로 충족되지 않는다. 자연은 우리 육체의 거처이고, 역사는 우리 영혼의 모태이기 때문이다.

파괴된 자연과 역사를 복원한다는 방식으로 변모했다.

　이런 점에서 신개발주의의 효시로는 전두환의 한강종합개발사업을 들 수 있다. 이 사업의 기본은 김포에서 팔당에 이르는 한강변을 직강화하고 시멘트로 포장하는 것이었다. 그 거리는 무려 52km에 이른다. 이 무시무시한 파괴사업은 홍수를 막고 시민의 휴식공간을 개발한다는 명목으로 이루어졌다. 그러나 그것은 사실 '한강종합파괴사업'이었다. 이에 대한 '서울시사편찬위원회'의 공식적 평가를 보자.

1970년 이후의 본격적인 서울의 도시개발과 유역의 도시형 토지이용 변형 등은 한강의 자연생태계를 크게 변화시키고 말았다. 특히 1988년 서울올림픽을 대비해 실시된 한강종합개발사업과 하상정비사업은 홍수 예방과 수자원의 효율적인 이용, 친수공간의 확보 등에 긍정적인 효과를 주었으나, 하천의 고유 생태계를 어지럽히는 부작용을 낳고 말았다.
1982년 9월에 착공한 한강종합개발사업의 주된 내용을 보면 ① 행주대교에서 팔당댐에 이르는 52km에 인공저수로를 만들어 수상교통로로 활용하며, 여러 수상경기를 열 수 있는 시설을 건설해 쾌적한 생활공간을 만들고 ② 210만평의 고수부지를 조성해 체육공원·편의시설·광장·공원녹지 등으로 개발하며 ③ 서울시의 교통체증 현상을 줄이기 위하여 대규모의 강변도로를 건설하고 ④ 한강수의 오염을 막기 위하여 대규모의 하수처리장을 건설, 현재 심각한 문제가 되고 있는 한강의 비정상적 생태계를 정상적인 생태계로 살린다는 등 한강을 지역주민에게 되돌려주자는 친수 목적에 근거하였다. 그러나 정작 이러한 한강종합개발사업은 한강의 자연하천의 모습을 앗아갔으며, 생물 서식지 교란으로 한강 생태계를 크게 바꾸어 놓는 결과를 초래하였다.
한강은 본디 상류·중류·하류가 뚜렷이 구별되는 지형적인 영향으로 하천의 친수 기능을 위한 좋은 조건을 갖춘 곳이었다. 여가공간과 환경공간으로서의 한강의 가치는 상류 지역은 경관감상의 장소로서, 중류는 수상레저공간으로서, 하류는 강변 휴식공간으로서 크게 평가되었다. 그러나 이러한 한강의 공간적 가치는 하안과 하상의 인위적 공사로 인해 크게 저하되었다(서울특별시사편찬위원회, 2001: 60~61).

전두환과 그의 부하들은 휴식공간에 대한 시민의 요구를 이용해서 한강의 본래 모습과 자연 자체를 크게 파괴해 버렸던 것이다.

1982년 전두환의 한강종합개발사업에 뒤이은 신개발주의의 또 다른 뚜렷한 예로는 2000년 고건 시장의 '난지도 골프장'을 들 수 있다. 난꽃이 피어나던 아름다운 난지도는 서울시의 쓰레기를 매립해서 서울에서 가장 더럽고 흉측한 '난지 쓰레기 산'이 되어 버렸다. 서울시는 이곳을 생태적으로 복원해서 공원을 만들겠다는 계획을 추진했는데, 매립지 상부의 부지 중 2/3를 국민체육진흥공단에 맡겨서 골프장으로 만들려고 했다.* 그러나 생태적 복원과 골프장 건설은 결코 양립할 수 없는 것이다. 골프장은 그 자체로 심각한 생태적 파괴의 현장이기 때문이다(이은희, 2001). 따라서 골프장을 건설하겠다는 서울시의 잘못된 계획을 막기 위해 많은 시민들이 힘을 모아 싸웠다. 그러나 서울시는 이러한 반대를 무시하고 골프장 건설을 강행했다. 시민들의 반대를 무마하기 위해 서울시가 제시한 논리가 난지도에 짓는 골프장은 '생태대중골프장'이라는 것이었다. 자연을 파괴하는 골프장을 지으면서 자연에 대한 시민의 관심을 악용하는 엉터리 논법의 좋은 예였다. 이 골프장을 대중적으로 운영하겠다는 서울시의

---

* 난지도 쓰레기 매립지 주변의 총면적은 823,000평이다. 고건 시장의 서울시는 평화의 공원 140,000평, 난지천 복원 120,000평, 제2 매립지 상부 생태공원 50,000평, 매립지 사면 및 주변 녹화 408,000평 등 총 718,000평을 공원화하고, 전체 면적의 약 15%에 해당하는 제1 매립지 상부 105,000평에 대중 골프장을 조성하는 계획을 추진했다.

계획도 물거품이 되고 말았다. 골프장 운영에는 너무 많은 돈이 들기 때문에 결코 대중적으로 운영할 수 없는 것이다. 이 때문에 시민들은 2004년 여름부터 이 골프장을 생태공원으로 만들기 위한 운동을 새롭게 펼치기 시작했다. 이것은 재정적으로도 올바른 것인데, 왜냐하면 골프장은 하루 300명밖에 이용할 수 없지만, 공원은 하루 3만명이 이용할 수 있기 때문이다. '난지도 골프장'은 신개발주의가 '삶의 질'에 대한 시민의 관심을 악용하여 자연과 역사를 파괴할 뿐더러 불평등을 더욱 심화시킨다는 것을 보여주는 좋은 예였다고 할 수 있다. 결국 '난지도 골프장'은 2008년 6월에 취소되었고 생태공원으로 변경되었다.

이처럼 신개발주의는 2002년 7월 이명박의 서울시장 취임과 함께 나타난 것이 아니라 사실 경제성장에 따라 개발주의가 모습을 바꾼 것이다. 이런 역사적 사실을 잊지 말아야 한다. 이것은 개발주의에 대응하는 것이 대단히 어렵다는 것을 보여준다. 개발주의는 어떤 고정된 형태로 존재하다가 사라지는 것이 아니라 시대의 변화에 따라 계속해서 그 모습을 바꾸기 때문이다. 개발주의에 관한 이러한 역사적 인식은 생태적 전환의 과제를 추구하기 위한 출발점이 된다. 생태적 전환은 생태위기에서 벗어나기 위한 시대적 과제이다.* 다시 말해서 그것은 지금의 파괴적인 문명에서 벗어나기 위한 문명사적 과제이다(홍성태, 2004ㄴ). 이 절박한 과제를 올바로 이루기 위해서도 개발주의를 고정적인 대상으로 보는 것은 잘못이다. 개발주의는 파괴

---

* 생태위기는 인간의 활동으로 말미암아 초래된 생태계의 파멸 위기이다. 이 위기는 인위적인 것이기 때문에 인간의 활동을 개선하는 것으로 약화되거나 치유될 수 있다. 이것이 바로 생태적 전환이다. 그것은 생태학의 교훈을 인간의 활동에 적용해서 자연의 한계와 순환을 지키는 것이다. 개발을 줄이는 것, 자원의 소비를 줄이는 것, 폐기물의 배출을 줄이는 것은 그 구체적인 과제이다. 궁극적으로 생태적 전환은 탈원전, 탈공업, 탈토건의 3대 구조개혁 과제를 통해 이루어질 수 있다. 여기서 탈공업은 즉각적이고 전면적인 공업의 포기를 뜻하지 않는다. 혼란과 피해를 줄이기 위해 점진적이고 생태적인 공업의 전환을 추구해야 한다.

적인 문명을 일구고 지탱하고 있다. 이러한 개발주의가 어떻게 변해 왔는가를 올바로 이해함으로써 우리는 그것이 어떻게 변해갈 것인가에 대해서도 좀더 잘 알 수 있게 될 것이다. 그 결과 우리는 개발주의에 좀더 올바로 대응할 수 있게 될 것이다.

이렇게 개발주의를 역사적 관점에서 보는 것과 그것을 단순히 외적인 대상으로 보지 않는 것은 밀접한 연관을 맺고 있다. 개발주의가 계속 모습을 바꾸면서 지속되는 까닭은 그것이 다수의 삶과 깊이 연관되어 있기 때문이다. 요컨대 개발주의는 소수 지배세력의 지배방식에 그치는 것이 아니라 다수 일반시민의 일상적 생활방식이기도 하다. 따라서 개발주의에 맞서는 것은 다수의 일상적 생활방식에 맞서는 것이기도 하다. 이런 상황을 무시한 채 개발주의를 비판하고 비난하는 것만으로는 개발주의를 절대 극복할 수 없다. 요컨대 근대화 이전에는 다수의 사람들이 개발주의와 무관한 삶을 살았을지라도 근대화 이후에는 다수의 사람들이 개발주의가 빚어낸 사회 속에서 살아가게 되었다. 그 결과 다수의 사람들의 일상생활을 통해 개발주의가 재생산될 수 있게 되었다. 물론 여기서 실제로 큰 이득을 보는 사

난지도공원 주변도
자료: 구글지도

람들은 소수 지배세력이다. 따라서 개발주의의 문제를 해결하기 위해서는 개발주의의 대중화와 그 실제 이득 사이의 틈을 가능한 크게 벌려야 한다.* 그러나 이것은 다수의 일상생활을 바꾸는 과제이기 때문에 이루기가 대단히 어렵다.

박정희 정권의 조국 근대화, 곧 군사적 성장주의의 방식으로 강행된 파괴적 개발의 여러 결과 중에서 가장 무서운 것이 바로 이것이다. 박정희 정권은 사람들로 하여금 파괴적 개발을 개발과 같은 것으로 여기게 만들었고, 여기서 나아가 그것을 발전과 같은 것으로 여기게 만들었다. 이렇게 해서 이른바 '박정희교'는 오늘날까지 엄청난 수의 신도들을 거느릴 수 있게 된 것이다.** '박정희교'로 나타나는 이러한 파괴적 개발의 구조를 해체하는 것이야말로 신개발주의를 넘어서 생태적 전환으로 나아가기 위한 근원적인 과제이다. 물론 이 과제를 이루기 위해서 개발주의의 폐해를 알리고 대응하는 것만으로는 부족하다. 파괴적 개발을 막고 '보존형 개발'을 추구해야 하며, 그 바탕 위에서 생태적 전환을 추구해야 한다. 이런 적극적 실천을 통해 '박정

---

* 쉽게 말해서 이것은 개발과 투기에 대한 기대를 품지 않게 하는 것을 뜻한다. 그러나 토건국가의 구조가 강력히 확립된 상황에서 이것은 대단히 어려운 과제이다. 토건국가는 개발독재의 가장 중요한 구조적 유산이지만 민주화 세력은 이에 대해 제대로 인식하지 못했다. 노무현의 실패는 삼성에 대한 일방적인 의지보다 토건국가에 대한 몰이해에서 비롯된 것이다(홍성태, 2009). 토건국가를 개혁해서 개발과 투기에 대해 맹목적인 기대를 품는 국민들이 대폭 줄어들어야 개발주의를 동력으로 해서 작동하는 지역주의를 넘어서 민주주의의 실질화가 추구될 수 있다.
** '박정희교'는 단순히 박정희를 맹목적으로 신뢰하고 추종하는 것을 뜻하지 않는다. 일찍이 경제학자 유인호가 지적했듯이 그것은 박정희가 제시한 경제성장과 부국강병의 목표를 맹목적으로 신뢰하고 추종하는 것을 뜻한다. 박정희는 그것을 GNP의 성장으로 제시했으며, 이 점에서 유인호는 'GNP교'라는 용어로 박정희 정권의 개발독재를 비판했다(유인호, 1974). '박정희교'의 극복은 단순히 박정희 군사독재의 청산이 아니라 박정희 개발독재의 청산을 통해 이루어질 수 있다. 실로 후자가 전자를 정당화하는 것이면서 현재도 막강한 힘을 발휘하고 있기 때문에 토건국가로 구조화되어 막강한 힘을 발휘하는 후자를 개혁하지 않고는 전자도 제대로 개혁되기 어렵다(홍성태, 2009).

희교'의 문제가 더욱 분명하게 드러날 수 있을 것이다.

● 이명박과 신개발주의

이제 이명박이 서울시장(2002년 7월~2006년 6월)으로서 펼쳤던 신
개발주의 정책에 대해 살펴보자. 이명박이 본격적으로 신개발주의라
는 비판을 받게 된 까닭은 그가 박정희와 전두환의 개발독재 시대의
폐해를 바로잡고 자연과 역사를 되살리는 시대로 나아가겠다고 공표
했기 때문이다. 그러나 그는 신개발주의를 시정의 근간으로 삼고 밀
어붙였을 뿐이다. 김현옥 시장이 개발독재 시대의 서울을 대표하는
불도저였다면, 이명박 시장은 소비사회 시대의 서울을 대표하는 불
도저였다. 이명박의 서울시가 핵심과제로 추진한 '3대 개발사업'을
중심으로 이에 대해 살펴보자.*

청계천 복원사업

2002년 2월부터 본격적으로 제시되었던 이른바 '청계천 복원사업'은
이명박의 서울시정을 대표하는 사업이었다. 이 사업은 박정희 개발

---

* 오세훈은 이명박의 신개발주의를 적극 답습했다. 오세훈의 '3대 개발사업'은 서울시 신청사
건설(유걸 설계, 건설비 3000억원 이상), 동대문 디자인 플라자 건설(자하 하디드 설계, 건설
비 4200억원 이상), 한강 르네상스 사업이다. 한강 르네상스 사업은 '한강 운하'와 한강변 난
개발로 이루어졌는데, 그 상징적인 사업은 이른바 '세빛둥둥섬'(김태만 설계, 건설비 1200억
원 이상)이었다. 서울시가 시행한 '세빛둥둥섬' 감사에 따르면, 이 사업은 서울시의 개발사업
중 가장 문제가 많은 사업이다. 그런데 사실 이보다 더 큰 문제를 안고 있는 것은 서울시 신청
사 건설이다. 서울시 신청사는 '쓰나미'로 비판받는 해괴한 외관을 한 유리온실형 건물로서 반
문화 반생태의 문제를 안고 있을 뿐만 아니라 서울시 직원의 절반도 수용하지 못하는 심각한
반경제의 문제도 안고 있다. 어떻게 이런 건물이 서울시 신청사로 채택되어 건설될 수 있었을
까? 그 심사와 건축에 대한 전면적인 감사가 필요하다.

독재의 상징인 청계 고가도로를 없애고 청계천을 되살린다는 점에서
박정희 개발독재의 유산을 청산하고 서울을 되살린다는 의미를 지니
는 것으로 널리 선전되었다. 이 사업을 통해 이명박은 시대의 변화를
선도하는 정치 지도자라는 인상을 굳히고 널리 퍼트리는 데 성공했
다. 그러나 실제로 이 사업은 어떻게 전개되었는가? 내용과 방식으로
나누어 이 사업의 문제에 대해 간략히 살펴보자(홍성태, 2005).

첫째, 사업의 내용이다. 이명박의 서울시는 '자연이 숨쉬는 청계
천', '문화와 역사가 되살아나는 청계천'을 내걸었다. 그러나 이것은
모두 지켜지지 않을 약속이었다. 먼저 서울시는 한강 물을 전기모터
로 끌어올려 청계천에 늘 물이 흐르게 하고 있다. 이런 식의 '인공역
류수로'는 '자연이 숨쉬는 하천'과는 전혀 거리가 먼 것이다. 청계천
에서 자연이 숨쉬도록 하려면 상류의 지천들을 살려서 그 물이 자연
스럽게 청계천으로 흘러들도록 해야 한다. '인공역류수로'는 막대한
양의 전기를 써서 억지로 물이 흐르게 하는 것으로서 자연의 복원을
가장한 자연의 파괴라고 해야 옳다. 또한 서울시는 청계천의 양안에
커다란 시멘트 옹벽을 쌓아서 청계천의 본래 모습을 완전히 파괴했
다. 이것은 청계천의 역사를 되살리는 것이 아니라 그나마 어렵사리
살아남은 소중한 청계천의 역사마저도 완전히 죽인 것이다. 사실 청
계천은 600년 역사도시 서울을 대표하는 토목유적이었다. 이런 점에
서 청계천 복원은 일제 총독부와 박정희 독재에 의해 자행된 파괴의
역사를 거슬러 영조가 수십 년에 걸쳐 완성한 석축의 모습을 되찾는
것이어야 했다. 이것은 단순히 청계천의 역사를 되살리는 것이 아니
라 그 자연을 되살리는 것이기도 했다.

둘째, 사업의 방식이다. 이명박 시장은 시민의 뜻을 받들어 제대로
청계천 복원을 하겠다며 '청계천 복원시민위원회'(시민위원회)를 만
들었다. 2002년 9월에 발족한 시민위원회는 이명박 시장의 잘못을

지적하고 올바른 청계천 복원을 하도록 강력히 권고했다. 그러나 이명박 시장은 이러한 시민위원회의 지적을 받아들이는 척하면서 실제로는 시간을 끌어서 잘못된 공사를 기정사실화하고 시민위원회를 무력화했다. 이명박 시장은 시민위원회를 들러리로 여겼던 것이다. 이런 상황에서 2003년 11월에 시민위원회는 양윤재 청계천 복원추진본부장의 직위해제를 이명박 시장에게 요구했다. 그가 2003년 9월에 서울시의회에서 공공연히 시민위원회를 무시하는 발언을 했기 때문이었다. 그러나 문제는 시정되지 않았다. 결국 2004년 3월에 시민위원회는 서울시가 제출한 실시설계안에 대해 수용거부의 결정을 내렸다. 이명박의 서울시가 제출한 실시설계안은 시민위원회의 지적을 제대로 받아들이지 않고 청계천을 국적불명의 현대식 도심하천공원으로 만들겠다는 내용이었기 때문이었다. 또한 2004년 5월에는 시민위원회 비상대책위원회를 꾸려서 서울시의 '청계천 파괴사업'에 정면으로 맞서는 동시에 노수홍 부위원장을 비롯한 주요 위원들이 서울시에 강력 항의하며 사퇴했다.*

　사실 이명박 시장은 '청계천 복원'에는 조금도 관심이 없었다. 그는 그저 시민들을 현혹하기 위한 국적불명의 도심하천공원을 원했을 뿐이었다. 2012년 10월 서울시가 국회에 제출한 국정감사 자료에 따르면, 2007~11년의 5년 동안 서울시는 무려 379억 7000만원을 청계천 유지보수비로 지출했다. 서울시는 한강물 역류를 위한 전기료로만 연 9억원 이상, 녹조를 제거하는 데도 무려 연 10억원 이상을 쓰고 있다. 청계천 복원을 한다면서 본래의 자연하천이 아닌 황당한 인공역류수로를 만들었기 때문에 엄청난 혈세가 탕진되고 있는 것이다.

---

* 그 과정에 대해서 필자는 참여연대 홈페이지(www.peoplepower21.org)에 칼럼의 형태로 자세한 기록과 자료를 남겼다. 이명박의 청계천 복원에 관심이 있는 사람들은 이 기록과 자료들을 참고하기 바란다. 이와 함께 필자의 책(2005)의 2부에 실은 관련 논문들도 참고하기 바란다.

이명박이 이렇듯 잘못된 '청계천복원공사'를 밀어붙인 까닭은 그것이 실은 도심재개발정책의 한 부분일 뿐이기 때문이었다. 실제로 이명박 시장은 세운상가를 없애는 대신에 그 주변에 25층 건물 여덟 동을 짓겠다는 계획을 추진했다. 여기서 더 나아가 지주들은 아예 강남처럼 50~60층으로 짓게 해 달라고 요구하고 나섰다. 이와 관련해서 서울시는 2004년 4월에 '도심재개발기본계획변경안'을 일방적으로 발표했다. 이 계획안의 핵심내용은 '도심 재개발 구역에서 주상복합건물을 지을 경우 건물 높이를 2002년에 새로 확정된 규정보다 1.5배 높일 수 있게 한다'는 것이었다. 정말로 이렇게 하면 어떻게 될까? 청계천 주변에 38층인 롯데호텔보다 높은 건물들이 즐비하게 들어설 수 있게 된다. 30~40층 건물들이 도심 곳곳에 우후죽순처럼 들어서게 된다. 따라서 도심의 역사성은 완전히 파괴되고 말 것이다. 이것은 그야말로 '서울파괴계획'이라고 하지 않을 수 없는 것이었다.

뉴타운 정책

이명박의 서울시에서는 '뉴타운'을 '고품질의 복지주거환경공간'으로 설명했다. 그러나 '청계천복원사업'이 '복원'을 내걸고 자연과 역사를 파괴한 사업이었듯이, '뉴타운사업'은 '뉴타운'을 내걸고 전면적이고 대대적으로 아파트 건설사업을 벌이는 사업이었을 뿐이다. '뉴타운사업'을 통해 서울은 오랫동안 형성된 면모를 더욱 대대적으로 상실하고 거대한 회색 콘크리트 아파트 도시로 변모했다. 그 시작에서부터 큰 논란이 그치지 않은 이 무참한 토건사업의 문제를 크게 두가지로 나누어 살펴보자.

첫째, 뉴타운사업의 목표이다. 애초에 뉴타운사업은 강남과 강북의 심각한 격차를 해소한다는 목표를 내걸고 추진되었다. 서울시는 이것을 '품격 있고 경쟁력을 갖춘 21C형 강북 주거환경 조성'이라는 정책목표로 제시했다. 좀더 상세하게는 '기존 주택재개발 방식에서 완전 탈피한 새로운 방식의 "뉴타운 개발"을 통해 품격있고 경쟁력을 갖춘 21C형 강북주거환경을 조성하기 위해 모델사업으로 시범사업 3개 지역 및 12개 뉴타운지구 사업을 추진'한다는 것이었다. 그러나 이러한 목표는 시작하자마자 변질되었다. 대상지구의 선정 자체가 이런 사실을 잘 보여주었다. 2002년 10월에 시범사업지구로 강북의 은평, 길음, 왕십리의 세 곳이 선정되었다.* 그리고 2003년 11월에 다시 열 두 곳이 새롭게 뉴타운사업지구로 선정되었다. 그런데 이 중에서 다섯 곳이 강남지역(양천구, 강서구, 강동구, 영등포구, 동작구)에 속했다. 그 뒤 2005년 12월에 3차 뉴타운사업지구가 선정됐는데, 여기에도 물론 흑석과 신림 등 강남지역에 속하는 곳들이 포함되었다.

둘째, 뉴타운사업의 내용이다. 뉴타운이 과연 '고품질의 복지주거환경공간'이 될 것인가? 그렇기보다는 저밀도 저층 주택지구를 고밀도 고층 아파트지구로 바꾸는 사업에 가까운 것이었다. 뉴타운사업은 서울시의 지원을 받아 쉽고 싸게 훨씬 비싼 아파트를 마련하는 수단으로 활용되었다. 이 과정에서 은평구의 한양주택처럼 생태적으로 훌륭한 공동체를 이루고 있는 단층 주택단지마저 완전히 철거되어 영원히 사라져 버렸다. 사실 '서울시 지정 아름다운 마을 제1호'였던 한양주택이야말로 그 자체로 '복지주거환경공간'이었다. 자연이 살아 있고 인심이 살아 있는 곳이었기 때문이다. 그런데 서울시는 이런 곳을 파괴해서 고층 아파트단지를 지었다. 서울시는 은평 뉴타운을 '환경친화적인 리조트형 생태전원도시'로 만들겠다고 했다. 그러나 숲을 없애고 아파트를 지으면서, 주거전용공간을 없애고 대규모

---

* 시범지구부터 심각한 문제들을 드러냈다. 왕십리 지구는 더 큰 이익을 원한 주민들과 개발업자들의 요구에 밀려 결국 원래의 계획이 크게 변질되고 말았으며, 길음 지구의 원주민 입주율은 채 5%도 안 되는 것으로 나타났고, 은평 지구는 한양주택처럼 아름다운 단층 주택단지를 완전히 파괴해서 없애 버리고 강행되었다.

상업·위락시설을 들어놓으면서, '생태전원도시'를 운운하는 것 자체가 잘못이다.

이명박의 '뉴타운사업'은 쉽게 말해서 '21세기판 새마을운동'이었다. 새마을운동은 박정희가 추진한 '조국근대화'의 핵심사업이었다. 그것은 철저히 반민주적인 사업이었고, 우리의 자연과 문화를 대대적으로 파괴한 사업이었다. 요컨대 새마을운동은 '초가집도 없애고 마을 길도 넓히'는 것으로 끝나지 않았다. 새마을운동을 통해 우리는 수천년 간 이어져 온 우리 문화에 관한 자부심을 잃게 되었고, 자연의 파괴를 당연하고도 올바른 것으로 여기게 되었다. '새마을'을 '뉴타운'으로 고친다고 해서 그 본질이 바뀌는 것은 아니었다. 뉴타운사업은 박정희식 파괴적 개발에서 별로 벗어나지 않았다. 그러나 이명박에게 이 사업은 서울의 전지역을 대상으로 하는 '거대한 선심행정'이었다. 그것은 2007년의 대통령 선거를 염두에 두고 계획되고 추진된 것이었기 때문에 이명박으로서는 결코 포기할 수 없는 것이었다.*

서울숲 조성사업

서울시는 2002년 10월에 중랑천이 한강으로 흘러드는 곳에 위치한 뚝섬을 커다란 공원으로 만들겠다는 계획을 발표했다. 35만평의 시유지에 숲을 조성해서 서울 동북권의 대표적인 공원으로 만들겠다는 것이었다. 이 사업은 '청계천 개발사업'이나 '뉴타운 사업'에 비해 훨씬 친환경적인 사업이고, 그런 만큼 서울시에 꼭 필요한 사업이라고

---

* 이명박은 '뉴타운 사업'을 통해 재개발 이익에 대한 환상적 기대를 널리 퍼트렸고, 그 결과 이명박을 대통령 후보로 적극 지지하는 사람들이 크게 늘어나게 되었다. 여기에는 노무현의 잘못이 큰 영향을 미쳤다. 노무현은 2004년 초반에 거세게 일어났던 아파트 분양가 원가공개제에 대한 요구를 '영업비밀의 보호'라는 명목으로 일축해 버렸고, 이에 따라 아파트를 비롯한 부동산 투기의 억제에 대한 큰 기대는 사라지고 부동산 투기가 크게 악화되고 말았으며, 결국 부동산 투기를 적극 추진한 이명박에 대한 지지가 커지게 되었다(홍성태, 2009).

94

할 수 있었다. 그러나 이 사업도 역시 적지 않은 문제를 안고 있었다. 2003년 3월에 서울시는 공모를 통해 이 사업에 '서울숲 조성사업'이라는 이름을 붙였다. 2005년 6월에 완공된 이 사업에 붙인 '숲'이라는 이름 때문에 우리는 이 사업에서 커다란 나무가 울창하게 자란 숲을 떠올리게 된다. 그러나 과연 그럴까? 크게 두가지로 나누어 이 사업의 문제를 살펴볼 수 있다.

첫째, 이 사업이 내걸고 있는 '숲'이 과연 어떤 '숲'인가 하는 것이었다. 이와 관련해서 서울시는 "장대하게 자라는 나무를 심어 대규모 숲을 이루도록 조성하되 넓은 잔디밭을 함께 갖춰 가족단위로 이용할 수 있도록 조성, 주변 중랑천과 한강을 연계하여 야생동물이 서식하는 자연친화적인 공원으로 조성, 시민참여 프로그램을 운영하여 시민이 함께 만드는 숲으로 조성"한다는 기본방향을 제시하였다.

그런데 이런 기본방향은 결국 '숲' 자체보다는, 다시 말해서 '자연'의 복원보다는 시민의 '이용'에 촛점을 맞춘 것이었다. 서울시에서 제시한 세가지 기본방향은 이런 사실을 분명하게 보여주었다. 먼저 '대규모 숲'과 '넓은 잔디밭'은 서로 양립할 수 없다. 숲의 크기가 커지면, 잔디밭이 줄어들 수밖에 없다. 그리고 서울이 절실히 필요로 하는 생태적 가치로 보자면, 당연히 잔디밭이 아니라 숲을 넓혀야 한다. 또한 넓은 잔디밭을 갖춰 가족공원을 만든다면, '야생동물이 서식하는 자연친화적인 공원'이 되기는 어렵다. 실제로 서울시는 동물 이동로보다는 한강에서 중랑천과 청계천으로 이어지는 자전거도로나 달리기도로를 만드는 데 더 많은 노력을 기울였다. 마지막으로 이런 점에서 '서울숲 사업'은 '시민이 함께 만드는 숲'이 아니라 기껏해야 '시민이 일부 참여하는 공원 만들기'일 뿐이었다. 기본방향에서 드러난 '서울숲'의 모습은 '숲'이 아니라 '숲'을 내건 '녹지공원'에 가까운 것이었다.

둘째, 이 사업이 '숲'은 고사하고 과연 '녹지공원'조차 제대로 구현할 수 있을까 하는 것이었다. 서울시 계획에 따르면, 이 공원은 가족 피크닉마당, 열린 아뜰리에, 잔디축구장, 사색의 오솔길, 별빛광장, X-Game장, 다람쥐숲, 생태유수지, 구민의 숲, 환경주제 놀이터의 열가지 주제로 이루어졌다. 이렇게 여러 주제로 나뉘고 그 대다수가 '이용'과 관련된 곳을 '숲'이라고 부르는 것 자체가 올바른 것이라고 하기 어려운 것이었다. 그러나 아직 더 심각한 문제가 남아 있다.

서울시는 강쪽에 공원을 만들면서 시가지 쪽에서는 거대한 초고층 재개발계획을 추진했다. 이런 점에서 '서울숲 사업'은 난지도 공원조성사업처럼 재개발을 위한 바닥 다지기의 의미를 가지는 것이었다.* 실제로 서울시는 이 사업으로 '지역개발촉진, 지가상승, 생활환경의 개선'을 추구하겠다는 뜻을 밝혔다. 요컨대 '서울숲사업'도 또 하나의 부동산 재개발사업이었던 것이다. 2004년 7월 14일 서울시는 '뚝섬 역세권 상업지구 개발계획'을 발표해서 그 내용을 밝혔다. 이에 따르면 성수역 일대의 약 3만평의 부지에는 2012년까지 아파트, 쇼핑센터, 관광호텔 등으로 사용될 15~20층의 건물들이 들어설 것이며, 서울시는 이렇게 해서 마련하게 될 2500억원으로 '서울숲'을 조성하겠다고 밝혔다. 결국 '숲'을 내걸고 '공원'을 만들기 위해 대대적인 반환경적 재개발을 추진했던 것이다.**

---

* 쓰레기산으로 망가진 난지도를 공원으로 되살린 것은 그 자체로 중요한 것이지만, 이와 함께 그 주변이 온통 초고층 콘크리트 동네로 바뀐 것도 잊지 말아야 한다.
** 한화는 서울숲 정문 앞에 '갤러리아 포레'라는 이름의 지상 45층 초고층 건물 2동을 지었다. 서울숲은 사실상 이 건물의 정원이 되었고, 이 건물 때문에 서울숲은 크게 훼손되었다. 현대자동차는 서울숲 옆에 110층 초초고층 건물을 짓겠다는 계획을 2006년에 발표했으나 2014년 5월 현재 시행되지 못하고 있다. 부동산 경기의 위축에 따라 이 계획은 사실상 폐기된 것으로 보인다.

● 오세훈과 신개발주의

오세훈은 더욱 더 화려하게 이명박의 신개발주의를 적극 답습해서 서울을 계속해서 망쳤다. 오세훈의 '3대 개발사업'은 서울시 신청사 건설(유걸 설계, 건설비 3000억원 이상), 동대문 디자인 플라자(DDP) 건설(자하 하디드 설계, 건설비 4800억원 이상), 한강 르네상스 사업(사업비 6500억원 이상)이다. 이에 대해 간략히 살펴보자.

서울시 신청사

2008년 3월 31일에 착공되어 2012년 8월 31일에 완공된 서울시 신청사는 '쓰나미'로 비판받는 해괴한 외관을 한 유리온실형 건물로서 반문화 반생태의 문제를 안고 있을 뿐만 아니라 서울시 직원의 절반도 수용하지 못하는 심각한 반경제의 문제도 안고 있다. 서울시 신청사의 필요는 오래 전부터 제기되었으나 오세훈에 의해 실현되었다. 그런데 오세훈은 서울시 옛 청사의 태평홀을 파괴하는 문화재 파괴를 저지르고 장소와 전혀 어울리지 않으며 효율성도 엉망인 기괴한 건물을 지었다.

> 2006년 7월 오세훈 시장은 이른바 '깨진 항아리 모양'의 21층 높이의 시청사 설계안을 발표한다. 그러나 문화재위원회는 서울시 설계안을 '고층 건물과 덕수궁 주변 경관의 부조화'를 이유로 보류시킨다. 그 뒤 서울시는 5차례에 걸쳐 설계안을 변경하였다. 그때마다 문화재위원회는 "역사를 지우고 끊임없이 고층화하려는 도시화의 욕망을 다잡겠다"며 서울시의 설계안을 보류시켰다.
> 서울시의 6차 설계안이 문화재위원회의 심의를 통과한 것은 2007년 10월이다. 그런데 또 다른 난관이 기다리고 있었다. 서울시의 6차 설계안에 대해 건축전문가들은 상징성과 조형성이 부족하다는 이유를

들어 반대했다. 결국 서울시는 4명의 유명 건축가를 초청작가로 선
정, 이들의 디자인 가운데 건축가 유걸의 설계안을 최종 선정했다.
당시 심사위원들은 유걸의 설계안을 당선작으로 발표하면서 "건축
적인 것은 2등 안이 더 좋지만, 이게 당선되면 신청사 논란을 종식시
키지 못할 것"이라고 밝혔다. 당선작인 유걸의 설계안은 납득할 수
없는 선정기준에 따라 선정된 것이다(전상봉, 2013).

2013년 초에 건축가 100인을 상대로 한 조사에서 서울시 신청사는
최악의 현대 건축 1위로 뽑혔다. 사실 이에 앞서서 심사위원회는 심
사결과의 발표를 통해 심사 자체가 이상하게 이루어졌다는 것을 스
스로 입증했다. 어떻게 이런 기괴한 건물이 서울시 신청사로 채택되
어 건설될 수 있었을까? 심사과정에 대한 전면적인 감사와 이 기괴한
건물의 전면적인 개축이 필요하다. 서울시 신청사는 서울을 대표하
는 공공건물이며 그 장소는 서울의 역사적-공간적 중심이라는 점에
서 더욱 더 그렇다.

동대문 디자인 플라자

동대문 디자인 플라자[DDP]는 이른바 '명품도시'를 내걸고 기괴한 대
형 건물들을 건축해서 사람들의 이목을 끌고자 한 오세훈식 신개발
주의의 정점에 있는 시설이다. 이 시설의 목적은 디자인 산업의 발전
을 추구하는 것으로 되어 있지만 실제 목적은 오세훈의 안목과 능력
을 과시하는 것이었던 것 같다. 요컨대 오세훈은 자신을 선전하기 위
해 대단히 기이한 형태의 건물들을 설계해서 현재 세계에서 가장 관
심을 끌고 있는 건축가인 자하 하디드의 '작품'을 짓는 것을 추진했던
것으로 보인다.
대체로 정치인은 크고 멋진 건물을 지어서 자신을 과시하거나 선

전하고자 한다. 이 점에서 오세훈이 서울시 신청사와 동대문 디자인 플라자의 건축을 추진한 것은 특이한 것은 아니었다. 그러나 문화를 내세워서 해괴한 형태의 건물을 지어서 서울의 역사를 파괴하고 세금을 낭비한 것은 이전과는 크게 다른 신개발주의에 해당되는 것이며 신개발주의의 문제를 잘 보여주는 것이다. 동대문 디자인 플라자에 대해서는 뒤에서 다시 자세히 살펴보겠지만 이 '작품'도 역시 많은 문제들을 안고 있다. 예컨대 서울시 신청사와 마찬가지로 동대문 디자인 플라자도 전문가들의 심사를 통해 선정되었지만 그 과정 자체가 커다란 의혹과 논란의 대상이 되었다.

한강 르네상스

오세훈은 이명박의 청계천 복원사업을 더욱 확대한 것이라고 할 수 있는 '한강 르네상스 사업'을 추진했다. 2007년 7월 3일에 〈한강 르네상스 마스터 플랜〉이 발표되었는데, 2007년부터 2030년까지 서울의 한강과 그 주변을 대대적으로 바꾸어 놓을 것이며, 그 핵심은 한강을 운하로 만들고 강변을 대대적으로 초고층 재개발하겠다는 것이었다. 1단계 사업은 2007~2010년 동안 진행되며, 그 사업비는 6582억원으로 제시되었다. 이에 대해 '4대강 살리기' 사업을 주도한 단체인 한국수자원학회는 '한강 르네상스 사업은 매우 시의적절한 사업기획이고 바람직한 사업방향'이라고 쌍수를 들어 환영했다. 그러나 이 사업은 여러 비리를 통해 한강과 강변을 대대적으로 파괴하는 완전히 잘못된 것이었다. 감사원이 2011년 6월 19일에 발표한 감사결과는 이런 사실을 여실히 입증했다.

감사원이 19일 내놓은 '서울시 건설공사 집행실태' 감사 결과를 보면, 서울시는 한강 '김포~잠실 구간'에 수상버스를 운행하는 주운(舟

運) 사업을 추진하면서 수도권 교통량을 늘리는 등의 방식으로 수상 버스 수요를 55.9~77.1% 부풀려 예측했다. 예비차량 편성률과 수상 버스 유류비 등을 뺀 채 경제적 타당성을 분석해 0.54~0.71밖에 안 되는 '비용 대비 편익 비율(B/C)'을 1.14로 부풀렸다. 비용 대비 편익 이 1을 넘어야 경제성이 있는 것으로 판단한다.

반포대교 옆에 최근 완공된 인공섬인 플로팅 아일랜드(세빛둥둥섬) 사업을 추진하면서도 민간 사업자에게 과도한 특혜를 준 사실이 드 러났다. 감사원은 "민간 사업자 책임으로 협약이 해지되는 경우에도 서울시가 50%의 지급금을 부담하도록 했으며, 부실한 사업성 검토 결과를 그대로 인정해줘 무상 사용기간을 20년에서 25년으로 늘려 줬다"고 지적했다. 민간 사업자한테서 이행보증금 82억원 등을 받지 않은 채로 방치한 점도 드러났다. 감사원은 서울시 한강사업본부의 관련 공무원 4명을 징계할 것을 오세훈 서울시장에게 요구했다. 한강 르네상스 사업의 일부로 강서구 마곡지구에 인공호수를 조성하 고 유람선 선착장·호텔·컨벤션센터 등을 짓는 마곡지구 워터프론트 사업(사업비 9700억원)도 경제적 타당성이 부족한 것으로 나타났다. 이 사업과 관련한 올림픽대로 입체화 사업(2025억원)이 편익은 거의 없다는 에스에이치(SH)공사의 타당성 검토 보고서를 제출받고도, 서 울시는 이를 묵살한 채 사업을 추진하다가 결국 100억원 가까운 예산 만 낭비한 채 공사가 중단됐다고 감사원은 지적했다(〈한겨레〉 2011 년 6월 19일).

'한강 르네상스 사업'은 오세훈이 추진한 신개발주의 사업 중에서 가장 큰 것이었을 뿐만 아니라 가장 큰 비리 문제 사업이었다. 이 사 업은 사실 2010년 말에 폐지의 수순을 밟기 시작했던 것으로 보이며, 2012년에 박원순 시장에 의해 폐지되었다. 이 사업은 오세훈이 추진 한 무모하기 짝이 없는 개발사업이었던 '용산 국제비즈니스지구 개 발사업'(사업비 30조 원), 토건족에게 혈세를 퍼주는 것일 뿐 아무런 경제성도 갖고 있지 않은 '경인운하'(아라뱃길, 사업비 2조5천억 원) 등과 연결된 것으로 참으로 심각한 문제를 안고 있었다.

'한강 르네상스' 사업의 문제를 가장 잘 보여준 것은 '세빛둥둥섬'이었다. 2012년 7월 12일에 발표된 서울시의 자체감사 결과는 '세빛둥둥섬' 사업이 기획, 건축, 운영의 모든 면에서 여러 비리를 통해 이루어졌다는 것을 밝혔다. 예를 들어 '시와 플로섬은 협약 변경을 통해 총 투자비를 2배 이상 증액(662억 원→1천390억 원)하고, 무상사용 기간을 10년(20년→30년)이나 연장'했던 것이다(〈연합뉴스〉 2012년 7월 12일). 이 때문에 대한변호사협회는 2013년 2월 14일 서울중앙지검에 '세빛둥둥섬' 사업으로 서울시에 큰 피해를 입힌 혐의로 오세훈 등에 대한 수사요청서를 제출했다.

대한변호사협회(변협)가 한강에 세빛둥둥섬 조성사업을 벌이면서 세금을 낭비해 서울시에 손해를 끼친 혐의(업무상 배임)로 오세훈 (52) 전 서울시장을 검찰에 수사의뢰했다.

변협이 구성한 '지자체 세금낭비조사 특별위원회'(위원장 박영수 전 대검찰청 중앙수사부장)는 14일 서울 역삼동 변협 회관에서 1차 조사활동 결과를 발표하고, 세빛둥둥섬 사업을 추진한 오 전 시장과 당시 의사결정 과정에 참여한 서울시 행정부시장, 한강사업본부장, 한강사업기획단장, 사업총괄부장, 에스에이치(SH)공사 사장 및 이사 등 모두 12명에 대해 서울중앙지검에 수사요청서를 냈다. 변호사법 위반 사건을 제외한 공익적 사안에 대해 변협이 직접 수사를 의뢰한 것은 이번이 처음이다(〈한겨레〉 2013년 2월 14일).

서울시의 시정은 오랫동안 반환경적이었으며, 자연을 내세운 이명박의 서울시도, 문화를 내세운 오세훈의 서울시도 마찬가지였다. 서울에서 가장 부족한 자원은 자연인데, 사실 이명박과 오세훈은 서울의 자연을 더욱 더 파괴했다. 특히 이명박과 오세훈은 서울이라는 중요한 공간을 대통령이 되기 위한 정치적 도구로 다루면서 무엇보다 먼저 이중의 잘못을 저질렀다. 이것은 그가 많은 전문가들과 시민들의 반대를 무시하고 강행했던 공간정책을 통해 쉽게 확인할 수 있다.

첫째, 이명박과 오세훈은 부자 중심의 경제정책을 일방적으로 강화해서 빈부의 차이, 성별의 차이, 세대의 차이 등을 떠나 모든 시민이 잘 살 수 있도록 하는 공간정책의 복합성을 구현하지 못했다. '청계천 사업'과 '뉴타운 사업'을 비롯한 각종 재개발사업들로 가난한 사람의 주거공간과 영업공간을 빼앗았고, 극심한 파괴사업인 강남순환 고속도로와 '한강 르네상스' 사업을 강행하는 식으로 자연 환경을 파괴했고, 도심을 현대식으로 강력히 재개발한 데서 잘 드러났듯이 우리의 소중한 역사와 문화를 크게 훼손했다.

둘째, 올바른 경제정책으로서 공간정책은 '공간의 상품화'를 일방적으로 추구하는 것이 아니라 그것을 적절히 규제하여 공간의 공공성을 사회적으로 구현해야 한다. 그러나 이명박과 오세훈의 서울시는 '공간의 상품화'를 강력히 추구하여 경제정책으로서도 잘못된 공간정책을 강행했다. 이명박과 오세훈은 최선을 다해 서울시를 지키는 시장이 아니라 권력을 최대한 활용해서 더 많은 이윤을 추구하는 개발꾼이나 투기꾼의 면모를 보였다. 그 결과 이명박과 오세훈의 서울시는 화려한 파괴와 양극화 심화라는 문제를 악화시켰다.

이렇게 잘못된 서울시 시정을 어떻게 바꿀 수 있을까? 답은 간단하지 않다. 가장 좋은 방법은 개혁적인 인사를 서울시장으로 뽑고, 서울시 의회를 개혁적인 인사들로 가득 채우는 것이다. 사실 2011년 10월에 박원순이 서울시장으로 선출되고 서울시의 시정은 크게 바뀌기 시작했다. 서울시와 서울시의회를 바꾸려는 정치적 노력이 무엇보다 중요하다. 개발을 내세운 비리 세력을 축출해야 비로소 진정한 발전의 길이 열린다. 결국은 시민의 각성과 참여에서 희망을 찾을 수밖에 없다. 이를 위해 서울의 개혁 자체를 '일생의 과업'으로 여기는 사람들이 서울시와 서울시의회를 개혁하기 위한 정치개혁운동을 계속 펼쳐야 한다.

사실 2004년의 지방선거를 앞두고 서울시의 개혁을 위한 시민사회의 움직임에도 적지 않은 변화가 나타나기 시작했다. 먼저 서울시의 개혁을 목표로 하는 새로운 시민단체들이 나타났다. 이런 단체들로 우선 '서울혁신포럼'과 '서울시민포럼'이 있었다. 이름이 비슷한 이 두 단체는 서울시의 개혁을 위해 시정에 적극적으로 참여할 수 있는 길을 찾는다는 공통점도 지니고 있었다. 또한 생태민주주의와 풀뿌리민주주의를 추구하며 결성된 초록정치연대도 서울시의 개혁을 직접적인 목표로 제시했다. 그러나 안타깝게도 그 성과는 크지 않았다. 이런 활동들의 성과를 녹색당이 이어받았다.

이런 시민단체들 사이의 연대활동도 활발히 추진되었다. 사실 이런 연대활동의 선례로는 '서울시예산감시네트워크'가 있었는데, 이것은 참여단체들의 소극적 태도 때문에 제대로 작동하지 못했다. 그러나 이런 경험을 바탕으로 '서울시행정감시네트워크'를 만들고자 하는 움직임이 새롭게 추진되었다. 2003년 여름에 만들어진 '올바른 청계천복원을 위한 시민연대'(청계천연대)도 이런 연대활동의 한 예였다. 그러나 이런 연대활동도 결국 큰 성과를 거두지는 못하고 정리되고 말았다.

박원순 시장의 당선에는 안철수와 민주당의 지지라는 정치적 조건이 크게 영향을 미쳤지만 그 활동과 성과에는 서울시를 대상으로 펼쳐진 다양한 시민운동의 경험과 역량이 크게 영향을 미쳤다. 서울시를 대상으로 한 시민운동이 더욱 더 활성화되어야 한다.* 크게 보아 네가지 운동이 더욱 적극적으로 펼쳐야 할 것이다. 물론 이러한 운동의 구체적인 내용과 방식에 대해서는 더 많은 논의가 따라야 할 것이다. 여기서 제시하는 네가지 운동은 더 많은 논의를 위한 하나의 제안이다.

첫째, 서울시 행정의 실질적인 민주화를 위해 각종 위원회를 개혁하는 것이다. 서울시에는 100개가 넘는 많은 위원회들이 있다. 그러나 이 많은 위원회들이 사실상 모두 '들러리 위원회'의 문제를 갖고 있었다. 이러한 '들러리 위원회' 제도 자체를 개혁하는 것으로도 여러 면에서 서울시 행정을 크게 개혁할 수 있을 것이다. 올바른 식견과 윤리를 갖춘 사람들이 위원으로 활동해야 하고, 위원회의 모든 논의와 결정이 공표되어 시민의 평가를 받도록 해야 한다. 철저히 비밀로 진행되는 '도시계획위원회'의 공개는 무엇보다 중요하다.

둘째, 서울시 시정을 감시하고 개혁하기 위한 시민운동을 더욱 활발히 펼치는 것이다. 이를 위해 서울시 공무원, 시의원, 그리고 관련 전문가들의 행적에 관한 자료를 폭넓게 축적하고 일상적으로 감시해야 한다. 잘못된 행정에 대해 확실히 책임을 지도록 하고, 과학 사기와 행정 사기가 횡행하지 못하도록 해야 한다. 따라서 이 운동은 언제나 형사고발, 행정소송, 감사청구 등의 법적 대응을 염두에 두고 펼쳐져야 한다. 단지 문제를 밝히는 차원에서 머물게 되면 잘못된 시

---

* 서울은 1000만 명이 넘는 사람들이 살고 있는 세계적인 대도시이므로 그 자체로 중대한 시민운동의 영역이자 대상이라고 할 수 있다. 여기서 더 나아가 서울은 한국의 모든 도시들에게 커다란 영향력을 행사하는 '모범'과 같은 구실을 한다. 이런 점에서 서울시를 대상으로 하는 시민운동의 중요성은 더욱 더 커진다.

정은 개혁되지 않고 계속 이어질 것이다.

세째, 서울시 시정과 관련한 언론보도를 일상적으로 감시하고 평가하는 것이다. 서울시는 홍보에 많은 노력을 기울이고 있다. 이명박과 오세훈은 대대적인 홍보로 사실을 왜곡하고 호도했다. 이명박은 '총통형 CEO' 시장으로서 대단히 강력하고 공격적인 홍보전을 펼쳐서 자신의 무모한 각종 개발사업들을 적극적으로 미화해서 선전했다.* 이런 상황에 대응해서 시민에게 진실을 알리기 위한 노력을 크게 강화해야 한다. 서울시 시정의 홍보에 대한 감시와 개혁 자체가 시민운동의 중요한 내용이 되어야 한다. 그래서 박원순 시장이 시작한 서울시 시정의 전면적인 투명공개가 당연한 것으로 확립되도록 해야 한다.

네째, 이 모든 것에서 공통적으로 발견할 수 있는 문제는 예산과 관련된 것이다. 서울시가 과연 예산을 제대로 책정해서 집행하고 있는가? 이 문제는 단순히 비리나 무능의 차원에 국한되지 않는다. 사실 문제의 핵심은 아주 능란하게 책정해서 집행하는 '정치적 예산'이다.** '정치적 예산'이란 정치적 지배세력의 정치적 야욕을 위해 세금을 교묘하게 이용하는 것을 뜻한다. 이러한 '정치적 예산'의 관점에서 서울시 시정과 서울시의회 의정을 평가하고 적극적으로 대응해야 한다.

---

* 이명박의 이런 홍보 정책은 대통령이 된 뒤에 더욱 더 강화되었다. 그는 방송을 장악하고 인터넷을 규제하며 '4대강 죽이기'를 '4대강 살리기'라고 부르는 온갖 홍보자료를 만들어서 대대적으로 선전했다. 이명박의 홍보는 확실히 괴벨스적이라고 할 수 있다(홍성태, 2010). 히틀러의 선전상이었던 괴벨스는 거짓말을 계속해서 퍼트리면 사람들이 진실로 받아들이게 된다고 주장했다. 괴벨스는 사실상 세뇌를 통해 사람들의 인식을 조종하고자 했던 것이다.
** 박원순은 오세훈의 대표사업인 '세빛둥둥섬'의 예산이 극히 엉망으로 책정되고 집행되었다는 사실을 밝혀냈다. 그러나 박원순도 '괴물'이라고 불리는 '서울시 신청사'의 문제는 밝혀내지 못하고 있다. '세빛둥둥섬'에는 1300억원의 혈세가, '서울시 신청사'에는 3000억원의 혈세가 각각 투여되었다.

서울특별시사편찬위원회(2001), 『한강의 어제와 오늘』

서울시(2007), 〈한강 르네상스 마스터플랜〉

유인호(1974), '경제성장과 환경파괴', 『창작과 비평』, 1974년 가을호

이은희(2001), '난지도 생태공원 등 주변환경과 난지도 골프장', http://ecoi.tistory.com/121

전상봉(2013), '서울시 신청사에 대한 사회적 논의가 필요하다', 〈오마이뉴스〉 2013년 12월 24일

홍성태(2004), 『서울에서 서울을 찾는다』, 궁리

______(2005), 『생태문화도시 서울을 찾아서』, 현실문화

______(2007), 『개발주의를 비판한다』, 당대

______(2009), 『민주화의 민주화』, 현실문화

______(2010), 『생명의 강을 위하여』, 현실문화

______(2012), 『사회로 읽는 건축』, 진인진

Inglehart, Ronald(1977), *Silent Revolution*, Princeton Univ. Press

2부

생태, 복지, 안전

___용산 미군기지의 생태문화적 재생

● 용산 미군기지의 역사

용산 미군기지에는 용산이 없다. 용산은 용산역 뒷쪽에 있는 작은 산
이다. 서대문의 안산 줄기가 만리재를 넘어 한강으로 이어지다가 한
강에 이르러서 잠시 불룩 솟았다가 한강으로 떨어지는 데 그것이 용
산이다. 용산 미군기지는 한강로를 사이에 두고 용산을 바라보는 남
산과 한강 사이의 넓은 들판에 들어서 있다. 일본은 이곳을 군사기지
로 만들고 이 일대를 용산과 구분해서 신용산으로 불렀다. 이렇듯 용
산은 원래 서빙고동과 마포의 사이에 있는 한강가의 작은 산이지만
일본의 침략과 함께 용산역을 중심으로 하는 주변 지역 전체를 가리

1930년대의 용산역
"1900년 7월 8일 경인선의 보통역으로 7.5평의 목조건물로 축조되었으나 1904년 러일전쟁을 계기로 1906
년 11월 1일 경의선의 시발역으로 목조 2층(일부 3층)의 서양식 건축으로 준공되었다. 연면적은 1,587㎡
(480평)로 1925년 경성역사가 준공되기까지 서울시에서 가장 규모가 큰 역사였다.
용산역사는 1910년 12월 한국철도 역사로는 처음으로 철도를 횡단하는 육교가 설치되었다. 1932년 새로
운 역사를 준공하였으며, 1968년 8월 9일 경원선 서울~용산간 복선 준공 및 고가 입체교를 개통하였다.
그 후 1978년 12월 30일 전철역사를 준공하였다."(〈한국민족문화대백과〉, '용산역')

키는 지명으로 확대되었다.

용산은 본래 서울의 서쪽 경계였다. 이곳은 한양과 남도를 이어주는 길목이면서, 또한 한양과 서해를 이어주는 길목이었다. 이러한 전략적 요충지였던 용산을 지키기 위해 조선은 용산 일대에 군대를 주둔시켰다. 그러나 용산은 한양으로 들어가는 길목이어서 언제나 외국군의 공격에 시달렸다. 예컨대 1592년 임진왜란 때에는 일본 침략군의 선봉장이었던 고니시 유키나가의 병력과 가토 기요마사의 병력이 지금의 원효로와 청파동 일대에 주둔했다. 또한 1882년 임오군란 때에는 청나라 병력이, 1884년 갑신정변과 1894년 청일전쟁 때에는 일본군이 주둔했다(김용한, 1996).

이렇듯 외국군이 용산을 군사기지로 이용한 역사는 대단히 오래되었다.* 그러나 용산에 오늘날과 같은 외국군 대기지가 들어선 것은 조선말의 일이었다. 이미 1894년의 청일전쟁 때에 용산에 군대를 주둔시켰던 일본은 다시 1904년의 러일전쟁 때에는 대한제국을 협박해서 한일의정서를 체결하게 하여 용산 일대에서 300만평의 토지를 군용지로 강제수용했다. 그 뒤 군사시설을 건설하는 과정에서 115만평만 실제로 사용하고 나머지는 일본 상인에게 팔거나 대한제국 정부에 반환했다. 이렇게 해서 1908년에 용산기지가 건설되었다(강홍빈, 1998; 조명래, 2000).

1945년 9월에 점령군으로서 남한에 들어온 미군은 일본의 용산기지를 고스란히 접수했다. 일본의 조선주차군사령부는 미국의 주한미군사령부로 바뀌었다. 이로써 일본군에서 미군으로 주둔군이 바뀌기는 했지만, 계속해서 외국군 대부대가 이 나라의 수도에 자리잡게 되었다. 사실 외국군 대부대가 수도에 자리잡는 것은 큰 문제가 아닐

---

* 역사적으로 가장 오래된 예는 고려 때에 몽고군이 용산에 병참기지를 두었던 것이다(조명래, 2000: 305).

용산기지 안에 있던 조선 총독 관저 (1908~1909년 건축)
사진: 〈위키백과〉, '조선총독부 청사와 관사'

수 없다. 바로 이 때문에 많은 사람들에게 용산 미군기지는 '오욕의 역사'를 상징하는 공간으로 여겨지게 되었다. 이로부터 용산 미군기지를 돌려받는 것은 강대국에 억눌렸던 '오욕의 역사'를 바로잡는 것이라는 의미를 지니게 되었다(김용한, 1996; 조명래, 2000).

그러나 용산 미군기지의 반환을 요구한 사람들이 단지 '오욕의 역사'를 바로잡는 것에만 관심을 기울였던 것은 아니었다. 용산 미군기지의 반환이 처음으로 공론화되었던 1980년대 말부터 반환 이후 용산 미군기지의 활용방안이 대단히 중요한 논제로 떠올랐다. 그 중에는 임대아파트를 지어야 한다는 주장(함인선, 1989)도 있었지만, 가장 큰 주목을 받았던 것은 공원을 만들자는 주장이었다. 특히 공원화론에서 용산 미군기지는 개발독재의 광풍이 빗겨간 소중한 공간적 자산이라는 의미를 새롭게 부여받게 되었다(강홍빈, 1998). '오욕의 역사'의 놀라운 역설이었다.

용산 미군기지는 무엇보다 수도에 자리잡고 있는 외국군 대기지라는 점에서 이미 오래 전에 반환되었어야 하는 곳이다. 그러나 미군과 한국 보수세력의 반대로 말미암아 용산 미군기지의 반환은 계속 미뤄졌다. 여기에는 한반도의 군사적 긴장상태는 물론이고 미국의 기득권 논리도 크게 작용했다. 그러나 21세기에 들어와서 미군의 세계

전략이 바뀌면서 주한 미군 2사단과 용산 미군기지를 평택으로 옮기기로 결정되었다(서재정, 2006; 홍성태, 2003). 이로써 용산 미군기지는 그야말로 환골탈태의 꿈을 꾸게 되었다. 그러나 그 꿈은 과연 어떤 꿈이며, 어떻게 이루어질 수 있을까?*

우리는 '서울의 생태문화적 재생'이라는 관점에서 용산 미군기지의 변화방향에 대해 살펴볼 필요가 있다. 용산 미군기지는 그 규모와 위치로 미루어 난개발로 극심하게 파괴된 서울의 생태문화적 재생을 추구할 수 있는 귀중한 대규모 공적 공간이다. 용산 미군기지를 울창한 숲으로 바꾼다면 서울의 생태문화적 재생이 크게 진척될 것이다. 우리는 무엇보다 이런 점을 염두에 두고 용산 미군기지의 반환과 활용이라는 문제에 접근해야 한다(홍성태, 2000; 2005; 2006ㄱ). 이런 점에서 정부가 2014년 3월에 여론을 받아들여 2011년 10월의 용산공원정비구역 종합기본계획을 생태 중심과 근대건물 보존 중심으로 전면 보완하기로 결정한 것은 큰 다행이었다(〈라펜트(조경뉴스)〉 2014년 3월 11일).

● 주요 경과

용산 미군기지는 오랫동안 '성역'이었다. 주한미군의 문제를 얘기하는 것이 금기시되었던 독재시대에 용산 미군기지의 문제는 논의조차

---

* 2014년 10월 23일 미국의 워싱턴에서 열린 제46차 한미 안보협의회에서 박근혜 정부는 전시작전권 반환을 연기했고 용산 미군기지의 한미연합사와 동두천 미군 기지의 잔류를 요청한 것으로 알려졌다. 한편 국토교통부는 10월 21일 '용산공원 정비구역 종합기본계획 변경안'에 관한 공청회를 열어서 6개의 주제 공원들로 되어 있던 것을 생태 중심 단일 공원으로 바꾸기로 했으며, 또한 11월 2일에 보도자료를 발표해서 한미연합사 잔류에 따라 착공 시기를 2019년으로 2년 늦추되 완공은 예정대로 2027년에 하기로 했다고 밝혔다. 이에 따라 용산 공원은 2014년 말까지 변경안을 확정하고, 2016년 말까지 구체적인 공원 계획을 확정하며, 2018년까지 실시계획을 수립하게 된다('용산공원 기본계획 왜 바꼈나', 〈세계일보〉 2014년 11월 3일; '한미연합사 이전 연기…용산공원 착공 2년 늦춘다', 〈한국경제〉 2014년 11월 3일).

될 수 없었다. 그러나 1980년대 중반을 지나며 이런 상황은 큰 변화를 겪게 되었다. 광주항쟁 당시에 주한미군이 전두환의 신군부를 지지한 것을 계기로 한국의 사회운동은 미국에 대한 환상을 깨게 되었다. 이로써 반미의 무풍지대로 여겨졌던 한국에서도 새롭게 반미운동이 일어나게 되었다. 그것은 주한미군의 전면철수를 요구하는 것으로까지 나아갔다(주한미군범죄근절운동본부 엮음, 1999; 홍성태, 2003).

이런 변화를 배경으로 6공화국 정부는 용산 미군기지와 세종로 미대사관의 이전을 추진하기 시작했다. 종래에는 상상조차 하기 어려웠던 이런 정책의 배경은 크게 두가지로 볼 수 있다. 첫째, 직선제 선거를 통해 대통령에 당선되기는 했지만 노태우는 전두환에 뒤이은 신군부의 2인자였다. 따라서 6공화국은 사실상 5공화국의 연장으로 여겨지고 있었다. 노태우는 이런 상황을 불식하고 자신을 민주적 지도자로 제시하고자 했다. 그 수단으로 용산 미군기지의 이전정책을 추진했던 것이다. 둘째, 1985년의 서울 미문화원 점거농성 등의 사건을 치르며 주한미군은 용산 미군기지의 안전에 큰 우려를 갖게 되었다. 특히 1986년 4월의 전방입소반대투쟁*을 치르며 용산 미군기지는 반미운동의 한 상징으로 떠올랐다. 이에 따라 미국 정부는 용산 미군기지를 평택으로 옮겨서 안전을 강화하는 동시에 주한미군에 대한 반감을 누그러뜨리고자 했다.

---

* 1986년 1~2월 사이에 학생운동은 '반미자주화 반파쇼민주화 투쟁위원회'(자민투)와 '반제 반파쇼 민족민주 투쟁위원회'(민민투)의 두 조직으로 크게 나뉘었다. 자민투는 '반미투쟁'을 강조했으며, 그 일환으로 '미제의 용병교육 전방입소결사반대'라는 구호를 내걸고 대학생의 전방입소교육에 반대하는 투쟁을 벌이기 시작했다(강신철 외, 1988). 1986년 4월 28일은 서울대 85학번 남학생들이 전방입소교육에 들어가는 날이었다. 아침 9시에 수백 명의 서울대 85학번 남학생들이 신림동 네거리에서 찻길을 점거하고 농성을 벌이기 시작했다. 근처의 3층 건물 옥상에서 두 명의 서울대 83학번 남학생들이 구호를 외치며 농성을 지휘했다. 그들은 경찰이 강제진압하면 분신하겠다고 외쳤다. 그러나 경찰은 사복조를 투입해서 강제진압을 시도했다. 곧 이어 두 사람의 몸에 불길이 일었다.

1945년	9월	미군, 점령군으로서 용산에 주둔하기 시작*
1988년		6공화국, 용산 미군기지의 반환을 추진하기 시작
1989년		서울시, 용산 미군기지 전체를 민족공원화한다는 계획 발표
1990년	6월	'용산 미군기지 이전합의서' 체결(1996년까지 반환하기로 합의)
1991년	6월	용산 미군기지의 미8군 골프장 반환
		서울시, '용산 군이적지 활용방안과 기본계획' 발표
1992년	12월	용산 가족공원 개장
1993년	8월	정부, 용산 미군기지 이전계획 취소
1995년	3월	미 대사관, 용산 미군기지에 대사관 직원용 아파트 신축계획 통보
2000년	4월	문화연대, 용산 '생태문화공간' 구상 발표
2003년	4월	용산 미군기지를 평택으로 이전할 계획 발표.
2004년	1월	'미래한미동맹 정책구상' 6차 회의, 용산 미군기지의 평택 이전계획 확정
	5월	주한미군대책기획단, '용산기지 반환부지 활용과 재원조달 방안' 보고서
	12월	문화관광부, 용산미군기지 녹지·문화공간화 기본구상
2005년	10월	'용산민족·역사공원 건립추진위원회' 계획 발표
		국립중앙박물관 개관
2006년	8월	용산기지 공원화 선포식
2007년	7월	용산공원조성특별법 제정
2008년	3월	용산공원조성추진기획단 설치
2011년	5월	용산공원정비구역 지정·고시
	10월	용산공원정비구역 종합기본계획 발표
2012년	4월	용산 공원 마스터플랜 마련
	10월	용산 공원 기본설계 착수
2013년	7월	용산 공원 추진협의체 발족
2014년	3월	용산 공원 종합기본계획 보완방안 연구용역 고시
		10월 용산공원정비구역 종합기본계획 변경안 발표
2016년	1~12월	용산 미군기지 평택 이전 예정
2016년	12월	기본설계 및 공원조성계획 수립
2017년	1~12월	공여 해제, 오염조사, 문화재조사, 실시계획 수립 등
2018년		이후 단계별 공원조성공사 착공

---

* 이 사실은 1945년 9월 9일에 발표된 '태평양방면 미육군총사령관 맥아더 포고령 제1호'로 확인된다. 그는 "나의 지휘 하에 있는 승리에 빛나는 군대는 금일 북위 38도 이남의 조선영토를 점령한다"고 선포했고, "모든 사람은 급속히 나의 모든 명령과 나의 권한 하에 발한 명령에 복종하여야 한다"고 명령했다(김삼웅 편저, 1997: 181).

　결정과정에서 알 수 있듯이, 용산 미군기지의 반환에 관한 논의는 미군이 용산에 주둔하고 무려 43년이 지난 뒤인 1988년에야 시작되었다. 1987년의 6월 항쟁으로 40년에 걸친 이승만, 박정희, 전두환의 독재가 끝나고 민주화가 시작되면서 용산 미군기지의 반환도 비로소 논의되기 시작했던 것이다. 그런데 1990년의 합의는 획기적인 것이었다고 할 수 있으나, 실제 내용은 미군에게 일방적으로 유리하게 되어 있는 등 큰 문제를 안고 있었다. 결국 미군은 자신에게 가장 유리한 이전조건*을 제시해서 1990년의 합의는 불과 3년만에 물거품이 되고 말았다. 그 사이에 미 8군 골프장의 반환이 이루어져서 이곳에 가족공원을 만들게 되기는 했다. 그러나 이것도 처음에는 12만평을 돌려 받기로 했으나 미군이 3만평을 계속 써야 한다고 요구해서 결국 9만평만 돌려받아 공원**을 만들었다(조명래, 2000: 9).

　1990년의 합의가 1993년에 별 다른 성과없이 사실상 파기되고 다시 10년의 세월이 흘러서 용산 미군기지의 반환에 관한 재합의가 이루어졌다. 그런데 2003년의 합의도 1990년의 합의만큼이나 미군에게 일방적으로 유리하게 되어 있다는 큰 문제를 안고 있었다. 그러나 용산 미군기지의 이전에 관한 미군의 태도만큼은 1990년대 초와는 크게 달랐다. 1993년에서 2002년에 이르는 10년의 세월이 흐르는 동안 세계질서는 크게 변했고, 이에 대응하기 위해 미군은 세계전략을

---

* 특히 문제가 되었던 것은 이전비용이었다. 한국은 1991년에 이전비용을 17억달러(당시 약 1조8천억 원)로 제시했으나, 미국은 1996년에 95억달러(당시 약 7조2천억 원)로 제시했다. 그 뒤 2003년의 합의에 따라 2004년에 한국이 용산 미군기지 이전 비용 50억 달러를 지출하고, 미국이 미군 2사단 이전 비용 50억 달러를 지출하기로 했다고 발표되었으나, 실제로는 한국이 전체 이전 비용 96억 달러의 89억8천만 달러를 지출하게 될 것으로 분석되었다(김종대, 2014: 32~33).
** 1993년에 문민정부는 국립중앙박물관으로 사용되던 조선총독부 청사를 철거하고, 국립중앙박물관은 용산가족공원 부지를 활용해서 새로 짓기로 결정했다. 이에 따라 용산가족공원은 크게 줄어들어 현재는 23,000평밖에 되지 않는다. 국립중앙박물관의 부지는 93,000평이다.

기동군 체제로 크게 바꿨다. 이에 따라 외국 주둔 미군의 주둔규모와 주둔방식이 크게 바뀌게 되었으며, 주한미군도 평택의 공군기지를 중심으로 크게 재편하게 되었다(서재정, 2006). 요컨대 1990년의 합의가 미군의 '수동적 이전계획'이었다면, 2003년의 합의는 미군의 '적극적 이전계획'의 산물이었다. 따라서 2003년의 합의는 1990년의 합의와 달리 사실상 파기될 수 없는 것이었다.

2003년의 합의에서 용산 미군기지는 2008년 말까지 평택으로 이전될 계획이었으나 뒤에 또 연기되어 2016년 말까지 이전될 계획이 되었다. 그런데 여기에는 상당히 심각한 여러 문제들이 있다.

첫째, 이전부지와 이전비용에 대한 문제이다. 1990년의 합의와 마찬가지로 2003년의 합의도 미군에게 일방적으로 유리하게 되어 있다. 이것은 한미관계를 규정하는 기본조건이 변하지 않았기 때문에 빚어진 필연적 결과였다. 한미관계는 '동맹'이라는 이름으로 포장되어 있는 불평등관계이다. 미군은 한국의 보호자라는 우월적 지위를 누리고 있다. 한미상호방위조약과 그것에 근거를 두고 있는 한미주둔군지위협정^{SOFA}이 이런 불평등관계를 법적으로 규정하고 있다. 따라서 이 조약과 협정의 문제를 바로잡지 않는 한, 주한미군의 과도한 요구를 조절할 법적 수단이 없다(주한미군범죄근절운동본부 외, 2002; 민주주의사회연구소, 2004; 김용한, 2005).

둘째, 이전 자체의 문제이다. '이전'이라는 것은 말 그대로 어디론가 옮기는 것이다. 그렇다면 원래 있던 곳에서는 없어지더라도 다른 곳에서 자리를 잡게 된다. 용산 미군기지는 평택으로 옮기기로 했다. 이로써 용산에서는 미군기지가 없어지게 되었지만 평택에는 새로운 미군기지가 나타나게 되었다. 평택은 미군기지로 무려 350만평을 새로 내줘야 하게 되었다. 이 때문에 정부는 '평택지원특별법'이라는 특혜법을 만들었고, 평택 지역의 주민들은 미군기지의 이전을 막기 위

해 목숨을 걸고 싸움을 벌였다(다큐인포, 2004: 190~214).* 지금과
같은 미군기지의 이전방식은 큰 문제를 일으킬 수밖에 없다. 문제를
최소화하기 위해서 주한미군은 새로운 기지를 만드는 것이 아니라
기존의 기지를 경제적으로 활용하는 방식으로 '이전'을 추진해야 한
다(김종일, 2003; 홍성태, 2003).

세째, '문제의 연쇄고리'가 작동하고 있다. 미군기지의 이전을 막고
평택 지역을 지키고자 하는 싸움에는 평택의 지역주민들뿐만 아니
라 전국의 모든 미군기지 지역주민들과 시민운동단체들이 적극 참여
했다. 미군에게 일방적으로 유리한 방식으로 미군기지의 이전을 추
진하기 위해 막대한 비용을 들여야 하고, 정부는 이 비용을 마련하기
위해 반환받는 미군기지들을 매각할 계획을 추진했다. 따라서 오랫
동안 미군기지로 고통받았던 여러 지역에서 반환받는 미군기지를 공
적으로 활용할 수 있는 길이 크게 제약될 수밖에 없게 되었다. 또한
한국 정부가 이른바 '전략적 유연성'을 받아들였기 때문에 주한미군
과 한국군이 미군의 세계전략에 적극적으로 동원될 수 있는 길이 열
렸다. 이에 맞서 시민사회는 강력한 저항운동을 펼치게 되었다.

이런 복잡한 역사와 논란에도 불구하고 용산 미군기지의 이전과 그
부지의 공원화는 국가사업으로 결정되어 진행되고 있다(국토해양부,
2011, 2014). 또한 정부는 용산국제업무지구 해제 등의 변화에 맞추어
2014년 4월에 생태 중심, 근대건물 보존 중심의 원칙을 새로 정립해서
용산공원정비구역 종합기본계획을 보완하기로 했고, 10월에 생태 중심
단일 공원의 변경안을 발표했다. 나는 2000년대 초부터 '생명의 숲 구
상'을 제안했는데, 이런 점에서 정부의 보완 방향에 크게 주목하게 되었

---

* 2006년 3월과 5월에 새로운 미군기지 부지로 선정된 평택 대추리 일대에서 격렬한 저항이
펼쳐졌다. 이에 대해 정부는 군과 경찰을 동원해서 진압했다. 문제의 근원은 정부가 주한미군
의 일방적 요구를 받아들이는 협정을 체결한 것이며, 주민의 의사를 민주적으로 수렴하지 않
은 것이었다(참여연대 평화군축센터, 2006ㄱ, 2006ㄴ).

다. 이 보완 방향이 발표된 뒤에도 난개발의 우려가 크게 제기되었지만
(조명래, 2014), 용산 미군기지의 부지는 부디 '생명의 숲'과 같은 생태
문화공원으로 변모해야 할 것이다.

구 역 별	면 적(만평)	비고
용산공원정비구역	1,156만㎡(349.4)	
용산공원조성지구	243만㎡(73)	본체부지(MP, SP)
복합시설조성지구	18만㎡(5.4)	캠프킴 : 자연녹지(4.8만㎡) 유엔사 : 3종주거(5.2만㎡) 수송부 : 2종주거(7.9만㎡)
공원주변지역	895만㎡(271)	

자료: 국토해양부(2011)

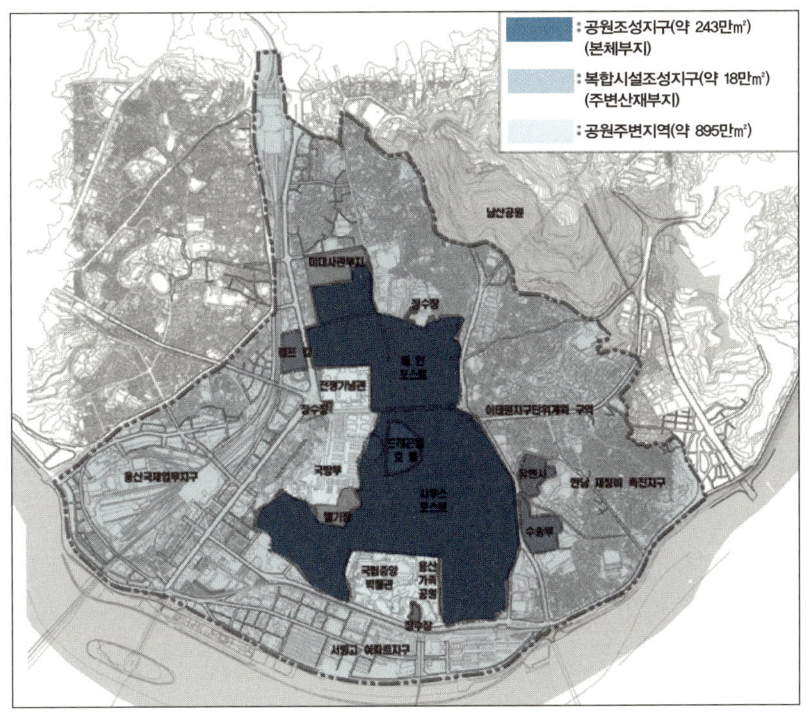

자료: 국토교통부(2014)

● '생명의 숲' 구상

용산 미군기지는 과연 어떻게 바뀌어야 하는가? 용산 미군기지의 생태문화적 재생은 어떻게 되어야 하는가? 이 과제는 현대 사회의 문명적 전환과 긴밀하게 연관되어 있다. 현대 사회는 극심한 생태위기로 고통받고 있다(한살림, 1989; 홍성태, 2004). 생태위기는 이미 우리의 위태로운 현실이 되었다. 이런 현실에서 벗어나기 위해 우리는 현대 사회의 생태문화적 전환을 적극적으로 추구해야 한다. 이것은 무엇보다 우리의 생산방식과 생활방식을 자연과 조화를 이루는 쪽으로 바꾸는 것으로 이루어질 수 있다(홍성태, 2006ㄴ). 용산 미군기지의 생태문화적 재생은 이러한 거대한 사회적 변화의 구체적 사례가 될 수 있다.

'생명의 숲'의 의미

생태문화적 전환은 문화적 삶의 바탕에 건강한 생태계가 자리잡고 있다는 인식에서 비롯된다(홍성태, 2006ㄴ). 자연과 문화를 대비시키는 근대 서구사회의 반생태적 자연관이나 문화관을 넘어서는 데서 생태문화적 전환의 길은 시작되는 것이다. 용산 미군기지의 생태문화적 재생은 이 사회의 생태문화적 전환을 추구하기 위한 공간적 기획이라는 의미를 지닌다. 이런 점에서 용산 미군기지의 생태문화적 재생을 위해서는 무엇보다 먼저 용산 미군기지의 이용 및 오염현황에 대해 철저히 조사해야 한다.* 잘 알려져 있다시피 해외주둔 미군

---

* "지난해 〈세계일보〉가 단독입수한 '환경오염 및 복원비용 보고서'는 충격적이었다. 이는 환경부가 국가안전보장회의(NSC)에 제출한 대외비 보고서로 반환 예정인 용산기지 81만8700평 중 60%인 449만1000평이 환경오염 공동조사 대상에 해당하며 이 중 5%인 2만4550평이 오염된다는 가정 하에 계산한 복원비용은 토지소양방식(치유비용 1톤당 25만원)은 전체비용이 931만6725만원, 생물학적 처리방식(1톤당 10만원)은 372만6690만원이 소요될 것으로 추산했다"(박신용철, '무분별한 용산기지 활용론 우려', 『시민의 신문』 2005년 9월 22일).

기지는 심각한 오염문제를 안고 있으며 용산 미군기지도 마찬가지이다(김진균·홍성태, 1996; 홍성태, 2003; 한광용, 2014). 용산 미군기지의 생태문화적 재생은 오염의 파악과 복원으로 시작되어야 할 것이다.*

용산 미군기지의 생태문화적 재생은 용산 미군기지를 모두 숲으로 가꾸는 것으로 완성될 것이다. 1991년에 서울시는 17개의 소주제 공원을 만들겠다는 계획을 세웠으나 이런 식으로는 이 땅의 의미를 크게 훼손하기 십상이다(조명래, 1996). 여기서 우리는 '공원'의 의미에 대해 생각해 볼 필요가 있다. 이 나라에서 공원은 유원지나 위락지와 비슷한 의미를 지니고 있다. 그러나 우리에게 절실한 것은 자연이 살아 있는 공원, 곧 자연공원 또는 생태공원이다. 이곳에서 사람들은 자연의 호흡에 맞춰서 지내야 한다. 용산 미군기지를 이러한 숲으로 만든다면, 이곳은 시멘트와 자동차로 대표되는 난개발 도시 서울을 치유하는 '생명의 숲'이 될 것이다.

이 숲은 북한산에서 남산을 거쳐 한강으로 이어지는 서울의 '남북 녹지 생태축'을 되살리는 것이기도 하다(강홍빈, 1998). 용산 미군기지의 가치는 이러한 서울의 자연지리적 구조** 속에서 파악해야 한다. 그 규모와 위치로 보아서 용산 미군기지는 식민과 독재의 역사를 지나며 크게 파괴된 '남북 녹지 생태축'을 복원할 수 있는 막대한 가치

---

* 『세계일보』 2004년 11월 5일, '미군기지 환경오염 리포트' 참조.
** 서울은 많은 산과 구릉이 있는 '산악도시'이다. 따라서 이러한 조건을 무시하고 '벌판도시'와 같이 개발해서는 곤란하다. 환기문제는 그 대표적인 예이다. 본래 서울은 네 개의 산으로 둘러싸인 도시로 설명된다. 이른바 내사산(內四山)이다. 주산인 백악, 안산인 남산, 좌청룡인 낙산, 우백호인 인왕이 그것이다. 조산인 북한산은 주산과 안산을 거쳐 한강을 건너 외사산(外四山)의 하나인 관악으로 이어진다. 이것이 서울의 '남북 녹지 생태축'이다. 이것은 서울을 지탱하는 생태적 허리이다.

를 지니고 있다.* 서울에서는 자연을 살리는 것이 곧 역사를 살리는 것이기도 하다. 서울은 본래 생태도시**였기 때문이다. 이런 점에서도 용산 미군기지를 모두 숲으로 가꾸는 것은 대단히 중요하다.

새로운 '생명의 숲'은 크게 세가지 의미를 지닐 수 있다. 첫째, 무엇보다 먼저 수십년 간에 걸친 난개발로 말미암아 엉망으로 망가진 서울의 자연을 되살리기 위해 대단히 중요한 생태적 자산이 될 것이다. 개발독재의 난개발로 말미암아 서울의 자연은 대대적으로 파괴되었다. 본래 서울은 산과 물이 어우러진 아름다운 생태도시였으나, 박정희의 개발독재 이래로 서울은 시멘트 도시, 아파트 도시, 자동차 도시, 스모그 도시가 되고 말았다. 서울에 관한 많은 조사에서 서울이 안고 있는 가장 큰 문제는 '환경문제'로 나타난다. 서울의 환경문제는 시민의 건강은 물론이고 생명을 위협하는 수준에까지 이르렀다. 서울은 자연을 느끼기 어려운 삭막한 도시이다. 용산 미군기지에 아름드리 나무들이 가득 들어찬 숲이 조성된다면, 서울은 자연의 활력이 되살아나는 아름다운 도시로 거듭날 수 있을 것이다.

삶의 질과 거의 맞물린다고 할 수 있는 환경평가지수는 공원의 수가 많을수록, 주택당 인원수가 적을수록 삶의 질이 높은 도시로 정의되고 있다. 프랑스 파리의 경우, 공원면적이 파리시 면적의 26%에 달해 가장 높은 삶의 수준을 보였으며 그 뒤를 이어 몬트리올이 높은

---

* 남북 녹지 생태축의 복원은 녹지 네트워크의 구축으로 이어져야 한다. 이것은 흩어져 있는 여러 녹지들을 서로 이어서 전체적으로 서울의 녹지를 양적으로 늘릴 뿐만 아니라 질적으로 강화하는 것이다. 숲을 조성해서 현대 거대도시의 반생태성을 개선하고자 하는 구체적 설명에 관해서는 吉村元男(2004)을 참조.

** 생태도시란 햇빛, 공기, 물, 흙 등의 생태적 기초가 훼손되지 않고, 다양한 생물상이 건강한 생태계를 이루고 있는 도시를 뜻한다. 조선시대의 서울은 생태도시였으며, 사실 60년대 초까지도 거의 그 상태를 유지했다. 그러나 그 뒤 개발이 촉진되어 시멘트로 뒤덮이고 자동차가 늘어나면서 서울의 생태적 기초와 생태계는 크게 훼손되고 말았다. 오늘날 서울은 삶의 질은 물론이고 건강과 생존을 위해서도 이러한 훼손을 시급히 개선해야 하는 상황에 처했다.

것으로 나타났다. 서울의 경우 산이 많을뿐더러 그린벨트로 개발제한 지역이 포함되어 있어 전체 면적의 17%가 공원인 것으로 평가되어 3위로 나타났다. 주택당 인원수는 코펜하겐이 1.6명 거주, 파리, 빈, 헬싱키, 베를린, 취리히 등이 2명 미만으로 그 뒤를 이었다. 서울은 5.4명으로 최하위를 차지하여 가장 열악한 것으로 조사됐다. 이 두 가지 요인을 고려한 환경평가지수에 의하면 파리의 삶의 질이 가장 높은 것으로 나타났고 그 뒤를 이어 코펜하겐, 베를린, 헬싱키, 빈, 런던, 취리히 등이 높으며 서울은 18위로 멕시코시티와 아테네보다 약간 우위에 있는 것으로 나타났다. 이상에서 알 수 있는 수도권 대기오염은 선진국 및 국내 다른 도시에 비해 매우 심각하며, 연간 사회적 비용이 10조원에 이른다. 서울지역은 선진국에 비해 미세 먼지는 1.7~3.5배, 이산화질소는 1.7배나 된다(강재옥, 2004).

둘째, '생명의 숲'은 우리의 삶을 돌아보는 소중한 '느림의 공간'이 될 것이다. 오늘날 우리는 대단히 바쁜 삶을 살고 있다. 특히 서울에서의 삶은 더욱 더 그렇다. 대다수 사람들이 이른바 '시간기근증'에 시달리고 있다. 이런 사람들에게 숲은 삶을 돌아볼 수 있는 소중한 시간을 제공한다. '시간 기근증'에 내몰려서 갈수록 삭막해지는 삶을 '생명의 숲'은 따뜻하게 어루만져 줄 것이다. 새로 조성될 숲이 '생명의 숲'인 까닭은 자연이 되살아나는 곳이기 때문만이 아니라 바로 우리의 삶에 새로운 생명의 힘을 불어 넣어주는 곳이기 때문이다. 느림의 공간은 사색의 공간이며 성찰의 공간이다. 건강하게 살기 위해서는 마음의 휴식도 절대적으로 필요하다. 서울에 절대적으로 부족한 공간이 바로 이러한 느림의 공간으로서 자연이다. 자연이 살아 있는 '생명의 숲'은 우리 자신을 건강하게 살리는 '생명의 숲'이 될 것이다. 이곳에서 우리는 자연의 소중함을 몸과 마음으로 느끼며 생태문화를 깊이 익히게 될 것이다. 따라서 자연이 살아 있어야 도시도 살아 있을 수 있다는 사실을 이곳에서 누구나 쉽게 배우게 될 것이다.

셋째, 새로운 '생명의 숲'에서는 여러 생명체가 서로 어우러져 살아갈 것이다. 따라서 이곳에서 우리는 자연의 풍요를 몸으로 느낄 수 있게 될 것이다. 새소리와 바람소리가 우리의 몸과 마음을 청신하게할 것이다. 여러 생명체가 서로를 보듬고 살아가는 모습을 보며 자연의 원리를 몸으로 깨닫게 될 것이다. 오늘날과 같은 생태위기 시대에 '생명의 숲'은 자연을 지키는 것이 바로 우리 자신을 지키는 것이며, 다른 생명체를 존중하는 것이 바로 우리 자신을 존중하는 것임을 깨닫게 해 줄 것이다. 이런 점에서 '생명의 숲'은 대단히 소중한 생태적 학습의 공간이 될 것이다. 이곳에서 우리는 자연과 인간과 생명에 대해 깊이 배우고 느끼게 될 것이다. 이로부터 생태위기 시대를 넘어설 생명문화가 크게 자라나게 될 것이다. 이로써 '생명의 숲'은 세계적인 생명문화의 터전으로서 서울을 대표하는 새로운 생명문화의 명소가 될 것이다.

용산 미군기지는 이러한 '생명의 숲'을 만들기에 충분히 넓은 땅이다. 중요한 것은 이 땅을 어떻게 활용하느냐이다. 활용에는 두가지 방식이 있다. 자연적 활용과 인공적 활용이 그것이다. '생명의 숲' 구상은 자연적 활용의 한 방식이다. 그러나 그것은 서울을 위해 가장 중요한 활용 방식이다. 용산 미군기지의 생태문화적 재생은 자연을 억압적으로 이용하는 활용이 아니라 자연을 살리고 존중하며 이용하는 활용의 산물이어야 한다. 자연이 살아 있는 것처럼 보이게 하는 것이 아니라 자연이 실제로 살아나게 하는 것이 무엇보다 중요하다. 우리가 할 일은 그렇게 될 수 있도록 조건을 마련하는 것이다. 이를 위해 기존의 나무들을 최대한 살리는 것이 중요하다. 용산 미군기지 안에 있는 우람한 포플라며 버즘나무들을 베어 없애서는 안 될 것이다.

구체적으로 용산 미군기지의 생태문화적 재생은 어떤 공간적 구성으로 나타나게 될 것인가? 사실 용산 미군기지의 구성은 다소 복잡하며, 또한 여러 심각한 문제를 안고 있기도 하다. 따라서 ‘생명의 숲’을 제대로 가꾸기 위해서는 이에 대한 면밀한 검토와 대책이 필요하다. 가장 중요한 것은 오염을 해결하는 것이지만, 이밖에도 여러 문제가 이미 드러난 상태이다. 메인 포스트와 사우스 포스트가 삼각지와 이태원을 잇는 큰 도로로 나뉘어 있는 것은 어떻게 할 것인가? 용산 미군기지에 가로막혀 북단이 잘린 동작대교는 앞으로 어떻게 할 것인가? 메인 포스트와 사우스 포스트 이외의 주변 기지와 시설들은 어떻게 할 것인가? 국립박물관, 전쟁기념관, 국방부와 합동참모본부 청사 등 기존 시설들과의 관계는 어떻게 설정할 것인가?

돌려받는 용산 미군기지는 여러 땅들로 이루어져 있다. 〈용산공원 정비구역 종합기본계획〉에 따르면, 돌려받는 용산 미군기지는 ‘용산공원조성지구’와 ‘복합시설조성지구’로 나뉜다. ‘용산공원조성지구’는 243만㎡(73만 평)의 ‘본체 지구’(메인 포스트와 사우스 포스트)이고, ‘복합시설조성지구’는 18만㎡(5.4만 평)의 캠프킴, 유엔사, 수송부 등이다. 사실 메인포스트는 24만여 평이고 사우스 포트스는 57만여 평이다. 두 곳을 합하면 81만 평이 넘어야 하는 데 두 곳에서 실제 공원으로 조성되는 면적은 73만 평이다. 2017년 이후 미 대사관과 직원 숙소 등이 메인 포스트의 북단에 들어서며, 사우스 포스트의 ‘드래곤 힐 호텔’과 헬기장을 미군이 계속 사용할 것이기 때문이다. 이처럼 여러 문제가 있지만 두 곳은 최대한 ‘생명의 숲’으로 가꾸어야 한다. 또한 삼각지에서 이태원으로 이어지는 길을 지하화해서 두 곳으로 나뉜 땅을 하나로 이어야 할 것이다. 그리고 용산 ‘생명의 숲’이 남산 및 한강으로 이어져서 생태축을 이어갈 수 있는 방안도 적극 추진해야 할 것이다. 용산 '생명의 숲'이 온전히 조성되는 데는 한 세대 이상의 오랜 시간이 필요할 것이다.

또한 '생명의 숲'을 위해서는 인공시설을 최소로 줄여야 한다. 산책로도 가능한 오솔길 중심의 작은 길로 만들고, 오직 휠체어와 도보로만 다닐 수 있도록 한다.* 이곳은 자연을 '이용'하는 곳이 아니라 자연을 지키며 익히는 곳이라는 사실이 무엇보다 명확히 정립되어야 한다. 요컨대 이곳은 자연을 지켜야 우리가 잘 살 수 있다는 사실을 몸으로 배우는 곳이 되어야 한다. 이를 위해 기존의 인공시설을 적극적으로 줄이도록 해야 하는 것이다. 이런 점에서 이곳은 기존의 공원과는 크게 다른 공원이 되어야 한다.** 달리 말해서 새로운 '생명의 숲'은 상식화된 공원 개념 자체를 크게 바꾸는 곳이 되어야 한다. 이렇게 해서 우리는 자연이 살아 있는 도시, 자연과 조화를 이루는 사회를 향해 한 걸음 더 나아가게 될 것이다.

용산 미군기지에는 없애야 할 인공시설들이 있는 반면에 우리가 소중하게 지켜야 할 문화유산도 있다. 조선 시대에 대단히 중요했던 '남단'***의 자리로 알려진 곳이나, 일제 시대에 건축된 근대 건축물들은 최대한 보존해야 한다(김종헌 외, 2011; 임종업 외 2013). 우리에게는 '생명의 숲'에 어린 역사를 지켜서 후손에게 물려줄 책임이 있다. 해방 이후에 지어진 엉터리 건축물들은 가능한 헐어 없애되 옛 건축물들은 잘 지켜서 이곳의 역사를 우리 후손들이 배울 수 있도록 해

---

* 동작대교(1978년 10월 착공, 1984년 11월 준공)는 지금처럼 북단이 잘린 상태로 내버려둬야 할 것이다. 베를린의 '티어가르텐'처럼 지하화해서 '완성'할 수도 있겠지만, 그 경우에는 '생명의 숲'을 훼손하는 것이 불가피하고, 또한 북단이 잘린 동작대교라는 '근대 문화유산'의 훼손도 불가피하기 때문이다. '티어가르텐' 복원에 관해서는 한국방송공사(2001)를 참조.
** 이런 점에서 문화연대는 아예 '공원'이라는 용어를 쓰지 않고 '문화생태공간'이라는 용어를 쓰기도 했다(홍성태, 2000).
*** 남단은 국태민안을 빌기 위해 조선 왕조에서 제사를 지내던 곳이었다.

야 한다.* 서울의 다른 곳과 마찬가지로 용산 미군기지도 오랜 역사의 켜가 쌓여 있는 곳이다. 새로운 미 대사관이 들어설 곳에서 남단의 터가 발견된 것은 좋은 예이다. 그런 만큼 섣불리 활용하기 전에 반드시 꼼꼼한 역사문화조사를 해야 한다. 보존될 근대 건축물들은 이곳의 역사를 증언하는 기념관이나 휴게실로 활용될 수 있을 것이다.

역사문화의 면에서도 생태문화의 관점은 대단히 중요하다. '남북 녹지 생태축'을 되살리는 것은 근대화의 이름으로 마구 파괴된 서울의 역사를 되살리는 것이다. 본래 서울은 '남북 녹지 생태축'을 비롯한 자연이 풍성하게 살아 있는 곳이었다.** 따라서 망가진 자연을 되살리는 것은 그 자체로 서울의 역사를 되살리는 것이 된다. 이로써 우리는 서울이 얼마나 아름다운 곳이었는가를, 또한 그 아름다움이 자연을 존중한 문화에서 비롯되었다는 것을 깨닫게 될 것이다. 역사를 없애는 것은 오늘을 없애는 것이고, 따라서 내일을 없애는 것이다. 우리가 역사를 지키고 되살리기 위해 애쓰는 것은 이 때문이다.

국립중앙박물관과 같은 거대한 시설을 짓는 것만큼, 아니 그보다 훨씬 더 중요한 것은 역사를 살리는 것이다. 돌려받는 용산 미군기지를 울창한 도시 숲으로 만든다면, 우리는 본래 서울의 면모를 훨씬 생생하게 느낄 수 있을 것이다. 그만큼 우리는 조상과 가까운 후손이 될 것이다. 이렇듯 용산 '생명의 숲' 구상은 다차원적 성격을 갖는다. 이 점을 올바로 깨닫는 것은 대단히 중요하다. 용산 '생명의 숲' 구상

---

* "〈시민의신문〉은 주한미군사령부가 용산기지를 방문하는 미군속 등을 위해 제작된 소책자 〈용산 주둔지의 역사적 도보여행(Historical walking tour of YONGSAN GARRISON)〉을 단독 입수했다. 이 소책자에 따르면 미군이 일본 제국군을 몰아내고 용산에 주둔했을 때부터 현재까지 유지되는 근대 건축물이 39곳이다"(박신용철, '무분별한 용산기지 활용론 우려', 『시민의 신문』 2005년 9월 22일).

** '인왕산 호랑이'에 관한 이야기는 그 생생한 방증이라고 할 수 있을 것이다. 한양 사람이었던 겸재 정선은 한양의 아름다운 자연을 많은 진경산수로 남겼다. 겸재는 도성 안팎의 자연이 얼마나 아름다웠던가를 생생히 전하고 있다(최완수, 2004).

은 파괴된 서울의 자연을 되살려서 잃어버린 서울의 역사와 문화를
되살린다는 의미를 함축하고 있기 때문이다.*

● 개발주의의 위협

용산 미군기지는 서울의 한복판에 자리잡고 있는 아주 넓은 평지이
므로 강력한 개발주의의 위협에 노출되어 있기도 하다.** 사실 '생명
의 숲'이라는 꿈은 언제라도 무산될 수 있다. 용산 미군기지의 생태
문화적 재생은 그 절박한 필요에도 불구하고 여전히 머나먼 목표인
것이다. 물론 개발주의라고 해서 모두 똑같은 것은 아니다. 현재 용
산 미군기지에 가해지고 있는 개발주의의 위협은 그 주체를 중심으
로 크게 세가지로 나누어 살펴볼 수 있다.

첫째, 정부의 위협. 용산 미군기지 이전협정에 따라 한국은 6조원
정도의 막대한 이전비용을 부담해야 한다. 그런데 드러난 비용 이외
에 드러나지 않은 비용도 있을 것으로 추정되었다. 예컨대 최고의 비
밀시설인 C^4I***의 이전비용은 예정비용보다 2조원 이상 더 필요할 것

---

* 한 환경학자는 1990년대 중반에 서울을 이렇게 평했다. "서울은 사람이 살만한 도시에서 거
리가 멀다. 도로가 너무 넓고 자동차는 너무 많으며 공기가 나쁘고 물이 더럽고 쓰레기가 많
다. 사람들은 길 하나를 두고 서로 마음대로 왕래도 할 수도 없는 형편이고 녹지나 물을 보기
도 힘들고 살아 있는 야생생물을 보기도 힘들다"(김정욱, 1995). 이런 상황은 그 동안 더욱 악
화되었다. 개발독재를 지나며 변한 서울의 모습에 관해서는 뿌리깊은 나무 엮음(1983)을 참조.
** 개발주의는 개발을 경제의 구성원리로 여기는 태도를 가리킨다. 개발주의는 개발을 수단이
아니라 목적으로 만들어 버린다. 따라서 개발주의 사회에서 자연과 문화는 끊임없는 개발의
대상으로 여겨진다(홍성태, 2007).
*** Command, Control, Communication, Computer, Intelligence의 약자로 '군사정보통신망'을
가리킨다(김진균·홍성태, 1995). 용산 미군기지에는 주한미군사령부와 한미연합사령부가 있
고, 사령부를 지원하는 고도의 '군사정보통신망'이 있다. 이런 시설의 존재 자체가 고도의 비
밀이기 때문에 어떤 문제를 안고 있는지에 관한 논의 자체가 거의 이루어지지 못하고 있다.

으로 추산되었다. 이렇게 막대한 이전비용이 필요할 것으로 드러나자 국방부는 돌려받는 용산 미군기지의 부지를 모두 팔아야 한다고 주장하기도 했다. 그러나 다행히 이 터무니없는 주장은 강한 반대에 부딪혀 무산되었고, 캠프킴, 유엔사, 수송부를 개발하는 것으로 정리되었다. 그런데 이런 '본체 지구' 외부의 재개발도 이미 주변에서 가파르게 진행된 초고층 재개발을 더욱 부추길 우려가 크고, 그 결과 주변지역의 초고층 난개발로 말미암아 '본체 지구'의 생태공원계획이 크게 훼손될 우려가 크다.

또한 정부는 2005년에 생태공원을 조성하겠다면서 그 계획을 추진할 위원회의 이름은 생뚱맞게도 '용산민족·역사공원건립추진위원회'*로 지었었다. '민족·역사공원'은 '생태공원'과 어떤 직접적 연관도 가지고 있지 않다. 정말 '생태공원'을 조성하고자 했다면, 위원회의 이름을 '용산 생태공원위원회'로 했어야 했을 것이다. 당시 언론에서는 정부가 '생태공원'을 내세우고는 실제로는 대규모 역사기념관을 지으려는 계획을 추진하고 있는 것으로 보기도 했다.** 2011년의 〈용산공원정비구역 종합기본계획〉에서 이런 문제는 크게 개선됐고, 2014년의 보완 방안에서 올바른 방향으로 확실히 정립된 것으로 보인다. 그러나 여전히 여러 정부 부서들이 자기들이 필요한 대로 용

---

* 위원장은 선우중호 전 서울대 총장이 맡았다. 그는 1986년에 '평화의 댐'을 건설해야 할 필요를 텔레비전에서 모형을 이용해서 역설했던 토목학자이다. 오늘날 '평화의 댐'은 5공화국 최대의 '사기사건'으로까지 불리고 있다. 이런 점에서 선우중호가 '민족·역사공원'의 위원장을 맡았던 것은 너무나 부적합했다.

** "광복 60주년을 맞아 일제 침탈과 제2차 세계대전의 피해 당사국인 우리 스스로 과거청산을 위한 노력을 해야 한다는 지적이 높아지는 가운데 행정자치부와 기획예산처, 일제강점하 강제동원피해진상규명위원회가 서울 용산 미군기지를 '평화·역사 광장'으로 조성하기 위한 계획을 추진하고 있다. 정부는 용산기지 일대 10만여 평의 부지에 추도비와 추도탑, 박물관, 사료관, 평화공원 등의 시설을 만들어 오는 2008년에 공사를 시행할 계획이다"(서울신문, 2005년 8월 15일). 이 구상은 그 자체로 대단히 중요한 것으로 미군 헬기장을 돌려받아 부분적으로 구현할 수 있을 것이다.

산 미군기지를 개발하거나 이용하려고 애쓰고 있다(조명래, 2014). 용산 미군기지는 서울의 생태문화적 재생을 주도할 용산 '생명의 숲' 으로 거듭나야 한다.

둘째, 기업의 위협. 용산 미군기지의 이전계획이 본격적으로 추진 되면서 용산은 이미 서울에서 가장 '잘 나가는' 동네가 되었다. 2003 년의 '시티파크' 분양을 둘러싼 투기과열은 이런 사실을 너무나 잘 보 여주었다.

> 용산기지 이전 협상이 시작된 2003년 봄부터 이 지역은 '안마당은 공 원, 뒷마당은 고속철' '서울의 최상급 도심 녹지 타운' 등으로 선전되 며 땅값이 뛰기 시작해 1년여 만에 두배 이상 오른 상황이다.
> 용산역 주변 상업지는 평당 3천만~4천만원으로 서울 강남권 수준에 육박하고 있으며, 주변 아파트 가격 또한 평당 2천만원 정도에 이른 다. 부동산114 김혜현 부장은 "지난 1년 동안 용산지역 아파트값 상 승률은 13.58%로 재건축시장이 주도하던 송파·강남에 이어 3위를 차지했다. 하지만 최근 재건축시장이 한풀 꺾이면서 용산 지역 상승 률이 도드라진다"고 설명했다.
> 최근 한강로 주변 상업지역엔 대우 트럼프월드·대우 아이빌·LG 용 산애클라트·LG 한강애클라트·벽산 메가트리움 등이 2005년 안에 입 주할 예정이어서 대규모 주상복합 아파트촌이 형성된다. 부동산114 에 따르면 이들 주상복합아파트 프리미엄은 최고 4억8천만원(한남 하이페리온II)에서 2억~3억원을 훌쩍 넘기는 것들도 여러 단지다(용 산 시티파크1·2단지·LG 용산애클라트·벽산 메가트리움 등)(이주 현, '용산 기지는 은근슬쩍 개발되나', 『한겨레21』 2004년 7월 28일).

이런 상황에서 기업들은 용산 미군기지를 불하받아 재개발할 수 있기를 간절히 바랐다. 2000년대 중반에 일부에서는 이곳에 60~70 층 높이의 초고층 아파트를 짓는 것이 제일 좋다고 공개적으로 주장하고 나섰다.*

용산 미군기지 터에 초고층 아파트를 짓지 못하도록 할뿐만 아니라 주변 지역에 우후죽순 격으로 들어서고 있는 초고층 아파트에 대해서도 확실히 규제가 필요했으나 이미 상황은 대단히 많이 나빠졌다.** 주변의 초고층 아파트들은 용산 미군기지의 공원화로 가장 큰 이익을 보게 된다. 그러나 이에 따른 '개발이익'은 제대로 환수되지 않고 있다. 이명박-박근혜 정부는 개발을 더욱 더 부추기고 있다. 지금과 같은 상황에서는 용산 미군기지 주변을 대대적으로 개발하고자 하는 개발세력과 투기세력의 발호를 제어하기가 대단히 어렵다. 그것은 결국 자연과 역사와 지역의 또 다른 대규모 훼손과 파괴로 이어질 것이다.

셋째, 시민사회의 위협. 대부분의 경우에 시민사회는 개발주의의 위협에 맞서는 가장 중요한 주체로 나타난다. 그러나 용산 미군기지의 경우에는 시민사회의 일부 세력이 오히려 개발주의의 주체로 나서기도 했다.

민주화운동기념사업회, 일제하강제동원진상규명위원회, 한국정신대문제대책협의회 등 시민사회도 반환받는 용산기지에 눈독을 들이고 있다. 정부가 특별법을 제정하면서 기념관 건립 등 기념사업을 명시화했는데 서울지역에서 새로운 부지를 마련하기가 어려웠던 현실

---

* 초고층 건물의 전문가들이 이런 주장을 '과학적으로' 대변하고 있다. 그들은 용산 미군기지에 타워 팰리스같은 초고층 아파트를 지어야 한다고 주장한다. 타워 팰리스가 '부의 상징'이자 '난개발의 상징'이요 '불평등의 상징'이 된 것을 생각한다면, 이런 초고층 아파트 건설론은 모두를 위한 '생명의 숲'이 되어야 할 곳을 소수의 부자들을 위한 투기공간으로 만들자는 주장이라고 할 수 있다.
** 2000년대를 지나며 주변 지역들이 대대적으로 파괴되었다. 이 과정에서 많은 사람들이 쫓겨났고 심지어 처참하게 죽었다. 2009년 1월 20일 새벽에 초고층 재개발을 위한 강제퇴거에 저항하던 상인들이 경찰의 무리한 진압으로 불에 타 죽는 참사가 발생했다.

적 상황을 감안해 볼 때 대규모로 반환받는 용산기지는 당연히 1순위 고려대상일 수밖에 없다. … 시민단체 한 관계자는 "시민사회가 용산기지를 주인없는 땅으로 인식하고 주도권을 선점하기 위해 개발을 자극하고 있다"면서 "환경오염 등이 심각한 만큼 오랫동안 방치하고 차분히 환경치유와 활용방안을 논의해야 한다"고 지적했다(박신용철, '무분별한 용산기지 활용론 우려', 『시민의 신문』 2005년 9월 22일).

용산 미군기지에 대규모 기념관이나 기념공원을 만들겠다는 발상은 우선 그 자체로 문제를 안고 있다. 왜 꼭 대규모 기념관이나 기념공원이어야 하는가? 그것이 민주화기념관/공원이건, 평화기념관/공원이건, 우리는 그 규모의 문제에 관심을 기울일 필요가 있다. 대규모 시설을 세워서 무엇인가를 기념하겠다는 발상은 국가주의적 기념방식과 사실상 같은 것이 아닐까? 민주화기념관/공원이나 평화기념관/공원은 그런 것과는 사뭇 달라야 하지 않을까? '민주화 숲'이나 '평화 숲'을 만드는 것이야말로 민주화운동이나 평화운동의 대의를 잘 살리는 길이 아닐까? 용산 미군기지는 서울에 대규모 평지공원을 만들 수 있는 마지막 남은 대규모 공공용지이다. 전쟁기념관과 국립중앙박물관만으로도 이 땅은 이미 크게 훼손되었다. 이제는 남은 땅을 잘 지켜서 이곳을 우리와 후손을 위한 '생명의 숲'으로 가꾸어야 한다.

시민사회는 정부, 기업, 관변단체의 개발계획에 맞서서 용산 미군기지가 '생명의 숲'으로 거듭날 수 있도록 최선을 다해야 옳을 것이다. 모든 시민과 후손의 삶을 생태적으로 돌보고 문화적으로 풍요롭게 할 '생명의 숲'을 조성하는 데 적극 나서는 것이야말로 시민사회의 가치를 다시금 확인해주는 또 하나의 생생한 사례가 될 것이다. 물론 이 나라의 참된 발전을 위해 희생한 분들을 기리는 사업을 하기 위한 시설은 필요하다. 그러나 그것은 용산 미군기지를 개발하기보다 다른 곳에 있는 기존의 시설을 활용하는 것으로 해결할 수도 있다. 행정복합도시건설에 따라 비워진 여러 공공건물들을 활용하는 것도 좋은 대안이 될 수 있을 것이다. 모든 사람의 좋은 삶이라는 민주화운동의 목표는 서울의 생태문화적 전환을 위한 '생명의 숲'을 조성하는 것으로 이어져야 한다.

물론 세가지 개발주의의 위협이 같은 크기를 가지고 있는 것은 아니다. 힘을 갖고 있는 정부와 돈을 목표로 하는 기업의 위협은 시민사회의 위협과는 비교도 안 될 정도로 크다. 여기서 무엇보다 중요한 것은 용산 미군기지의 소유권을 가지고 있고, 도시개발의 규제권을 가지고 있는 정부와 서울시의 적극적 구실이다. 이미 개발주의의 불길이 활활 타오르고 있는 곳에서 그 불길에 기름을 붓는 것과 같은 개발론을 정부와 서울시가 유포해서는 안 될 것이다. 정부와 서울시는 오랜 시간에 걸쳐 진행될 용산 미군기지의 생태문화적 재생을 주도해서 이 나라를 '진정한 선진국'으로 이끌어가야 할 것이다.

● 맺음말

1991년에 소련이 몰락하고 미군의 세계전략이 변하면서 한국의 미군기지는 대대적인 개편을 맞게 되었다. 용산 미군기지의 이전은 그 대표적인 예라고 할 수 있다. 용산 미군기지는 서울의 한복판에 자리잡고 있는 주한미군의 대규모 기지로서 '보호자 미국'을 상징하는 군사기지이다. 따라서 용산 미군기지의 이전은 그 자체로 한미관계의 변화를 상징하는 역사적 의미를 지닌다. 사실 한미관계는 하루빨리 정상적인 동맹관계로 변해야 하며, 이를 위해서는 공여지 제공과 주둔 분담금, 사법 관할권 등의 심각한 불평등 문제를 철저히 개혁해야 한다.

용산 미군기지의 이전은 정상적인 동맹관계의 정립이라는 면에서 올바른 것이지만, 그 방식과 내용은 여전히 심각한 문제를 안고 있다. 가장 큰 문제는 평택을 '미군 도시'로 만드는 방식으로 용산 미군기지의 이전이 추진되고 있다는 것이다. 다시 말해서 서울의 공간적 문제가 평택의 공간적 문제로 이전되고 있는 것이다. 또한 이전비용을 전적으로 한국 정부가 부담해야 하는 것도 큰 문제가 아닐 수 없다. 이런 점에서 용산 미군기지의 이전은 한미관계가 여전히 커다란 구조적 불평등상태에 있다는 것을 보여주는 중요한 증거라고 할 수 있다.

용산 미군기지의 활용방안에 대해 논의할 때 우리는 무엇보다 이런 불평등의 문제를 전제로 해야 한다. 그러나 또한 이 때문에 용산 미군기지의 활용방안에 관심을 기울이지 않는 것도 잘못일 것이다. 사실 용산 미군기지의 반환에 관한 논의가 처음으로 구체화되었던 1980년대 말부터 용산 미군기지의 활용방안에 관해 사회적 논의가 상당히 뜨겁게 이루어졌다. 당시의 여론조사는 숲의 조성을 중심으로 하는 생태공원화에 관한 의견이 압도적이라는 것을 보여주었다. 사실 2014년 현재도 그렇다. 용산 미군기지는 난개발도시 서울의 문제를 해결할 수 있는 소중한 자산인 것이다.

오늘날 생태위기는 세계의 초미의 과제이다. 이에 대응하기 위해 생태문화적 전환의 과제가 제출되었다. 그것은 여전히 개발주의가 강하기는 하지만 이미 상당한 정도로 정치적 주제가 되어 있다. 서울처럼 악명높은 난개발도시의 경우에 생태문화적 전환은 이미 절박한 시대적 과제이며, 따라서 그것은 서울에서 대단히 중요한 정치적 사안이라고 할 수 있다. 서울의 생태문화적 전환을 주장하는 것은 시대를 앞서가는 것이 아니라 그저 보조를 맞추는 것일 뿐이다. 이런 맥락에서 1990년대 말부터 용산 미군기지의 생태문화적 재생을 위한 시민운동이 활발히 펼쳐지게 되었다(문화연대 공간환경위원회, 2002; 홍성태, 2005).

용산 미군기지는 서울의 생태문화적 전환을 위한 구체적 장소가 될 것이다. 그곳이 갖고 있는 복합적 의미와 '생명의 숲' 구상의 다차 원성에 주목해야 한다. 용산 미군기지를 '생명의 숲'으로 가꾸는 과 정은 우리의 생산방식, 생활방식, 사고방식을 크게 바꾸는 과정이 될 것이다. 용산 미군기지는 소중한 문화유산을 품고 있는 '생명의 숲'으 로 거듭나야 한다. 뉴욕의 센트럴파크, 런던의 하이드파크, 베를린의 티어가르텐, 도쿄의 요요기공원처럼 서울의 한복판에도 큰 자연공원 이 자리잡을 수 있다. 그렇게 해서 서울의 가치와 우리의 삶의 질은 한층 높아질 것이다.

오늘날 생태문화적 전환은 무서운 생태위기의 시대에 외치는 희망 의 다른 이름이다. 우리는 이미 그런 시대를 살고 있다. 섣부른 개발 로 이 귀한 희망을 또 다른 절망으로 파괴해서는 안 될 것이다. 이런 점에서 용산 미군기지에 대한 어떤 개발론도 엄격히 비판받아야 한 다. 메인 포스트와 사우스 포스트는 결코 개발되어서는 안 되겠지만, 주변 지역의 다른 소규모 기지나 시설들도 개발의 광풍을 막는 곳이 되어야 한다. 이미 용산 지역에서는 개발의 광풍이 너무나 거세게 불 었다. 그런 만큼 생태문화적 미래를 위한 용산 미군기지와 그 주변의 중요성은 더욱 더 크다.

___ 참고자료

강신철 외(1988), 『80년대 학생운동사』, 형성사

강재옥(2004), ‘인구수 줄이기 위한 45조원 투자’, 『인터넷 환경일보』 2004년 3월 18일

강홍빈(1998), ‘근대화의 도시풍경’, 한국도시연구소 편(1998), 『한국 도시론』, 박영사

국토해양부(2011), 〈용산공원정비구역 종합기본계획〉, 2011년 10월 11일

__________(2014), 〈용산공원정비구역 종합기본계획 변경안〉, 2014 년 10월 21일

김삼웅 편저(1997), 『사료로 보는 20세기 한국사』, 가람기획

김용한(1996), ‘용산미군기지의 문제점 진단과 해결방안’, 전국연합 등 주최 대토론회 자료집, 『용산미군기지 진단과 민족적 활용방안에 대한 토론회』, 1996년 7월 1일

______(2005), 『주한미군 이야기』, 잉걸

김정욱(1996), ‘서울의 도시환경’, 『사상』 27호/1995년 겨울호

김종대(2014), ‘미군기지 이전 사업과 국책사업 관리의 문제점’, 『오 염된 용산 미군기지에 국가공원 조성, 이대로 좋은가? - 용산 미군기지 오염 정화 방안을 위한 국회 토론회』, 2014 년 5월 9일

김종일(2003), ‘용산 미군기지 이전문제 해결의 올바른 원칙과 방안’, 용산미군기지반환운동본부 주최 토론회, 『용산 미군기지 의 반환과 활용방안 토론회』, 2003년 5월 7일

김종헌 외(2011), 〈군 주둔지 내 근대건축·시설 일제조사 용역 보고 서〉

김진균·홍성태(1994), ‘미국 군사정보통신체계에 대한 정치경제학 적 연구’, 『경제와 사회』 28호/1995년 겨울호

______________(1996), 『군신과 현대사회』, 문화과학사

다큐인포(2004), 『부끄러운 미군 문화답사기』, 북이즈

문화연대 공간환경위원회(2002), 『문화도시 서울, 어떻게 만들 것인
　　가』, 시지락

민주주의사회연구소(2004), 『한반도 안보관련조약의 법적 재조명』,
　　백산서당

박신용철(2005), '무분별한 용산기지 활용론 우려', 『시민의 신문』
　　2005년 9월 22일

뿌리깊은 나무 엮음(1983), 『서울』, 뿌리깊은 나무

서재정(2006), '전략적 유연성의 배경과 문제점', peoplepower21.
　　org

이주현(2004), '용산 기지는 은근슬쩍 개발되나', 『한겨레21』 2004년
　　7월 28일

임종업·정태우(2013), '창간기획 - 용산기지 유적의 재발견', 〈한겨
　　레〉 2013년 5월 16일

조명래(1996), '도시계획 및 발전에서 바라본 용산 미군기지', 민주주
　　의민족통일 전국연합 등 주최 토론회, 『용산 미군기지 진
　　단과 민족적 활용방안에 대한 토론회』, 1996년 7월 1일

______(2000), '공간의 정의와 생태문화운동 - 용산기지 시민생태공
　　원화 운동을 사례로', 『문화과학』 24호/2000년 겨울호

______(2014), '용산 국가공원 개발계획에 대한 검토와 대안', 『오염
　　된 용산 미군기지에 국가공원 조성, 이대로 좋은가? - 용
　　산 미군기지 오염 정화 방안을 위한 국회 토론회』, 2014년
　　5월 9일

주한미군범죄근절운동본부 엮음(1999), 『끝나지 않은 아픔의 역사 -
　　미군범죄』, 개마서원

________________________외(2002), 『미군범죄와 한·미 SOFA』,

두리미디어

참여연대 평화군축센터(2006ㄱ), ‘미군기지 제공위해 자국민 생존권 짓밟나, 용산기지이전 및 연합토지관리계획(LPP)협정 전면 재검토해야 - 반인권적 강제토지수용 조치 지탄받아 마땅’, peoplepower21.org

__________________(2006ㄴ), ‘야만적인 국가폭력 강력히 규탄한다 - 미군기지 확장을 위해 국민을 작전대상으로 삼는 정부, 폭력적인 평택 강제집행 즉각 중단하라’, peoplepower21.org

최완수(2004), 『겸재의 한양진경』, 동아출판사

한광용(2014), ‘토양, 지하수 오염이 인체에 미치는 영향’, 『오염된 용산 미군기지에 국가공원 조성, 이대로 좋은가? - 용산 미군기지 오염 정화 방안을 위한 국회 토론회』, 2014년 5월 9일

한국방송공사(2001), ‘베를린은 녹색혁명중’, 『환경스페셜』 2001년 3월 21일 방영

한살림(1989), ‘한살림선언’, 『한살림』

함인선(1989), ‘용산공원화와 신도시건설의 반민중성’, 『사회와 사상』 1989년 7월호

홍성태(2000), ‘군사공간의 생태적 재생 - 용산 미군기지의 경우’, 『공간과 사회』 14호/2000년 겨울호

______(2003), 『반미가 왜 문제인가』, 당대

______(2004), 『생태사회를 위하여』, 문화과학사

______(2005), 『생태문화도시 서울을 찾아서』, 현실문화연구

______(2006ㄱ), ‘Toward a Cultural-Ecological Revival of Military Bases: The Case of the U.S. Yongsan Garrison in Seoul’,

Space and Culture 9/2, May 2006, Sage Publications

______(2006ㄴ), '생태문화사회와 사회운동', 『문화과학』 46호/2006
　　　년 여름호

______(2007), 『개발주의를 비판한다』, 당대

吉村元男(2004), 『森が都市を變える』, 學藝出版社

___참고 1

'주한미군 용산기지', 『시사상식사전』, 박문각(네이버 지식백과)

현재 용산 미군 기지에는 '한·미연합방위체제'의 핵심 지휘부가 들
어서 있다. 삼각지 사거리와 이태원을 잇는 2차선 도로를 중심으로
남북으로 나뉘어져 있는 용산기지는 1만여 명의 주한미군과 군속이
생활하는 데 필요한 모든 업무 및 지원시설이 마련된 총 80여 만 평
의 작은 도시와 같다.

북쪽지역은 제5정문(게이트 5)에서 시작해 남산의 남단에 위치한 후
암동 용산고교 사이의 메인 포스트(main post)로, 주한미군사령부와
8군사령부, 한미연합사령부 등 지휘부가 있다. 남쪽지역은 제10정
문(게이트10)을 지나 국립중앙박물관이 위치한 용산가족공원까지의
사우스 포스트(south post)로, 주거시설과 병원 등이 배치돼 있다.

지휘시설인 메인 포스트에는 3층 건물의 주한미군사령부 겸 한미연
합사령부와 군사고문단 및 예하 참모부 건물이 나이트필드 연병장을
사이에 두고 마주보고 있다. 연병장의 서쪽에 위치한 'CC서울'이라
는 지하벙커는 유사시 지휘부가 임시로 들어가 한반도 전쟁을 총지
휘하는 곳이다.

CC서울에는 인공위성과 U-2R 고공정찰기 등이 수집한 정보를 오산
전역항공통제센터(TACC)를 통해 제공하는 등 한반도와 관련된 각종
정보를 취합하고 분석하는 첨단장비가 설치돼 있다. 나이트 필드 연병

장의 동쪽에는 전술지휘통제(C^4I)체계가 있으며, 주거지역인 사우스 포스트에는 드래곤 힐 호텔, 그 건너편 서쪽에는 초·중·고교가 있다.

'엿들을 수 있는 건 다 엿듣는다.' 앙겔라 메르켈 독일 총리를 비롯해 35개국 정상급 인사를 대상으로 도청한 사실이 드러나 곤욕을 겪고 있는 미 국가안보국(NSA) 활동을 상징적으로 드러내는 말이다. 1952년 창설돼 현재 3만8000여 명의 직원이 한 해 80억 달러(8조 4800억원)의 예산을 쓰는 막강한 정보기관이다. 미 세계정보수집망의 중추인 NSA의 손길에서 한국도 예외는 아니다. 도청 대상 33개국 중 한국은 초점지역으로 꼽혔다는 게 뉴욕타임스(NYT)의 보도다. 핵심 정보 관계자들의 전언을 종합하면 NSA는 광화문 미 대사관과 용산 미군기지를 거점으로 활동하는 것으로 파악된다. 치외법권적 지위를 누리는 두 곳이 극비를 요하는 감청장비와 '특수정보수집팀'(SCS)으로 불리는 조직 운용에 적합하다는 점에서다. 용산기지 내 주한미군 지하벙커 지휘소인 'CC서울'은 우리 정보 당국이 주시하는 핵심 시설이다. '팝(FOB)-K'로 불리는 기지 내 DIA의 거점도 지목된다. 서울 강남 산악지역에 자리한 미군의 지하시설인 탱고벙커의 전자장비에도 도청설비가 갖춰져 있을 것으로 판단된다. 소식통은 "30명 안팎의 NSA 전문인력이 대사관 직원이나 주한미군 간부로 위장해 활동하고 있는 것으로 보면 된다"고 귀띔했다. CIA가 15명 정도의 공식요원을 파견한 것에 비하면 비중을 알 수 있다(이영종, 'NSA, 용산 미군기지 CC서울서 한국 도청'. 〈중앙일보〉 2013년 11월 7일).

'주한미군 용산기지'의 지도

http://fahl.hanyang.ac.kr/data/file/meterials_drawing/743397341_5a329f57_2277726770_427fd315ae_o.jpg

YONGSAN GARRISON

Basemap produced by Directorate of Installations, U.S. Department of Defense.

• 한양주택은 어떤 곳이었나?

'한양주택'은 서울시 은평구 진관내동에 있던 단충주택단지를 가리킨다. 지하철 3호선 구파발역에서 북쪽으로 300m 정도 떨어진 곳에 자리잡고 있었다. 그래서 서울시 지하철 3호선을 타고 일산과 서울을 오가는 사람들은 지하철 고가 위에서 한양주택을 내려다 볼 수 있었다. 통일로 옆에 있었기 때문에 통일로로 이 지역을 지나며 본 사람들도 있을 것이다. 한양주택이라는 이름은 같은 이름의 건설회사에서 지었기 때문에 붙여졌다. 이곳은 많은 자원을 들여서 멋있게 지은 마을이 아니었지만 서울의 생태문화적 미래를 꿈꾸는 사람들에게는 어느 마을보다 중요한 곳으로 여겨졌다.

한양주택은 유신시대의 말기인 1979년에 박정희의 지시로 만들어졌다. 당시 박정희는 근처의 골프장을 즐겨 찾았는데, 어느 날 그곳으로 가던 박정희의 차가 마침 밭으로 똥을 퍼 나르던 농부를 쳤다고 한다. 똥통이 구르면서 사방에 똥냄새가 퍼졌고 그 냄새를 맡은 박정희가 차 밖으로 나와 그 모습을 보게 되었다. 그는 주변의 초라한 풍경에 마음이 상해서 부근을 말끔하게 정리하라고 명령했고, 그의 명령을 받아서 당시 서울시장이었던 구자춘이 주변의 땅과 주택을 강제수용해서 (주)한양주택에게 단충주택단지를 조성하도록 했다. 이렇게 해서 1979년에 한양주택이 만들어졌다(한양주택주민대책위원회, 2005).

겉보기에는 멀끔했지만 당시 한양주택은 대단히 부실했다. 서울의 북서쪽 통로인 통일로 옆의 선전용 주택단지로 지어졌기 때문이었다. 어떻게 부실했는가? 첫째, 하부구조가 부실해서 전기와 수도도 제대로 공급되지 않았다. 뒤에 주민들이 새로 돈을 내서 이러한 하부구조를 갖추었다. 둘째, 집 자체도 겉보기와 달리 제대로 지어지지 않았다. 방풍과 난방도 대단히 허술했다. 결국 주민들이 뒤에 많은 돈을 들여 집을 제대로 가꾸어야 했다. 셋째, 대지 50평 건평 28평 크기의 양기와를 얹은 시멘트 주택을 줄지어 지어서 단지 전체의 풍경이 대단히 삭막했다. 그러나 대다수 주민들이 오랜 시간에 걸쳐 정원을 가꿔서 한양주택의 풍경을 크게 바꿔 놓았다.

주민들의 노력으로 한양주택은 삭막한 시멘트 단층주택단지에서 서울을 대표하는 아름다운 생태주택단지로 바뀌었다. 이 과정에서 한양주택의 주민들은 많은 땀을 흘렸다. 서울시는 이런 노력을 치하해서 1996년에 한양주택을 '제1호 아름다운 마을'로 지정하기도 했다. 그러나 그로부터 불과 6년 뒤에 이명박 시장의 서울시는 한양주택을 철거해 없애기로 결정했다. 서울시의 철거정책에 맞서서 주민들과 시민사회는 강력한 저항운동을 펼치기 시작했으며, 이러한 노력을 통해 한양주택의 가치는 더욱 널리 알려지게 되었다.

1979년의 첫번째 강제수용으로 한양주택이 만들어졌고, 2006년의 사실상 두번째 강제수용으로 한양주택이 없어졌다. 이런 점에서 한양주택은 이른바 '공용수용법'의 문제*를 보여주는 중요한 사례이다. '강제수용'으로 불리기도 했던 '공용수용'은 헌법에 그 근거를 두고 있다.

> 공용수용의 목적은 특정한 재산권을 공익사업 기타 공공목적에 제공함으로써 공공복리의 증진과 사유재산권의 조절을 도모함에 있다.
> 공용수용의 주체는 당해 공익사업의 주체인데, 국가일 경우도 있고,

---

* '공용수용법'은 불필요한 거대 토건사업을 계속 추진하는 토건국가로 말미암아 상당한 과잉입법의 문제를 안고 있다(홍성태, 2011). 그러나 '공용수용'은 공익을 위해 필수적인 제도로서 주의깊게 개선되어야 한다.

공공단체 또는 사인(私人)일 경우도 있다.

공용수용은 공익상 필요에 의하여 개인의 재산권에 대하여 특별한 희생을 요구하는 것이므로 그로 인한 손실은 보상하여야 하며, 반드시 헌법과 법률의 근거가 필요하다. 한국의 헌법은 제23조 3항에서 "공공필요에 의한 재산권의 수용·사용 또는 제한 및 그에 대한 보상은 법률로써 하되, 정당한 보상을 지급하여야 한다"고 규정하고 있다. 이에 의거하여 공용수용에 관한 일반법으로서 토지수용법이 제정되어 있고, 기타 각 특별법에서도 규정하고 있다.

공용수용의 보통절차는 ① 사업인정, ② 협의, ③ 재결·화해, ④ 행정상 쟁송의 4단계로 나누어진다. 토지수용법은 천재·지변·사변시 또는 급시(急施)를 요하는 경우에 6개월을 초과하지 않는 범위 내에서 토지·물건을 사용할 수 있는 약식절차를 규정하고 있다(토지수용법 57·27조).

공용수용의 효과는 수용자가 보상금을 지급하거나 또는 공탁함을 조건으로 하여 수용자가 수용의 시기에 토지 기타 물건의 소유권 기타 권리를 취득하고, 이와 양립할 수 없는 그 토지·물건에 관한 일체의 권리가 소멸하는 데 있다. 즉, 수용자의 원시적인 권리취득과 피수용자의 손실보상청구권이 그 중심이다.

그 밖에 토지소유자는 수용된 자기의 토지가 그 사업에 불필요하게 되었을 때 환매권(還買權)을 가지게 된다. 손실보상(損失補償)에 관한 원칙으로는 기업자보상의 원칙, 완전보상의 원칙, 사전보상의 원칙, 금전보상의 원칙, 개별급(個別給)의 원칙 등이 있다(〈두산백과〉, '공용수용').

민주화와 함께 강제수용에 대한 저항은 크게 강화되었다. 이에 따라 보상금도 크게 늘어났으며, 나아가 보상금을 노린 투기나 보상금을 활용한 투기도 늘어났다. 또한 LH공사, 수자원공사 등 공공기관이 강제수용으로 막대한 개발이익을 올리는 문제도 이미 오래 전부

142

터 큰 논란과 의혹을 빚었다.

한양주택은 어떤 곳이었나? 한양주택은 생태문화사회의 가치를 간직한 소중한 곳이었다. 생태문화사회는 자연을 존중하는 생태문화가 대다수 구성원의 삶으로 구현된 사회를 뜻한다(홍성태, 2006ㄱ). 이런 점에서 생태문화사회는 생태위기의 현실을 넘어서기 위한 노력의 궁극적 목표라고 할 수 있다. 한양주택과 같은 생태주택단지의 보존과 건설은 생태문화사회라는 목표를 이루기 위한 구체적인 과제로서 중요하다. 이런 관점에서 서울시의 한양주택 철거계획을 둘러싼 논란, 서울시의 철거계획에 맞서서 전개된 한양주택지키기운동, 그리고 한양주택의 생태문화적 가치 등에 대해 잊지 말아야 한다.*

● 한양주택의 파괴

한양주택은 서울시 은평구 진관내동에 있었으며, 전체 면적 17,100평에 단독주택 214채와 마을회관으로 이루어져 있었고,** 세부구성은 대지 11,210평, 도로 5,310평, 공원 530평, 적환장 50평이었다(서울시, 1979; 한양주택주민대책위원회, 2005).

---

* 이 글은 필자가 2005년 8월부터 2006년 6월까지 한양주택지키기운동을 펼치면서 행한 관찰과 주민들의 증언을 기록한 것이기도 하다. 한양주택을 지키기 위해 고생한 모든 주민들, 특히 이재심 부위원장과 조경업 부위원장께 위로의 말씀을 전한다.

** (재)개발은 공영과 민영의 두가지 방식으로 이루어질 수 있다. 전자는 주체인 공공기관이 강제수용을 전제로 소유자들과 보상협의를 하며, 후자는 소유자들 중에서 3분의 2 이상이 찬성해서 사업자를 선정하게 된다. '은평 뉴타운사업'은 뉴타운사업 중에서 유일한 공영방식 사업으로서 한양주택은 결국 강제수용될 수밖에 없는 운명이었다. 주민들은 시행자인 서울시와 SH공사(옛 서울시 도시개발공사)가 다수 주민의 동의를 얻어 한양주택을 없애는 모양새를 갖추기 위해 주민들을 대상으로 집요하게 '공작'을 펼쳤다고 증언했다.

주요 경과

2002년 7월에 이명박 전 시장이 취임하면서 한양주택은 커다란 위기를 맞게 되었다. 거대한 개발주의의 물결이 결국 이 조용한 곳에까지 몰려왔기 때문이었다. 그 주범은 다름 아닌 이명박 서울시장의 '뉴타운사업'*이었다. 이명박과 서울시가 '뉴타운사업'의 이름으로 이곳을 아파트 단지로 만들려는 계획을 발표했던 것이다. 이에 대해 한양주택의 주민들은 처음부터 강력한 반대의 뜻을 밝혔지만** 서울시는 이런 주민의 뜻을 무시하고 아파트 개발계획을 강행했다.

　그러나 서울시가 처음부터 한양주택을 없애겠다는 밝혔던 것은 아니었다. 서울시는 상당히 교묘한 방식으로 개발계획을 추진했다. 우선 그 경과를 간략히 살펴보도록 하자.

한양주택 관련 주요 일지

1979년　　　　한양주택 조성.

1996년 10월 서울시, 한양주택을 '제1호 아름다운 마을'로 지정.

2002년 7월　이명박 서울시장 취임.

2002년 10월 은평 뉴타운에서 기자촌, 한양주택 등 기존의 양호한 주택지는 존치한다는 내용의 보도.

2003년 2월　은평구청장, "한양주택은 주민의견에 따라 개발 여부를 결정하겠다"고 말함.

2003년 5월　"주민들은 존치를 바란다"는 내용의 진정서를 건교부, 서울시, 은평구청, SH공사에 주민 90% 이상이 서명한 연명부를 첨부하여 접수.

2003년 7월　주민들이 서울시를 항의방문해서 뉴타운 지구 지정 전에 한양주택을 존치지구로 지정해 달라고 요구함. 이에 대해 서울시는 "3지구라 시간이 많고, 주민 80% 이상이 반대하면 주민의사를 존중하겠다"고 답변.

---

* 여러 논란을 거쳐 2005년 12월 30일 '도시재정비촉진특별법'이 제정되었으며, '뉴타운'은 2006년 7월 1일부터 시행된 이 법에 따라 건설되었다.

** 2004년 중반까지 전체 주민의 90% 이상이 명백히 반대했으나 서울시는 이런 뜻을 완전히 무시했다.

2003년 8월   한양주택을 포함해서 은평 뉴타운 지구를 지정.

2003년 12월 뉴타운 단장, "한양주택은 3지구이므로 시간이 많고 1지구 개발하
　　　　　　는 것을 보고 나중에 존치 여부를 주민 합의에 따라 결정하겠다"고
　　　　　　말했음.

2004년 9월   개발을 찬성하는 몇몇 주민들이 나타났음.

2005년 1월   사업변경이 불가능하다면 단독주택을 원하는 주민의 의사를 반영
　　　　　　하여 이주단지를 조성해 줄 것을 진정.

2005년 4월   3지구 실사계획 발표에 따라 물건지 조사를 저지하기 위한 한양주
　　　　　　택단지 내 정문 앞에서 보초시위를 시작.

2005년 7월   서울시청 앞에서 한양주택 존치를 주장하며 1인 시위를 시작함.

2005년 8월   뉴타운 담당 과장, "주민 의사대로 하는 단계는 지났다. 이주택지는
　　　　　　안 된다. 법과 기준으로 가는 수밖에 없다"라고 협박.

2005년 10월 '문화연대', 〈한양주택 파괴계획과 뉴타운 사업의 문제점 토론회〉
　　　　　　개최.

2005년 10월 한양주택지키기 시민의 모임 결성.

2006년 2월   한양주택지키기 시민사회네트워크 결성.

2006년 5월   은평뉴타운도시개발구역 주민 대표자 명의로 이명박 시장을 서울
　　　　　　지검에 형사고발.

2006년 7월   오세훈 서울시장 취임.

2007년 4월   한양주택 철거 완료.

자료: http://cafe.naver.com/foreverhy.cafe (한양주택을 사랑하는 서울 시민의 모임) 등

　주요 일지에서 볼 수 있듯이, 한양주택의 위기는 크게 세 단계로 진
행되었다. 첫째, 2003년 7월까지 서울시는 겉으로는 한양주택을 존
치하겠다는 뜻을 비쳤다. 그러나 그것은 사실 대단히 모호하게 표현
되었고 이에 대해 주민들은 제대로 대처하지 못했다. 서울시가 '아름
다운 마을'로 지정했고 대다수 주민들이 반대하는데 설마 없애겠느
냐는 기대가 컸던 것이다.

　둘째, 2003년 8월에 한양주택을 포함해서 은평 뉴타운지구를 지정
하고도 계속 한양주택을 존치할 수 있을 듯이 말했다. 한양주택은 '은
평뉴타운 3-1지구'에 포함되었다. 이 지구는 북으로 한양주택에서 남
으로 불광동의 박석고개까지 넓게 지정되었다. 이에 대해 한양주택

주민대책위에서는 한양주택의 저항을 무마하기 위한 술책이었다고 지적했다. 당시 한양주택의 주민들은 대부분 뉴타운개발에 반대하고 있었다. 따라서 한양주택을 중심으로 재개발지구를 지정했다면, 대다수 한양주택 주민들은 격렬히 저항했을 것이다. 이 문제를 피하기 위해 서울시는 한양주택이 포함된 재개발지구를 넓게 지정했고, 그 결과 한양주택은 전체 1700가구의 1/8 정도로 비중이 줄어들고 말았다(신승근, 2006). 이 무렵에 주민들은 법적으로 대응할 수 있었으나 이런 서울시의 모호한 말에 내심 기대를 걸었다가 결국 시기를 놓치고 말았다. 필자와의 면담에서 주민들은 자신들이 잘 몰라서 법적으로 대응할 수 있는 시기를 놓쳤다고 여러 차례 말했다. 거꾸로 서울시는 이런 주민들을 잘 '요리'했던 것이다. 행정소송법에서 행정소송은 처분이 있은 것을 안 날로부터 90일 이내에 해야 하며, 몰랐다고 해도 1년이 지난 뒤에는 행정소송을 할 수 없다. 공영개발의 경우에 시행자는 법적으로 제지되는 않는 한 토지와 주택을 '강제수용'할 수 있다.

셋째, 주민들이 법적으로 대응할 수 있는 시기를 놓친 뒤에 서울시는 법적인 절차를 예정대로 속속 진행하기 시작했다. 이와 함께 일부 주민들을 대상으로 보상계획을 펼치기 시작했다. 이에 따라 2004년 9월에는 개발을 찬성하는 몇몇 주민들이 나타나게 되었다. 한양주택의 일부 세대는 가난해서 오랫동안 집을 고치지 못한 채 살고 있기도 했다. 이런 사람들에게 개발에 따른 보상은 더 나은 삶을 추구할 수 있는 대단히 중요한 경제적 계기로 작용한다. 주민들은 서울시가 이런 사람들에게 집요하게 많은 보상을 약속하며 개발에 찬성하도록 했다고 증언했다. 그리고 이러한 변화에 맞서서 존치를 바라는 다수의 주민들이 결국 직접행동에 나서게 되었다.

파괴의 진행

2004년 중반까지 대다수 한양주택 주민들은 뉴타운에 포함되는 것을 반대했고, 이에 대해 서울시는 일단 존치의 뜻을 비쳤다. 주민들은 한편으로 불안해하면서도, 다른 한편으로 큰 기대를 걸고 있었다. 기대의 근거는 두가지였다. 하나는 설마 집 주인의 뜻을 무시하고 개발사업을 벌이겠냐는 것이었고, 다른 하나는 설마 서울시가 언론에 보도된 내용을 뒤집겠냐는 것이었다. 그러나 서울시는 결국 주민들의 기대를 모두 저버렸다.

이에 대해 주민들은 다음과 같이 서울시가 자신들을 속였다고 밝혔다. 이것은 법과 행정을 잘 모르는 주민들을 서울시가 어떻게 다루었는가를 보여주는 중요한 증언이다. 이 증언에 따르면, 이명박 시장 때의 서울시는 시민의 복리를 위하는 공공기관이라기보다는 권력을 갖고 시민을 우롱하는 악덕 개발업자에 가까웠다.

> 주민들은 건교부, 서울시청, SH공사, 은평구청 등 관련된 모든 기관들을 1년이 넘도록 발이 닳도록 쫓아가 항의하고 진정서 내고 면담하고 그대로 살게 해달라고 호소하였으나, 이런 주민들의 존치요구에 대해 서울시는 "뉴타운 실무부서인 SH공사에 가보라", SH공사는 "우리 책임이 아니니 상급기관인 서울시로 가 봐라"라며 서로 떠넘기기에 급급했습니다. 이 와중에 "한양주택은 3지구로 아직 시간이 많이 남았으니 주민의 의견을 수렴하여 진행시키겠다"는 책임자의 반복되는 답변을 들으며 설마 공직자가 주민에게 거짓말하랴 안심하면서 행정소송을 할 수 있는 시기가 지나버렸습니다. 순박한 주민을 농락하고 뒤로는 착착 사업을 진행시켜 왔던 것입니다.*

---

* '한양주택 운동 일지', http://cafe.naver.com/foreverhy.cafe 2005년 가을에 단국대 학생들이 한양주택을 기록하는 작업을 벌였다. 2005년 11월에 한양주택지키기 주민 1인 시위 100일을 맞아서 필자는 주민들의 초청을 받아 한양주택을 찾았다. 이 자리에서 필자는 단국대 학생들에게 인터넷에 홈페이지를 만들어서 운영해 줄 것을 부탁했고 학생들은 얼마 뒤에 이 인터넷 카페를 열었다. 그 뒤에 당시 문화연대 최준영 정책실장이 이 카페를 운영하는 책임을 맡았다.

새로운 시장을 뽑는 지방선거를 앞둔 2006년 5월 말에 행정적으로 서울시는 한양주택을 없앨 수 있는 조건을 모두 확보했다. 열린우리당의 강금실 후보는 한양주택의 존치를 확고히 약속했고, 한나라당의 오세훈 후보는 보존가치가 있는 곳은 존치할 수 있도록 하겠다는 뜻을 밝혔다. 이로써 한양주택이 존치될 수 있는 길이 열리는 듯했다. 그러나 오세훈 후보는 시장으로 당선되자 한양주택을 존치하지 않기로 결정해 버렸다. 이로써 한양주택은 영원히 사라질 처지에 놓이고 말았다.* 오세훈은 환경운동연합의 운영위원이었던 전력을 내세우고 '환경시장'을 시민에게 약속했다. 그러나 한양주택은 그의 약속과는 전혀 걸맞지 않은 운명을 맞고 말았다.

오세훈은 왜 한양주택을 지키지 않았을까? 그 이유는 대체로 두가지로 요약될 수 있을 것이다. 첫째, 그는 이명박의 강력한 지지를 받았다. 따라서 이명박의 야심작에 '흠집'을 내기 어려웠을 것이다. 둘째, 그가 오래 환경운동에 도움을 준 것은 사실이었지만 진심으로 환경운동에 참여했던 것은 아니었다. 어느 경우이건 그는 한양주택의 운명에 눈을 감아 버렸다. 한양주택 주민들은 서울시가 많은 이익을 올리기 위해 한양주택을 없애려 한다고 비판했다. 2006년 10월 국회에서 은평뉴타운의 분양가가 주변 시세보다 무려 2배나 높게 책정되었다는 사실이 밝혀졌다. 한양주택 주민들의 비판이 사실로 확인되었던 것이다. 이로써 은평뉴타운의 분양가는 재조정될 수밖에 없게

---

* 오세훈 시장의 인수위원회에는 위원장으로 환경재단의 최열 대표와 위원으로 문화우리의 임옥상 대표가 참여했다. 한양주택살리기 시민사회네트워크는 두 사람에게 한양주택의 존치를 묻는 질의서를 보냈으나 아무런 답변을 받지 못했다. 한양주택살리기 시민사회네트워크가 두 사람에게 확인해 보니 인수위 사무실에서 질의서를 전하지 않았던 것으로 밝혀졌다. 그러나 그 뒤에도 오세훈 시장의 인수위원회에서는 한양주택을 살리기 위한 아무런 일도 하지 않은 것은 물론이고 한양주택살리기 시민사회네트워크의 질의에 아무런 답변도 하지 않았다(홍성태, 2006ㄴ).

되었다. 오세훈이 한양주택에 제대로 관심을 기울였더라면, 한양주택도 지키고 은평뉴타운의 분양가 문제도 막을 수 있었을 것이다. 이런 점에서 한양주택은 분명히 오세훈의 시정을 가름하는 시금석이었다(홍성태, 2006ㄴ).

2006년 5월 말에 한양주택 주민들은 뉴타운지구 지정과 관련해서 절차를 위반한 혐의로 당시 이명박 서울시장을 서울지검에 형사고발했다. 그러나 이것으로 한양주택의 철거계획을 막을 수 있는 가능성은 사실상 없었다. 이명박은 청계천의 역사유적을 훼손한 혐의로 2004년 3월에 서울지검에 형사고발되기도 했지만 경찰은 증거물을 조사할 비용이 없다는 납득하기 어려운 이유로 조사조차 제대로 하지 않았다. 뉴타운지구 지정과 관련된 절차의 위반은 조사하기가 훨씬 쉬운 사안이었지만 이미 개발이 진행되고 있는 대규모 개발사업에 대해 법원이 불법판결을 내린 적은 없다. 주민들로서는 어렵사리 '최후의 수단'을 찾아서 행사한 셈이었지만 이 수단이 법원을 설득해서 거대한 개발사업을 막기는 너무나 미약했다. 그러나 이 형사고발은 이명박의 한양주택철거계획에 대한 한양주택 주민들의 반대가 얼마나 강력했던가를 증언하는 역사적 증거로 남았다.

2006년 8월 말에 결국 이주하기로 하고 보상을 받은 주민들이 다수를 이루게 되었기 때문에 한양주택은 머지 않아 완전히 사라지게 되었다. 서울시의 개발계획대로 한양주택은 2007년 4월에 완전히 파괴되어 없어졌다. 2006년 초부터 한양주택의 존치를 바라는 주민들과 시민사회는 한양주택을 기록하기 위한 노력에 힘을 모으기 시작했다. 이것은 한양주택이라는 생태문화주거단지를 기억하는 것일 뿐만 아니라 이런 곳을 없애는 개발주의의 문제를 기억하기 위한 것이었다.

● 한양주택지키기운동

형성과 전개

한양주택지키기운동은 주민의 뜻을 무시하고 강행되는 개발사업을 막고 주거권과 정주권을 지키기 위한 사회운동이었다. 새만금간척사업이나 동강댐반대운동 등과 마찬가지로 이 운동도 공익을 내세워서 주민의 반대를 무시하고 공공기관이 강행하는 (재)개발사업*에 맞서는 주민의 자구적 운동으로 시작되었다. 이 운동의 전개과정은 다음과 같이 크게 세 단계로 나누어 살펴볼 수 있다.

첫째 단계는 2002년 7월에서 2003년 4월에 이르는 준비기이다. 이명박 시장의 취임과 함께 뉴타운사업이 실천에 옮겨지기 시작했고, 주민들은 불안 속에서 한양주택의 존치를 요구하는 목소리를 내기 시작했다. 그러나 다행히 한양주택을 존치할 것이라는 신문보도가 있었고, 더군다나 은평구청장도 주민의 뜻을 존중하겠노라고 공언했기 때문에, 주민들은 한양주택이 당연히 존치될 것이라고 기대했다. 주민들은 한양주택이 '양호한 주택지'이기 때문에 재개발같은 것은 꿈도 꾸지 않았다. 사실 많은 주민들이 아파트를 피해서 한양주택이라는 단층주택단지를 찾아서 온 사람들이므로 한양주택을 없애고 아파트를 짓는다는 것은 상상조차 할 수 없는 일이었다. 그러나 이러한 주민들의 기대와 달리 한양주택에도 개발주의의 물결은 밀려오고 말았다. 한양주택의 존치를 희망하는 주민들은 '공영개발'이 어떤 식으로 이루어지는지 잘 모르는 채로 막연한 기대를 안고 뉴타운사업이 진행되는 것을 지켜보면서 귀중한 시간을 허송하고 말았다.

둘째 단계는 2003년 5월에서 2005년 1월에 이르는 형성기이다.

---

* 당시 법적으로 공영 (재)개발사업의 시행자는 주택공사, 토지공사, 지방공사가 될 수 있었다. 한양주택을 포함한 '은평 뉴타운' 사업의 시행자는 서울시가 설립한 SH공사이다.

2003년 5월에 주민들은 관계 기관들에 존치를 희망하는 진정서를 제출했다. 이로써 한양주택의 존치를 위한 주민들의 대응이 본격화하기 시작했다. 그러나 서울시는 존치를 바라는 주민들의 뜻을 묵살하고 2003년 8월에 한양주택을 은평 뉴타운지구에 포함시킨 계획을 발표했다. 주민들은 크게 실망하고 분노했다. 그러나 이 단계에서도 법적으로 어떻게 대응해야 하는가에 대해서는 잘 모르고 있었다. 서울시는 이러한 주민들의 '약점'을 이용하기 위해 "80% 이상의 주민들이 반대하면 존치하겠다"고 말했다. 주민들은 서울시가 반대하는 주민들의 수를 80% 이하로 줄이기 위해 '공작'을 펼쳤다고 설명한다. 이미 90%를 넘는 주민들이 개발에 반대한다는 뜻을 밝힌 진정서와 연명부를 제출한 상태였다. 이런 상태에서 다시 80%의 반대 운운한 것은 주민들의 뜻을 완전히 무시한 것이었다. 이어서 서울시는 개별적으로 주민들을 '설득'하는 작업을 펼쳤다. 개발에 반대하는 다수의 주민들은 서울시의 '80%의 반대'론에 큰 기대를 품고 행정소송을 제기할 수 있는 시간을 놓치고 말았다. 그 사이에 서울시는 처지가 어려운 주민들을 중심으로 '설득'에 힘을 기울여서 개발에 반대하는 주민들의 수를 80% 이하로 줄여 놓았다.

세째 단계는 2005년 2월에서 2006년 8월에 이르는 확장기이다. 한양주택의 존치를 위해 주민들은 진정과 호소를 거듭했다. 서울시와 은평구는 주민들의 뜻을 받아들일 듯이 하면서 실제로는 개발계획을 착착 진행했다. 이렇게 되자 주민들은 거리로 나서서 시위를 벌이기 시작했다. 그 대부분은 시위가 무엇인지도 모르고 살아온 노인들이었다. 주민들의 뜻을 무시한 개발계획이 노인들을 거리의 시위자로 만들어 버렸던 것이다. 이 과정에서 주민들의 가슴에는 커다란 분노와 무력감이 쌓이게 되었다. 그러나 서울시와 SH공사는 절박하게 표출되는 주민들의 뜻을 전혀 받아들이지 않고 개발계획을 강행했다. 오히려 서울시와 SH공사는 주민들이 더 많은 보상을 받기 위해 수를 쓰는 것이라고 공공연히 비난했다. 결국 2005년 봄에 이르러 서울시가 법적인 강제수용*절차를 밟기 시작하자 이에 맞서서 주민들은 물건지 조사**를 실력으로 저지하는 시위를 벌이기 시작했다. 그리고 2005년 8월부터 주민들은 시민단체와 연대를 시작했으며, 그 결과 '한양주택 시민사회네트워크'가 조직되었다. 이 과정에서 필자는 직접적인 조직자로 활동했다. 필자는 2003년부터 한양주택 문제에 관심을 기울이고 있었으며, 2005년 7월에 〈시민의 신문〉 칼럼을 통해 이에 관한 의견을 처음으로 공식적으로 밝혔다. 그 무렵 〈한겨레〉에 보도된 기사(이주현, 2005)를 토대로 쓴 이 칼럼을 읽은 서울시 뉴타운사업팀의 한 담당자가 필자에게 전화를 해서는 누구에게 들은 얘기냐며 '취재원'을 탐문하는 동시에 서울시의 일방적 주장을 전하려고 했다. 얼마 뒤인 2005년 8월에 필자는 한양주택을 처음으로 방문했다. 이 방문을 계기로 필자는 한양주택을 지키기 위한 시민사회의 대응을 적극적으로 조직하기 시작했다. 문화연대와 참여연대가 필자의 뜻을 적극적으로 받아들여서 2005년 9월에는 참여연대 회원들의 한양주택 방문이 이루어졌고, 2005년 10월에는 문화연대 주최로 '한양주택 지키기 토론회'가 열렸으며, 나아가 여러 시민단체들을 조직하는 작업이 본격적으로 이루어졌다. 2006년 5월의 시점에 문화연대, 참여연대, 도시연대, 에너지전환, 민족건축인협의회, 새건축사협회, 서울환경연합, 녹색연합 등이 한양주택지키기시민사회네트워크에 참여하고 있었다.

---

* '공용수용제'는 공익을 위한 것이지만 시민의 주거권과 정주권을 파괴하기도 한다. 아파트, 송전탑, 핵발전소, 댐, 도로, 심지어 골프장이나 미군기지를 위해 공공기관은 토지를 강제수용할 수 있다. 이미 너무나 많은 공공개발이 심각한 사회문제가 된 상황에서 이 제도는 크게 개정되어야 한다.

** 보상대상을 방문조사해서 보상액을 확정하는 절차이다. 물건지 조사를 받는다는 것은 개발을 위한 보상에 응한다는 뜻을 담고 있다.

문제의 발생에 따른 대응이라는 관점에서 보자면, 한양주택지키기 운동은 이명박 시장의 당선 직후인 2002년 가을부터 시작되었다고 볼 수 있다. 그러나 이것이 시민사회의 주요운동으로 변한 것은 2006년 초부터였다. 그 동안 서울시가 지정한 '아름다운 마을'에서 살던 주민들은 이명박 시장의 당선과 함께 난데없는 개발계획이 추진되면서 큰 고통을 겪어야 했다.* 그러나 주민들은 이곳이 헐려 없어지면 자신들은 평생동안 고통을 겪게 될 것이라고 말했다(신승근, 2006). 한양주택과의 정서적 일체성이 강하기 때문이었다. 한양주택을 지키고자 하는 주민들은 땅을 '부동산'으로 보는 경제적 관점을 강력히 거부했다. 한양주택이라는 장소는 그들의 삶이 이루어지는 공간이자, 상당한 정도로 그들의 삶 자체였던 것이다. 한양주택에서 주민들은 다른 곳에서는 좀처럼 찾을 수 없는 높은 생태적 만족감과 공동체적 만족감을 느끼며 살았기 때문이었다.

한양주택의 위기는 2003년 가을에 〈한겨레〉의 보도를 통해 널리 알려지기 시작했다(조홍섭, 2003). 감이 주렁주렁 매달려 익어가는 동네의 모습이나 '존치하라'는 문구가 쓰인 깃발을 내건 단독주택들의 모습은 많은 사람들에게 깊은 인상을 심어 주었다. 이어서 여러 매체에서 한양주택을 계속 알렸고, 많은 시민들이 이곳을 찾았다. 여러 드라마나 영화가 이곳을 무대로 제작되기도 했다.** 그러나 한양주택의 위기에 대한 시민사회의 대응은 상당히 늦게 이루어졌다. 왜 그랬을까? 여기에는 크게 두가지 이유가 작용했던 것으로 보인다.

첫째, 다른 사람도 아닌 주인들이 개발을 적극적으로 반대하고 있

---

* 이런 점에서 한양주택개발사업은 이명박 시장의 핵심개발사업인 '뉴타운사업'의 문제, 그 중에서도 주민을 존중하지 않는 문제(윤인숙, 2003)를 가장 잘 보여주는 예였다.
** 2006년 4월 13일에 개봉한 최지우 주연의 영화 〈연리지〉에도 한양주택은 등장했다. 필자와 순천향대의 양상현 교수는 이 영화의 개봉에 맞추어 서울 시내의 단성사와 피카디리 극장 앞에서 한양주택지키기 1인 시위를 벌이기도 했다.

었기 때문에 한양주택은 개발되지 않을 것이라는 생각이 퍼져 있었다. 재개발의 경우에 주인들이 반대하는 경우는 사실상 없었다. 재개발에 반대해서 목숨을 걸고 투쟁하는 것은 대체로 세입자들이나 무허가주택 거주자들이었다. 한양주택지키기운동은 이 점에서 경제적 이득을 위해 무분별하게 행해지는 각종 (재)개발의 문제를 살펴보기 위한 중요한 새로운 사례였다. 실제로 정도의 차이는 있지만 한양주택과 같은 이유로 (재)개발을 반대하는 주인들도 많이 있다. 2005년 하왕십리 재개발에서도 다수의 집주인들이 반대운동에 참여했으며, 2006년 고려대 앞 제기동 재개발계획에서도 집주인들이 반대운동의 적극적 조직자로 나섰다. 가장 큰 이유는 집주인들이 세입자들에게 전세금을 돌려주고 나면 받은 보상금으로는 새로 지어지는 아파트를 사는 것은 고사하고 전세조차 들 수 없기 때문이다. 이른바 '불량주택지역' 재개발사업은 세입자와 집주인을 막론하고 가난한 사람들의 주거지를 중산층의 주거지로 바꾸는 사업이다. 이제 이런 재개발이 아니라 가난한 사람들을 위한 개량사업을 펼쳐야 한다. 김대중 정권의 말기에 건설교통부는 이런 재개발사업을 펼치겠다는 정책을 발표했다. 그러나 결국 그 정책은 전혀 펼쳐지지 않았다. 주택 재개발사업은 '불량주택'을 대상으로 한다. 그러나 한양주택처럼 대단히 양호한 주택단지마저 주민들의 강력한 반대에도 불구하고 재개발되고 마는 것이 한국의 기형적 현실이다. 이런 기형적 현실에 대한 학계의 관심은 극히 낮다. 학계의 상태도 기형적이라고 해야 할 것이다. '공용수용제' 또는 '강제수용제'는 집주인/땅주인의 반대조차 허용하지 않는다. 한양주택과 같은 귀중한 장소를 지키기 위해서도 무엇보다 이 제도의 문제를 개혁하는 데 크게 주의하지 않으면 안 된다.

둘째, 한양주택이 워낙에 훌륭한 생태문화적 상태를 유지하고 있었기 때문에 없애 버리지는 못할 것이라는 기대가 있었다. 한양주택의 생태문화적 특징은 크게 네 가지였다. 첫째, 그 자체로 생태성이 높은 단층 주택단지로서 길가에서는 그 존재를 잘 알 수 없을 정도로 북한산과 이어지는 주변의 경관과 훌륭하게 조화를 이루었다. 둘째, 주민들이 정원을 잘 가꿔서 거의 모든 집들이 각종 풀과 나무로 에워싸여 있었다. 1970년대 이래 정원을 없애는 개발이 맹렬히 진행되어 도시의 사막화가 심화되었으나, 한양주택은 정원이라는 작은 자연을 잘 가꿔서 아름다운 '정원 마을'이 되었다. 셋째, 마을 안팎에 작은 텃밭들이 있어서 농사를 지었을 뿐만 아니라 마을 안팎에서 자연이 살아 숨쉴 수 있었다. 넷째, 북한산에서 흘러오는 지하수맥이 있어서 식수를 포함한 용수의 상당한 부분을 지하수로 해결할 수 있었다. 여기서 나아가 한양주택은 에너지전환, 문화연대, 도시연대, 민건협 등의 시민단체들과 협력해서 시멘트 포장을 조금씩 걷어내고 햇빛발전기를 설치하는 등의 생태문화적 개혁을 본격적으로 추진하고자 했다. 생태문화에 대한 관심이 커지는 시대적 추세 속에서 한양주택을 없애는 것은 분명히 시대의 흐름을 거스르는 것이었다. 그러나 이러한 기대는 '신개발주의'(조명래 외, 2005)에 대한 그릇된 이해의 산물이었다. 이명박의 '청계천 복원사업'이 잘 보여주었듯이 신개발주의는 자연과 문화를 내걸고 추진되는 개발주의로서 자연과 문화의 거대한 파괴를 야기한다(홍성태, 2005). 서울시와 SH공사는 '리조트형 생태전원도시'라는 이름을 내걸고 한양주택을 없애기 위한 공사를 강행했다. 이런 식의 '작명' 자체가 신개발주의의 특징을 잘 보여준 것이었다.

결국 주민들과 시민사회가 적절하게 대응하지 못한 가운데 서울시와 SH공사의 '한양주택없애기 사업'은 차질없이 진행되었다. 이 사실 자체가 한국에서 개발주의의 힘이 얼마나 강한가를 잘 보여주었다. 또한 이것은 개발이익이라는 막대한 불로소득의 환수가 제대로 이루어지지 않는 것과 밀접한 연관을 맺고 있기도 했다. 개발이익은 개발에 의해 도로, 전기 등의 공공재가 설치되어 발생하는 불로소득이므로 환원되어 공적으로 활용되어야 한다. 그러나 한국은 관련 제도가 크게 미비한 상태이다. 이 때문에 개발이익을 노린 무분별한 개발이 횡행하고 있다. 개발을 하면 공공재의 설치에 의해 지가가 폭등하고, 막대한 개발이익을 챙길 수 있는 것이다.

주요 쟁점

다수 주민들의 반대를 무시하고 서울시가 한양주택의 개발계획을 강행했다는 것은 분명했다. 그런데 시간이 지나면서 이탈하는 주민들이 나타났다. 한양주택주민대책위원회의 기록에 따르면, 2004년 9월에 공개적으로 존치를 포기하는 주민들이 처음으로 나타나기 시작했다. 이 무렵까지는 여전히 90%를 넘는 주민들이 개발에 반대했다. 그러나 시간이 지날수록 주민들은 불안해졌다. 정해진 기간 내에 보상을 청구하면, 즉 서울시가 강행하는 개발에 찬성하면, 법적으로 정해진 보상을 모두 받을 수 있지만, 강제집행을 행사한 뒤에는 60% 정도만 보상받을 수 있도록 법으로 규정되어 있기 때문이다.* 강제수용과 강제개발을 올바른 것으로 전제하고 있는 현재의 법에 따르면, 시간은 어디까지나 개발자의 편이다. 그 결과 2005년 11월에는 전체 214가구 중에서 120가구의 주민들이 개발에 반대했으나, 불과 반년 뒤인 2006년 5월에는 그 수가 90가구 정도로 줄어들었다.

　물론 이런 변화가 자연스럽게 일어난 것은 아니었다. 주민들의 증언에 따르면, 여기에는 서울시의 '공작'이 큰 영향을 미쳤다. 서울시는 주민들에게 전화를 걸어 강제수용되기 전에 보상을 받으라고 '협박'을 했고, 찬성 주민을 통해 같은 내용으로 반대 주민을 '회유'하기도 했다. 법적인 강제수용의 시한이 다가오면서 서울시의 '공작'이 더

---

* 예컨대 SH공사는 개발에 찬성하는 주민에게는 42평 아파트의 분양권을, 반대하는 주민에게는 27평 아파트의 분양권을 주겠다고 '통보'했다. 이것은 분명히 '협박'이었다고 하지 않을 수 없다.

욱 큰 힘을 발휘하게 되었다. 갈수록 체념하는 주민들이 늘어나게 되었다. 반면에 개발이익을 추구하는 일부 주민들의 대응도 강력해졌다. 예컨대 2006년 3월 19일에 여러 대학의 학생들과 시민들이 답사를 갔는데, 이때 개발에 찬성하는 일부 주민들이 입구를 막고 행패를 부려 결국 답사가 무산되기도 했다. 이들은 주위의 개발업자들과 편을 이루어서 이미 진작부터 반대 주민들에게 욕설을 퍼붓거나 겁을 주기도 했다고 한다. 서울시의 '공작'이 공동체를 파괴했을 뿐만 아니라 개발에 찬성하는 일부 주민들의 '폭력'을 촉발하는 결과마저 빚었던 것이다.

한양주택은 17,100평의 대지에 214가구가 들어서 있는 단층주택단지였다.* 서울시는 이곳에 대규모 아파트단지를 건설했다. 서울시는 주변보다 훨씬 높은 평당 1000만원이 넘는 거액의 보상금을 주고 이곳에 아파트단지를 건설하려는 계획을 강행했다. 주민들과 시민사회는 이 계획에 맞서서 한양주택을 지키려고 했으나 여러모로 역부족이었다. 이제 서울시와 주민들과 시민사회의 주장을 통해 누가 옳았는지, 나아가 한양주택 개발계획이 갖는 사회적 의미는 무엇이었는지에 대해 살펴보도록 하자.

먼저 서울시의 주장은 크게 세가지였다. 첫째, 한양주택 주민들이 더 많은 보상을 노리고 개발에 반대하는 척하고 있다는 것이었다. 기본적으로 서울시는 한양주택 주민들의 '진정성'을 인정하지 않았다. 사실 한국에서 개발주의가 만연한 중요한 원인은 개발이익이라는 불로소득을 환수할 수 있는 제도가 극히 미흡하기 때문이다. 이런 점에서 일확천금을 노리고 곳곳에서 개발을 위한 경쟁이 펼쳐졌다. 서울시는 이런 역사적 상황을 전제로 한양주택 주민들의 요구를 무시할 뿐더러 아예 '모욕'했던 것이다.

---

* '은평 뉴타운'의 전체 면적은 105만 5천평이다. 서울시는 '은평 뉴타운'의 분양가가 너무 높게 책정되었다는 비판에 대해 용적률을 높여서 분양가를 낮추기로 했다.

둘째, 한양주택을 존치하고 주변지역을 개발하면 한양주택 주민들이 일방적으로 개발이익을 얻게 된다는 것이었다. 이것도 역시 개발이익환수제와 밀접한 연관을 맺고 있는 주장이다. 그러나 여기서 우리는 서울시가 한양주택 주민들의 반대를 전적으로 경제적 관점에서 파악했다는 사실을 확인하게 된다. 한양주택 주민들은 서울시의 주장과 같은 경제적 '불신'을 불식하기 위해 여러 제한조치들*을 적극적으로 받아들이기로 했다. 서울시는 개발이익환수를 위한 제도적 노력을 기울이지 않았을 뿐만 아니라 주민들의 자발적 제한조치에 대해서도 무시하는 태도로 일관했다. 결국 믿을 수 없는 것은 주민들이 아니라 서울시라는 사실을 스스로 입증했던 셈이다.

세째, 서울시는 한양주택을 보존할 가치가 없는 것으로 여겼다. 한양주택은 아무런 문화적 가치를 지니고 있지 않으므로 철거해서 없애도 좋다는 것이었다. 그러나 이런 주장은 서울시의 행정에 대해 심각한 의문을 제기하지 않을 수 없는 것이었다. 1996년에 한양주택을 '아름다운 마을'로 지정한 서울시가 불과 6년이 지난 뒤에 없애야 한다고 주장하는 것이었기 때문이었다. 이런 변화에 대해 서울시는 아무런 설명도 하지 않았다. 단지 이명박의 뉴타운사업에 따라 주변 지역을 대대적으로 재개발하게 되었으므로 한양주택도 함께 재개발해야 한다고 주장했을 뿐이었다. 서울시는 보존할 가치도 없는 곳을 굳이 '아름다운 마을'로 지정했던 것인가? 서울시는 이런 '전시행정'에 대해 어떻게 책임을 지는가? 서울시 행정의 원칙은 과연 무엇인가? 시장의 정치적 목표인가, 시민의 복지인가?

주민들은 이런 서울시의 주장을 모두 강력히 반박했다. 첫째, 주민들은 현재의 생태적 상태와 공동체적 관계에 크게 만족하고 있다고

---

* 한양주택 주민들은 이후에 어떤 재개발도 하지 않겠다고 공약했으며, 나아가 아예 근대문화유산으로 지정해달라고 요청했다.

말했다. 자신들은 이곳이 좋아서 찾아온 사람들이므로 이곳을 지켜야 한다는 것이었다. 한양주택 주민들은 서울시의 주장이 자신들을 모욕하는 것이며, 한양주택의 가치를 올바로 이해하지 못한 소치라고 말했다(김곰치, 2006). 아파트가 싫어서 이곳으로 온 일부 주민들은 심지어 이곳을 떠나게 되면 살 수 없을 것이라고 말하기도 했다. 서울시는 개발의 이름으로 한양주택의 파괴를 저질렀으며, 그 대상은 물리적 공간만이 아니라 많은 주민들의 생명과 건강이기도 했다.

둘째, 주민들은 개발이익 따위에는 조금도 관심이 없으며, 이에 관해 법적 규제도 적극적으로 받아들이겠다고 말했다. 이런 의지를 법적으로 구현하기 위해 주민들은 개발에 반대한다는 각서도 썼다. 그리고 여기서 나아가 주민들은 한양주택의 근대 문화재 등록을 추진했다.* 근대 문화재로 등록해서 지금의 뉴타운사업으로부터 한양주

---

* 이 일은 문화연대 문화유산위원회의 황평우 위원장이 맡아서 진행했다. 문화재는 지정 문화재와 등록 문화재가 있으며, 후자는 근대 문화재의 보호를 위해 2001년부터 시행되고 있다. "국보 및 보물, 중요무형문화재, 사적·명승 등 기존 지정문화재가 아닌 우리나라 근대 이후 제작·형성된 문화재 중에서 그 보존 및 활용을 위하여 특히 필요하다고 인정되는 문화재를 말한다. 우리나라에서는 2001년 7월 등록문화제 제도가 도입·시행되었으며, 2002년 2월 남대문로 한국전력 사옥이 등록문화재 1호로 지정된 이후 2011년까지 총 485건의 문화재가 등록되었다. 문화재보호법에 따라, 문화재청장은 지정문화재가 아닌 문화재 중에서 문화재위원회의 심의를 거쳐 지정문화재가 아닌 문화재 중에서 보존과 활용을 위한 조치가 특별히 필요한 것을 등록문화재로 등록할 수 있다. 지정된 등록문화재의 현상을 변경하기 위해서는 변경하려는 날의 30일 전에 시장·군수 또는 구청장에게 신고해야 한다.
등록 기준은 건설·제작·형성된 후 50년 이상 지난 지정문화재가 아닌 문화재 중에서 다음 각 호의 어느 하나에 해당하는 것으로 한다. 다만, 다음 각 호의 어느 하나에 해당하는 것으로서 건설·제작·형성된 후 50년 이상이 지나지 아니한 것이라도 긴급한 보호 조치가 필요한 것은 등록문화재로 등록할 수 있다.
① 역사, 문화, 예술, 사회, 경제, 종교, 생활 등 각 분야에서 기념이 되거나 상징적 가치가 있는 것
② 지역의 역사·문화적 배경이 되고 있으며, 그 가치가 일반에 널리 알려진 것
③ 기술 발전 또는 예술적 사조 등 그 시대를 반영하거나 이해하는 데에 중요한 가치를 지니고 있는 것"(〈시사상식사전〉, '등록문화재').

택을 지킬 뿐만 아니라 장래에 추진될 수도 있을 개발사업을 차단하고자 했던 것이다. 이 신청은 문화재위원회에서 기각되었지만, 한양주택 주민들의 의지를 잘 보여준 사건이었다. 현재 근대 문화재는 최소 50년 전의 것으로 규정되고 있다. 문화재위원회에서도 이 규정을 이용해서 한양주택의 문화재 등록을 받아들이지 않았다. 그러나 그 뒤에서 서울시의 강력한 '요청'이 있었던 것으로 알려졌다. 한양주택은 영원히 사라질 위기에 처한, 개발독재의 중요한 건축유산이었다. 이런 점에서 그것은 근대 문화재로 등록되었어야 했다. 이렇듯 주민들은 서울시의 경제적 주장이 틀렸다는 것을 실질적으로 증명했다. 여기서 드러난 것은 서울시가 경제주의와 개발주의에 사로잡혀서 시민들의 요구를 계속 무시했다는 것이다.

시민사회는 한양주택의 여러 가치에 주목했다. 첫째, 한양주택은 도시의 생태주거단지로서 각별한 의미를 지녔다. 한양주택은 한국의 대표적인 도시 생태주거단지로서 북한산과 훌륭하게 조화를 이룬 대단히 아름다운 곳이었다. 따라서 이곳을 잘 지켜서 반생태적 길로 치달리고 있는 한국의 도시를 치유하기 위한 장소로 만들어야 했다. 반생태성은 한국의 도시들을 규정하는 가장 큰 특징이며, 서울의 문제는 특히 심각하다(홍성태, 2005). 갈수록 도시화가 진척되는 상황에서 도시의 생태성을 회복하는 것은 대단히 중요한 과제이다(교육방송, 2006). 이런 점에서 한양주택은 서울의 생태적 재생을 위한 중요한 실천적 사례였다. 이곳은 서울을 대표하는 세계적 생태주거단지로 발전할 수 있었다.

둘째, 한양주택은 공동체적 관계가 살아 있는 보기 드문 집단주거단지였다. 이 점에서도 한양주택의 가치는 특별했다. 주민들은 서로에 대해 잘 알고 함께 살아갔다. 이 때문에 이곳에서 어린이와 노인들은 대단히 편안하고 안전하게 살 수 있었다. 이런 곳을 없애는 것은 삭막한 서울을 더욱 삭막한 곳으로 만드는 것이었다. 한양주택은 없앨 곳이 아니라 꼭 지켜야 할 곳이었다. 이곳은 서울을 대표하는 공간적 명소가 될 수 있었다. 한양주택 개발계획은 이명박의 신개발주의 서울시정이 사실 낡은 개발주의와 경제주의에서 벗어나지 못했다는 사실을 잘 보여주었다. '리조트형 생태전원도시'라는 서울시의 작명은 이런 사실을 감추지 못했다. 서울시는 오랜 시간에 걸쳐 많은 주민들이 애써 만든 공동체를 완전히 파괴해 없앴다. 잘못된 행정은 사회를 삭막하게 만든다.

셋째, 한양주택은 박정희 시대의 주택정책을 살펴볼 수 있는 대표적 장소였다. 한양주택은 당시의 단독주책의 특징을 잘 보여줄 뿐만 아니라 '안보국가'가 주택에 미친 영향도 함께 살펴볼 수 있는 대표적 장소였다. 한양주택을 없애는 것은 이런 점에서 현대의 역사를 없애는 것이기도 했다. 따라서 서울시의 한양주택 개발계획은 반역사적이고 반문화적이라는 비판을 받았다. 이명박의 서울시는 서울의 생태적 가능성을 크게 훼손하고, 주민들의 복지를 심각하게 저해하고, 그 역사도 크게 파괴했다. 한양주택은 중요한 근대 문화유산으로 지정해서 보호해야 옳았다. 서울시가 나서서 이런 일을 했어야 했다. 주민들이 나서서 한양주택을 문화재로 보호하려고 했으나 서울시는 오히려 이런 주민들의 노력을 가로막았다. 서울이 '문화도시'로 거듭나기 위해서는 무엇보다 서울시가 바뀌어야 한다는 것을 여기서 다시 확인하게 된다.

● 한양주택의 가치

한양주택을 지키는 것은 주민들의 권리를 지키는 것이면서 서울의 중요한 생태문화공간을 지키는 것이었다. 생태문화공간은 생태문화사회의 공간적 기초이다. 오늘날 우리는 심각한 생태위기 속에서 살아가고 있다. 온난화와 같은 거시적 기후변화부터 아토피와 같은 생체적 영향까지 오늘날 우리는 생태위기에 따른 각종 위험을 체감하며 살아가고 있다. 생태문화사회는 이러한 생태위기를 넘어서서 우리가 이루어야 하는 절박한 사회적 목표이다(홍성태, 2004).

생태문화사회에 관한 논의는 문화사회론을 전제로 한다. 여기서 '문화사회'는 1980년대 초 독일의 노동운동에서 제기된 것으로서 자유시간을 늘려서 문화적인 여유와 발전을 추구할 수 있는 사회를 뜻한다. 그 배경에는 복지국가의 위기라는 역사적 변화가 자리잡고 있었다. 1980년대에 들어와서 서구는 경제의 침체에 따라 신보수주의의 강화와 복지국가의 약화라는 커다란 변화를 겪게 되었다. 여기서 노동운동의 진로와 복지국가의 변화를 두고 많은 논의가 이루어졌다. 이 과정에서 고르츠(Gorz)와 같은 사람들이 제기한 것이 문화사회론으로 이것은 노동시간 감축과 직무공유를 그 핵심적 목표로 추구한다. 요컨대 기존의 복지를 대체로 유지하는 가운데 자유시간을 늘려서 각자의 취향과 능력을 더욱 적극적으로 충족할 수 있는 사회가 바로 문화사회이다. 고르츠의 문화사회론은 1990년대 초 한국에서 현실 사회주의의 몰락을 계기로 탈맑스주의 논의가 본격적으로 펼쳐지면서 소개되었다(Gorz, 1988).

비슷한 맥락에서 제기된 또 다른 중요한 논의로 제레미 리프킨의 『노동의 종말』을 들 수 있다. 이 책에서 리프킨은 생산력의 발달에 따른 실업의 증가를 필연적인 추세로 보고, 이에 대처하기 위해 '제3섹터'로서 시민의 공공활동을 확장하는 방안을 제시했다(Rifkin, 1996). 이 방안은 물건을 만드는 노동은 기계에게 맡기고 사람은 더욱 고상한 일을 하며 살 수 있도록 하자는 '사회의 인간화' 구상이라고 할 수 있다. 그러나 불평등한 현실 속에서 기계화의 이익은 갈수록 소수에게 집중되는 반면에 다수는 일자리를 잃고 빈민화하는 양상을 보이고 있다. 이러한 양극화는 생산력의 발달보다 '사회의 인간화'가 더욱 중요한 과제가 되었다는 사실을 잘 보여준다.

생태문화사회의 전망은 우선 생태적으로 쾌적한 상태에서 문화적으로 풍요로운 삶을 살자는 것으로 줄일 수 있다. 여기서 문화적으로 풍요로운 삶이란 각종 문화상품을 마음대로 소비하는 삶이 아니라 개인의 창의적이고 자율적인 삶을 뜻한다. 이런 삶을 살기 위한 전제조건으로 생태적 안전성과 쾌적성을 강조하는 것이 생태문화사회라는 개념의 핵심적 내용이라고 할 수 있다. 또한 여기서 더 나아가 '생태문화'라는 관점에서 생태문화사회를 생각할 수 있다. 생태문화, 곧 생태적 문화란 자연의 한계를 존중하고 자연과 조화를 이루고자 하는 문화를 뜻한다. 그것은 훼손되지 않은 자연의 상태를 즐기는 문화이며, 또한 훼손된 자연을 최대한 생태적으로 되살리고자 하는 문화이다. 현대 문화는 대체로 자연을 인공적으로 다듬고 변형하는 문화이다. 생태문화는 이러한 현대 문화에 대한 반성과 전환을 추구한다(홍성태, 2006ㄱ).

오래 전에 루카치가 말했던 별을 보고 길을 찾던 그리스인들의 문화는 분명히 낭만적으로 미화되기는 했지만 생태문화의 원형을 보여주는 것이라고 할 수 있다.

"별이 빛나는 창공을 보고, 갈 수가 있고 또 가야만 하는 길의 지도를 읽을 수 있던 시대는 얼마나 행복했던가? 그리고 별빛이 그 길을 훤히 밝혀주던 시대는 얼마나 행복했던가? 이런 시대에 있어서 모든 것은 새로우면서도 친숙하며, 또 모험으로 가득 차 있으면서도 결국은 자신의 소유로 되는 것이다. 그리고 세계는 무한히 광대하지만 마치 자기 집에 있는 것처럼 아늑한데, 왜냐하면 영혼 속에서 타오

르는 불꽃은 별들이 발하고 있는 빛과 본질적으로 동일하기 때문이
다"(Lukacs, 1915: 29).

생태문화는 무엇보다 자연의 소생을 전제로 한다. 그러나 오늘날
자연의 소생은 대단히 치열한 노력을 요구한다. 특히 한국의 경우는
문제가 더 심각한 것으로 보인다. 한양주택처럼 양호한 생태적 상태
를 유지하고 있던 곳도 '불량주택 재개발'의 명목으로 파괴되는 것이
우리의 현실이기 때문이다. 이와 관련해서 크게 주의해야 하는 것은
강력한 토건국가, 투기사회의 구조이다. 이 나라에서 부동산 투기는
그야말로 국민적이라고 할 정도로 확산되어 있다. 한양주택같이 양
호한 곳마저 개발의 광풍에 휘말리게 되는 것에는 이러한 한국 특유
의 구조적 문제가 무엇보다 큰 영향을 미치고 있다. 박정희 정권의
강남재개발사업으로 시작된 이 문제를 해결하는 것은 '선진화'의 일
차적 과제이다(신한종합연구소, 1991; 홍성태, 2011).

오늘날 이 나라에서 대부분의 사람들은 도시에서 살고 있다. 그런
데 우리의 도시들은 아파트와 스모그로 대표되는 반생태적 공간이
다. 물론 도시 자체가 반생태적 공간인 것은 아니다. 그러나 근대 도
시는 반생태적 공업문명이 집약된 곳이며, 이런 점에서 반생태성은
근대 도시의 핵심적 특징이다(홍성태, 2000). 한국의 도시들, 특히
서울은 이런 사실을 잘 보여준다. 이런 곳에서는 생태문화사회는 말
할 것도 없고 문화사회가 형성되기도 어렵다. 아파트와 스모그 속에
서 삶의 여유를 찾고 느낀다는 것은 대단히 어려운 일이기 때문이다.
이런 상황에서 한양주택의 가치는 대단히 소중한 것이 아닐 수 없었
다. 이곳은 북한산과 멋지게 조화를 이룬 생태문화주거공간이었기
때문이다. 한양주택 주민들이 이곳을 끝내 지키려고 한 까닭도 다른
어디서도 이렇게 멋진 생태문화주거공간을 이룰 수 없다는 것을 알

고 있었기 때문이다. 이런 점에서 한양주택은 서울이 품고 있는 중요한 희망이었으며, 서울이 추구해야 할 '오래된 미래'의 한 모습이었다. 서울의 미래는 타워 팰리스가 아니라 한양주택에 있었다.

한양주택은 그 자체로 상당히 생태적이었지만, 충실한 생태적 주거공간은 아니었다. 생태적 주거는 순환성과 자족성을 핵심적 특징으로 갖추고 있어야 한다. 이런 점에서 한양주택은 개선되어야 할 여지가 많은 곳이었다. 한양주택에 정말로 필요했던 것은 반생태적 철거가 아니라 생태적 개조였다. 한양주택 주민들은 이런 작업을 적극적으로 추진하고자 했다. 또한 전문가들이 한양주택지키기에 적극 동참하면서 이런 작업의 실현가능성은 커졌다. 예컨대 햇빛발전으로 한양주택의 전력을 자체공급하기로 하자는 데 뜻을 모으게 되었다.* 만일 한양주택을 존치할 수 있게 되었다면, 한양주택의 생태문화적 개조는 활발히 이루어졌을 것이다. 그리고 그 성과는 서울의 생태적 소생을 위한 훌륭한 자원이 되었을 것이다.

시민사회는 이러한 생태문화사회의 전망에서 한양주택지키기에 적극 참여했다. 그것은 한양주택이라는 한 장소를 지키는 일이면서 이 나라의 생태문화적 전환을 추구하는 일이기도 했다. 그것은 단순히 하나의 사례가 아니라 더 나은 삶을 위한 중요한 모범을 지키고 가꾸는 일이었다. 그것은 그 자체로 시멘트와 스모그 도시에 대한 심각한 비판이자 즐거운 희망이었다.

● 맺음말

1990년대에 들어서면서 한국에서도 삶의 질에 대한 관심이 커지게

---

* 이 일은 당시 '에너지전환'의 대표였던 방송통신대의 이필렬 교수가 책임을 맡아서 추진했다.

되었다. 고성장의 결과로 삶의 양 문제가 상당히 해소되었기 때문이다. 세계적으로 삶의 질에 대한 관심은 물질적 풍요의 척박성에 대한 반성에서 비롯되었다. 그것은 1960년대 초 미국에서 시작되었다. 당시 미국은 세계 제일의 부국으로서 현대 풍요사회의 모범이었다. 그러나 이러한 물질적 부가 꼭 행복을 가져오는 것은 아니라는 사실이 드러났다. 저마다 다른 주관적 만족도가 중요하며, 또한 잘 보존된 자연이 중요하다는 사실이 밝혀졌다. 1960년대 중반에 갤브레이드는 이런 사실을 가리키기 위해 '삶의 질'이라는 개념을 사용했고, 이로부터 이 개념이 널리 사용되기 시작했다. 잉글하트는 서구 사회에서 '삶의 질'을 중심으로 커다란 의식변화가 이루어졌다는 사실을 실증적으로 밝혔는데, 그 핵심에는 '탈물질적 가치'의 확장이 자리잡고 있었다. 이것을 그는 '조용한 혁명'이라고 불렀다(Inglehart, 1977). 종래의 정치혁명이나 사회혁명과 달리 물질적 부의 증대를 배경으로 탈물질적 의식의 변화가 이루어지고, 이러한 변화가 다시 사회의 변화에 혁명적 영향을 미치고 있다는 것이 '조용한 혁명'론의 요체이다. 2000년대에 들어서면서 삶의 질의 핵심으로서 환경 질에 대한 관심이 커지게 되었다. 생태적 쾌적성이 삶의 질의 핵심조건이라는 사실이 널리 알려진 것이다. 1960년대 서구에서 물질적 부의 증대를 배경으로 삶의 질에 대한 관심이 커졌다면, 같은 정도는 아니어도 비슷한 양상의 변화가 1990년대 한국에서도 일어난 것이다.

바로 이런 변화를 이용해서 이명박과 오세훈이 서울시장이었을 때 서울시도 은평 뉴타운을 '레저형 생태전원 아파트'라는 식으로 선전했다. 그러나 이런 선전은 심각한 문제를 안고 있다. 우선 모든 아파트가 지니고 있는 반생태성의 문제를 오인하게 한다. 사실 이런 식의 선전은 한양주택처럼 생태적인 공간을 없애고 들어서는 고층 아파트의 문제를 은폐하기 위한 담론전략의 성격을 갖는다. 은평 뉴타운은 이곳의 녹지를 50% 이상 없앨 것으로 예측되었다. 그 자체로 심각한 반생태성의 문제를 안고 있었던 것이다. 여기서 나아가 은평 뉴타운은 지금보다 훨씬 더 많은 에너지와 물을 소비하고, 햇빛과 바람을 막을 것이며, 땅과 지하수를 파괴할 것으로 예측되었다. 아파트와 스모그의 도시라는 문제가 군사적 특수상황 때문에 보존되고 있던 북한산 서북지역으로까지 확장된 것이다.*

이런 점에서 한양주택을 지키는 것은 여러 사회적 의미를 지니는 것이었다. 주민의 주거권과 정주권**을 지킨다는 점에서 그것은 사회정의와 환경정의를 지키는 것이었고, 생태적 주거를 지켜서 사회의 생태적 발전을 추구한다는 점에서 민주주의를 생태적으로 확장하는 것이었으며, 개발이익을 노리고 훌륭한 주거공간을 없애려 하는 개발주의의 문제를 약화하는 것이었다. 그리고 궁극적으로 한양주택을 지키는 것은 생태위기를 넘어서 생태문화사회의 전망을 향해 한 걸음 더 나아가는 것이었다. 그것은 삶의 양이 아니라 삶의 질에 초점을 두고 진정한 '선진화'를 이루고자 하는 귀중한 실천이었다. 한양주택이라는 모범 속에 우리의 소망스런 미래가 깃들여 있었다. 개발주

---

* 한양주택을 포함한 은평 뉴타운에 들어선 아파트는 상당히 양호한 생태적 환경을 누리고 있다. 서울시의 선전은 이런 점을 일방적으로 강조한 것이었다. 그러나 그 생태적 본질은 잘 보존된 자연의 대대적 훼손이다. 좋은 환경 속에 반환경적 고층 아파트들이 들어서서 좋은 환경을 망친 것이다. 더욱이 재개발로 말미암아 은평 뉴타운에는 불과 2년 사이에 연평균 기온이 무려 1.4도나 상승한 곳이 있는 것으로 나타났다(〈경향신문〉 2013년 4월 23일).

** 주거권은 집에서 살 수 있는 권리를 뜻하고, 정주권은 자기가 살고 있는 곳에서 살 권리를 뜻한다. 땅과 집이 무엇보다 '부동산'으로 다루어지는 한국 사회에서 두 권리는 대단히 취약한 상태에 있다. 주거권은 철거민운동 등을 통해 조금 개선되기도 했지만 정주권은 토지강제수용이 횡행하는 데서 잘 드러나듯이 사실상 전혀 인정되지 않고 있다. 이와 관련해서 한양주택 주민과 시민사회는 2005년 11월에 국가인권위에 진정했다. 그러나 국가인권위는 2006년 2월에 이 진정을 기각하는 결정을 내렸다. 그 사유는 서울시가 공청회 등의 절차를 제대로 지켰다는 것이다. 이에 대해 주민들은 "공청회는 사실상 없었다"고 증언했다. 일방적 '공표회'였을 뿐이라는 것이다. 이로써 국가인원위는 '개발주의의 반인권성'에 관해 큰 한계와 문제를 지니고 있다는 비판을 받게 되었다(한양주택지키기시민사회네트워크, 2006; 홍성태, 2006ㄷ).

의의 광풍에 밀려 한양주택은 어쩔 수 없이 사라지게 되었다고 해도 우리는 우리의 소망스런 미래를 위해 한양주택을 기억하고 그 가치를 사회적으로 실현할 수 있도록 계속 노력해야 한다.

이런 노력은 서울시의 생태문화적 개혁과 동전의 양면을 이루고 있다. 서울시는 크게 두가지 문제를 드러냈다. 첫째, 개발독재 식의 낡은 개발주의에 사로잡혀 스스로 지정한 '제1호 아름다운 마을'을 없애는 개발사업을 강행했다. 서울시의 행정이 생태문화적으로 얼마나 후진적인 것인가, 이명박-오세훈의 생태적 주장이 얼마나 허구적인 것인가를 한양주택은 잘 보여주었다. 둘째, 민주주의의 면에서도 큰 문제를 드러냈다. 서울시는 주민들의 정주권과 행복추구권을 무시하고 개발계획을 밀어붙였다. 한양주택은 우리가 과연 '민주화 이후의 민주주의'를 살고 있는가에 대해 묻게 하며, '민주화의 민주화'라는 과제의 중요성을 새삼 일깨워준다. 한양주택은 이런 장기적 개혁의 과제를 우리에게 남겨주었다.

___참고자료

교육방송(2005), "도시에서 생태를 꿈꾼다". 『하나뿐인 지구』 2006년
　　　　1월 2일
김곰치(2006), "세상에서 가장 아름다운 집을 지키는 사람들". 『프레
　　　　시안』 2006년 4월 19일
서울시(1979), "취락구조개선사업을 위한 도시계획사업 (일단의 주
　　　　택지 조성사업) 및 시설(도로) 실시계획 인가" (1979년 5월
　　　　28일자)

신승근(2006), "한양주택, 제발 그대로 놔둬라".『한겨레21』596호 /
　　　2006년 2월 8일

신한종합연구소(1991),『7089 우리들』, 고려원

이주현(2005), "아름다운 마을 사람들 뙤약볕 하소연".『한겨레신문』
　　　2005년 7월 27일

윤인숙(2003), "지역균형발전 전략으로서의 서울시 뉴타운개발사업
　　　의 한계". 한국지역학회 학술대회

조명래 외(2005),『신개발주의를 멈춰라』. 환경과 생명사

조홍섭(2003), "뉴타운? 그냥 이대로 행복해요".『한겨레신문』2003
　　　년 11월 12일

한양주택주민대책위원회(2005)), "진정서" (2005년 10월 국가인권위
　　　원회 진정서)

한양주택지키기시민사회네트워크(2006), "성명서 - 주민동의도 거
　　　치지 않은 난개발 사업을 '공익사업'으로 포장한 국가인권
　　　위원회의 결정을 규탄한다!". 2006년 3월 16일

홍성태(2000),『위험사회를 넘어서』, 새길

＿＿＿(2004),『생태사회를 위하여』, 문화과학사

＿＿＿(2005),『생태문화도시 서울을 찾아서』. 현실문화연구

＿＿＿(2006ㄱ), "생태문화사회와 사회운동".『문화과학』46호 / 20
　　　06년 여름호

＿＿＿(2006ㄴ), "오세훈 당선자와 한양주택의 운명". www.people-
　　　power21.org

＿＿＿(2006ㄷ), "한양주택과 국가인권위". www.peoplepower21.org

＿＿＿(2011),『토건국가를 개혁하라』, 한울

Gorz, Andre(1988), 신원철 옮김, 1993, "노동사회에서 문화사회로

의 이행". 이병천·박형준 편역, 1993,『후기자본주의와 사
회운동의 전망 – 마르크스주의의 위기와 포스트 마르크스
주의 III』. 의암출판

Inglehart, Ronald(1977), The Silent Revolution. Princeton Univ.
Press

Lukacs, Georg(1915), (반성완 역, 1985.『소설의 이론』. 심설당

Rifkin, Jeremy(1995), (이영호 옮김, 1996.『노동의 종말』. 민음사

http://cafe.naver.com/foreverhy.cafe (한양주택을 사랑하는 서울
시민의 모임)

___뉴타운 사업과 욕망의 정치

● 도시 개발의 문제

도시는 크게 계획도시와 자연도시로 나뉠 수 있다. 전자는 처음부터 계획을 세워서 만든 도시를 뜻하고, 후자는 언제부터인가 사람들이 모여 살게 되면서 만들어진 도시를 뜻한다. 달리 말하자면, 계획도시는 계획적 개발에 의해 만들어진 도시이고, 자연도시는 비계획적 개발에 의해 만들어진 도시이다. 어느 것이 더 우월하다고 말하기는 어렵다. 그러나 도시화가 강력히 추진되면서 일반적으로 계획적 개발이 더 중요해지게 된 것은 분명하다. 그리고 개발이 도시의 숙명이라는 사실도 역시 분명하다. 그래서 자연도시도 결국은 계획도시의 성격을 갖게 된다.

그런데 도시 개발은 크게 세가지 문제를 안고 있다. 첫째, 자연 훼손의 문제이다. 도시는 대체로 자연을 파괴하고 각종 시설물과 건축물을 짓는 방식으로 만들어진다. 따라서 이 과정에서 상당한 자연 훼손의 문제가 일어난다. 또한 도시는 그 안에서 살아가는 데 필요한 물자를 외부에서 유입해야 하며, 이를 위해 도시 외부지역에서 심각한 자연 훼손을 일으킨다. 둘째, 문화 훼손의 문제이다. 도시개발이 이루어지는 많은 곳은 그 나름대로 문화를 간직하고 있는 공간이다. 특히 우리나라처럼 오랜 역사를 간직하고 있으며 국토가 작은 곳은 더욱 더 그렇다. 셋째, 불평등의 문제이다. 도시개발은 보통 많은 비용을 필요로 한다. 따라서 대체로 가난한 사람들의 동네를 부유한 사람들의 동네로 만드는 방식으로 이루어진다. 가난한 사람들은 자기들의 주거공간을 잃고 어디론가 떠나야 한다. 결국 주거 불평등과 재산 불평등의 문제가 더욱 심화된다.

좋은 도시 개발은 이러한 세가지 문제를 모두 충실히 고려해서 가능한 그 피해를 줄이는 것이다. 이렇게 하기 위해 각종 영향평가제도나 개발이익환수제도 등이 활용되고 있지만, 사실 아직까지 이런 제도들이 제 몫을 다하고 있다고 하기는 어렵다. 우리나라는 토건국가와 투기사회의 구조 속에서 도시 개발이 비정상적으로 활성화되어 있는 나라이며, 따라서 도시 개발의 세가지 문제가 모두 크게 악화되어 있는 나라이다. 이런 상황을 개혁하는 것은 '진정한 선진화'를 이루고 삶의 질을 높이기 위한 필수적 과제이다. 이미 너무 많이 망가져서 어렵다고 해도 꿈을 버릴 수는 없다.

좋은 도시는 상하수도, 도로, 전선 등의 하부구조가 안전하고, 편리하고, 깨끗하게 설치되어 있어야 한다. 이런 시설들은 자연과 역사와 지역의 훼손을 최소화하는 방식으로 설치되어야 한다. 그리고 부동산의 소유와 개발을 둘러싼 투기가 봉쇄되고 개발이익은 환수되어 공익을 위해 사용되어야 한다. 건물들은 서로 조화를 이루면서 독자적인 미를 추구해야 하며, 간판은 일방적인 홍보 매체가 아니라 건물과 거리를 꾸미는 예술품으로 만들어져야 한다. 또한 반경 1~2km 내의 생활지역을 중심으로 주민들이 활발히 교류하며 공동체적 생활을 이룰 수 있어야 한다.

'뉴타운 사업'은 이명박이 서울시장으로 당선되어 시작한 것이다. 그것은 무엇인가? 한마디로 말해서 그것은 '이명박식 새마을 사업'이었다. 박정희의 새마을 사업이 '초가집도 없애고 마을길도 넓히고'였다면, 이명박의 뉴타운 사업은 '아파트를 지어 떼돈을 벌고'였다. 사실 이명박은 박정희에서 전두환으로 이어진 개발독재 시대를 대표하는 개발업자이다. 그는 박정희와 전두환의 개발독재 시대를 주도한 건설회사인 현대건설에 입사해서 사장과 회장을 역임했다. 이런 점에서 그가 뉴타운 사업을 추진한 것은 자기가 가장 잘 할 수 있는 것에 충실한 결과였다고 할 수 있을 것이다. 그러나 그것은 결코 올바른 도시 개발이 아니었다. 이명박은 권력을 잡기 위해 망국병으로까지 여겨지는 부동산 투기에 대한 기대를 극대화하는 '뉴타운 사업'을 추진했던 것이다.

● 뉴타운 사업의 전개

공식적으로 보아서 뉴타운 사업은 주택재개발사업과 도시재개발사업의 중간쯤에 위치한다. 요컨대 도시재개발의 관점에서 주택재개발을 해서 난개발을 막고 주거여건을 개선하기 위한 사업이라는 것이다. 주거여건의 개선은 모든 시민의 한결같은 바램이지만, 도시 전체의 차원에서는 무엇보다 먼저 개별 주체들의 난개발을 막아야 한다. 이런 점에서 뉴타운 사업은 그럴 듯해 보인다. 그러나 그 실상도 과연 그런가?

2002년 7월 1일에 서울시장에 취임한 이명박은 강남에 비해 낙후한 강북*의 개발에 힘을 쏟을 것이며, 이를 위해 뉴타운 사업을 벌이겠다는 계획을 발표했다. 뉴타운 사업은 2002년 12월에 강북의 길음, 왕십리, 은평 등 3개의 시범지구로 시작되었다. 그러나 얼마 지나지 않아서 그 대상지역은 서울 전역의 26개 지역으로 확대되었고, 불과 5년만에 35개 지역으로 확대되었다. 뉴타운 사업은 '강북 재개발사업'이 아니라 아예 '서울 재개발사업'이 되어 버렸다. 애초의 사업 목적이 사업이 시작되자마자 변질되어 버렸던 것이다. 이렇게 해서 이명박은 서울 전역을 개발과 투기의 광풍 속으로 몰아넣었다는 비

---

* '강남에 비해 낙후한 강북'이라는 말은 그 자체로 현실을 오도하는 문제를 안고 있다. 강남과 강북은 생태적, 역사적 조건이 크게 다르기 때문에 둘을 평면적으로 비교하는 것은 잘못이다. 나아가 '낙후'라는 말 자체가 기준이 모호하거나 일방적이다.

서울시 뉴타운 지구 지정 현황
자료: 서울시, 〈주민 뜻에 따라 뉴타운 지구 첫 해제〉, 2013년 6월 13일, 2쪽
서울특별시 행정구역도(장길산) 수정

판을 받게 되었다.*

박정희와 전두환의 개발독재 시대를 대표하는 건설업자 출신답게 이명박은 부동산 투기에 대한 높은 기대와 그것을 부추기는 방법에 대해 잘 알았다. 이명박은 '뉴타운 사업'으로 부동산 투기에 대한 높은 기대를 적극 활용하는 '욕망의 정치'를 펼쳐서 결국 커다란 정치적 성공을 거두었다. 그러나 이명박의 성공은 사회의 실패이고 나라의 실패였다. 무분별한 개발과 투기의 극대화는 '선진화'가 아니라 '후진화'일 뿐이다. 이명박은 '선진화'를 내걸고 서울과 나라의 '후진화'를 강행했던 것이다. 이명박이 추진한 '욕망의 정치'는 실상 '투기의 정치'였다.

---

* 뉴타운 사업은 2002년 12월 23일에 서울 강북의 길음, 왕십리, 은평 지역에서 시작되었다. 이에 대해 서울시에서는 2003년 3월 15일 '서울특별시 지역균형발전지원에 관한 조례'를 제정해서 지원하기 시작했고, 국회에서는 2005년 12월 30일 '도시재정비 촉진을 위한 특별법'을 제정해서 지원하기 시작했다. '도시재정비 촉진을 위한 특별법'을 보통 '뉴타운 특별법'이라고 부른다. 2011년 현재, 이 법은 뉴타운의 이름으로 난개발과 투기를 조장한 최악의 법으로 지목되어 적극 개정이 추진되고 있다.

사실 욕망의 정치와 투기의 정치는 잘 구분할 필요가 있다. 욕망은 사람을 비롯한 모든 생물에게 본래적인 것이다. 욕망은 생체 내에 각인되어 있다. 사람은 사회적으로 욕망을 충족한다는 점에서 다른 생물들과 크게 다르다. 욕망은 그 자체로 전혀 문제가 아니며, 그것을 충족하는 사회적 방식이 문제이다. 사람은 사회 속에서 본능의 소산인 욕망을 충족해야 하기 때문이다. 투기는 비리를 통해 욕망을 충족하는 것으로 중요한 사회적 감시와 처벌의 대상이다. 투기가 방치되고 조장되면 사회는 내파하고 만다. 정치가 투기를 조장하는 것은 사회를 지켜야 하는 정치의 임무를 저버리는 것이다. 이런 점에서 이명박은 '뉴타운 사업'을 통해 참으로 근본적인 잘못을 저질렀던 것이다.[*]

2011년 10월에 서울시장에 취임한 박원순은 뉴타운사업 문제를 해결하는 데 힘을 쏟을 수밖에 없었다. 서울시는 2012년 1월 〈뉴타운·재개발 문제진단 및 수습방안〉('뉴타운 출구전략')을 발표했다. 이에

뉴타운·정비사업 구역지정 현황 (기준 2011. 12월말)

구분	계 (㎢)	예정구역		정비(촉진)구역						
		추진위 미구성	추진위 구성	소계	구역지정		조합 인가	사업 시행 인가	착공	준공
					추진위 X	추진위 O				
계	1,300 (61.6)	276 (8.3)	96(4.4)	492 (26.3)	83 (2.7)	117 (7.7)	128 (7.1)	120 (6.6)	44 (2.2)	434 (22.6)
뉴타운	305 (20.0)	57 (존치정비)	–	226	72	49	61	32	12	22
재개발	529 (22.6)	37	23	127	8	28	28	48	15	342
단독 재건축	276 (8.9)	140	46	88	3	36	22	20	7	2
공동 재건축	190 (10.0)	42	29	51	0	4	17	20	10	68

자료: 서울시, 〈뉴타운·재개발 문제진단과 수습방안 – 이렇게 준비하고 있습니다〉, 2012, 16쪽.

---

[*] 2014년 11월 20일 검찰은 서울의 뉴타운 사업에서 저질러진 거대한 비리 범죄에 대한 수사 결과를 발표했다. 뉴타운 사업 조합의 임원들이 받는 리베이트 율(사업비의 뇌물 비율)은 무려 10%에 이르는 것으로 드러났다. 조합, 철거업체, 건설사는 물론이고 이미 다 알고 있듯이 조직 폭력배들도 이 범죄에 연루되어 있다. 비리사회 한국의 원천은 토건과 투기라는 사실이 이로써 다시 명확히 확인됐다.

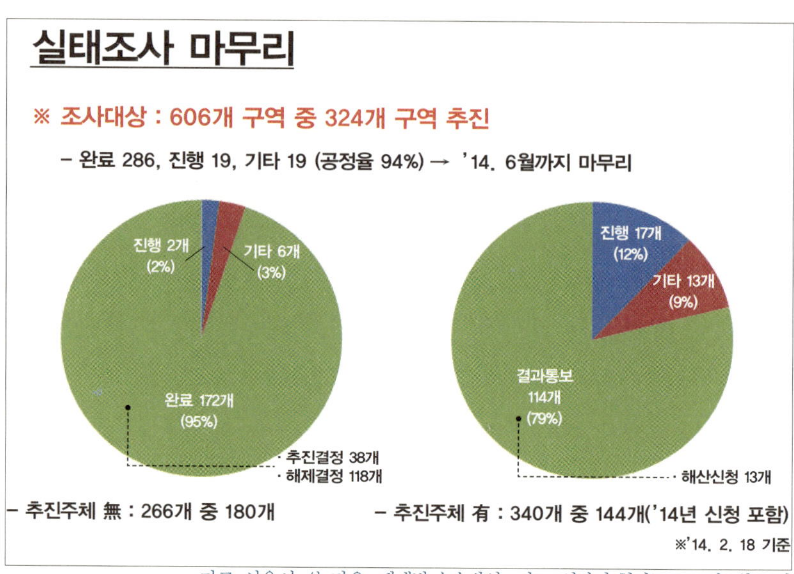

자료: 서울시, 〈뉴타운·재개발 수습방안 2년 ~ 성과와 현안〉, 2014년 2월 20일

따르면 2011년 12월 말에 뉴타운은 35개 지구 305개 구역에 이르렀으며, 전체 뉴타운·정비사업의 구역은 무려 1,300 곳에 이르렀다. 이명박과 오세훈이 투기의 정치를 강력히 추진해서 2002~2011년의 9년여 동안에 서울을 파괴적 개발의 쑥대밭으로 만들어 놓았던 것이다.

이명박과 오세훈의 신개발주의가 망친 서울을 살리기 위해 '뉴타운 출구전략'은 가장 시급한 과제였다. '뉴타운 출구전략'이 시행되고 2년이 지난 2014년 1월 말에 서울시의 뉴타운·재개발 실태조사 대상 606개 구역 중 324개 사업장에 대한 조사가 완료되었거나 진행되고 있었고 총 148개 구역의 사업이 주민의 동의로 해제되었다.

낙후한 강북의 개발이라는 원래의 목적에만 국한해서 보더라도 뉴타운 사업은 큰 문제를 안고 있다. 강북은 강남과 달리 오래 주거의 역사를 갖고 있다. 이런 점에서 강북을 강남과 같은 고층 아파트촌으로 만드는 것은, 요컨대 '강북의 강남화'는 오랜 시간에 걸쳐 이루어진 강북의 문화를 파괴하는 결과를 빚게 된다. 강북에서는 오랜 시간에 걸쳐 형성된 강북의 문화를 최대한 살리는 재개발을 추진해야 하는 것이다. 그리고 지주와 투기꾼과 개발업자에게 최대이윤을 보장해주기 십상인 고층 아파트 중심의 재개발은 강북은 물론이고 사실 강남에서도 극히 신중하게 추진되어야 한다.

● 길음 뉴타운과 한양주택의 비극

뉴타운 사업의 문제는 자연 파괴, 역사 파괴, 지역 파괴, 주민 갈등, 투기 촉진, 원주민 추방 등의 여러 가지로 나타났다. 뉴타운 사업이 진행된 곳은 그냥 겉보기에만 삭막한 공사판이 아니라 그 속내도 삭막한 갈등과 투쟁의 장소였다. 왕십리, 길음, 은평, 아현, 가재울 등 모든 곳에서 심각한 파괴와 그에 맞선 투쟁이 전개되었다. 이명박과 오세훈이 최선을 다해 부추긴 '투기의 정치'는 서울을 파괴와 갈등과 고통의 도시로 만들어 버렸다. 투기는 그 자체로 공공의 적이거니와 투기를 부추기는 정치는 사회를 지켜야 하는 정치 본연의 임무를 저버린 사악한 정치이다. 이명박과 오세훈의 신개발주의가 야기한 '투기의 정치'는 정치를 바로 세우는 것의 중요성을 다시금 명확히 일깨워주었다.

　뉴타운 사업의 가장 심각한 문제는 이것이 지역의 재생을 내걸고 추진되었지만 결코 기존의 주민들을 위한 사업이 아니라는 사실이다. 이 때문에 뉴타운 사업은 이미 시범지구에서부터 대단히 불의한 상황을 빚어냈다. 3개 시범지구 중의 하나인 '길음 뉴타운 2구역'을 대상으로 한 〈한겨레〉의 조사는 그 생생한 예이다. 2005년 7월에 〈한겨레〉는 이곳에서 살고 있던 모든 주민의 변화를 추적했다. 그 결과 놀라운 사실이 드러났다. 이곳의 원주민 입주율이 불과 10%도 되지 않았던 것이다. 다시 말해서 90%를 넘는 기존의 주민들이 다른 곳으로 떠나야 했던 것이다. 뉴타운사업이 원주민을 위한 사업이 아니라는 사실은 이렇듯 명확히 입증되었다.

'길음 뉴타운 2구역'의 결과를 예로 해서 말하자면, 뉴타운사업은 가난한 원주민을 내쫓기 위해 벌이는 사업이라고 할 수 있다. 가난한 주민들은 값비싼 아파트에서 도저히 살 수가 없다. 분양권이나 입주권을 받더라도 빨리 팔고 또 다른 가난한 지역으로 떠나야 한다. 뉴타운사업이 벌어지는 곳에서 살고 있던 가난한 원주민들은 개발업자와 투기꾼들의 먹이일 뿐이다. 뉴타운 사업이 정말로 가난한 주민들을 위한 사업이라면, 가난한 사람들이 살 수 있는 적은 평수의 임대아파트를 많이 지어야 한다. 낙후지역의 개발이라는 명분으로 가난한 사람들의 주거권을 보장하지 않는 도시 개발은 잘못된 것이다. 이런 점에서 뉴타운 사업의 문제는 시작됐을 때인 2003년부터 명확히 드러났다.

그러나 이명박과 오세훈의 서울시는 결코 문제를 시정하려 하지 않았으며, 계속해서 투기꾼과 중산층이 선호하는 넓은 평수의 아파트를 많이 지으려고 했다. 심지어 임대아파트도 중산층 수요에 맞추어 넓은 평수로 지으려고 했다.* 이렇듯 뉴타운 사업은 심각한 공간정의의 문제를 안고 있다. 공영개발은 사회적 약자의 주거권을 최대한 보장하는 것을 목표로 해야 한다. 기업은 최대이윤을 추구하기 때문에 사회적 약자의 주거권에 관심을 기울이지 않기 쉽다. 공영개발의 의의는 여기서 비롯되는 것이다. 사회적 약자의 주거권을 도외시한 공영개발은 애초부터 잘못된 것이다. 그런 공영개발은 차라리 하지 말아야

---

* 이런 잘못된 정책방향은 박근혜 정부에 의해 원칙으로 정립될 위기에 처했다. 2014년 4월 16일에 박근혜 정부는 수도권 민간택지의 소형 주택 의무 비율을 폐지하는 정책을 발표했다 (〈한겨레〉 2014년 5월 5일). 이렇게 되면 소형 아파트의 수가 줄어서 가난한 사람들의 주택난이 악화되고, 강북에는 소형 아파트가 건축될지라도 강남에는 소형 아파트가 건축되지 않는 강북과 강남의 지리적 구획화가 이루어진다. 이 잘못된 정책은 강남 부자들의 서울 장악 정략의 성격을 갖는다.

한다. 그러나 뉴타운 사업의 문제는 시정되지 않고 계속 악화되었다.

뉴타운 사업의 문제를 가장 잘 보여준 곳으로 은평구 구파발의 '한양주택'을 들 수 있다. 애초에 이곳은 박정희의 명령으로 급조된, 그럴 듯해 보이는 날림 주택단지였다. 박정희는 서울에서 북한으로 가는 관문에 해당되는 이곳에 낡은 집들이 산재해 있는 것이 아주 싫었다. 그래서 일방적인 개조 명령을 내렸던 것이다. 당시는 악명높은 박정희 유신 독재의 말기였다. 군대와 경찰을 동원한 박정희의 명령으로 모든 것이 이루어졌고, 박정희에 대해서는 어떤 비판의 말도 용납되지 않았다. 한양주택의 건설과정은 박정희 시대의 살벌함을 잘 보여준다. 박정희의 한마디에 주민들은 살던 곳을 버리고 획일적으로 구획되어 건축된 삭막한 시멘트 주택으로 옮겨서 살아야 했다. 이렇게 깊은 아픔이 서린 곳을 주민들은 열심히 다듬어서 아름다운 마을로 만들었다. 그 결과 1996년에 서울시는 이곳을 '서울시 아름다운 마을 제1호'로 선정했다.

2007년 4월에 철거되어 사라진 '한양주택'의 주민들은 이명박이 자신들을 속였다고 증언했다. 이명박이 서울시장에 취임하고 두 달 뒤인 2002년 9월에 발표된 뉴타운 사업 관련 보도자료에서 서울시는 "기자촌 및 한양주택 등 양호한 주택지는 원칙적으로 계획구역에는 포함되지만 그대로 존속하는 것으로 계획하고 있다"고 밝혔던 것이다. 한 달 뒤인 2002년 10월에 서울시가 '한양주택'을 '은평 뉴타운 사업'에 포함시킨 계획을 발표했을 때, 한양주택의 주민들은 모두 서울시의 계획에 반대했다. 그러나 시간이 지나면서 여러 주민들이 서울시의 회유에 넘어가고 말았다. 정부가 개발계획을 계속 강력히 추진하고 있는 상황에서 주민들이 분열하는 것은 사실 당연한 일이다. 법은 정주권(살고 있는 곳에서 계속 살 권리)을 인정하지 않고 있기 때문에 시간이 지날수록 주민들은 큰 부담과 위협을 느끼게 된다. 뉴타운 사업이 자연, 역사, 지역을 파괴하고 원주민을 내쫓는 불의한 사업이라는 사실을 '한양주택'은 명확히 입증했다.

우리는 묻지 않을 수 없다. 이명박은 도대체 무엇을 위해서 주민들의 반대를 무시하고 아름다운 '한양주택'을 완전히 파괴해 버렸는가? 정말로 완전히 바뀌어야 했던 것은 반대 주민들이 아니라 서울시가 아니었나? 우리는 누구나 행복하게 살 권리를 가지고 있다. 여기에는 당연히 주거권과 정주권이 포함된다. 주민들이 명백히 반대하는 개발계획을 강행하는 것은 저 낡은 개발독재 시대의 유산이다. 우리는 지금도 우리를 옭아매고 있는 이 낡은 유산을 하루빨리 청산해야 한다. 개발이익을 위해 주민들의 반대를 무시하고 아름다운 주택단지를 완전히 파괴해 없애 버리는 무지하고 파렴치한 개발을 강행해서는 안 된다. 한양주택은 이 사회의 소중한 생태적 자산이며 문화적 자산이었다. 이처럼 소중한 곳이 쉽게 파괴되어 사라질 수 있기 때문에 이 나라는 여전히 후진적이다.

● 뉴타운 사업의 개혁

뉴타운 사업은 이 나라의 '진정한 선진화'를 가로막고 있는 심각한 문제인 토건국가와 투기사회의 구조에 편승해서 그 문제를 더욱 악화한다. 한양주택은 생태문화적 가치가 뛰어나서 주민들과 시민사회가 개발에 반대했던 곳이었지만, 중화동처럼 경제적 이유 때문에 주민들이 반대했던 곳도 있었다. 그러나 서울시는 이미 명백히 드러난 이러한 문제들을 무시하고 뉴타운 사업을 강행했다. 결국 서울의 여러 곳에서 뉴타운 사업에 맞선 시민들의 저항이 계속 커졌고, 박원순이 서울시장이 되고 비로소 뉴타운 사업의 문제를 해결하는 정책이 적극 추진되기 시작했다.

뉴타운 사업은 도시개발의 세가지 문제를 제대로 해결하지 못했다. 오히려 그것은 '강북의 강남화'를 강력히 추진하면서 도시개발의 세가지 문제를 더욱 확대하고 강화하는 결과를 빚어냈다. 이명박와 오세훈의 뉴타운 사업은 어디서나 아파트가 지배하는 '아파트 도시화'와 양극화가 갈수록 악화되는 '이중도시화'의 문제를 악화시켰다. 그러나 불행하게도 '뉴타운'은 토건국가와 투기사회의 구조 속에서 하나의 유명상표로 정착되었다. 그 결과 여러 문제들에도 불구하고 뉴타운 사업은 서울을 넘어 빠르게 전국으로 확대되었다.* 마치 '뉴타운 공화국'이 형성되는 것처럼 보였다.

그러나 기대는 오래 지속되지 않았다. 경제 침체와 과잉 개발에 따라 '투기의 정치'는 약화될 수밖에 없었다. 2011년 6월에는 뉴타운 사업을 적극 추진했던 김문수 경기지사(한나라당)가 뉴타운 사업을 강행한 것에 대해 사과했다. 그리고 서울은 물론이고 전국 곳곳에서 뉴타운 사업에 반대하는 주민운동이 계속 커졌다. 뉴타운 사업을 둘러싼 엄청난 비리와 폭리의 문제가 계속 밝혀졌다. 서울 마포구 염리동에 관한 다음의 기사는 이 사실을 잘 보여준다. 뉴타운 사업은 엄청난 추가비용과 극심한 고통이 따르는 '소송 사업'이다.

> 염리2구역은 2005년 조합설립추진위원회가 만들어지고 2008년 재정비구역으로 지정되었다. 염리동 45번지 일대 5만㎡ 면적에 아파트 605가구와 임대주택 124가구가 들어설 계획이다. 이 과정에서 주민들이 들은 이야기는 '헌 집 주면 새집 준다'는 뉴타운 신화였다. 기대

---

* 이런 상황에서 2008년 4월의 총선에서는 전통적으로 민주당의 텃밭이었던 강북의 거의 모든 지역구에서 한나라당의 후보들이 국회의원에 당선되었다. 이런 점에서 2008년 총선을 '뉴타운 총선'이라고 부르기도 한다. 그러나 2010년부터 부동산 경기의 침체, 원주민의 부담 가중 등이 격화되면서 '뉴타운'의 문제가 크게 불거지게 되었다. 이에 따라 뉴타운 사업의 대대적인 중단과 개혁이 추진되기 시작했으며, 2012년 4월의 총선에서는 뉴타운 사업을 내걸고 당선된 한나라당 국회의원들('타운돌이', '타운순이'라고 부르기도 했다)이 일부 낙선했다.

가 깨진 건 지난 6월 초 관리처분계획 공람을 보면서다(관리처분이
란 재개발 시 분양신청 결과를 토대로 매각할 건물과 방법 등을 확정
하는 절차를 말한다. 철거 및 착공 이전 단계에 이뤄진다).

애초 조합이 공지한 사업비 1720여 억원이 2660여 억원으로 늘어나
있었다. 900억원이 넘게 증가한 사업비는 고스란히 조합원에게 할당
되었다. 조합원 1인당 평균 2억5000만원을 더 내야 하는 셈이었다.
추가분담금 없이 새집을 1대1로 분양받을 수 있을 거라던 조합의 홍
보와는 달랐다. 사업비가 늘어난 것은 계획 변경과 물가 상승 등이
이유라고 염리2구역 조합은 설명했다. …

그러나 '염리2구역 공동대책위(공대위)'를 만든 조합원들의 생각은
다르다. 조합의 공사비 부풀리기 의혹을 제기한다. … 현재 '서울특
별시 도시및주거환경정비조례' 제50조에 따르면 조합은 분담금 정
보를 조합원에게 공개하게끔 되어 있다. 하지만 지난해 7월16일 발
효된 개정안이어서 그 이전에 결성된 조합은 이 조례에서 자유롭다.
2008년에 결성된 염리2구역 조합이 정보를 공개하지 않아도 제재할
수단이 없다.

뉴타운을 둘러싼 갈등은 염리동만의 문제가 아니다. 사회통합위원
회 보고서에 따르면, 2003년부터 2009년 상반기까지 수도권 법원에
접수된 재정비사업 관련 민사소송은 8388건, 행정소송은 272건이
다. 사회통합위원회 관계자는 "뉴타운이 본격화된 2005년부터 관련
소송이 급증했다. 서울에서는 강북 지역에 소송이 집중되어 있다.
뉴타운 사업의 영향이라고 봐야 한다. …"라고 말했다(김은지, '염리
동 주민들, 나쁜 뉴타운 막아라', 〈시사인〉, 2011년 8월 22일).

이렇게 뉴타운 사업의 중단과 개혁을 요구하는 주민운동이 갈수록
확대되면서, 이에 대한 정치권과 시민사회의 관심도 갈수록 커졌다.
그 결과 2011년 9월 1일에는 전국의 뉴타운 사업 관련 단체들이 국회
정론관에서 '국민운동본부'의 결성을 공표했다. 이로써 뉴타운 사업
의 문제는 전국적인 문제, 국민 전체의 문제로 비화되었다. 이 문제

의 해결은 도시 개발의 발전을 넘어서 '진정한 선진화'를 향한 중대한 과제인 것이다. 2011년 10월에 박원순이 서울시장이 되어 뉴타운 사업의 개혁을 적극 추진한 것은 이런 배경을 갖고 있다. 박원순의 서울시는 뉴타운 사업의 개혁에서 상당한 성과를 거두었으나 아직도 갈 길이 멀기만 하다.

잘못된 정치가 세상을 얼마나 심하게 망칠 수 있는가를 뉴타운 사업은 잘 보여준다. 서울의 진정한 발전은 이명박과 오세훈이 추진한 '투기의 정치'를 혁파하는 것으로 이루어질 수 있다. 서울의 진정한 발전은 시멘트화(과잉 개발)와 양극화를 해소하는 것으로 이루어질 수 있다. 시민들이 개발 투기 비리 세력의 허황된 현혹에 속지 말고 '진정한 선진화'를 추구하는 것이 무엇보다 중요하다(홍성태, 2005, 2007, 2009).

___자료

뉴타운 재개발 중단 및 주거권 쟁취를 위한 국민운동본부 출범선언문

뉴타운재개발 사업은 한여름 밤의 꿈이었다. 모든 주민들이 부와 신분상승의 상징이었던 서울강남처럼 개발하여 고급아파트를 짓고 살 수 있을 거라는 희망을 가슴에 품었다. 특히, 뉴타운 사업은 강남에 비해 상대적 발탈감에 빠진 강북지역 주민들에게 새로운 희망을 불어넣어주고, 이른바 강·남북 불균형 문제를 일거에 해결할 수 있는 대안처럼 여겨지기도 했다.

2002년 서울시는 은평, 길음, 왕십리 세 곳을 뉴타운 시범사업으로 지정하였다. 이 중 은평뉴타운은 뉴타운 사업의 상징이자 희망이었다. 서울시민들은 열광했고, 지구지정을 요구했다. 이에 당시 이명박 시장은 시범사업이 채 착수도 안 된 상태에서 34곳을 뉴타운으로 지구지정 하였다. 뉴타운 지구지정으로 땅 값과 집값은 상승곡선을 그리면서 올라갔다. 2006년, 도시재정비촉진을 위한 특별법을 제정하면서 뉴타운사업은 전국으로 확대되었다. 경기도, 부산, 대구 등 전국의 주요 도시마다 뉴타운을 지정하게 된다. 전국은 뉴타운열풍에 휩싸이게 되었다.

전국으로 확산된 뉴타운의 열풍을 확인한 정치권은 뉴타운이라는 욕망의 불에 기름을 부었다. 2008년 4월 총선의 핫이슈는 뉴타운이었다. 서울과 수도권에서 뉴타운공약이 난무했고, 당선만 되면 '우리 동네'를 뉴타운으로 지정하겠다는 허위공약이 넘쳐났다. 선거 결과 소위 '타운돌이'들이 대거 국회로 진출했다.

뉴타운 열풍은 그리 오래가지 못했다. 2008년 9월 리만 브라더스가 파산하면서 미국발 서브프라임 모기지 사태가 터졌다. 세계는 경제 위기로 몸살을 앓기 시작했다. 특히, 과잉유동성을 기반으로 턱도 없이 부풀어 오른 부동산 거품이 빠지기 시작한 것이다. 한국도 미분양 주택이 쌓이고 건설경기가 급락하기 시작했다. 뉴타운·재개발 사업도 위기가 닥쳐왔다. 황금알을 낳는 거위라고 믿었던 뉴타운·재개발 사업이 황금알은커녕 쪽박 차는 사업이라는 것을 주민들이 알게 되었다. 동네마다 걸렸던 '뉴타운 지구지정 축하' 현수막은 '뉴타운 사기극 규탄'이라는 현수막들로 바뀌었다. 모든 뉴타운·재개발 지역 주민들은 분노했고, 불안감에 휩싸이게 되었다.

뉴타운·재개발 지역 주민들은 문제의 본질을 깨달았다. 국민의 주거권을 지켜야 할 정치권과 정부가 주거권을 박탈하고, 재산이 반 토막 나는 부동산 투기로 국민들을 내몰았다는 것을 깨달은 것이다. 이제 주민들은 뉴타운·재개발 사업이 민간의 수익성 위주 부동산 투기일 뿐이라는 것을, 집주인과 세입자 모두 정든 보금자리에서 몰아내는 망국적인 개발사업이라는 것을 알게 되었다. 주민들은 더 이상 아파트를 원하지 않는다. 내 집 냅둬, 고치며 살겠다고 주민들은 요구하고 있다. 더 이상 멀쩡한 동네와 내 집을 부수지 말라고 요구하고 있다. 그런데도 정치권과 정부는 주민들의 요구를 외면하고 있다. 2011년 8월 국토해양부가 내놓은 '도시재정비 및 주거환경정비 제도개선(안) 및 통합법률안'은 뉴타운·재개발 사업의 문제점을 바로잡도록 요구한 주민들의 기대를 충족하지 못했다. 특히 기대를 모았던 일몰제도입의 경우, 과도한 경과규정과 일몰제의 적용되는 기간을 지나치게 장기간을 규정하고 있어서, 현재 문제가 되고 있는 과다한 정비구역지정의 문제를 해결할 수 없다. 국토부의 제도개선안과 통합법률안은 사실상 수수방관하겠다는 것과 다름이 없다. 정부는 주민들의 거센 항의와 저항을 피하기 위해 실효성과 현실성이 낮은 무책임한 방안을 내놓은 것이다. 망국적인 뉴타운·재개발 사업을 즉각 중단하고 재검토해도 모자랄 판국에 여전히 정부의 방관자적 태도에 국민들은 깊이 좌절하고 있다.

이제 뉴타운·재개발 지역의 주민들과 시민단체 및 제 정당들은 국민의 주거권과 재산권을 강탈하는 망국적인 개발을 중단시키기 위해 연대의 힘을 모아 '뉴타운 재개발 중단 및 주거권 쟁취를 위한 국민운동본부'를 결성하였다. '뉴타운 재개발 중단 및 주거권 쟁취를 위한 국민운동본부'는 국민들의 요구를 모아 '3대 과제, 5대 요구사항'을 정치권과 정부에 강력하게 촉구하며, 망국적인 개발이 우리사회에서 퇴출될 때까지 투쟁할 것이다.

뉴타운·재개발 사업 퇴출을 위한 3대 과제와 5대 요구 사항

〈3대 과제〉

하나, 내 집 냅둬 : 현재 진행 중인 뉴타운·재개발 사업 전면 중단 및 지구(구역)지정을 해제한다.

둘, 고치며 살자 : 부수고 새로 짓는 뉴타운·재개발 사업 반대, 고치며 살 수 있는 주거 환경복지사업을 도입한다.

셋, 개발세력 돈벌이 수단 뉴타운·재개발 중단 : 원주민 내쫓기고, 개발3적(조합·정비업체·시공사) 돈벌이 수단인 뉴타운·재개발 사업 중단하라.

〈5대 요구〉

1. 망국적인 개발악법 '도시재정비 촉진을 위한 특별법'을 폐지하라!!!

2. 주민결정권 박탈하는 도적법인 도정법(도시 및 주거환경정비법)을 즉각 개정하라!!!

3. 뉴타운·재개발지구에 대한 전면적인 사업비용 및 각 세대별 비용부담규모 조사를 실시하라!!!

4. 전면적인 사업비용 및 각 세대별 비용규모와 종전자산의 감정평가 조사 후 주민투표를 실시하여 지구(구역)을 해제하라!!!

5. 강제철거를 금지하고 주택세입자의 주거권과 상가세입자의 생존권을 보장하라!!!

2011년 9월 1일

뉴타운 재개발 중단 및 주거권 쟁취를 위한 국민운동본부

___참고자료

서울시(2012), 〈뉴타운·재개발 문제진단과 수습방안 – 이렇게 준비하고 있습니다〉, 2012년 1월 30일

______(2013), 〈주민 뜻에 따라 뉴타운 지구 첫 해제〉, 2013년 6월 13일

______(2014), 〈뉴타운·재개발 수습방안 2년 – 성과와 현안〉, 2014년 2월 20일

홍성태(2005), 『생태문화도시 서울을 찾아서』, 현실문화

______(2007), 『개발주의를 비판한다』, 당대

______(2009), 『민주화의 민주화』, 현실문화

___보금자리 주택의 허구성

● 주택과 주택 문제

주택은 식량, 의복과 함께 가장 필수적인 생활재에 해당된다. 누구나 생존의 고통에서 벗어나서 사람답게 살 수 있어야 한다는 인권의 기본원리에 따른다면, 사회는 그 구성원에게 사람답게 살기에 필요한 식량, 의복, 주택을 제공할 수 있어야 한다. 그러나 실제로 그렇게 하는 것은 대단히 어려운 일이다. 이 과제를 둘러싸고 유럽에서는 19세기 중반부터 격렬한 계급투쟁이 전개되었고, 이 투쟁은 100년이 지난 20세기 중반에 복지국가의 수립으로 마무리되었다. 복지국가는 모든 구성원에게 '요람에서 무덤까지', 출생에서 사망까지 사람답게 살기 위한 필수요건을 제공하는 국가를 뜻한다. 한국에서는 2012년의 대통령 선거를 계기로 복지국가가 누구나 인정하는 보편적인 발전의 목표로 정립되었다.*

오늘날 한국은 세계 10위권의 경제대국이다. 한국의 국토 크기는 세계 109위밖에 안 되지만 한국의 경제력은 엄청나다. 그러나 삶의 질은 세계 40위권에 머물고 있고, 삶의 질을 지탱하는 근간인 환경질은 세계 130위권에 불과하다. 여러 지표들이 잘 보여주고 있듯이, 한국인은 경제력에 비해 척박한 삶을 살고 있다. 흔히 양극화로 불리

---

* 대통령 직속 자문기관인 국민대통합위원회가 2014년 8월에 시행한 '대한민국의 바람직한 미래상'에 관한 여론조사에 따르면 응답자의 40%가 '소득분배가 공평하고 빈부격차가 별로 없는 복지국가'라고 답했으며, '세계 5위 이내 경제대국'이라고 답한 응답자는 11.6%에 불과했다 (〈연합뉴스〉 2014년 9월 4일). 그러나 이명박 정부에 이어 박근혜 정부는 복지국가를 내세우고 실제로는 부자감세-서민증세, 줬다 뺐는 기초연금, 의료 민영화, 토건국가 강화 등 복지국가를 부정하는 불평등 심화 정책을 계속 강행하고 있다.

는 불평등의 악화에 따라 계속 늘어나고 있는 빈곤층만이 아니라 중산층조차 비슷한 문제를 안고 있다. 다른 나라들에서는 볼 수 없는 과다한 불필요 소비가 그 핵심적인 원인이다. 그것은 주택과 교육에 의해 좌우된다. 과다한 주거비와 교육비가 중산층조차 여유있고 풍요로운 삶이 아니라 척박한 삶을 살도록 만드는 것이다. 이 점을 올바로 인식하는 것은 한국의 '진정한 선진화'를 위해 대단히 중요하다.

주택 문제는 일차적으로 주택 부족 문제로 나타난다. 그러나 그것만은 아니다. 주택 문제는 훨씬 더 복잡한 경제 문제이자 정치 문제이다. 주택은 한 사회의 특징과 문제를 축약적으로 보여주는 가장 명확한 물리적 지표의 성격을 갖는다. 따라서 단순히 주택 공급에만 초점을 맞추는 것으로는 결코 주택 문제를 해결할 수 없을 뿐더러 오히려 주택 문제를 더욱 더 악화시킬 수도 있다. 2008년에 주택 보급률은 전국 109.9%, 수도권 98.3%, 서울 93.8%이었으나 자가 보유율은 56~62% 정도에 머물렀다. 한국은 주택 보급률에 비해 자가 보유율이 대단히 낮다. 한국의 주택 문제는 보급이 아니라 보유와 임대에 있는 것이다. 한국은 자가 보유율과 장기 임대율을 높이는 것에 초점을 맞추는 정책을 실행해야 한다.

그런데 한국에서 주택은 소중한 삶의 공간이기에 앞서서 가장 중요한 재산증식 수단이다. 이 때문에 좋은 집을 위한 경쟁이 아니라 돈을 많이 벌 수 있는 집을 위한 경쟁이 보편화되었다. 이것은 무엇보다 박정희 정권에서 개발과 투기의 조장을 통한 부동산 중산층 양산 정책을 강행한 결과이다. 이명박은 서울시장 때 뉴타운 사업을 전개해서 서울을 개발과 투기의 아수라장으로 만든 것에 이어서 대통령이 되어서 보금자리 주택을 강행해서 어렵게 지켜지고 있던 서울 외곽의 녹지마저 대거 파괴해 버렸다. 이명박의 망국적 토건정책의 문제는 무엇보다 4대강 사업에서 명확히 드러났지만 보금자리 주택은 그에 못지 않게 커다란 문제를 안고 있는 잘못된 토건사업이었다.* 이런 사실은 2013년 5월에 발표된 감사원의 감사결과를 통해 명확히 확인됐다. 과연 보금자리 주택의 실체는 무엇인가?

● 보금자리 주택 정책의 개요

이명박 정부는 2008년 9월 19일에 '국민 주거 안정을 위한 도심공급 활성화 및 보금자리주택 건설방안'을 발표하고 새로운 공공주택 정책으로서 '보금자리 주택 정책'을 대단히 강력히 추진하기 시작했다. '보금자리 주택 정책'의 주요 내용은 다음과 같다.

'보금자리 주택 정책'의 주요 내용

유형	계	비고
합계	150만호	100%
장기임대(영구/국민)	50(10/40)	33.4(6.7/26.7)
공공임대(10년/장기전세)	30	20.0
공공분양	70	46.6

---

* 2014년 9월 4일 국토교통부는 최대 보금자리 주택지구인 "경기도 광명·시흥 공공주택지구(옛 보금자리지구)의 지정을 해제했다. 이명박 정부가 개발제한구역(그린벨트)을 풀어 이 지역에 경기도 성남 분당 크기의 서민주택지구를 건설하겠다고 했지만, 사업성이 없어 4년만에 백지화된 것이다. 국토부는 4일 열린 국가정책조정회의에서 광명·시흥 공공주택지구를 전면 해제하되, 그린벨트 해제된 지역은 '특별관리지역'으로 묶어 관리하겠다고 밝혔다. 광명·시흥 지구는 2010년 이명박 정부의 대표적인 서민주거정책인 보금자리주택지구로 지정됐다. 면적이 17.4㎢로 분당(19.6㎢)에 버금가고 총 사업비도 23조9000억원(현재 기준으로 26조원)으로 추산되는 등 전국의 보금자리 지구 중 최대 규모였다(〈경향신문〉 2014년 9월 4일). 이 해제는 보금자리 주택정책이 현실을 무시한 대단히 졸속적인 주택정책이며, 사실상 그린벨트를 투기의 먹이로 만드는 개발정책으로 추진된 것임을 보여주는 명확한 증거라고 할 수 있다.

'보금자리 주택'의 택지 확보 계획

지역	택지 확보
수도권(100만호)	도심 20만호(재건축, 재개발, 역세권 등)
	도시근교 30만호(개발제한구역 해제 등)
	도시외곽 50만호(신도시 등 택지개발)
지방(50만호)	택지개발 50만호

또한 다음의 설명에서 알 수 있듯이 보금자리 주택 정책의 목표는 저소득층의 주거 불안을 해소하는 것과 주택 경기를 활성화하는 것의 두가지이다. 그런데 두 목표는 양립될 수 있지만 그렇지 않을 수도 있다. 막대한 혈세를 퍼부어 주택 경기를 활성화하기 위해 저소득층의 주거 불안 해소를 목표로 내걸 수도 있는 것이다.

□　저소득층의 주거불안 해소 및 무주택 서민의 내집 마련을 촉진하기 위해 보금자리주택 150만호 건설계획 발표('08.9.19)

 ○　공공이 직접 도심인근에 다양한 유형의 임대주택과 분양주택을 저렴한 가격으로 신속하게 공급

 ○　'09~'18년까지 연 15만호 건설, 주택시장의 근본적 안정 확보

〈보금자리주택의 개요 〉

○ 공공이 짓는 85㎡이하의 분양주택과 임대주택을 통합한 개념
 - 임대주택(80만호) : 영구임대, 전세형, 지분형 등 다양한 유형 공급
 - 분양주택(70만호) : 기존 분양가보다 15% 저렴한 중소형 주택 공급

□　경제위기로 서민의 주거비 부담이 상승하고 주택경기도 침체

☞보금자리주택건설을 통해 민간의 주택건설 감소를 보완하고 서민의 주거비 부담을 획기적으로 완화

○「보금자리주택특별법」을 마련, '09.4.21일부터 시행 중

○ '09년 시범지구(안) 관련기관 사전 협의(4.10~4.29)

＊국방부, 환경부, 농림부 등 중앙부처, 서울시, 경기도

자료: 국토해양부, 〈서민 주거안정을 위한 보금자리 주택 시범지구 추진계획〉, 2009년 5월, 1쪽.

그런데 사실 '보금자리 주택'이라는 말은 아주 모호하다. '보금자리'라는 대단히 감성적인 표현의 이면에서 심각한 토건국가와 투기 사회의 문제가 작동하고 있다. 공식적인 정의에 따르면, 그것은 '공공이 재정 또는 국민주택기금의 지원을 받아 건설 또는 매입하여 분양 또는 임대를 목적으로 공급하는 주택'을 뜻한다. 요컨대 '보금자리 주택'은 '공공 분양/임대 주택'이다. '보금자리 주택 정책'의 핵심은 2009~18년의 10년 동안 만 150만호의 '보금자리 주택'을 공급하는 것이다. 이런 정책은 사실 그 자체로는 전혀 새로운 것이 아니다. 정부는 이미 오래 전부터 이런 정책을 시행하고 있었기 때문이다.

'보금자리 주택 정책'의 새로운 점은 무엇일까? 이명박 정부는 다음과 같은 네가지를 '보금자리 주택의 특성'으로 제시하고 있다. 그러나 실제로 '보금자리 주택 정책'에서 새로운 점은 서울 외곽의 녹지, 즉 '그린벨트'로 강력히 보호되고 있던 곳을 대거 아파트 단지로 바꾸는 것이다.

'보금자리 주택'의 특성

다양한 유형 주택 공급	수도권과 지방에 국민의 경제적 여건, 지역별 수요에 따라 선택할 수 있는 85㎡ 이하의 분양주택(80만호) 및 다양한 임대주택(80만호)을 공급
저렴한 주택의 공급	용적률 상향, 녹지율 조정, 시공과정 합리화 등을 통해 분양가를 인하하고, 주택금융지원 및 차등임대료제를 도입, 무주택 서민의 자금부담을 완화
신속한 공급	지구지정 전 사전협의 강화, 개발계획과 실시계획의 통합처리 등 사업절차의 간소화를 통하여 사업기간 단축(평균 6년→4년)
도심과 도시근교 공급	도심과 도시인근 선호지역을 활용, 선호도 높은 주거지역에 도시계획 변경 등을 통해 집중공급하되, 저탄소 녹색도시 친환경 개발을 추진

한편 지역별로 보자면, '보금자리 주택 정책'은 서울/수도권과 지방으로 나뉘어 실행되는 것이지만, 국토의 11.8%밖에 되지 않는 서울/

수도권에 2/3를 건설하게 된다는 점에서, 결국 '보금자리 주택 정책'
은 서울/수도권의 대규모 공공주택공급정책이라고 할 수 있다. 이 점
에 주목해서 '보금자리 주택'의 특성을 줄여서 말한다면, "서울/수도
권의 그린벨트를 적극 활용해서 신속하게 대량으로 분양주택과 임대
주택을 건설해서 공급하는 정책"이라고 할 수 있겠다. 그린벨트가 가
장 중요한 서울/수도권에서 그린벨트를 대거 없애고 아파트 단지를
건설하는 것이 '보금자리 주택 정책'의 물리적 핵심인 것이다.

　물론 '보금자리 주택 정책'은 저소득 무주택 가구를 위한 획기적인
주택 정책일 수 있다. 특히 서울/수도권 지역에서 그렇다. 그러나 그
실효성에 대해서는 여러 논란이 이어지고 있다. 그것이 투기 만연,
불평등 심화, 산업구조 악화, 국토 파괴 등 주택을 둘러싼 기존의 문
제들을 더욱 악화시킬 가능성도 제기되고 있다. 2010년 4월과 5월에
『프레시안』에서 김헌동, 조명래, 이태경, 변창흠 등 전문가들이 벌였
던 논란은 그 좋은 예이다. 이 논란은 결국 2013년 5월 감사원의 감
사결과를 통해 사실로 확인되었다. 이제 이런 논란을 배경으로 '보금
자리 주택'의 기여와 문제로 나누어서 '보금자리 주택'의 사회적 함의
를 정리해 보도록 하자.

● **보금자리 주택의 기여?**

'보금자리 주택 정책'의 목표는 다음과 같은 네 가지로 제시되었다.
이 네 가지는 '보금자리 주택 정책'을 통해 이루고자 하는 직접적인
목표이자 '보금자리 주택 정책'을 관리하기 위한 기술적인 목표이다.
일단 내용의 면에서 이 목표는 주택 보급율과 자가 보유율을 동시에
높이고자 하는 것으로서 사회적으로 바람직하다고 할 수 있다. 더욱

이 임대주택 재고 비율까지 크게 높이는 것이어서 공공주택정책의 내실을 추구하는 올바른 정책이라고 할 수 있다. 자가 보유율과 임대주택 재고 비율을 높이는 것은 저소득 무주택 가구를 위한 공공주택 정책의 핵심적인 과제이기 때문이다. 주거 불평등의 해소를 넘어서 주거복지의 향상을 위해서도 이와 같은 변화를 적극 추구해야 한다.

'보금자리 주택'의 목표

주택 보급율	2007년 99.3% → 2018년 107.1%
자가 보유율	2007년 60% → 2018년 65%
천인당 주택수	2007년 336.3호 → 2018년 406.1호
임대주택 재고 비율	2007년 7% → 2018년 12%

그러나 이 목표는 심각한 문제를 안고 있는 것이었다. 이명박 정부는 '4대강 사업'에서처럼 의도적으로 통계를 오용했던 것으로 보인다. 요컨대 이명박 정부는 자료를 조작하는 사기의 방식으로 '4대강 사업'과 '보금자리 주택 정책'을 강행했던 것으로 보인다. 이에 대해 2009년에 필자는 다음과 같이 통계와 목표의 문제를 지적했다. 2013년 5월의 감사원 감사결과는 이런 지적을 사실로 입증해 주었다.

그러나 통계청의 통계에 따르면, 주택 보급율은 2008년에 이미 109.9%였으며, 자가 보유율은 2005년에 이미 62%를 넘었다. 요컨대 목표의 근거인 통계 자체가 혼란과 불신 상태이다. 특히 주택 보급율 통계의 차이는 심각한 문제를 보여준다. 만일 통계청의 통계가 옳은 것이라면, 이명박 정부는 이미 주택 보급율이 상당한 과잉상태에 있는 데도 불구하고 엄청난 양의 주택을 신규로 계속 공급하겠다는 위험한 정책을 추진했던 것이다. 이에 대해 이명박 정부는 '보금자리 주택' 150만호를 포함해서 10년 동안 무려 500만호의 주택을 공급하겠다는 대규모 주택공급정책을 추진하기 전에 우선 그 근거부터 명확히 정리해서 제시해야 할 것이다.

이명박 정부가 '보금자리 주택'의 목표를 통해 이루고자 한 사회적 목표는 '주택시장 안정', '서민 주거복지 강화', '친환경 개발' 등 크게 세 가지이다. '서민 주거복지 강화'는 '자가 보유 촉진'과 '임대주택 다양화'로 제시되기도 했다. '자가 보유 촉진'은 '저렴 주택의 대량공급과 구입 부담 완화 위한 지원'으로, '임대주택 다양화'는 '물량 공급 위주의 기존 임대주택정책 개선'으로 추구었다. 요컨대 사람들이 살고 싶어 하는 곳에 살기 좋은 주택을 급속하게 대량으로 건축해서 저렴한 값에 분양하거나 장기임대해서 저소득 무주택 가구의 주거권을 확보하겠다는 것이다. 만일 이명박 정부가 추진한 대로 '보금자리 주택'이 건설됐다면, 커다란 사회문제의 원천인 주택시장, 주거복지, 도시개발의 영역에서 상당한 개혁을 이루었을지 모른다.

'보금자리 주택'의 방향

주택시장 안정	-2018년까지 150만호 건설 -도시근교에 대량공급 -사업절차 간소화 신속공급
서민 주거복지 강화	-부담 가능한 주택 공급 -재정 및 금융지원 확대 -수요자 맞춤형 공급
친환경 개발	-저탄소 녹색도시 개발 -개발비용 적정화 -복합도시 개발

그러나 도시 근교에 '보금자리 주택'을 대량공급하는 것은 그렇지 않아도 난개발의 문제로 시달리고 있는 도시의 급속한 확대를 통한 난개발의 악화로 이어지기 십상이다. 사업절차를 간소화해서 대규모의 주택을 신속히 공급하기 때문에 이런 우려는 더욱 더 빠르게 사실이 되어 버렸다. 주거복지의 강화도 이미 심각한 상황에 있는 주택담보대출을 더욱 더 크게 늘려서 커다란 금융위기를 초래할 위험을 더

욱 더 키웠다. 나아가 어렵게 보존되고 있는 도시 근교 녹지의 도시 개발은 생태위기의 문제를 더욱 더 악화시키는 것이다. 이명박 정부가 '보금자리 주택'으로 추구한 사회적 목표는 모두 그 자체로 심각한 문제의 원천이 될 수 있는 것이었다. 이제 이에 대해 좀더 상세히 살펴보도록 하자.

• 보금자리 주택의 문제

'보금자리 주택'의 문제는 2013년 5월 8일에 발표된 감사원의 감사결과에 의해 명확히 밝혀졌다. '보금자리 주택'은 아주 엉터리로 추진되었다. 이로써 이명박의 3대 토건사업인 뉴타운 사업, 보금자리 주택 사업, 4대강 살리기 사업이 모두 엄청난 비리와 부실을 저질렀고, 엄청난 혈세 탕진, 자연과 지역의 파괴를 유발했다는 사실이 감사원에 의해 입증되었다.*

> 이명박 정부의 핵심 부동산 정책인 보금자리 주택 사업의 수요가 과도하게 추정됐다는 감사원 감사 결과가 나왔다. 이와 함께 감사원은 이 전 대통령이 서울시장 재임 당시 추진한 뉴타운 사업에 대해서도 '지역 선심성 정책'이라고 평가했다. 감사원은 이같은 내용을 담은 서민주거 안정시책 추진실태 감사 결과를 8일 발표했다. 감사는 지난 해 9~10월 구 국토해양부와 서울시, LH공사 등 10개 기관을 대상으로 실시됐다.

---

* 4대강 살리기 사업이 총체적 비리-부실공사였다는 사실에 대한 감사원의 감사결과는 2013년 1월에 발표되었다. 이런 점에서 박근혜 정부가 정말 나라의 정상화를 추구한다면, 무엇보다 먼저 이명박 정부의 잘못을 바로잡기 위해 애써야 할 것이며, 이를 위해 무엇보다 먼저 이명박에 대한 전면적인 수사와 처벌을 추진해야 할 것이다.

감사원에 따르면 보금자리 주택 사업 추진 과정에서 실제 주택 수요 변동 요인이 반영되지 않았다. 이에 감사원은 2003년부터 2011년까지 주택 97만2000가구가 과다 공급됐다고 지적했다. 감사원은 또 정부가 1~2인 가구 증가 추세를 고려하지 않고 중대형 주택 위주로 공급을 확대하다 미분양 대란 및 소형주택 전·월세난을 초래했다고 지적했다. 2009~2011년 공급계획 대비 사업실적은 42.6%(10만여 가구)에 불과한 것으로 조사됐다. 이에 대해 감사원은 '공급 실적 위주로만 사업을 추진했기 때문'이라고 설명했다(〈중앙일보〉 2013년 5월 8일).

이런 감사원의 감사결과를 근거로 '보금자리 주택'의 사회적 문제는 여러 면에서 검토될 수 있다. 여기서는 생태적 사회관에 근거해서 생태적 문제, 경제적 문제, 정치적 문제, 문화적 문제로 나누어서 '보금자리 주택'의 문제를 포괄적으로 살펴보고자 한다. 종래에 사회학은 정치, 경제, 문화의 세 영역으로 사회를 설명하고자 했다. 그러나 생태위기의 악화와 함께 자연을 무시한 이러한 사회관은 유지될 수 없게 되었다. 사회는 자연 속에서 자연의 법칙을 존중하며 존재할 수밖에 없다. 이런 관점에서 제시된 것이 생태적 사회관이며, 이것은 반생태적인 현대 사회의 생태적 전환을 위한 기초이다.

첫째, 생태적 문제. '보금자리 주택'은 무엇보다 서울/수도권의 그린벨트를 대대적으로 훼손하고 건설되는 것이다. 이런 점에서 '보금자리 주택'은 심각한 생태적 문제를 유발하지 않을 수 없다. 이 문제는 크게 두가지로 나뉘어 살펴볼 수 있다. 하나는 그린벨트라는 도시의 생태적 방어막을 훼손하는 것이다. 그린벨트는 단순히 나무를 많이 심어 놓은 곳이 아니라 도시의 무분별한 확대를 막고 도시에서 필요로 하는 생태적 자원을 제공하는 극히 소중한 생존의 기반이다. 그린벨트를 '비닐하우스만 가득 찬 곳'이라고 폄하한 이명박의 주장은 대단히 무식하고 잘못된 것이었다. 비닐하우스는 그린벨트를 부분적이고 일시적으로 훼손하지만 도시에서 필요로 하는 생태적 자원을 생산하기도 한다. 이에 비해 '보금자리 주택'은 그린벨트를 대대적이고 영구적으로 훼손하며 도시에서 필요로 하는 생태적 자원을 전혀 생산하지 않는다. 다른 하나는 이미 망국적 상황에 이르렀다고 비판받기도 하는 서울/수도권의 과밀을 더욱 악화시키는 것이다. 서울은 1㎢에 17,000명이 모여 사는 세계적인 인구과밀지역이다. 국토의 0.6%밖에 되지 않는 서울에 전체 인구의 1/4이 모여 살고 있다. 국토의 11.2%밖에 되지 않는 수도권에 역시 전체 인구의 1/4이 모여 살고 있다. 이렇게 과밀 상태에 있기 때문에 서울/수도권의 환경 질은 대단히 나쁘고, 나아가 서울/수도권의 과밀을 유지하기 위해 강원도와 충청도 등의 지역들이 여러 규제를 받아야 한다. 서울/수도권의 과밀을 당연한 전제로 여기고 그린벨트를 대대적으로 해소해서 주택을 대량으로 급속하게 공급하겠다는 것은 극히 잘못된 것이다.

둘째, 경제적 문제. 한국에서 주택 건설은 다양한 경제적 문제들과 연관되어 있다. 토건국가, 부패, 투기, 금융위기 등의 문제들이 그것이다. '보금자리 주택'은 이 문제들로부터 자유로운가? '보금자리 주택'은 급속하게 대량으로 주택을 공급하는 정책이다. 이것은 병적인 과잉상태에 있어서 속히 크게 감축되어야 하는 한국의 토건업체들에게 대단히 유용한 정책이 아닐 수 없다. 그 실체가 '4대강 죽이기'인 '4대강 살리기'가 토목업체들에게 굉장한 기회를 제공한 것이면, '보금자리 주택'은 건축업체들에게 굉장한 이익을 제공하는 것일 수 있다. '보금자리 주택'은 산업구조의 정상화와 선진화를 가로막는 토건국가 정책의 성격을 갖는다. 한국은 이미 주택의 생산보다는 분배가 더 중요한 상태에 있다. 인구 감소의 경향까지 고려하면, '보금자리 주택'은 토건국가 정책의 성격을 더욱 더 강하게 갖는다. 또한 토건업은 심각한 부패의 문제를 안고 있다. 이 점에서 토건국가는 부패국가이기도 하다. 이 문제를 해결하기 위해서 예비타당성조사를 비롯해서 각종 조사와 평가를 엄밀하게 수행하는 것이 대단히 중요하다. 급속하게 대량으로 주택을 공급하는 것에만 초점을 맞춰서는 토건국가와 부패국가의 문제를 극심하게 악화시키기 십상이다. 또한 토건과 부패의 문제는 투기에 의해 지지된다. 투기 이익에 대한 커다란 기대가 토건과 부패의 문제를 무시하거나 감내하게 하는 강력한 동력으로 작동하는 것이다. '보금자리 주택'은 '저렴 주택의 대량공급'을 내걸고 추진되었지만 2009년에 이미 그 분양가는 주변 시세에 육박했거나 심지어 주변 시세를 넘어설 것으로 예측되었다. 따라서 '저렴 주택'조차 결국은 주변 시세를 하락시키는 것이 아니라 주변 시세 수준으로 상향되면서 투기를 더욱 조장시킬 것으로 우려되었다. 이 때문에 '보금자리 로또'라는 말도 2009년에 이미 나돌았다. 투기가 만연한 상황에서 분양과 임대를 동시에 추진하는 '보금자리 주택'은 투기를 조장할 태생적 한계를 지니고 있었다. 또한 투기가 만연하게 되면 빚을 내서라도 주택을 구입하고자 하는 사람들이 늘어나게 된다. 주택 구입을 위한 재정 지원이 강화된다면 더욱 더 그렇다. 그 결과 주택을 구입할 충분한 여력을 갖지 못한 사람들도 투기에 쉽게 참여할 수 있게 되고, 따라서 주택담보대출을 매개로 한 금융위기의 가능성은 급격하게 커지고 만다. 우리는 이 문제를 대단히 심각하게 고민해야 한다. 미국의 '대공황'과 일본의 '잃어버린 10년'은 모두 이명박이 강행한 것과 같은 무분별한 개발과 투기에서 비롯되었다.

셋째, 정치적 문제. 주택 문제는 어디서나 커다란 정치적 영향력을 지니고 있다. 누구나 좋은 집에서 편안하게 살고 싶어 하기 때문이다. 그런데 주택 문제가 심각한 곳에서는 막대한 투기 이익을 거둘 수 있는 기회도 크다. 이 때문에 정부는 오래 전부터 투기를 억제하는 동시에 주택의 보급을 확대하기 위한 정책을 펼쳐왔다. 그러나 투기는 억제되지 않았고 주택 보급률은 늘어났으나 자가 보유율은 오히려 줄어들었다. 투기를 억제하지 않고 주택 보급을 확대한 결과로 주택 불평등이 오히려 커진 것이다. 단 한 명이 무려 1800채가 넘는 주택을 보유하고 있는 황당한 현실을 잊지 말아야 한다. 이렇듯 투기에 대한 규제가 제대로 이루어지 않은 결과 투기에 대한 기대는 사회적으로 더욱 더 커졌다. 이런 상황에서 정부는 주택공급정책을 확대하는 것으로 모든 문제가 해결될 수 있을 것처럼 제시해 왔다. '보금자리 주택'도 여기서 예외는 아니다. 더욱이 이명박 정부는 2012년까지 40만호를 공급하겠다던 원래의 계획을 변경해서 무려 60만호를 공급하겠다고 했다. 이와 같은 급작스런 계획의 변경은 2010년이 지방선거가 치러지는 해이고 2012년이 대통령 선거가 치러지는 해였다는 사실과 무관하지 않았을 것이다. 이명박 정부는 '뉴타운 공약'이 2008년의 국회의원 선거에서 큰 영향을 미쳤던 것처럼 '보금자리 주택 정책'이 2010년의 지방선거와 2012년의 대통령 선거에서 큰 위력을 발휘하기를 고대했을 것이다. '뉴타운'과 함께 '보금자리 주택'은 정치적 지지를 얻기 위해 사람들을 현혹하는 '주거 포퓰리즘'의 성격을 강하게 갖는다. 진정한 주거복지의 향상을 위해 이 점에 크게 유의해야 한다.

넷째, 문화적 문제. 오늘날 한국은 세계적으로 손꼽히는 '아파트 공화국'이다. 서울의 아파트 비율은 50%를 훨씬 넘고, 광주와 같은 곳은 심지어 70%를 넘는다. 한국의 모든 대도시는 '아파트 도시'라고 해도 지나치지 않다. 도시와 농촌을 떠나서 아파트는 한국을 대표하는 주택이 되었다. 그러나 아파트는 물리적으로 보아서 사실 거대한 '콘크리트 절벽'이라고 할 수 있다. '콘크리트 절벽'에 구멍을 뚫어서 다양한 주거시설을 갖추고 사는 것이다. 아파트는 생태적으로 큰 문제를 안고 있으며, 문화적으로도 큰 문제를 안고 있다. 거대한 '콘크리트 절벽'이 공간을 가득 메우고 있는 곳에서 문화적 만족감이 커지기는 어렵다. 아파트가 많은 곳에서 우리의 시야는 늘 차단되어 있어서 우리는 단절된 장소감을 갖고 살아가게 된다. 아파트가 많은 곳에서 우리는 이 세계의 본래 모습을 보기 어렵게 되고 올바른 개방적 공간감을 갖기 어렵게 되는 것이다. 아파트의 외관에 다소 변화를 주고 조명을 한다고 해도 사정은 별로 달라지지 않는다. 거대한 '콘크리트 절벽'은 우리의 시야를 차단하고 답답하게 해서 갇혀 있는 느낌을 갖게 한다. 그리고 아무리 다양한 변화를 준다고 해도 '콘크리트 절벽'의 다양성은 애초부터 크게 제약되어 있을 수밖에 없다. 그것은 건축미에 대한 창의성을 자극하기보다는 좌절시킬 가능성이 훨씬 더 크다. 이 점에서 미학적 차원에서 혁신적인 '보금자리 주택'을 건축하겠다는 시도는 애초부터 성공할 수 없는 시도에 가깝다. '보금자리 주택'은 오히려 잘 보존된 그린벨트 지역마저 대대적으로 훼손하고 '콘크리트 절벽'으로 채워 버리는 문제를 낳고 있다. 문화적 차원에서도 기존의 아파트 중심 주택 정책을 전면적으로 반성해야 하며, '보금자리 주택'에 대해서도 당연히 그렇게 해야 한다.

● 보금자리 주택의 대안

우리는 주택을 사유재로 생각하는 데 익숙하다. 소유의 자유에 기초하고 있는 자유주의 사회에서 주택을 사유재로 생각하는 것은 당연한 것이다. 그러나 주택은 단순히 사유재에 머물지 않는다. 주택은 그 존재와 이용의 양 면에서 언제나 사회적이며, 따라서 대단히 커다란 공공성을 갖는다. 그 자체로 고립되어 존재할 수 있는 주택은 없으며, 또한 누구나 사람답게 살기 위해 주택을 필요로 하기 때문이다. 주택 정책은 이러한 주택의 특성을 전제로 추진되지 않으면 안 된다.

'보금자리 주택'은 그 그럴 듯한 이름과 달리 큰 문제들을 안고 있다. 예컨대 분양과 임대를 동시에 추진하는 쪽으로 저소득 무주택 가구를 위한 주택정책의 방향을 바꾸면서 오히려 투기를 더욱 더 부추겨서 주택 불평등의 문제를 더욱 더 악화시킬 수 있으며, 도시의 생태적 방어막인 그린벨트를 대대적으로 파괴하고 아파트를 대량으로 공급해서 이미 심각한 상태인 생태위기의 문제를 더욱 더 악화시키고, 서울/수도권의 과밀 문제를 더욱 촉진해서 서울/수도권을 더욱 나쁜 곳으로 만드는 동시에 국가불균형발전의 문제를 더욱 악화시키는 것이다.

저소득 무주택 가구를 위한 주택 정책은 복지국가를 이루기 위한 기초적인 정책이다. 그러나 이 정책이 제대로 이루어지기 위해서는, 서울/수도권의 과밀 문제를 해소하기 위한 국가균형발전정책이 올바로 정립되어야 하며, 그린벨트를 해제해서 저렴하고 급속하게 주택을 대량공급한다는 반생태적이고 시대착오적인 인식을 개정하지 않으면 안 되며, 주택은 투기의 대상이 아니라 생활의 기초로서 누구나 향유할 수 있어야 한다는 사실이 명료히 확립되어야 한다. 우리는 어떤 상태에 있는가? 이명박 정권에 의해 급속히 후진화하지 않았는가? 박근혜 정권은 '규제는 암'이라면서 문제를 더욱 더 악화시키고 있지 않나?

'뉴타운 정책'을 통해 저소득 무주택 가구가 밀집한 도시 안의 동네들이 대대적으로 파괴되었다. 세입자는 물론이고 집주인도 가난한 사람들이어서 뉴타운 사업으로 새로 건설되는 아파트에서 살 수 있는 원주민은 거의 없다. 길음 뉴타운 시범지구에 대한 〈한겨레〉의

구룡마을과 타워 팰리스
번지수조차 없는 천막촌에 가까운 주거지인 구룡마을과 최고가 최고층 주거지인 타워 팰리스가 한국
의 주거 불평등을 극명하게 보여준다.

실사결과가 잘 보여주었듯이 '원주민 추방형 재개발'이 횡행하고 있
다. 저소득층의 주거지는 오랜 세월에 걸쳐 형성된 생활공동체를 이
루고 있다. 그것은 절대 쉽게 조성되거나 이전될 수 있는 것이 아니
다. 그러므로 저소득 무주택 가구를 위한 가장 좋은 주택 정책은 기
존의 공동체를 계속 유지할 수 있도록 살던 곳을 개량하는 것이다.

또한 저소득 무주택 가구에게는 도심과 가까운 곳의 아파트가 생
계의 면에서 훨씬 더 유리하다. 사실 그린벨트는 중상층을 위한 고급
주택지로서 큰 가치를 가진다. 따라서 그린벨트에 주택을 건설할 것
이라면 값비싼 고급 주택을 건설하고, 그 차익으로 역세권에 임대 아
파트를 건설해서 저소득 무주택 가구에게 장기임대하는 것이 좋을
것이다. '보금자리 주택'은 주거복지의 강화를 내세웠지만 실제로는
생태위기의 악화, '주거 포퓰리즘'의 악화, 투기의 악화, 개발업자의
이익 강화 등의 심각한 문제들을 낳았을 뿐이다.

___참고자료

감사원(2013), 〈서민 주거안정시책 추진실태 감사결과〉
국토해양부(2009), 〈서민 주거안정을 위한 보금자리주택 시범지구
　　　추진계획〉
한국토지주택공사(2009), 〈보금자리 주택 - 개요 및 추진현황〉
홍성태(2004), 『생태사회를 위하여』, 문화과학사
　　　(2005), 『생태문화도시 서울을 찾아서』, 현실문화
　　　(2010), 『생명의 강을 위하여』, 현실문화

___와우아파트와 삼풍백화점의 붕괴

● 왜곡된 본격적 근대화

한국 사회는 1950년대의 재건기를 거쳐서 1960년대 초부터 본격적 근대화의 길에 들어서게 되었다. 수많은 사람들의 고된 노력의 결과로 한국 사회는 빠른 시간 안에 엄청난 경제성장과 거대한 문화변동을 겪게 되었다. 그러나 이와 함께 한국 사회에서는 예전에 볼 수 없었던 많은 문제들이 나타나게 되었다. 세상을 놀라게 했던 커다란 붕괴사고들도 그 중요한 예이다. 1970년 4월 8일에 일어난 와우아파트 붕괴사고가 그 시작이었다면, 1995년 6월 29일에 일어난 삼풍백화점 붕괴사고는 그 최악이었다. 이 글에서는 두 사고를 중심으로 한국의 본격적 근대화와 한국 사회의 특징에 대해 살펴보고자 한다.

본격적 근대화는 정치, 경제, 문화 등 사회의 모든 영역에서 근대화가 추진되는 것을 뜻한다. 그러나 박정희 정권에 의해 추진된 한국의 본격적 근대화는 무엇보다 정치의 근대화가 크게 억압되었다는 점에서 '파행적 근대화'였다. 더 큰 문제는 이것이 경제와 문화에도 심각한 영향을 미쳤다는 사실이다. 경제의 근대화도 '민주적 산업화'가 좌절되고 '독재적 산업화'가 강행되면서 일찍이 유인호가 'GNP교'의 횡행을 비판했을 정도로 크게 왜곡되었다(유인호, 1973). 문화의 근대화도 왜곡된 정치와 경제의 논리를 인정하고 적응하는 것을 넘어서 사회 전반에서 합리화가 진척되는 것으로 나아가지 못하고 말았다. 결국 한국의 본격적 근대화는 '왜곡된 본격적 근대화'였다.

와우아파트 붕괴사고와 삼풍아파트 붕괴사고로 대표되는 여러 붕괴사고들은 이러한 '왜곡된 본격적 근대화'의 내적 한계와 문제를 적나라하게 드러낸 사건이었다. 사실 붕괴사고는 화재사고, 수재사고 등과 마찬가지로 어디서나 쉽게 볼 수 있는 흔한 사고이다. 그러나 많은 인명과 재산의 피해를 초래하는 대형 붕괴사고는 흔하지 않다. 따라서 우리는 대형 붕괴사고를 통해 한 사회의 성격에 대해 살펴볼 수 있다. 예컨대 인위적 요인에 의한 대형 붕괴사고가 자주 발생하는 사회는 '사회 질'과 '삶의 질'에 심각한 문제가 있는 사회일 것이다. 이와 관련해서 한국 사회는 아예 '사고사회'라고 해도 좋을 정도로 많은 문제들을 이미 드러냈다. 이 글에서는 이러한 '사고사회'의 관점에서 한국 사회의 특징을 살펴보고자 한다.

  사고는 사건의 한 유형이다. 그런데 사건은 대개 일회적인 것으로 여겨지며, 따라서 사회의 특징을 파악하기 위해 중요한 자료로 여겨지지 않는다. 그러나 사건은 그 자체로 복잡한 원인과 의미를 지니고 있을 뿐만 아니라 사회의 구조를 드러내 보여주는 징후이자 증거의 역할을 할 수 있다. 요컨대 사건과 구조는 밀접하게 연관되어 있을 수 있다. 이렇듯 사건을 파악하는 관점은 크게 두가지로 나뉠 수 있으며, 따라서 사건을 통해 역사와 사회를 파악하는 사건사도 크게 두 가지로 나뉠 수 있다. 하나는 '현상적 사건사'이고, 다른 하나는 '구조적 사건사'이다. 이 글은 후자의 관점에서 와우아파트 붕괴사고와 삼풍백화점 붕괴사고를 통해 한국의 본격적 근대화와 한국 사회의 특징에 대해 살펴볼 것이다.

  다음의 2절에서는 구조와 사건에 관한 이론적 논의를 통해 구조적 사건사의 관점을 제시하고자 한다. 이어서 3절에서는 와우아파트 붕괴사고에 대해 살펴보고, 4절에서는 삼풍백화점 붕괴사고에 대해 살펴본다. 5절에서는 두 대형 붕괴사고의 연관을 정리하고, 여기에서 드러난 한국 사회의 특징을 '사고사회'로 제시하고자 한다. 결론인 6절에서는 '사고사회'의 문제가 제대로 인식되지 않은 결과로 토건국가의 극단화가 강행되어 극심한 위기가 초래되고 있는 상황을 지적하고자 한다.

● 구조적 사건사의 관점

이 글은 '구조적 사건사'의 관점에서 와우아파트 붕괴사고와 삼풍백화점 붕괴사고에 대해 살펴본다. 이것은 개별적 사건을 구조의 작용이나 발현으로 파악하고, 따라서 개별적 사건을 통해 구조를 파악하는 것을 뜻한다. 사건이 일회적 현상이라면, 구조는 사건을 낳는 모태이다. 이런 점에서 구조와 사건을 구분하는 것이 아니라 연관짓는 것이 사회의 이해에서 대단히 중요하다. 사건을 단순히 일회적이고 우연적인 것으로 보거나 구조를 사건과는 동떨어진 것으로 보는 것은 모두 사회의 이해를 오도하는 결과를 빚을 수 있다. 사회를 올바로 이해하기 위해 우리는 사건 속에서 구조를 찾아내야 한다.

'아날학파'*로 대표되는 서구 사회사**의 성립과정에서 구조와 사건에 대한 설명은 핵심적인 논점을 이루었다. 종래의 역사학이 실증사와 사건사를 추구했다면, 새로운 역사학은 구조 중심의 과학을 추구했고, '아날학파'의 사회사는 이러한 변화를 대표했다. 이 때문에 "우익으로는 사건 중심적인 담론, 좌익으로는 마르크스적인 담론 사이에서 아날 집단은 제3의 길을 선택했다"(Dosse, 1987: 84)고 평가되기도 한다. 확실히 마르크스의 역사단계론에 비추어 보자면, '아날

---

* 프랑스의 역사학자인 마르크 블로크와 뤼시앙 페브르에 의해 1929년에 창간된 『사회경제사연보』에서 비롯된 명칭이다. 페르낭 브로델은 '아날학파'로 대표되는 역사학의 변화가 프랑스에서 1900년부터 시작된 것으로 제시했다(Braudel, 1958: 122).

** 사회사는 역사의 대상과 방법에서 전환을 추구한 결과로 나타나게 되었다. 요컨대 그것은 대상의 면에서 정치보다는 경제와 문화에 초점을 맞추고, 방법의 면에서 일회적인 사건이 아니라 장기적인 구조에 초점을 맞춘다는 특징을 갖는다.

학파'의 역사는 훨씬 풍부한 세부를 담고 있다. 그러나 '아날학파'의 계승자이자 융성자인 프랑스의 역사학자 페르낭 브로델은 역사학은 사건사를 넘어선 비사건사를 추구해야 한다고 주장했다(Braudel, 1958: 122). 그는 역사를 사건, 국면, 구조의 세가지 층으로 설명하며, 역사학은 구조사를 추구해야 한다고 주장했다.

> 역사는 여러 상이한 층으로 이루어져 있지만 나는 내 임의대로 그것을 세가지로 말하려 한다. … 표층에는 사건사가 단기적 시간 안에 자리잡고 있는데 이는 일종의 미시적 역사이다. 중간층에는 국면사가 그보다는 광범하고 완만한 리듬을 좇아 전개된다. … 이 국면이라는 '도입부'를 넘어서면 전세기를 문제삼는 구조사 또는 장기지속사가 있다(Braudel, 1958: 131).

'아날학파'가 역사에 대한 이러한 구조적 관점에 입각해서 커다란 성과를 거두었다는 것은 다시 말할 필요가 없다. 장기지속과 구조에 대한 강조를 통해 '아날학파'는 역사를 사건의 표면이 아니라 사건의 심층에 자리잡게 했다. '아날학파'는 역사를 과학으로 만들고자 했고 이런 시도는 상당히 성공했다고 할 수 있다. 그러나 브로델이 주장한 것처럼 사건과 구조를 분리할 수는 없다. 사건은 구조를 이해하기 위한 구체적인 계기일 수 있다. 여기에서 구조적 사건사의 관점이 성립한다. 사건을 무시하는 것이 아니라 사건을 통해서 구조를 이해하고 설명하는 노력이 중요하다. 사실 이미 1970년대 초부터 이런 노력은 본격적으로 나타나기 시작했다. 예컨대 독일의 역사학자 베르너 콘쩨는 1970년에 발표한 논문에서 "페르낭 브로델은 이런 의미에서 '구조의 역사'와 '사건의 역사'를 구별했다. 그러나 이 두 역사는 상호보완적일 뿐 상호배제적이 되어서는 안 된다"고 지적했다(Conze, 1970: 226). 프랑스의 역사학자 라뒤리는 1973년에 발표한 논문에서

"불과 몇 년 사이에 벌어진 순간적인 사건들이 영속적인 심리상태를 구조화시켰고, 짧은 시간이 장기지속적인 시간을 가동케 하였다"고 주장했다(Ladurie, 1973: 312). 더욱 최근에 미국의 사회학자 스웰은, "'사건의 귀환'은 일찍이 1974년에 천명되었다. … 그러나 사건에 관한 서술로의 이러한 귀환에 따라 역사가들이 사건을 이론적 범주로 고찰하게 된 것은 대단히 최근의 일이다"(Sewell JR., 2005: 198)라고 지적하고, 이어서 미국의 인류학자 샬린스의 업적을 재평가하면서 "샬린스의 재정식화에서 사건은 구조의 변형이며, 구조는 지나간 사건들의 누적적 산물이다"(199)라고 주장했다. 우리는 브로델의 관점이 아니라 샬린스의 관점에서 사건과 구조를 이해할 필요가 있다.

국내에서도 사건과 구조를 대립시키는 브로델의 주장에 대해서는 일찍부터 강력한 비판이 제기되었다. 대표적인 예로 신용하의 주장을 제시할 수 있을 것이다. 그는 다음과 같이 브로델을 비판하고 자신의 이론적 대안을 제시했다.

> 브로델은 장기지속에서 구조를 발견하여 강조하였다. 그러나 필자의 생각으로는 시간의 장기성에서 발견되는 것은 오히려 '구조변동'이다. … 필자의 생각으로 역사는 본질상 변동하는 것을 포착하는 것이다. 부동의 역사란 있을 수 없다. 변동하지 않는 것은 역사가 아니다. 프랑스 아날르학파가 구조변동을 등한시한 사실은 그들의 정치사에 대한 부정적 견해에까지 귀결되었다. … 우리가 관점을 바꾸어서 '구조변동'을 중시하는 경우에는 그 동태적 변동을 촉진하는 주체세력의 운동을 중시하게 되며, 따라서 운동사를 중시하게 된다. … 우리는 '구조변동'의 사회사를 강조함으로써 사건사에 대해서도 비슷한 사실을 지적할 수 있다. 우리는 사건들이 '구조변동'에 어떠한 관련이 있는가를 고찰함으로써 사건사를 구조변동사와 상호보완적인 것으로 다룰 수 있다(신용하, 1982: 570~572).

사실 브로델의 장기지속을 '부동의 역사'로 파악하는 것은 오해일 수 있다. 브로델이 장기지속으로 제시하는 것은 분명히 구조와 그 변동이기 때문이다. 그런데 신용하는 구조보다 그 변동을 강조하면서 주체와 사건에 주목했으며, 특히 그는 특정한 주체의 운동에 의해 역사의 변화가 이루어진다는 것을 강조하고자 했다.* '아날학파'의 구조사는 20세기 중반에 프랑스에서 확립되어 세계로 확산된 구조주의의 방법을 역사에 적용한 것이라고 할 수 있다. 그러나 구조주의는 확중할 수 없는 구조에 집착해서 거대한 사변에 빠질 위험을 안고 있다. 이런 점에서 주체와 사건을 강조하는 신용하의 주장은 의미를 갖는다.

구조와 사건을 올바로 이해하기 위해 우리는 주체에 대해 더욱 깊은 관심을 기울여야 한다. 구조주의는 말할 것도 없고 구조를 강조하는 쪽에서는 대체로 주체를 무시하는 경향을 보인다. 주체는 그저 구조의 표출이나 매개에 불과한 것으로 여겨지는 것이다. 브로델을 비판하며 구조사와 사건사의 상호보완성을 강조하는 학자들도 주체에 대해서는 대체로 침묵하고 있다. 그러나 사회와 역사는 자유의지를 가진 인간이라는 주체에 의해 형성되고 작동되는 것이다.** 주체를 무시하는 것은 이론적으로 큰 문제를 안고 있으며 실천적으로 사회와 역사의 죄인들에게 면죄부를 발부하는 잘못까지 저지를 수 있다. 구조주의가 주체를 부정하는 것은 구조에만 초점을 맞추어서 주체를 보지 못하기 때문이다. 구조가 주체를 지운다면, 사건은 주체를 드러

---

* 신용하의 주장에는 민족주의와 민주주의를 향한 정치적 변화가 무엇보다 중요했던 한국의 현실이 짙게 반영되어 있다. 거꾸로 말해서 브로델의 주장에는 민족주의와 민주주의의 과제가 오래 전에 해결된 프랑스의 현실이 짙게 반영되어 있다. 이런 사회적 차이를 무시하고 두 사람의 주장을 단순히 비교하는 것은 잘못이다.

** 자유의지는 구조와 주체의 논의에 앞서서 신과 인간의 논의에서 뜨거운 논제였다. 그리고 그것은 과학의 발달과 함께 결정론의 핵심적 논제가 되었다. 현대 과학철학의 중요한 설명에 따르면, 결정론은 자유의지를 부정하는 것이 아니며, 사실 자유의지는 진화의 산물이다 (Dennett, 2003).

냈다. 이런 점에서도 구조사와 사건사는 상호보완적일 수 있다. 사실 구조이건, 사건이건, 궁극적으로 모두 주체의 소산이다. 따라서 주체를 배제한 구조와 사건의 논의는 공허하다. 주체를 부정하는 구조주의의 결함은 명백하다. 우리는 주체의 역할과 책임을 온당하게 인정하면서 구체적인 사건을 통해 구조를 파악해야 한다.

그리고 구조와 주체가 연결되는 공식적 응집점으로서 제도의 문제도 결코 간과해서는 안 될 것이다. 주체는 제도를 통해 활동하며, 구조는 제도에 의해 작동한다. 제도는 특정한 구조 속에서 다양한 주체에 의해 확립되며, 확립된 제도는 구조와 주체에 대해 커다란 강제력을 행사한다. 제도가 제대로 갖춰지지 않거나 제대로 작동하지 않으면 구조와 주체의 문제가 급속히 크게 악화되어 커다란 사고로 이어질 수 있다. 따라서 사건을 입체적으로 이해하기 위해서는 구조의 영향만이 아니라 주체와 제도에도 주목해야 한다. 구조적 사건사는 이렇듯 구조, 주체, 제도라는 세 요소를 통한 사건의 입체적 이해를 추구한다. 이제 이러한 구조적 사건사의 분석틀에 의거해서 와우아파트 붕괴사고와 삼풍백화점 붕괴사고에 대해 살펴보도록 하자.

● 와우아파트 붕괴사고

와우아파트는 서울 서대문구 창전동 산2번지에 건설된 '와우지구 시민아파트'를 가리킨다. 이 아파트 단지가 건설된 곳이 '와우산臥牛山'이었기에 와우아파트로 이름을 붙였다. 모두 5층 높이의 16개 동으로 이루어진 와우아파트는 1969년 6월 26일에 착공되어 불과 4개월 뒤인 12월 26일에 준공되었다. 그리고 준공으로부터 불과 3개월여 뒤인 1970년 4월 8일 오전 6시 반 무렵에 와우아파트 15동이 붕괴했

와우아파트 준공 시찰

와우아파트 붕괴

다. 이 사고로 말미암아 아파트 입주자 15가구 70명 가운데 32명이 사망했고 38명이 부상했으며, 아파트가 붕괴하면서 그 아래에 있던 판자집 한 채가 깔려서 1명이 사망했고 2명이 부상했다(서울특별시, 1996). 위 왼쪽 사진에서 보듯이 와우아파트의 준공식에는 박정희 대통령 부부가 참석해서 시찰했을 정도로 와우아파트는 서울시의 큰 '업적'이었다. 그러나 위 오른쪽 사진에서 보듯이 100년을 버텨야 할 콘크리트 건물이 불과 100일 정도밖에 버티지 못하고 폭삭 무너지면서 와우아파트는 서울시의 큰 '치욕'이 되고 말았다.

아래 왼쪽 그림에서 보듯이 와우산은 홍익대의 뒤쪽에 있는 산이며, 와우아파트는 바로 이 산에 건설되었다. 아래 오른쪽 그림에서 보듯이 와우아파트의 붕괴는 건물을 지탱해야 할 기둥이 무너지면

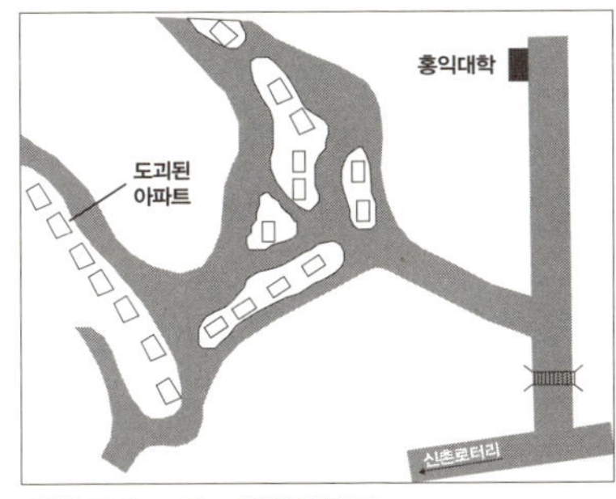

와우아파트 사고현장위치도

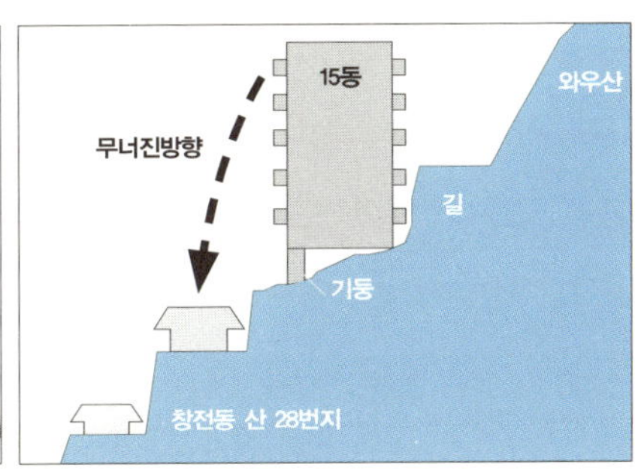

와우아파트 도괴된 방향

서 건물이 앞으로 무너지는 식으로 일어났다.* 이 때문에 건물이 무너지면서 아래에 있던 집이 한 채 깔려서 추가피해가 발생했던 것이다. 기술적인 면에서 사고의 원인은 "① 처음부터 지중량地中梁 없이 시공되었으며 ② 기둥 하나에 19㎜ 철근 70개씩이 들어가도록 되어 있었는데 5개 정도씩밖에 쓰지 않았으며 ③ 콘크리트의 시멘트 배합이 사양서대로 되지 않았다. ④ 시 기술조사반의 조사에 의하면 와우시민아파트 15동의 설계상 건물 하중荷重은 1㎡당 280kg인데 도괴된 15동의 실제하중은 900여kg으로 1㎡당 600kg 이상 초과되어 있었다" 등의 네가지로 요약되었다(서울특별시, 1996). 또한 70도 경사의 산비탈에 아파트를 건립하면서 아파트 뒷쪽만을 암반 위에 얹었을 뿐이고 아파트 무게의 3/4을 차지하는 앞쪽에 단지 30 × 7㎝의 기둥 7개만 박아서 기초를 삼았으며, 그나마 7개의 기둥도 암반이 아닌 부토敷土 위에 세웠다는 것도 대단히 중요한 기술적 원인이었다(〈위키백과〉, '와우아파트').

이제 구조적 사건사의 관점에서 와우아파트 붕괴사고에 대해 살펴보도록 하자. 먼저 구조의 면에서 와우아파트 붕괴사고는 어떻게 이해되어야 하는가? 이 문제는 박정희 정권의 성격과 밀접히 연관되어 있다. 박정희 정권은 군사반란으로 권력을 찬탈했기 때문에 정치적 정당성이 극히 취약했다.** 이렇듯 취약한 정치적 정당성을 박정희 정권은 경제의 급속한 고성장으로 보완하고자 했다. 이를 위해 박정희 정권은 노동과 자연에 대한 강력한 이중의 착취를 강행했다. 이런 점에서 박정희 독재는 군사독재일 뿐만 아니라 개발독재였다(이병천 엮음, 2003). 폭력을 통해 급속한 고성장을 이루고자 한 박정희 정권

---

* 이 때문에 와우아파트 붕괴사고는 와우아파트 도괴사고로 불리기도 한다. '붕괴'(崩壞)가 그 자리에서 무너지는 것을 뜻한다면, '도괴'(倒壞)는 앞으로 또는 뒤로 넘어져서 무너지는 것을 뜻한다.
** 여기에 덧붙여서 박정희는 일본군 장교 출신이자 남로당에 연루된 적이 있다는 문제를 안고 있었다.

의 개발독재는 와우아파트 붕괴사고를 규정한 가장 강력한 구조였다. 박정희 개발독재는 서울을 자신의 능력을 과시하기 위한 거대한 정치적 선전장으로 만들었다(홍성태, 2005). 그 결과 당시 서울의 곳곳에 형성되어 있던 빈민주거지역은 급속히 해체되어야 할 대상으로 간주되었다. 이에 따라 김현옥 시장은 1968년 12월 3일 대대적인 시민아파트 건립계획을 발표했다. 그 핵심은 1969년부터 3년 동안 무려 2천동의 시민아파트를 건립한다는 것이었다. 와우아파트 붕괴사고는 이렇듯 무모한 계획을 강행한 박정희 개발독재의 구조적 규정 속에서 일어났던 것이다.

와우아파트 붕괴사고의 주체는 결정자, 시공자, 관리자, 입주자 등으로 나누어 살펴볼 수 있다. 가장 큰 책임을 져야 하는 결정자는 바로 김현옥 시장이었다. 그는 '불도저'라는 별명이 붙었을 정도로 많은 개발사업을 강력히 밀어붙인 사람이었다. 아파트를 건립하는 것은 결코 쉬운 일이 아니다. 지질을 조사하고 지반을 다지는 것부터 확실하게 하지 않는다면 아파트는 가장 위험한 주거시설이 되고 만다.* 그러나 김현옥 시장은 이런 기초를 무시하고 대규모 아파트 건립계획을 강행했다. 그 결과 와우아파트 붕괴사고가 일어나고 말았던 것이다.** 그리고 시공자는 대룡건설(대표 장익수)과 하도급업자(박영배)였으며, 관리자는 마포구청 담당자(현장감독이었던 마포구청의 건축기사보 이성종, 마포구청 건축과장 조성두 등)였다. 결정자, 시

---

* 이와 관련해서 2010년 1월에 발생한 아이티의 지진은 큰 시사를 준다. 12만 명이 넘는 사람들이 죽었을 것으로 추산되는 아이티의 지진은 단지 지진이 강했기 때문에 피해가 컸던 것이 아니라 부실한 콘크리트 건물이 많기 때문에 피해가 컸던 것이다.
** 김현옥은 1926년에 출생해서 1997년에 사망했다. 그는 1962년에 준장으로 예편해서 부산시장으로 임명되었고, 그 공로를 인정받아 1966년에 서울시장에 임명되었다. 김현옥은 강력한 추진력 때문에 박정희에 의해 서울시장으로 발탁되었다. 이런 점에서 보자면 김현옥보다 더 큰 책임은 박정희에게 있다고 할 수 있다. 김현옥은 와우아파트 붕괴사고로 서울시장에서 물러나게 되었으나 이듬해인 1971년에 내무부장관으로 '영전'한 것은 이 때문이었을 것이다.

공자, 관리자가 와우아파트 붕괴사고의 직접적인 세 주체를 이루는 것이다. 그런데 여기서 입주자에도 크게 주목할 필요가 있다. 입주자가 임의로 설계를 변경해서 사실상 시공을 하는 바람에 문제가 더 커졌던 것이다. 일부 입주자가 임의로 바닥의 하중을 크게 늘리는 구들장을 설치한 것은 그러한 예이다. 그리고 본래 시민아파트는 영세민을 입주대상자로 상정해서 하중을 가볍게 설계했으나, 15가구의 입주자 중에서 원래의 입주대상자는 불과 2가구였으며, 13가구는 입주권을 사서 입주한 중산층이어서 연탄도 100여 장씩 들여놓고 피아노와 같은 무거운 가구도 갖고 있었다.

여기서 설계의 문제에 주의를 돌릴 필요가 있다. 시민아파트는 서울시가 작성한 표준설계도에 따라 건립되었다. 그런데 서울시는 사실상 값싸고 빠르게 시민아파트를 건립하기 위해 영세민이라서 하중을 무겁게 할 필요가 없다는 이유를 내세워서 극히 위험한 아파트를 설계했던 것이다. 김현옥은 시민아파트에 대해 다음과 같이 회고했다. "60년대 말 서울의 판잣집은 기어이 해결해야 할 과제였습니다. 도심·외곽 할 것 없이 들어찬 판자촌은 한 마디로 서울의 행정을 마비시킬 정도였으니까요. 내 발상은 간단했습니다. 쓰러질 듯 누워 있는 판잣집을 번듯하게 일으켜 세우자는 게 그것이었습니다. 바로 아파트지요"(〈위키백과〉, '김현옥'). 그가 무모하게 건립한 시민아파트는 정말로 '판잣집을 번듯하게 일으켜 세운 것'이었으며, 이 때문에 판잣집보다 훨씬 더 위험한 주거시설이었다.

제도의 면에서 중요한 것은 필요한 제도들이 갖춰지는 것뿐만 아니라 이 제도들이 제대로 시행되는 것이다. 그러나 와우아파트 붕괴사고 당시는 건축 관련 제도들이 여러 면에서 불비한 상황이었고, 또한 그나마 있는 제도들도 제대로 시행되지 않고 있었다. 여기서 개발독재의 구조적 규정에 다시 주의할 필요가 있을 것이다. 독재체제에서는 독재자의 의지와 판단이 제도보다 훨씬 더 중요하다. 대규모 시민아파트의 급속한 건립은 강력한 독재자인 박정희의 의지에 따른 무모한 사업이었다. 박정희가 판잣집의 정리를 김현옥에게 지시했던 것이다. 그러나 제도는 말할 것도 없고 자원이 부족한 상황에서 엄청난 대규모 아파트의 건립을 강행해서 부패와 부실이 만연하게 된 것은 너무나 당연한 결과였다. 독재는 제도와 실행의 괴리를 키우고 부패와 부실의 만연을 조장한다. 시민아파트라는 그럴 듯해 보인 새로운 주택정책은 무모한 개발독재의 소산이었으며, 결국 무모한 개발독재의 문제를 더욱 더 악화시키는 촉매가 되고 말았다. 당시에 있었던 미흡한 제도라도 제대로 지켰더라면 와우아파트 붕괴사고는 일어나지 않았을 것이다. 그러나 독재는 본질적으로 제도를 무시하는 체제이다. 와우아파트 붕괴사고는 이 사실을 처참하게 입증했다. 그 뒤에 부랴부랴 추진된 전체적인 안전진단의 결과는 이러한 독재의 문제를 더욱 명확하게 보여준다.

와우아파트 사건 이후 서울시는 건축구조를 전공하는 권위자들로 시민아파트 안전진단반을 편성하여 그동안에 지어졌던 전 시민아파트의 안전도를 점검했다. 그 결과 총 대상 405동 중 안전성을 보강해야 할 동수가 349동이며 그 중 크게 보강해야 할 곳이 20동, 중보강이 72동, 소보강이 257동으로 밝혀졌으므로 서울시는 15억 8,680여 만원의 예산을 투입하여 1·2차로 나누어 보강하였다(1개 동은 철거). 1970년 4월 7일 신임 양택식 시장에게 임명장을 수여하는 자리에서 박정희대통령은 김시장에 의해서 추진되었던 시민아파트 계획은 전면 백지화하고 앞으로 건립하지 말 것을 명령한다. 그러나 서울시의 입장에서는 일시에 중단할 수는 없었다. 와우사건 이전에 이미 공약해 둔 것도 있고 또 건립준비 중에 있는 것도 있어 1970년에도 용산구 산천지구 등에 모두 12개의 시민아파트를 더 건립하였다.

여하튼 1968년에 최초로 건립한 금화지구 18동, 1969·1970년 건립
분(철거분 제외)을 합쳐 1970년말 현재로 서울시내에는 모두 447개
동 17,300가구분의 시민아파트가 남아 있었다. 그 중에서 적지 않은
부분이 보강되었으나 1971년 이후는 보강보다 철거하는 편이 보다
타당하다는 진단이 내려진 것은 철거해 가기 시작한다. 1977년 말에
서울시 주택관리과에서 조사한 바에 의하면 1971~1977년간에 모두
101동이 철거되었고 철거에 소요된 비용이 447동 건립비에 거의 맞
먹는 50억 700만원이 소요되었다(서울특별시, 1996).

● 삼풍백화점 붕괴사고

삼풍백화점은 서울 서초구 서초동 1675-3번지에 건립되었다. 길 건
너편에는 서울중앙법원이 있고, 뒤에는 삼풍아파트와 삼호가든아파
트가 있는 자리였다. 삼풍백화점은 1987년 9월에 착공되어 1989년
12월 1일에 개장되었으나 실제 준공일은 1990년 7월 27일이었다. 준
공을 승인받기 전에 개장해서 영업했던 것이다. 삼풍백화점은 규모
면에서 전국 제1의 백화점이었으며, 매출 면에서는 전국 제2의 백화
점이었다. 삼풍백화점은 지상 5층과 지하 4층인 2개 동의 건물로 이
루어졌는데, 북쪽이 A동이었고 남쪽이 B동이었으며 두 건물은 중앙
홀로 연결되어 있었다.* 준공을 승인받기도 전에 개장해서 영업했던
것은 대단히 놀라운 사실이지만, 이보다 더 놀라운 것은 본래 지상 4
층의 일반상가로 허가받았으나 건축과정에서 지상 5층의 백화점으

---

* A동은 '명품 백화점'이었고, B동은 '스포츠 시설'이었다. 최고급 명품과 최고급 시설을 즐기
던 '상류층' 사람들이 날벼락을 맞았던 것이다. 1970년대 헐리우드의 재난영화 '타워링 인페르
노'나 '포세이돈 어드벤처'에서 묘사되었던 것처럼, 상류층도 현대 사회의 위험에서 결코 자유
롭지 않다는 사실을 삼풍백화점은 처절하게 증명했다.

삼풍백화점 전면

삼풍백화점 옥상의 전단현상

로 바뀌었다는 사실이다. 삼풍백화점은 이렇게 이상한 설계변경과 용도변경을 통해 건립되었으나 당시 최고의 '명품 백화점'으로 이름을 날리게 되었다.*

위 왼쪽 사진에서 볼 수 있듯이 삼풍백화점은 롯데월드보다도 큰 규모여서 사람들의 눈길을 끌었지만 온통 분홍색으로 칠한 겉모습은 더욱 더 많은 사람들의 눈길을 끌었다. 이렇듯 화사한 겉모습을 하고 있었으나 그 속은 처음부터 큰 문제를 안고 있었다. 무리한 용도변경과 설계변경을 강행한 결과로 삼풍백화점의 속은 겉과 달리 극히 취약한 상태에 있었던 것이다. 위 오른쪽 사진는 무너지기 얼마 전의 옥상을 찍은 것으로 기둥이 옥상을 뚫고 올라오는 전단현상이 진행된 것을 보여준다. 결국 삼풍백화점은 1995년 6월 29일 5시 55분 무렵에 붕괴하고 말았다.** 개장한 뒤로 5년 6개월 정도만에, 준공을 승인받은 뒤로 만 5년을 한 달 남겨 놓고, 삼풍백화점은 붕괴해 버렸다. 붕괴하는 데 걸린 시간은 불과 20초 정도였다. 기술적 원인은 콘크리트 부실, 기둥 부실, 옥상 냉각탑 과다 설치, 5층 온돌 설치 등으로 복

---

* 이런 점에서 삼풍백화점은 이른바 '명품'의 허상을 적나라하게 보여주는 세계적 사례라고도 할 수 있을 것이다.
** 지진과 같은 자연재해나 폭발과 같은 인공재난이 있었던 것이 아니라 그냥 아무 일도 없이 스스로 무너져 버렸다. 삼풍백화점 붕괴사고의 무서운 점은 여기에 있다. 가장 화사하고 안전한 곳으로 보였던 '상류층'의 공간이 사실은 가장 부실하고 위험한 곳이었던 것이다.

삼풍백화점 A동의 붕괴 (ⓒ연합뉴스)　　삼풍백화점의 완전한 붕괴

잡하지만, 사회적 원인은 결국 더 많은 돈을 노린 '부패와 부실의 먹이사슬'이 작동한 결과로 간략하게 요약할 수 있다. 부패로 말미암아 어떤 제재도 받지 않고 부실이 진행될 수 있었고, 그 결과 단일의 사고로는 최대의 인명피해를 낳은 사고가 일어났던 것이다.

　위 사진에서 볼 수 있듯이, 처음에 붕괴한 것은 A동이었고, 얼마 뒤에 취약한 상태가 된 B동도 결국 붕괴하고 말았다. 사망자는 502명이었고, 부상자는 937명이었다. 처음에 사망자는 501명으로 발표되었다. 그러나 뒤에 서울시는 502명으로 최종확인했다. 이 중에서 31명은 결국 신원을 확인하지 못했다. 시체들이 대부분 거대한 콘크리트 더미에 짓눌려 으깨졌기 때문이었다(서울시, 1996). 당시에 전문가로서 현장수습에 참여했던 박홍신 한국시설안전관리공단 본부장은 현장에는 신발들이 어지럽게 널려 있었는데 다가가 보니 신발 안에는 발목 아래로 잘린 발이 들어 있었고 발목 위의 신체는 모두 짓눌려 부서져서 널려 있는 상태였다고 말했다. 덧붙여서 그는 이렇듯 참혹한 현장의 모습과 한여름에 시체들이 썩는 냄새 때문에 한동안 밥을 먹을 수 없었고, 이 때문에 급성 당뇨병에 걸리기도 했었다고 말했다(2005년 4월 19일 '삼풍사고 10년 교훈과 과제' 연구진의 연구회의에서 나눈 대담). 한편 재산피해는 총 2,700억원 정도로 추산되었다. 그러나 막대한 인명피해에 비추어 보자면 이러한 재산피해의

218

추산은 사실상 의미가 없는 것이라고 할 수 있다. 삼풍백화점 붕괴사고는 한국전쟁 이후 최대의 인명피해를 낳은 사건이었으며, '단일 면적(4,154평)에서의 인명피해는 전쟁과 테러를 제외하고는 세계 최대의 피해'이기도 했다(이광윤, 2002). 불과 8개월 전인 1994년 10월의 성수대교 붕괴사고에 이어서 벌어진 더욱 더 큰 참사에 질린 사람들은 PC통신에 헌법 제1조의 '대한민국은 민주공화국이다'는 문구를 '대한망국은 사고공화국이다'로 바꿔야 한다는 글을 올리기도 했다(이재민·이근영, 1995).

이제 구조적 사건사의 관점에서 삼풍백화점 붕괴사고에 대해 살펴보도록 하자. 구조의 면에서 삼풍백화점 붕괴사고는 개발독재의 가장 중요한 구조적 유산인 '박정희 체계'의 산물이라고 할 수 있다. 박정희 정권의 개발독재를 통해 형성된 '박정희 체계'는 개발주의와 성장주의를 동력으로 해서 작동하는 사회체계를 뜻한다. 수단과 방법을 가리지 않고 더 많은 돈을 버는 것을 '성공'으로 여기는 이 체계 속에서 편법과 불법은 잘못이 아니라 능력으로 여겨졌다. 이런 점에서 투기를 능력이라고 주장한 이명박은 '박정희 체계'의 대표적인 인물이라고 할 수 있다. 자본주의의 면에서 '박정희 체계'는 이른바 '천민 자본주의'에 해당된다. 자본주의는 본래 돈을 중심에 두는 '돈 사회'이다. '천민 자본주의'는 그 방법과 목표가 모두 돈으로 정당화되는 후진적 자본주의를 뜻한다. 그런데 우리말에서 '돈 사회'란 '미친 사회'라는 의미도 지닌다. 이런 점에서 '천민 자본주의'는 '대단히 심각하게 미친 사회'라고 할 수 있다. 그러나 이러한 '천민 자본주의'의 위력은 대단해서 MBC와 한국사회학회의 2008년 조사에 따르면 행복의 조건으로 전체 응답자의 32.3%가 돈을 꼽아서 돈이 1위를 차지했다. 삼풍백화점의 이준 회장은 박정희의 개발독재와 깊이 연관된 인물로서 '박정희 체계'가 요구하는 능력을 잘 갖추고 있었다. 이준 회장이 삼풍백화점의 건립을 추진하던 1987년은 '6월 항쟁'을 통해 민주화가 시작된 해이기는 했지만 '박정희 체계'로 확립된 개발독재의 위세는 여전히 막강했으며 이준 회장은 이 상황을 적극 활용했다. 사실 '민주화 20년'의 시간이 지난 현재에도 '박정희 체계'는 여전히 강력한 위세를 떨치고 있다. 이준 회장과 같은 자들로 하여금 더 많은 돈을 벌기 위해 편법과 불법을 적극적으로 저지르도록 조장하는 구조가 여전히 강력하게 확립되어 작동하고 있는 것이다. 그 결과 여러 제도들의 개선이 이루어졌다고 해도 여전히 건설에서의 부실과 부패의 문제는 대단히 심각한 상황에 있다(김헌동, 2005; 홍성태, 2007).

삼풍백화점 붕괴사고의 주체는 결정자, 시공자, 관리자로 나누어 살펴볼 수 있다. 먼저 결정자는 건축주인 이준 회장이다. 그는 본래 4층 높이의 일반상가로 허가받은 건물을 5층 높이의 백화점으로 바꾸기로 결정하고 일을 추진했다. 이준 회장은 자기가 원하는 대로 설계변경과 용도변경을 결정했던 것이며, 이를 위해 서초구청과 서울시청의 담당 공무원들에게 뇌물을 주었다. 심지어 이준 회장은 붕괴가 심각하게 진행되고 있는 것을 확인한 붕괴 50분 전까지도 위험을 알리는 방송을 하지 않고 자기들만 대피하는 극도로 철면피한 면모를 보였다. 붕괴 당시에 삼풍백화점에는 무려 1500명 정도의 사람들이 있었던 것으로 추산되었다. 이준 회장이 50분 전에라도 적절히 대처했더라면 아무도 죽거나 다치지 않았을 것이다. 그러나 그는 에어컨 때문에 문제가 악화되고 있다는 것을 확인하고는 그저 에어컨을 끄고 계속 영업을 하게 했다. 에어컨을 껐기 때문에 내부가 너무 더워져서 견디지 못하고 일찍 나와서 천행으로 목숨을 건진 사람들도 일부 있었다. 이준 회장은 그야말로 '돈의 노예'라고 불러야 마땅할 악귀같은 행태를 보였던 것이다. 법적으로 따지자면 그는 당연히 '살인죄'로 처벌했어야 하지만 검찰은 그저 '과실치사'로 기소했을 뿐이었다. 그 결과 이준 회장은 불과 7년 6개월의 옥살이를 하고 만기출소해서 82살에 사망했다.

삼풍백화점의 설계와 감리는 우원건축이 맡았고, 시공자는 우성건설이었다. 그런데 시공을 하던 중에 이준 회장의 부당한 증축 요구를 우성건설이 받아들이지 않자 이준 회장은 우성건설과의 계약을 해지해서 시공을 중단하도록 하고 자신이 소유하고 있던 삼풍건설산업에서 시공을 계속해서 마치도록 했다. 그러나 대법원은 우성건설에게도 시공사로서의 책임을 물었다. 관리자로는 이충우와 황철민 등 뇌물을 받고 설계변경과 부실시공을 허용한 전직 서초구청장들이 처벌을 받았으나, 사실 그 내용은 징역 10개월에 추징금 300만원의 대단히 가벼운 처벌이었다. 나아가 대법원은 구청의 담당 공무원들에 대해서는 무죄를 선고했다. 대단히 기이한 판결이라고 하지 않을 수 없다. 무려 502명이 황당한 죽음을 맞고 937명이 상처를 입은 초대형 참사였으나, 뇌물을 받고 이 참사를 조장한 관리자들은 큰 처벌을 받지 않았고 심지어 영전하기도 했다.*

제도의 면에서 삼풍백화점 붕괴사고는 큰 변화를 가져왔다(안홍섭, 2006; 박홍신, 2006). 예컨대 삼풍백화점 붕괴사고를 계기로 처음으로 '재난관리법'이 제정되어 재난관리체계가 정립되었다. 또한 건축법의 경우에도 건축물의 이상에 대해 설계자, 시공자, 감리자에게 더욱 엄하게 처벌할 수 있도록 규정을 강화했다. 그러나 이런 제도의 개선에 앞서서 우리가 주목해야 할 것은 제도가 없어서 삼풍백화점 붕괴사고라는 대참사가 빚어진 것이 아니라는 사실이다. 설계, 시공, 감리, 관리의 모든 과정에 걸쳐서 문제를 검토하고 처벌할 수

---

* 이에 대해서는 2003년 11월에 '신강균의 사실은'에서 이상호 기자가 추적보도했다. 참으로 '죽은 사람만 억울하다'는 말이 빈말이 아니라는 것을 보여주는 사실이 아닐 수 없었다. '박정희 체계'는 이런 식으로 개혁되지 않고 있다.

있는 제도는 이미 마련되어 있었다. 문제는 이런 제도들이 단 하나도 제대로 작동하지 않았다는 사실이다. 이준 회장의 뇌물을 받고 담당 공무원들은 모든 잘못을 사실상 묵인했다. 제도를 만드는 것도 중요하지만 그것이 제대로 작동하도록 하는 것은 더욱 중요하다는 사실을 삼풍백화점 붕괴사고는 처절하게 증명했다. 그러나 성장주의와 개발주의를 동력으로 하는 '박정희 체계'가 개혁되지 않는 한, 제도와 현실이 따로 작동하는 '따로국밥 현상' 또는 '이중질서 문제'는 좀처럼 개선되지 않는다는 사실을 우리는 아래의 기사에서 여전히 쉽게 확인할 수 있다. 이것은 이른바 '안전불감증'의 문제로 설명될 수 없다. 문제는 '안전불감증'을 조장하는 제도와 구조가 개혁되지 않는 데에 있다. '박정희 체계'라는 구조의 개혁과 그에 따른 제도의 실질화가 무엇보다 중요한 과제인 것이다.

서울시내 잠실1수영장과 세종호텔 등 225곳의 안전진단 결과, 위험성이 높은 것으로 판정 받고 단성사와 서울대병원 등의 불법 증·개축 및 용도변경 사례가 끊이지 않는 등 안전 불감증이 만연하고 있어 논란이 되고 있다. 국회 국토해양위원회 소속 한나라당 장광근 사무총장은 13일 국정감사에서 이같은 사실을 지적하며, "삼풍백화점 붕괴사건이 아직도 생생한데 호텔이나 대형쇼핑상가 같은 다중이 이용하는 시설에서 불법 증·개축과 용도변경 사례가 빈발하고 있다"고 불법행위자들에 대한 강력한 조치를 촉구하고 나섰다.
장 사무총장에 따르면 서울시가 관리감독하고 있는 주요시설물에 대한 안전진단 결과 잠실1수영장, 중부시장 등 210개 시설물이 D급 판정을 받았으며, 홍제시장 등 15개 시설물이 E급 판정을 받은 것으로 나타났다. D급은 주요 부재의 진전된 노후화 등으로 긴급 보수가 필요한 상태를 말하며, E급은 안전성 위험으로 당장 사용을 금지해야 하는 상태를 지칭한다. 서울시내 D급 판정 시설물 중 민간시설물은 203곳, 공공시설물은 7곳으로 나타났고, E급 판정 시설물은 15곳 모두 민간시설물로 나타났다. 특히 E급 판정을 받은 15곳은 아파트가 5곳, 일반건축물이 7곳, 판매시설 2곳, 공사장 1곳으로 나타나 관리가 절실한 상황이다. …

또 대형백화점과 호텔 등의 불법 증·개축 용도변경에 대한 지적도 나왔다. 2006년부터 2009년 8월말까지 '시설물의안전관리에관한특별법' 대상인 서울시내 다중이용시설물 가운데 증·개축 및 용도변경은 17곳에 18건으로 호텔 1건, 병원 2건, 종교시설 2건, 식당 1건 등이 포함돼 있다. 용산구 한강로에 있는 용성비즈텔은 지상 2~3층 근생 및 판매시설을 업무시설로 무단 용도변경했고, 19층에 6㎡를 무단 증축했다. 이밖에도 최근 (주)진로가 지하 1~5층과 18층 판매시설을 문화 및 집회시설로 사용했으며, 지난해엔 논현동 엘크루가 8층 일반음식점을 업무시설로, 종로구 국일관이 지하 2층 외부피난계단부분의 무허가 건축물 축조, 서울대학병원 신본관 13층 의료시설의 근린생활시설 무단용도변경 등이 적발됐다(〈시민일보〉 2009년 10월 13일).

• '사고사회'의 문제

와우아파트 붕괴사고와 삼풍백화점 붕괴사고는 어떻게 연관되어 있는가? 두 사고의 연관을 우리는 사회학의 관점에서 어떻게 해석해야 할 것인가? 두 사고에서 우리는 어떤 사회적 교훈을 얻고 실천해야 할 것인가? 두 사고의 교훈을 올바로 인식하고 실천하지 못해서 2014년 2월의 코오롱 마우나리조트 붕괴 사고와 4월의 세월호 침몰 대참사가 일어난 것이 아닌가? 이런 복잡한 질문들에 대한 답을 찾기 위해 먼저 사고와 사건, 사고와 위험, 붕괴사고의 유형 등에 대해 간략히 살펴보고 두 대형 붕괴사고의 연관과 그 사회적 의미에 대해 살펴보도록 하자.

우선 사고와 사건은 어떻게 구분되는가? 사고事故, accident는 대체로 '사람에게 피해를 입히는 뜻밖의 사건'을 뜻한다. 여기서 알 수 있듯이 사고는 크게 두가지 내용에 의해 정의된다. 하나는 '피해를 입히는 것'이고, 다른 하나는 '뜻밖의 사건'이라는 것이다. 사고는 그것이 영향을 미치는 범위에 따라 사회적 사고와 개인적 사고, 큰 사고와 작은 사고 등으로 구분될 수 있다. 이에 비해 사건事件, event은 일반적으로 '사람들의 관심을 끈 뜻밖의 일'로 정의된다. 따라서 사건은 사람들의 관심을 끈 정도에 따라 사회적 사건과 개인적 사건, 큰 사건과 작은 사건 등으로 구분될 수 있다.*

한편 사고와 위험은 어떻게 구분되는가? 사고는 '건강과 생명, 재산 등에 피해를 입히는 예기치 않은 일'을 뜻한다. 이에 비해 위험은 '사고가 일어날 가능성'을 뜻한다. 따라서 위험에 대한 관심은 결국 사고를 막기 위한 관심이다. 사고에 대한 대응은 크게 사전예방과 사후대책으로 나뉘는 데, 위험에 대한 인식은 사고의 사전예방을 강화한다. 위험에 대한 인식이 불충분하거나 사전예방을 제대로 하지 않는 사회에서는 커다란 사고가 빈발하게 된다. 우리는 이런 사회를 '사고사회'라고 부를 수 있다. 빈발하는 각종 대형사고들에 비추어 보았을 때, 우리는 한국을 이런 '사고사회'로 파악할 수 있을 것이다.**

또한 위험과 사고의 객관적 존재뿐만 아니라 그 주관적 인식도 대단히 중요하다. 위험과 사고에 대한 사람들의 주관적 인식이 낮은 곳에서는 결국 정책의 변화가 일어나기 어렵기 때문이다. 위험에 대한

---

* 영어로는 '큰 사건'을 an event라 하고, '사소한 사건'을 an incident라 하며, '그냥 일'을 an affair라고 한다. 사건사는 'event history'의 번역이므로 결국 그것은 '사회적으로 큰 영향을 미친 큰 사건의 역사'를 뜻한다.

** 경기도 이천의 냉동창고에서 2008년 1월과 12월에 대형 화재가 잇따라 발생해서 각각 40명과 6명이 사망했다. 두 화재는 위험에 적극 대처해서 사고를 방지해야 할 책임이 있는 사업자와 관리자에 대한 처벌이 미약한 데서 비롯된 동일한 유형의 사고였다. 이렇듯 사실상 사고를 방치하고 있기 때문에 '사고사회'가 되는 것이다.

인식은 사람들을 불안하게 만든다. 위험에 대한 인식이 높은데도 사고가 빈발한다면 사람들은 더욱 더 불안해지지 않을 수 없게 된다. 위험사회는 불안사회의 성격을 가지기 쉬우며, 사고사회는 불안사회가 되지 않을 수 없다. 위험이 줄어들기는커녕 사고가 갈수록 빈발하는 곳에서는 심리적 불안뿐만 아니라 사회적 불신도 커진다. 불안사회는 불신사회이다.

위험, 사고, 불신의 연관

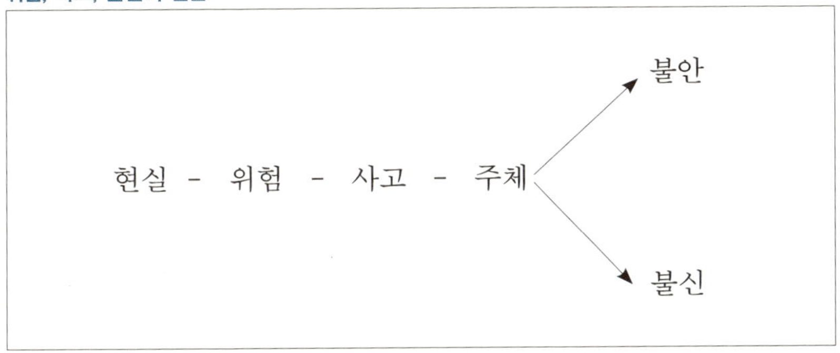

붕괴사고의 유형은 크게 건조물 붕괴와 시스템 붕괴로 나눌 수 있다.* 건조물 붕괴는 건물과 시설의 붕괴로 크게 나뉜다. 그리고 시스템 붕괴는 물리적 시스템과 제도적 시스템의 붕괴로 크게 나뉜다. 전자의 예로는 정보시스템의 붕괴를 들 수 있으며, 후자의 예로는 각종 제도의 붕괴를 들 수 있다. 가장 흔하고 강력한 영향을 미치는 것은 건조물 붕괴이다. 정보시스템에서 잘 알 수 있듯이 시스템의 붕괴는 갈수록 중요해지고 있지만 건조물 붕괴처럼 대중적으로 강력한 영향을 미치지는 못한다. 그것은 건조물 붕괴가 강력한 시각적 효과를 지니고 있기 때문이다.

---

* 물론 더욱 크고 무서운 것은 지진과 산사태 등 자연의 붕괴이다. 2008년 5월 12일에 발생한 중국의 쓰촨성 지진에서는 87,150명의 사람들이 죽었고, 2010년 1월 12일에 발생한 아이티 지진에서는 2010년 1월 24일 현재 12만 명이 넘는 사람들이 죽은 것으로 확인되었다.

붕괴는 말 그대로 무너져서 원래의 상태를 유지하지 못하지 못하는 것을 뜻한다. 그 원인은 자연적인 것과 인위적인 것으로 크게 나눌 수 있다. 여기서 더 중요한 것은 인위적인 것이며, 자연적인 것도 인위적인 것에 의해 더욱 악화되고 있다. 붕괴사고의 인위적인 원인은 다시 기술적인 것과 사회적인 것으로 크게 나눌 수 있다. 그런데 여기서 우리는 기술적인 것보다 사회적인 것에 더 큰 주의를 기울일 필요가 있다. 기술적인 것은 불가피한 것일 수 있지만 사회적인 것은 그렇지 않기 때문이다. 사실 와우아파트 붕괴사고와 삼풍백화점 붕괴사고는 모두 부패와 부실이라는 단순한 사회문제에서 비롯되었다.

대형 붕괴사고를 올바로 이해하기 위해서는 역사-구조적 관점에 입각해서 살펴볼 필요가 있다. 오랜 역사를 통해 형성된 구조가 대형 붕괴사고의 바탕에서 작용하고 있는 것이다. 예컨대 대형 붕괴사고의 핵심적 원인인 행정부패는 이미 성호 이익도 1740년에 발간된 『성호사설』의 여러 글에서 지적했을 정도로 그 뿌리가 대단히 깊다. 예컨대 '논뇌유論略遺'에서 "뇌물을 주는 것은 우리나라의 오랜 병증이다. 국폐와 민곤이 모두 이에 연유한다. 조정에서 금하지 않을 뿐더러 가르치는 실정이다"(이익, 1740: 73)고 했고, '논괄전論括田'에서 "중국인은 항상 '조선은 인정있는 나라다'고 한다. 여기서 인정이란 뇌물을 말한다. … 우리나라 사람이 한없이 뇌물을 좋아함은 법이 그렇도록 시킨 것이다(83)"고 했다. 이익은 정부가 부패를 조장해서 나라가 혼란스러워지고 백성이 괴로워진다고 지적했다. 그것이 전혀 개선되지 않은 채 오히려 개발독재 시대에 더욱 개악되었고, 여기에 강력한 위력을 가진 현대 기술이 결합되면서 끔찍한 대형 붕괴사고가 빚어졌던 것이다. 우리는 부패를 조장하고 그것을 동력으로 하는 구조 속에서 살고 있는 것이다. 따라서 우리가 이루어야 하는 과제는 훨씬 더 크고 깊은 것이다. 이러한 사실은 다음과 같이 요약할 수 있다.

1990년대의 '사고공화국'을 이해하기 위해서는 1960년대 이래로 한국 사회가 겪은 변화에 주목할 필요가 있다. 1960년대부터 한국 사회는 큰 위험을 내포하고 있는 현대 기술을 본격적으로 이용하게 되었으나 성장제일주의를 강력히 밀어붙이는 독재체제 아래에서 그것을 체계적으로 관리할 수 있는 사회체계를 세울 수 없었던 것이다. 그 대신에 '부패와 부실의 먹이사슬'이 만연하면서 위험이 사고로 쉽게 발현하는 '사고공화국'이 되었다. 이런 점에서 1990년대에 그 실체를 적나라하게 드러낸 '사고공화국'은 1960년대부터 1980년대까지 이어진 '폭압적 근대화'의 역사적 산물이다(홍성태, 2007: 123).

와우아파트 붕괴사고는 독재권력이 결정적 주체였으며 빈곤사회에서 극심한 주거난에 표피적으로 대응해서 정치적 정당성을 확보하고자 했던 개발독재 정책의 결과였다. 이에 비해 삼풍백화점 붕괴사고는 기업이 결정적 주체였으며 소비사회의 상황에서 개발독재의 사회적 유산을 적극 활용해서 더 많은 돈을 벌기 위해 발악했던 결과였다. 양자는 대형 붕괴사고라는 점에서 같지만 그 주체, 배경, 목표의 면에서 커다란 차이를 갖고 있다. 그러나 무엇보다 중요한 것은 붕괴사고의 원인이다. 이 점에서 양자는 '부패와 부실의 먹이사슬'이라는 동일한 원인을 갖고 있다. 부패에 의해 부실이 빚어졌고, 그 결과 제도들은 사실상 무력화되고 말았다. 요컨대 와우아파트 붕괴사고와 삼풍백화점 붕괴사고는 권력이 주도했는가와 기업이 주도했는가의 차이는 있지만 부패사고라는 점에서 본질적으로 같은 사고였던 것이다.

여기서 우리의 역사와 관련해서 부패가 확산된 사회적 원인에 대해 생각해 볼 필요가 있다. 나는 특히 두가지 원인을 제시해 보고자 한다. 하나는 정부/국가 차원에서 부패를 방치하거나 조장했다는 것이고, 다른 하나는 '난민사회'의 상황에서 시민들이 부패를 삶의 지혜로 적극 활용했다는 것이다. 전자는 사실 이익 선생이 지적했을 정도로 뿌리깊은 문제이며, 후자는 식민·전쟁·독재의 시대를 거치며 형성된 것이다. 우리의 근대사에서 실로 수백만 명의 사람들이 부당한 권력에 의해 삽시간에 자기의 땅에서 쫓겨난 난민이 되어 혹독한 생존경쟁을 벌이면서 부패가 강력한 삶의 지혜로 확립되고 정치부패와 행정부패가 더욱 악화되었던 것이다.

'상층'이 법피아, 관피아, 정피마 등의 '연줄결속체'를 통해 비리를 상시화하고 구조화한 결과로 부패가 삶의 지혜로까지 확립되고 만연해서 다양한 대형 사고가 빈발하기 때문에 한국 사회는 '사고사회'로 규정될 수 있다. 독일은 위험사회이고, 한국은 사고사회이다. 우리는 '위험사회'로서 현대 사회를 기술의 위험성과 사회의 위험성이라는 두 기준으로 유형화할 수 있다. '사고사회'는 위험한 기술과 부실한 사회가 결합된 악성 위험사회이다(홍성태, 2007, 2009). 와우아파트 붕괴사고와 삼풍백화점 붕괴사고는 여전히 과거지사가 아니다. 제도는 크게 개선되었지만 한국 사회는 여전히 '이중질서' 상태에 있다. 독재는 제도와 현실이 따로 작동하는 '이중질서'를 조장한다. 박정희 정권의 개발독재는 이러한 '이중질서'의 문제를 '박정희 체계'라고 부를 수 있는 강력한 체계로까지 확립했다. 거대한 부패에서 동력을 얻는 '이중질서'는 강력한 구조로서 이 사회를 여전히 규정하고 있다.

● 맺음말

1970년 4월 8일에 발생한 와우아파트 붕괴사고는 박정희 정권의 개발독재가 내적으로 극히 심각한 문제를 안고 있다는 사실을 잘 보여주었다. 그로부터 25년이 지난 뒤인 1995년 6월 29일에 발생한 삼풍백화점 붕괴사고는 소비사회 한국이 내적으로 극히 취약한 상태에 있다는 사실을 처참하게 입증해 주었다. 더욱 중요한 것은 와우아파

228

트 붕괴사고에서 드러난 문제가 삼풍백화점 붕괴사고에서도 사실상 고스란히 재연되었다는 사실이다. 두 대형 붕괴사고는 모두 부패에 의한 부실공사의 필연적 결과였던 것이다. 두 사고는 개발독재의 문제가 하나의 사회체계로 구조화되었다는 사실을 보여준다. 우리는 그것을 형성자의 이름을 따서 '박정희 체계'로 부를 수 있다.

사고의 발생이라는 직접적인 문제에 초점을 맞추었을 때 '박정희 체계'의 가장 큰 문제는 '사고사회'의 형성으로 파악할 수 있다. 삼풍백화점 붕괴사고로부터 15년이 지난 지금 '박정희 체계'의 핵심적 특징인 '사고사회'의 문제는 해소되었는가? 아무래도 그렇게 보기는 어려울 것 같다. 붕괴사고는 물론이고 화재사고, 기름유출사고, 폭발사고 등 대형 사고들이 계속 발생하고 있으며, 그 원인도 부패에서 비롯된 부실 시공이나 부실 관리인 경우가 대부분이기 때문이다. 끊임없이 발생하는 대형 사고라는 사건들을 통해 우리는 이 사회의 구조적 특징과 문제를 구체적으로 실감하고 확인할 수 있다. 그리고 민주화라는 중대한 정치적 변화에도 불구하고 사회체계는 쉽게 변하지 않는다는 사실도 생생히 확인할 수 있다.

오늘날 한국에서 '사고사회'의 문제는 토건국가의 문제에서 가장 강력한 형태로 나타난다. 토건국가는 비대한 토건업의 유지를 위해 막대한 혈세를 탕진하고 소중한 국토를 파괴하는 기형적인 개발국가를 뜻한다(홍성태 엮음, 2005). 이 나라에서는 매년 50조원 이상의 혈세가 토건업에 소요되고 있다. 그 결과 새만금 개발사업, 한탄강댐 건설사업, 경인운하 건설사업, 한강 르네상스 사업, '4대강 살리기' 사업과 같은 전혀 필요없고 파괴적인 토건사업들이 끊임없이 벌어지고 있다. 토건국가의 개혁은 이 나라의 '진정한 선진화'를 위한 초미의 과제가 아닐 수 없다. 토건국가를 개혁하면, 이 나라는 복지국가는 물론이고 생태사회를 향해 한 걸음 더 나아갈 수 있게 될 것이다.

이런 점에서 우리는 무엇보다 '4대강 살리기' 사업의 문제에 주의하지 않으면 안 된다. 이 사업의 실체는 '4대강 죽이기'이자 '대운하 살리기'이기 때문이다. 2010년에서 2012년까지 불과 3년 동안 30조 원이상의 막대한 혈세를 퍼부어서 주요한 강들을 모두 대대적으로 파괴해서 '대운하'의 기반을 건설하는 것이 바로 '4대강 살리기' 사업이다(박창근, 2009). 운하는 시대착오적인 운송수단이지만 이명박 대통령은 '4대강 살리기'로 이름을 바꿔서 극구 운하를 강행하고 있는 것이다(김정욱, 2010). 강은 우리의 생명줄이므로 강의 파괴는 그 무엇과도 비교할 수 없는 거대한 문제를 낳을 수밖에 없다. '4대강 살리기'는 토건국가의 극단화이자 '사고사회'의 극단화에 해당되는 잘못된 사업이다(홍성태, 2010).

우리는 과연 '사고사회'에서 벗어날 수 있을까? 이를 위해서는 제도의 개혁뿐만 아니라 제도의 올바른 운영을 가로막는 구조와 주체의 개혁이 함께 이루어져야 한다. '4대강 살리기' 사업은 구조, 주체, 제도가 모두 큰 문제를 안고 있다는 사실을 다시금 생생히 확인해 주었다. 나아가 '4대강 살리기' 사업은 이미 심각한 부패의 징후를 드러냈으며, 이에 따라 곳곳에서 커다란 부실의 결과를 빚을 것으로 예상되고 있다. 더욱이 '4대강 살리기' 사업은 부패와 부실의 문제가 없이 제대로 추진된다고 하더라도 그 자체로 완전히 잘못된 파괴와 탕진의 토건사업이다. 대형 붕괴사고를 통해 처절히 드러난 '사고사회'의 문제는 지금 여기에서 더욱 악화되고 있다.*

---

* 2014년 4월 16일에 일어난 '세월호 대참사'는 와우아파트 붕괴와 삼풍백화점 붕괴의 연장선에 있는 것으로 위험사회가 아닌 사고사회인 한국의 실상을 참담하게 입증했다. 이 사건은 이명박-박근혜 정부가 유병언-청해진 해운의 탐욕을 비리로 용인해서 시작되었으며, 박근혜 정부는 침몰하는 세월호의 안에 있던 304명을 모두 죽게 하는 엄청난 잘못을 저질렀다. 이명박-박근혜 정부는 노무현 정부의 재난대응체계를 폐기하고 규제완화를 내세우고 비리를 악화시켜 '사고사회'를 만들었다. '세월호 대참사'는 한국의 보수 세력이 순진무구한 아이들마저 죽음으로 몰아넣는 반인륜적 비리 세력이라는 사실을 아프게 입증한 역사적 사건이다. 이 사건이 진행되는 중에도 각종 화재와 지하철 추돌 사고 등이 잇따라서 이명박-박근혜 정부의 '사고사회' 문제가 계속 명확히 드러났다.

___참고자료

김정욱(2010), 『나는 반대한다』, 느린걸음
김헌동(2005), 『대한민국은 부동산공화국이다?』, 궁리
박창근(2009), '녹색성장 정책과 4대강 살리기 사업의 문제', 『경제와
　　　　　사회』 83호/2009년 가을호
박홍신(2006), '삼풍백화점의 붕괴사고로 인한 제도적 장치의 개선성
　　　　　과와 향후 개선방안', 홍성태 외(2006), 『삼풍사고 10년 교
　　　　　훈과 과제』, 보문당
서울특별시(1996), '와우아파트 도괴사건', 『서울600년사』
　　　　　　　　(1996), 『삼풍백화점 붕괴사고 백서』
신용하(1982), '한국사회사의 대상과 '이론'의 문제', 신용하 편
　　　　　(1982), 『사회사와 사회학』, 창작과비평사
안홍섭(2006), '삼풍백화점 붕괴사고의 원인에 대한 재조명', 홍성태
　　　　　외(2006), 『삼풍사고 10년 교훈과 과제』, 보문당
유인호(1973), '경제성장과 환경파괴', 『창작과 비평』 1973년 가을호
이광윤(2002), '꽃다운 청춘을 앗아간 7년 전 삼풍백화점 붕괴', 오마
　　　　　이뉴스 2002년 6월 27일
이병천 엮음(2003), 『개발독재와 박정희 시대』, 창비
이익(1740), 이익성 역(1972), 『성호잡저』, 삼성문화문고
이재민·이근영(1995), '"백화점마저" 사고공화국 개탄/삼풍백화점
　　　　　붕괴참사 PC통신 반응', 『한겨레신문』 1995년 6월 30일
홍성태(2005), 『생태문화도시 서울을 찾아서』, 현실문화
　　　　(2007), 『대한민국 위험사회』, 당대
　　　　(2009), 『민주화의 민주화』, 현실문화
　　　　(2010), 『생명의 강을 위하여』, 현실문화
　　　　외(2006), 『삼풍사고 10년 교훈과 과제』, 보문당
　　　　엮음(2005), 『개발공사와 토건국가』, 한울

Conze, Werner(1970), 한상진 역(1982), '사회사', 신용하 편(1982), 『사회사와 사회학』, 창작과비평사

Dennett, Daniel(2003), 이한음 옮김(2009), 『자유는 진화한다』, 동녘

Dosse, François(1987), 김복래 옮김(1997), 『조각난 역사 - 아날학파의 신화에 대한 새로운 해부』, 푸른역사

Braudel, Fernand(1958), 김영범 역(1982), '역사학과 사회학', 신용하 편(1982), 『사회사와 사회학』, 창작과비평사

Ladurie, Emmanuel Le Roy(1973), 김영범 역(1982), '사회사에서의 사건과 장기지속 - 슈앙당을 중심으로', 신용하 편(1982), 『사회사와 사회학』, 창작과비평사

Sewell JR., William(2005), Logics of History - Social Theory and Social Transformation, The University of Chicago Press

3부
탈개발주의를 향해

___청계천 복원사업과 이익의 정치

● 복원과 신개발주의

2003년 7월 1일, 청계천 고가도로의 광통교 쪽 진출구 부근에 많은
사람들이 모여들었다. 역사적인 청계천 복원사업이 시작되는 것을
보기 위해 모인 시민들이었다. 그리고 2003년 말에 서울시가 시행한
한 조사에서 청계천 복원사업은 서울시의 최고시정으로 뽑혔다.* 그
러나 사실 청계천 복원사업은 최악시정으로 뽑혔어야 옳았을 것이
다. 이 사업으로 말미암아 두 사람이나 목숨을 끊었으나, 그런데도
사업의 목표인 '복원'은 이루어질 수 없었기 때문이다.

 2002년 8월 22일 청계3가에서 공구노점을 하던 60세의 노점상 박
봉규 씨가 시너를 뿌리고 분신자살을 기도했다. 결국 그는 2002년 9
월 6일에 세상을 떠났다. 그는 분신하기 4시간 전에 우체국에 가서
이명박 시장에게 유서를 보냈는데, 죽기 전에 가족들에게 '서민의 삶
의 질을 개선하기 위해 노력하겠다던 공약을 지켜라'고 썼다고 밝혔
다(〈한겨레〉 2002년 8월 26일). 서울시는 그의 분신에 대해 노점상
생계와 청계천 복원사업은 관련이 없다는 태도를 되풀이했다(〈한국
일보〉 2002년 8월 27일). 2004년 4월 28일에는 청계천 4가의 한 공
구상가에서 29년간 이곳에서 장사를 해 온 가게 주인 김모 씨가 목을
매어 자살했다. 경찰은 유서에 '서울특별시 시장님, 청계천 상인을
도와주십시오' 등 청계천 복원공사로 상인들이 고통받고 있다는 내

---

* 2003년 12월 23일 서울시는 서울시 인터넷신문 〈하이 서울 뉴스〉가 시민 1만19명을 대상으
로 '2003년 10대 으뜸 시정'을 물어본 조사에서 '청계천 복원공사 착공'이 14.6%로 1위에 뽑혔
다고 밝혔다(〈한겨레〉 2003년 2월 24일).

234

용이 쓰여 있었다고 밝혔다(《한겨레》 2004년 4월 30일).

청계천 복원사업은 단순한 토목사업이 아니었다. 그것은 '복원復元, restoration'이라는 말이 뜻하는 것처럼 청계천의 본래 모습을 되찾는 역사적 사업이었다. 청계천의 본래 모습은 두 가지로 줄여서 살펴볼 수 있는데, 하나는 태조(1335~1408년, 재위 1392~1398년)부터 영조(1694~1176년, 재위 1724~1776년)에 걸친 수백 년의 시간 동안에 이루어진 여러 토목사업을 통해 조성된 '역사유적 청계천'의 모습이고, 다른 하나는 인왕과 백악과 목멱에서 흘러들어오는 수십 개의 지천을 받아들여 중랑천으로 빠져나가는 '자연하천 청계천'의 모습이다(서울시 청계천추진복원본부, 2002).

청계천 복원사업이 큰 기대와 관심을 끌었던 이유는 바로 여기에 있었다. 서울은 태조 이성계의 한양 천도(1394년) 이래 500년 동안 큰 변화를 겪지 않고 그 모습을 유지해왔다. 그러나 일제의 침략과 함께 서울의 모습은 삽시간에 크게 바뀌고 말았다(서울시사편찬위원회, 1996). 해방은 식민의 역사를 지나며 망가진 서울의 본래 모습을 되찾고 다듬는 계기가 되었어야 했으나 그렇게 되지 않았다. 전쟁과 독재의 시대를 지나며 서울은 더욱 더 본래 모습을 잃게 되었다. 이런 식으로 한 세기 이상 서울의 역사와 자연을 없애는 변화가 계속되었다. 청계천 복원사업은 이런 '파괴적 근대화destructive modernization'를 끝내고 서울의 역사와 자연을 되살린다는 뜻을 담고 추진되었다. 이 때문에 그것은 시민의 커다란 기대를 모으고 세계의 관심을 끌게 되었다.

그러나 청계천 복원사업은 역사와 자연의 복원이 아니라 '신개발주의'의 상징이 되어 버렸다(강홍빈, 2004; 홍성태, 2005). 신개발주의는 이를테면 '소비사회의 개발주의'라고 할 수 있다. 겉보기에 그것은 구개발주의의 문제를 해결하고자 애쓰는 것처럼 보인다. 예컨대 청계고가도로와 청계천로의 철거가 그것이다. 그러나 그것은 성장주의에 바탕을 두고 있다는 점에서 구개발주의와 다르지 않다. 다른 것은 성장주의가 요구하는 성장의 명령을 실현하는 방식일 뿐이다. 구개발주의가 자연과 역사를 노골적으로 파괴하는 방식으로 성장을 추구했다면, 신개발주의는 자연과 역사의 가치를 존중하는 것처럼 하면서 파괴적 성장을 추구한다(홍성태, 2007).

이 때문에 신개발주의에 대해서 맹렬한 비판이 쏟아졌다. 그런데 왜 이명박은 이런 식으로 청계천 복원사업을 벌였을까? 자연과 역사에 대한 무지를 넘어서는 이유가 있는 것은 아닐까? 또한 신개발주의만으로는 설명되지 않는 그 무엇이 있는 것은 아닐까? 대통령 선거 출마를 추구한 이명박 시장의 정치적 야심이 신개발주의와 적극 결합된 것은 아니었을까? 이명박의 청계천 복원사업은 소중한 '가치의 정치'를 내세운 천박한 '이익의 정치'로 추진되었다. 이명박은 자신의 이익을 위해 청계천을 최대한 이용했던 것이다.

이명박의 청계천 복원사업은 역사유적 청계천을 파괴하고 전기모터로 한강 물을 끌어올려 콘크리트 인공수로를 만든 청계천 개발사업이었다. 이명박이 만든 새로운 콘크리트 인공수로는 청계천을 복원한 것이 아니기 때문에 청계천이라고 부르지 말고 차라리 '명박천'이라고 불러야 한다. 이런 근본적인 문제들 때문에 이 사업이 진행될 때부터 '올바른 청계천 복원'에 대한 요구가 강력히 제기되었다. 2012년 3월에 박원순은 청계천의 재복원을 천명하고 청계천시민위원회를 구성했고, 2014년 3월에 청계천시민위원회는 청계천의 재복원을 위한 보고서를 발표했다(청계천시민위원회, 2014). 청계천의 재복원은 '올바른 청계천의 복원'이어야 한다. 그런데 이명박이 남아있던 청계천의 유적과 유구를 모두 파괴해서 '올바른 청계천의 복원'은 더욱 더 어려운 과제가 되었다. 이 과제가 잘 이루어지도록 하기 위해서도 우리는 이명박이 강행한 청계천의 개발과 파괴에 대해 잘 알 필요가 있다.

● 청계천의 변화

여기서 먼저 잠시 청계천에 대해 살펴보자. 조선 때 청계천은 그냥 '개천開川'으로 불렸는데 여기에는 역사적인 내력이 있었다.

> 본래 자연하천이었던 청계천은 조선 태종 때부터 한양을 서울로 한 조선시대 내내 개거, 준설 등 치수 사업의 대상이었다. 태종은 1406년부터 자연 상태에 있었던 하천의 바닥을 처내서 넓히고, 양안에 둑을 쌓았으나 큰 비가 올 때마다 피해는 계속되었다. 1411년 12월 하천을 정비하기 위한 임시기구로 '개거도감(開渠都監)'를 설치하고, 이듬해 1월 15일부터 2월 15일까지 큰 공사를 실시하였다. 청계천의 양안을 돌로 쌓고, 광통교, 혜정교 등의 다리를 돌로 만들었다. '개천(開川)'이라는 말은 '내를 파내다'라는 의미로 자연 상태의 하천을 정비하는 토목공사의 이름이었는데, 이 때의 개천 공사를 계기로 지금의 청계천을 가리키는 이름이 되었다(〈위키백과〉, '청계천').

청계천은 한양 안의 수십 개의 하천에서 흘러내린 천수와 집에서 내버리는 하수를 중랑천으로 빼내는 배수로였다. 이렇게 중요한 도시 하천에 이름을 붙이지 않고 그냥 토목공사에서 유래된 '개천'으로 불렀던 것은 사실 대단히 기이한 일이었다.

청계천이라는 이름은 일제가 붙인 것이었다. 일제는 상류의 청풍계천을 발원지로 여겨서 청계천으로 이름을 붙였다. 그러나 청계천의 발원지는 청풍계천보다 조금 더 동쪽에 있는 백운동천이다. 일제는 청계천이라는 이름을 붙였을 뿐만 아니라 1912년부터 시작한 '시구개정사업'을 기반으로 청계천 일대의 큰 변화를 추진했다.

청계천이라고 부르기 시작한 때는 정확하지 않지만, 1914년 일제에 의해 조선의 하천명칭들이 정리될 때 개정된 것으로 추측된다. 조선시대 북촌과 남촌의 경계였던 청계천은 일제강점기가 시작되면서 이른바 '민족의 거리 종로(鐘路)'와 '왜인들의 마을 혼마찌(본정, 명동 일대)'를 가르는 차별의 경계선이 됐다. 일본이 청계천을 본격적으로 정비하기 시작한 것은 1918년경부터인데 조선총독부를 비롯 조선 식민지배의 중추기관을 청계천 이북으로 이전하기 위한 사전 정비작업의 하나로 시작했다. 하지만 당시 복개는 하천에 'ㅁ'형의 하수관을 만드는 것이어서 지천들은 물이 흐르는 실개천이 아니라 영락없는 하수구로 전락하고 말았다. 1920년대 이후 일제는 여러 차례 청계천 복개계획을 발표했다. 1만평 택지 조성, 고가철도 건설, 자동차 전용도로 건설 등 다양한 안이 마련됐다. 이런 구상들은 일제가 서울을 대륙의 병참기지로 육성하기 위함이었다. 그러나 이 모든 계획들은 재정문제로 인해 구상에 그치고 말았다. 한편 일제의 청계천 정비로 인해 청계천에 있던 많은 다리들은 수난을 겪어야만 했다. 광통교 옆에 전차선이 놓이게 됐으며, 광통교 교대엔 지름 1m가 넘는 하수관이 묻히게 됐다. 오간수문은 1908년 완전히 헐렸고 대신 차로와 전차선로 겸용 다리가 놓여졌다. 하량교, 영도교 등 일부 다리는 근대식 콘크리트 다리로 개축됐고 관수교, 주교와 같은 근대식 다리가 새로 만들어졌다(〈위클리 서울〉, '청계천 역사2~일제 시대', 2009년 10월 26일).

사실 청계천의 복개는 대한제국이 처음 구상했다. 일제는 청계천의 전면복개를 계획했으나 실현되지 못했고, 세종로 네거리~광통교 구간만 복개했다. 청계천의 전면복개는 해방 뒤에 실현되었다. 1958~61년 사이에 시내 구간을 복개했고, 1965~67년 사이에 청계 6가와 8가의 구간을 복개했다. 이어서 청계 고가도로 건설이 추진되었다. 청계천 위에 고가도로를 건설하는 계획은 일제 때인 1939년에 처음 제시되었다. 일제는 경성의 인구 증가에 대비해서 경성 외곽에 전원도시를 건설하는 방안을 구상하면서 청계천 위에 고가도로를 건설하는 계획도 함께 검토했다. 이 계획은 박정희에 의해 1967년에 실행되었다. 청계 고가도로는 1967년에 시공되어 1971년에 완공되었으며, 2003년 7월과 8월의 두 달 동안 모두 철거됐다. 박정희가 서울의 역사성을 대대적으로 파괴하는 일제의 청계 고가도로 계획을 실현한 것은 역사의 면에서 보았을 때 대단히 시사적이라고 하지 않을 수 없다.

한편 일본은 1964년의 도쿄 올림픽을 계기로 거대한 수도권 고가 고속도로를 건설해서 도쿄의 역사성을 대대적으로 파괴했다. 박정희가 청계 고가도로를 건설한 것에는 이것이 큰 영향을 미쳤다. 이 사업을 직접 시행한 것은 박정희의 심복이었던 김현옥과 그의 '유일무이한 조언자'였던 김수근이었다. 박정희는 김현옥에게 서울의 파괴적 개발을 지시했고, 김현옥은 김수근의 도움을 받아 그것을 강행했다.* 1967년 7월의 어느 날, 김현옥은 청계천을 가로질러 신촌 쪽과 미아리 쪽을 잇는 서울 도심 관통 유료고가도로를 구상했다. 그는 김수근에게 그 스케치를 맡겼다.

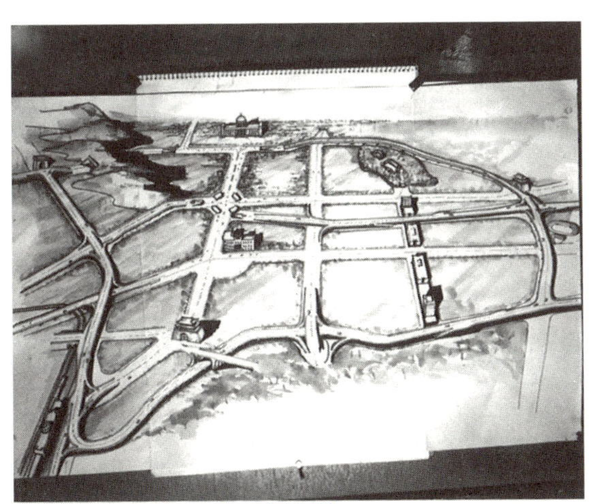

서울 도심 관통 유료고가도로(김수근)
출처: 서울역사박물관(2014), 〈안녕! 고가도로〉

* 손정목은 당시 '애송이'였던 김수근이 김현옥의 절대적 지지를 받아 세운상가, 청계 고가도로 등의 잘못된 토건사업을 추진했던 것으로 신랄하게 비판했다(손정목, 2003: 193).

김수근은 서울시 도시계획위원, 여의도 신시가지 도시설계 등을 한 김현옥 건축·도시계획의 유일무이한 조언자였다. 김수근은 특히 1965년 5월에 발족한 국영기업인 기술부분 종합설계회사 한국종합기술개발공사(이하 한국종합)의 부사장이었고 실질적 제1인자의 자리에 있었으니, 김 시장 입장에서는 가장 믿을 수 있을 뿐 아니라 결코 말썽의 소지가 없는 편리한 조언자이기도 했다.

마침 일본 도쿄에서 1964년 올림픽대회 개최준비의 일환으로 여러 개 고가도로 건설이 완료되고 있었고 그 추악함보다 편리함이 널리 회자되고 있을 때였다. 도쿄예술대학·도쿄대학에서 수학한 그가 도시고가도로 설계서를 구해 보는 것은 매우 쉬운 일이었다. … 김수근이 스케치한 것으로 전해지는 조감도를 제시하면서 김 시장이 '유료고가도로 건설계획'을 발표한 것은 1967년 8월 8일 아침에 개최된 기자회견에서였다(손정목, 2003: 192~193).

청계 고가도로는 깊은 역사를 간직한 서울의 도심을 대대적으로 훼손하는 것이었고 도심의 교통정책으로서도 전혀 맞지 않는 것이었다. 이 때문에 당시에도 크게 반대하고 나선 사람들이 있었다(손정목, 2003: 194~195). 손정목은 박정희가 1963년 4월에 개관한 광나루의 '워커힐'로 빠르고 편하게 가기 위해 '청계 고가도로'의 건설을 강행한 것으로 파악했다.

많은 반대자가 있어 고가도로의 규모를 축소하기는 했지만 김 시장 입장에서 절대로 양보할 수 없는 것이 있었다. 광교에서 청계천로를 거쳐 용두동까지에 이르는 노선이었다. 박 대통령의 워커힐 내왕을 쉽게 하기 위한 길이었기 때문이다. 아마도 김 시장에게 청계 고가도로를 착상하게 한 참된 이유가 바로 그것이었을 것이다.

박 대통령은 워커힐 건설 중에도 그 건설상황을 점검하기 위해 자주 내왕했지만 1963년 4월에 개관하고 난 뒤에도 뻔질나게 그곳을 찾았다. 토요일·일요일에도 갔고 평일에는 밤에 갔으며 빌라에서 술자

리도 가졌고 잠자리도 가졌다. 워커힐의 빌라는 경호하기에도 쉬웠
고 일체의 잡음이 절연된 공간이었다. 바깥방에서는 수행원들이 주
연을 벌이고 안방에서는 여색을 즐겨도 외부세계에서는 전혀 알 수
가 없었으니 박 대통령이 휴식을 취하는 데 안성맞춤이었다(손정목,
2003: 196~197).

● 청계천 복원사업의 경과

청계천 복원사업은 태평로에서 신답철교에 이르는 5.8km의 청계천
구간을 복원하는 사업이었다. 이 사업은 크게 철거와 복원의 두 과정
으로 진행되었는데, 철거는 5.91km의 고가구조물과 5.39km의 복개
구조물을 없애는 것이었고, 복원은 역사유적이자 자연하천인 청계천
의 옛모습을 되살리는 것이다. 그러나 서울시는 '현대식 도심하천공
원의 건설'이 복원이라고 주장하면서 공사를 강행했다. 이로부터 청
계천 복원사업을 둘러싸고 커다란 갈등이 빚어지게 되었다.

이 사업은 2002년의 서울시장 선거에서 청계천 복원을 선거공약으
로 내걸었던 한나라당의 이명박이 당선되면서 추진되기 시작했다.
2002년 2월에 한나라당의 서울시장 후보로 나선 사람은 이명박과 홍
사덕이었다. 당시 이명박 쪽이 핵심공약으로 청계천을 내걸었다면,
홍사덕 쪽은 용산 미군기지의 재개발을 내걸었다. 그리고 2002년 3
월에 이명박이 한나라당의 서울시장 후보로 선정되면서 청계천 복원
사업은 본격적인 논란의 대상이 되었다.

공식적으로 청계천 복원사업은 이명박이 서울시장에 취임한 2002
년 7월 1일부터 시작되었다고 할 수 있다. 그러나 구상까지 포함해
서 생각하면 청계천복원사업은 대체로 2001년 9월부터 시작되었다
고 할 수 있다. 이명박은 서울시장 선거전에서 몇 해 전부터 청계천

2000년	9월	청계천 살리기 연구회 1회 심포지움 개최
2002년	3월	이명박 한나라당 서울시장 후보 청계천 복원 공약
2002년	7월	이명박 서울시장 취임
		청계천 복원 추진본부 구성
2002년	9월	청계천 복원 시민위원회 구성
2002년	11월	청계천 상권 수호대책위원회 구성
2003년	2월	청계천 복원 시민위원회, 청계천복원 기본계획 조건부 심의
2003년	7월	청계천 복원 시민위원회, 청계천복원 기본설계 조건부 심의
		청계천 복원사업 착공
2003년	8월	올바른 청계천 복원을 위한 시민연대 발족
2004년	3월	청계천 복원 시민위원회, 실시설계 수용거부 결정
2004년	5월	청계천 복원 시민위원회 비상대책위원회 구성
	9월	청계천 복원 시민위원회 주요 위원들 집단사퇴
2005년	10월	청계천 복원사업 완공
2012년	3월	청계천 재복원시민위원회 발족

복원에 대해 공부해 왔다고 했지만, 실제로는 2001년 9월부터 청계천 살리기 연구회를 접촉하면서 청계천 복원의 뜻을 세웠다(김규원, 2002). 이런 점을 감안해서 청계천 복원사업의 경과는 세 시기로 나누어 살펴볼 수 있다.

첫째, 2001년 9월에서 2002년 6월까지의 형성기이다. 이 시기는 이명박 시장이 청계천 복원사업을 핵심공약으로 채택하고 공론화를 위해 애쓴 시기였다. 그런데 이명박은 어떻게 해서 청계천 복원에 관심을 갖게 되었는가? 여기서 가장 중요한 구실을 한 것이 바로 청계천 살리기연구회이다. 이 모임은 연세대 환경공학과 노수홍 교수의 주도로 시작되었다. 물관리 전문가인 그는 1992년부터 개인적으로 청계천복원에 관심을 갖고 연구를 시작했다. 그리고 여러 분야의 전문가들을 모아서 함께 연구하고 자료를 모았다. 그 결과는 2000년 봄부터 '청계천살리기연구회 심포지움'이라는 이름으로 공개되기 시작했다. 이명박 시장이 이 연구회의 연구성과를 받아들여 청계천 복원사업을 공약으로 제시했던 것이다.

또한 〈한겨레〉도 청계천 복원사업의 공론화에 큰 영향을 미쳤다. 〈한겨레〉는 2001년 12월, 2002년 1월과 3월에 청계천 복원에 관한 기획기사를 실었고, 2002년 4월부터 6월까지 '청계천에 생명을'이란 제목으로 연재기사를 실었다. 이런 일련의 기사들에는 청계천살리기연구회의 전문가들이 참여하여 많은 조언을 해 주었다. 특히 '청계천에 생명을'은 단순히 청계천 복원의 필요성을 알리는 차원을 넘어서 예상되는 여러 문제점과 올바른 복원방향에 대해 청계천살리기연구회를 중심으로 한 여러 전문가들의 의견을 다루었다. 이 과정에서 청계천 복원을 둘러싼 핵심논점이 드러나게 되었는데, 그것은 복원의 기준에 관한 것과 주변 지역의 재개발에 관한 것으로 크게 나뉘었다.

둘째, 2002년 7월 1일에서 2003년 6월까지의 준비기이다. 이 시기에 청계천 복원사업을 펼치기 위한 여러 정책들이 실행됐다. 먼저 청계천 복원사업을 제대로 펼치기 위해 이른바 '삼각체계'가 만들어졌다. 이것은 '청계천복원추진본부', '청계천복원지원연구단', '청계천복원사업시민위원회'로 이루어진 청계천복원사업추진체계를 가리킨다. 여기서 핵심은 단연 청계천복원사업시민위원회(시민위)였다. 시민위의 임무는 사업이 올바른 내용으로 안정적으로 진행될 수 있도록 하는 것이기 때문이었다. 서울시는 2002년 7월 10일에 시민위의 활동에 관한 기본방향을 확정했다. 그러나 실제 시민위는 2002년 9월 12일에 시민위에 관한 조례가 제정되면서 정식으로 발족했다.

이 시기에 청계천 복원사업의 기본방향과 내용이 설계되었다. 이 점에서 준비기는 단순한 준비기가 아니라 사실은 대단히 중요한 시기였다. 좀더 자세히 보자면, 이 시기는 세가지 사건으로 나뉘었다.

첫째, 2002년 9월에 시민위가 공식적으로 출범했다. 이어서 10월에 원주의 토지문화관에서 시민위 전체회의가 열려서 청계천 복원사업의 전체 방향과 각 분과의 역할에 대해 논의했다. 둘째, 2003년에 2월에 청계천 복원사업 기본계획이 마련되었다. 시민위는 논의 끝에 서울시가 제출한 기본계획안을 조건부로 승인했다. 세째, 2003년 6월에 청계천 복원사업 기본설계가 마련되었다. 이 기본설계의 심의를 위한 시민위 회의는 속초에 있는 서울시 공무원교육관에서 열렸다. 그런데 중요한 이 회의에 서울시는 설계안을 설명해야 하는 설계회사의 담당자들을 부르지 않았다. 이 때문에 기본설계의 심의회의는 파행으로 끝나고 말았다.

셋째, 2003년 7월 1일에서 2005년 9월에 이르는 전개기이다. 서울시는 2005년 9월까지 모든 공사를 마치기로 하고 2003년 7월 1일에 공사를 시작했다. 공사는 두 단계로 진행되었다. 먼저 청계고가도로와 복개 구조물을 철거했고, 이어서 실시설계에 따라 복원공사를 시행했다. 2003년 7월 1일에 많은 시민들이 청계고가도로 광통교 쪽 부근에 모인 가운데 청계고가도로의 철거가 시작되었다. 이로써 청계천 복원사업이 시작되었다. 청계고가도로는 박정희 개발독재의 중요한 상징이었다(손정목, 2003; 홍성태, 2004ㄱ). 따라서 청계고가도로의 철거는 박정희 개발독재를 청산한다는 상징적 의미를 갖는 역사적 사건이기도 했다. 많은 시민들이 그 자리에 모였던 것은 이런 역사적 의미 때문이기도 했다.*

그런데 2003년 7월에 공사가 시작된 이래 서울시가 시민위를 사실상 계속 우롱했기 때문에 서울시와 시민위의 갈등은 계속 깊어졌다.

---

* 서울시는 청계천 복원사업을 '개발시대 상징물로 대변되는 복개도로와 고가도로를 뜯어내고, 청계천을 맑은 물이 흐르는 도심 하천으로 바꾸는 대역사'로, 2002년 7월 1일의 청계천 복원공사 기공식을 '서울의 새로운 역사가 시작'되는 역사적 사건으로 선전했다. 이명박 시장은 박정희와 자신의 차이를 부각시키는 방식으로 청계천 복원사업을 정당화하려고 했던 것이다.

이 시기는 다섯 가지 사건을 통해 살펴볼 수 있다. 첫째, 2003년 7월에 서울시가 제시한 기본설계에 대해 시민위 역사문화분과는 '복원'이 아닌 '개발'이라는 의견을 밝히고 즉각 바로잡을 것을 강력히 요구했다(시민위 역사문화분과, 2003). 둘째, 2003년 10월에 양윤재 추진본부장이 서울시의회에서 시민위에 대해 망언한 사실이 드러났다. 이에 따라 시민위는 양윤재 추진본부장의 해임을 이명박 시장에게 공식적으로 요구했다. 셋째, 2004년 2월에 실시설계 심의회의가 열렸으나 시민위는 심의를 거부했으며 3월에 공식적으로 수용불가의 뜻을 밝혔다. 넷째, 2004년 3월에 시민위 역사문화분과와 올바른 청계천복원을 위한 시민연대(청계천연대)는 이명박 시장과 양윤재 본부장을 서울지검에 형사고발했다. 다섯째, 2004년 5월에 시민위는 비상대책위원회를 꾸려서 이명박 시장의 잘못된 청계천복원사업에 바로잡기 위해 최선을 다하기로 결의했으나, 서울시가 시민위를 계속 우롱했기 때문에 9월에 임기 만료를 앞두고 주요 위원들이 항의성명을 발표하고 집단사퇴했다.

● 청계천 복원사업의 갈등구조

겉보기에 청계천 복원사업은 순조롭게 진행되는 것으로 보였다. 구조물의 철거는 예정보다 빨리 끝났으며, 이어서 복원사업도 착착 진행되었기 때문이다. 그러나 사실은 결코 순조롭게 진행되지 않았다. 이명박의 청계천 복원사업은 큰 문제를 안고 있었으며, 이에 따라 공사의 내용과 방식을 둘러싸고 심각한 저항과 갈등이 빚어졌다.

청계천 복원사업의 갈등구조는 크게 세 주체를 중심으로 이루어졌다. 첫째, 이 사업의 추진주체로서 이것은 형식적으로는 이른바 '삼각체계'를 이루고 있는 기구들로 나눌 수 있었으나 실제로는 서울시(이명박 시장과 추진본부)와 시민위로 나뉘었다. 둘째, 이 사업에 관한 직접적인 이해당사자인 청계천 일대의 상인들이 있었다. 이 상인들은 다시 점포를 가지고 있는 점포상과 거리에서 장사하는 노점상으로 나뉘었다. 셋째, 올바른 청계천 복원사업을 희구하는 시민들이었다. 이런 시민들의 뜻은 여러 시민단체들이 힘을 모아 만든 '올바른 청계천 복원을 위한 시민연대'(청계천연대)로 나타났다.

청계천 복원사업의 갈등구조는 실제 추진주체인 서울시가 시민위, 상인, 시민단체와 맺고 있는 관계의 형태로 나타났다. 이것은 '이익의 정치'와 '가치의 정치'로 나누어 살펴볼 수 있었다. '이익의 정치'는 청계천복원사업을 통해 얻게 될 이익을 추구하는 것이었다. 상인들은 보상, 재개발, 이전을 중심으로 '이익의 정치'을 추구했다. '가치의 정치'는 청계천의 역사와 자연을 가능한 한 원래대로 되살리려고 하는 것이었다. 이것은 '올바른 복원'을 요구하는 시민위와 시민단체의 활동으로 나타났다. 서울시는 어떻게 대응했는가? 서울시는 겉으로는 '가치의 정치'를 내세웠으나 속으로는 '이익의 정치'를 추구했다. 2년 안에 공사를 마친다는 터무니없는 일정을 정하고 잘못된 내용과 방식의 공사를 밀어붙인 것이 그 생생한 증거였다. 서울시가 시민위와 시민단체의 강력한 반대에도 불구하고 잘못된 공사를 밀어붙인 실제 이유는 이명박 시장의 대선 출마라는 정치적 계산 때문이었다.

실제 갈등구조는 청계천 복원사업의 경과에 따라 변했다. 앞에서 살펴본 청계천 복원사업의 경과에 비추어 갈등구조의 변화에 대해 살펴볼 수 있다.

첫째, 2001년 9월에서 2002년 6월까지의 형성기. 이 시기는 청계천 복원사업이 〈한겨레〉를 통해 활발히 공론화되는 한편, 이명박의 서울시장 공약으로 채택되어 실현될 가능성이 높아진 시기였다. 따라서 이 시기에는 아직 실제적인 갈등은 일어나지 않았다. 물론 공사가 진행되면서 일어나게 될 교통혼잡 등의 시민불편 문제에 대한 우려도 적지 않았다. 이런 문제에도 불구하고 청계천 복원사업을 추진할 수 있는가 하는 것이 이 시기의 실제적인 논점이었다.

둘째, 2002년 7월 1일에서 2003년 6월까지의 준비기. 이 시기에는 청계천 복원사업이 실제로 진행되면서 갈등구조가 본격적으로 형성되고 변화되었다.

먼저 가장 큰 갈등구조는 상인과 서울시 사이에서 나타났는데, 이것은 다시 점포상과 노점상으로 나뉘었다. 가장 큰 타격을 입은 사람들은 역시 노점상이었다. 2002년 8월 22일에 60세의 노점상 박봉규 씨가 분신자살한 것은 그 상징적인 사건이었다. 그러나 서울시는 노점상의 이런 극단적인 저항에도 불구하고 계속 공사를 강행했으며, 여기에는 노점상을 거리에서 모두 없앤다는 계획이 포함되었다. 점포상은 2002년 11월에 '청계천 상권수호대책위원회'(상권수호위)를 꾸려서 청계천 복원사업에 적극적으로 대응하기 시작했다. 상권수호위는 처음에 7개 상인단체로 구성되었으나, 2003년 7월에는 12개 단체로 가입단체가 늘어났다. 서울시는 노점상에 대해서는 강경책으로 일관했으나 점포상에 대해서는 여러 경로로 협상을 거듭했다. 협상의 골자는 두 가지였다. 먼저 공사가 진행되는 동안 영업피해가 최소화될 수 있도록 최선을 다하며, 또한 공구상을 중심으로 한 도심 부적합 업소는 송파구 문정동으로 이전하도록 한다는 것이었다.

이 시기에 서울시와 상인의 갈등이 깊어진 것과 함께 서울시와 시민위 사이의 갈등도 점점 겉으로 드러나기 시작했다. 그러나 이 시기에 갈등은 공표되지 않고 봉합되었다. 그 까닭은 시민위의 구성과 밀접한 연관을 맺고 있었다. 시민위는 6개의 분과, 기획조정위원회, 본위원회로 이루어졌다. 위원은 각계 각층의 시민대표나 전문가로 위촉되었는데, 이해당사자라는 이유로 청계천 상인들은 완전히 배제되었으나, 서울시(9명)와 서울시의회(9명)와 시정개발연구원(8명)은 포함되었다. 이처럼 시민위는 처음부터 시민만으로 구성되지 않았다. 이런 식으로 서울시는 시민위에 깊숙이 개입해서 시민위와의 갈등이 대외적으로 공표되지 않도록 했던 것이다. 그러나 2003년 2월에 제출된 기본계획과 6월에 제출된 기본설계의 심의를 둘러싸고 서울시와 시민위의 갈등은 폭발하기 직전 상태로 깊어졌다. 시민위에서는 올바른 역사복원을 요구했으나 서울시에서는 이런 요구를 완전히 무시했기 때문이었다.

셋째, 2003년 7월 1일에서 2005년 9월에 이르는 전개기. 이 시기는 철거와 복원공사가 실제로 이루어진 시기였다. 이 시기에는 서울시와 점포상의 관계, 그리고 서울시와 시민위의 관계에서 질적인 변화가 나타났다. 청계천복원사업의 실제 전개와 함께 갈등구조가 바뀌었던 것이다.

이 시기에도 가장 큰 피해를 입은 사람들은 노점상이었다. 2003년 11월 30일 서울시는 공무원, 경찰, 철거용역반을 동원하여 시가전을 방불케 하는 무력작전을 펼쳐서 청계천의 노점상을 모두 쫓아냈다. 그 대신에 서울시는 노점상이 장사할 수 있도록 동대문운동장을 '풍물시장'으로 사용하게 했다. 그러나 이곳은 길에서 떨어진 '닫힌 곳'이었고 전기도 쓸 수 없는 상태였다. 서울시는 노점상을 없애야 할 대상으로 다루었을 뿐이었다(길윤형, 2004). 이런 상황에서 노점상은 '올바른 복원'을 위해 희생을 감수한 만큼 서울시는 '올바른 복원'을 해야 한다고 주장하고 나섰다.

한편 준비기 동안에 상권수호위는 복원공사 반대 혹은 연기를 주장하며 이전에 반대하는 데 주력했다. 그런데 청계천 복원공사에 따라 대대적인 청계천 주변지역 재개발이 이루어질 것이 확실해지면서 결국 이전계획이 협상의 핵심사안이 되었다.* 원래 상권수호위는 이전에 회의적이었다. 그러나 서울시가 대규모 단지를 개발해서 개별 상가가 아니라 상권 전체의 이전을 추진**하기로 함에 따라 '이전파'가 '사수파'보다 더 힘을 얻게 되었다. 이렇게 해서 많은 점포상이 서울시와 이해관계를 같이 하게 되었다.

이처럼 이 시기에 서울시와 점포상의 관계가 좋아진 것과는 달리 서울시와 시민위의 관계는 돌이킬 수 없을 정도로 나빠졌다. 서울시는 2003년 2월에 시민위가 기본계획을 심의했으므로 사실상 서울시의 모든 계획을 심의한 것이라고 주장했다. 그러나 시민위는 지적한 내용을 기본설계에서 모두 수용한다는 조건으로 기본계획을 승인했다. 또한 조례에서 규정하고 있는 시민위의 임무에 따르면 시민위는 모든 중요계획에 대해 심의하도록 되어 있다. 그러나 서울시는 기본계획을 승인한 뒤에는 시민위의 회의 소집조차 제대로 하지 않았으며, 급기야 2003년 10월의 서울시의회에서 양윤재 추진본부장의 '망언사건'***이 일어나게 되었다. 나아가 2004년 3월에 시민위는 실시설계의 수용거부를 결정하고 5월에는 비상대책위원회를 꾸려서 서울

---

* 급작스런 청계천 주변지역 재개발로 이 지역이 사라지게 될 것에 대응해서 문화연대, 도시건축네트워크, 플라잉시티 등의 단체들의 젊은 활동가들이 나서서 이 지역을 답사하고 상세한 기록을 남겼다. 〔2003 시민도시탐사 - 청계천 탐험〕이라는 제목의 이 기록은 대단히 중요한 자료이다.
** "서울시는 27일 송파구 문정동 289 일대 37만8000여 평(124만7000㎡)에 청계천 상가 이주단지를 포함해 △미래형 업무단지 △도심형 산업단지 △동남권 유통단지를 단계적으로 조성하는 '문정지역 종합개발 구상안'을 확정했다고 밝혔다"(『매일경제』 2004년 1월 27일). 이 '동남권 유통단지'는 오세훈 서울시장에 의해 '가든 파이브'로 완성됐다. 전국 최대의 전문상가이자 문화특구인 '가든 파이브'의 공사비는 무려 1조3천억원이다. 그러나 청계천 상인들은 고비용과 불편함 때문에 이주대상 중에서 불과 16.8%만 이주했다. '가든 파이브'는 분양이 잘 되지 않아 '유령 상가', '유령 도시'로 불리고 있으며, 이명박과 오세훈이 만든 서울시의 최대 두통거리이다.
*** 2003년 6월에 속초에서 실시설계 심의회의가 열렸으나 서울시는 정작 설계자들을 부르지 않았다. 이에 대해 서울시의회에서 심재옥 의원이 양윤재에게 그 이유를 따지자 양윤재는 심의를 위해 속초까지 간 위원들을 '온천에 목욕이나 하러 간 사람들'이라고 망언했다.

시에 맞서게 되었다(노수홍, 2004).

이렇듯 서울시와 시민위의 갈등이 빠르게 깊어지면서 시민사회의 대응도 활발하게 펼쳐지기 시작했다. 사실 시민사회의 대응은 이명박 시장의 당선과 함께 시작되었으며, 2003년 5월에는 8개 단체가 함께 '시민 대토론회'를 열기도 했다. 그러나 당시 이 단체들은 공사의 착공을 눈앞에 둔 상황에서 반대 혹은 연기를 주장해서 시민의 큰 호응을 얻지 못하고 말았다. 얼마 뒤에 공사가 시작되자 시민위 역사문화분과에서 '올바른 복원'을 주장하고 나섰고, 이에 대해 여러 단체들이 호응해서 2003년 8월에 '올바른 청계천복원을 위한 시민연대'(청계천연대)가 조직되었다.*

이렇듯 청계천복원사업의 갈등구조는 서울시를 중심에 두고 한쪽에는 상인이, 다른 한쪽에는 시민위와 시민단체들이 자리잡고 있는 형태로 나타났다. 상인은 무엇보다 공사에 따른 경제적 피해와 이익을 중요하게 여겼으며, 시민위와 시민단체들은 서울의 자연과 역사를 되살리는 '올바른 복원'을 추구했다. 전자는 '이익의 정치'를, 후자는 '가치의 정치'를 펼친 것이다. 이런 구조 속에서 처음에 서울시는 '가치의 정치'를 내세워 시민위와 시민단체를 포섭해서 상인의 '이익의 정치'를 약화시킬 수 있었다. 그러나 서울시가 내세운 '가치의 정치'가 허구라는 사실이 드러나면서 결국 시민위와 시민단체들의 강력한 저항에 부딪히게 되었다.

---

* 2004년 7월에 경제정의실천시민연합, 녹색연합, 녹색미래, 서울환경연합, 민족건축인협의회, 민주노동당 서울시지부, 민주화를위한전국교수협의회, 서울민예총, 전국노점상연합, 문화연대, 한국문화유산정책연구소, 플라잉시티, 환경정의시민연대 등 13개의 단체가 참여하고 있었다.

● '복원'의 내용: 복원인가, 파괴인가

2004년 3월 5일 오전 10시 무렵, 시민위와 시민단체의 인사들이 서울지검에 이명박 서울시장과 양윤재 청계천복원추진본부장을 문화재 훼손 및 직무유기 혐의로 형사고발하는 고발장을 접수했다. 형사고발의 직접적 이유는 광통교 상류인 모전교 부근에서 발굴된 호안석축의 훼손이었다. 청계천 호안석축은 청계천 둑을 보호하기 위해 쌓은 석축으로 영조 때에 쌓은 귀중한 토목문화재였다. 그런데 이명박과 양윤재는 이 호안석축을 모두 헐어서 없앴던 것이다(법무법인 한결, 2004).

다음 날인 3월 6일 〈동아일보〉에 이명박 시장의 '청계천 파괴공사'를 통박하는 박경리 선생의 글이 실렸다. 오래 전부터 청계천 복원을 염원했던 박경리 선생은 이 글에서 청계천 복원공사가 한낱 조경공사로 전락했다며, 이명박 시장의 복원의지를 믿었던 자신의 생각에 대해 '발을 찍고 싶은 심정'이라고 후회했다.

> 수표교는 우리에게 무엇인가. 그것은 우리 문화의 자존심이다. … 결국 청계천은 30여 년 전에 첫 개발에 의해 매장되었고 이번에 또다시 개발에 의해 모든 유적은 파괴되고 유실될 위기에 놓여 있다. … 지금의 형편을 바라보면서 미력이나마 보태게 된 내 처지가 한탄스럽다. 발등을 찧고 싶을 만치 후회와 분노를 느낀다. 차라리 그냥 두었더라면 훗날 슬기로운 인물이 나타나 청계천을 명실 공히 복원할 수 있을지도 모르는데, 몇 년은 더 벌어먹고 살았을 텐데. 노점상인들이 안타깝다(박경리, 2004).

박경리 선생의 기고문이 〈동아일보〉에 실리고 사흘 뒤인 3월 9일에 〈미디어 다음〉에 이명박의 인터뷰 기사가 실렸다. 이 인터뷰에서 이명박은 터무니없게도 청계천에 광통교와 수표교를 빼고는 문화재가 없다고 말했으며, 박경리 선생이 〈동아일보〉에 쓴 글과 관련한 질문에 다음과 같이 답변했다.*

> 박경리 선생 글을 봤는데, 박 선생이 쓴 것 같지도 않더라. 박경리 씨가 도면 몇 페이지에 뭐가 있고 하는 걸 어떻게 아나. 박경리 씨가 그런 도면 다 들여다보나. 그 분이 누구 얘길 듣고 썼겠지. 그 분이 (청계천 사업에) 애착이 있는 분인데, 그 분을 오해 않고 그 열정을 이해한다. 누가 가서 이야기를 잘못 전달했을 거다. 요즘 신문에 기사 나는 그대로 (글을) 썼던데, 아니 그것보다 더 자세하게 썼더라. 그걸 본인이 썼겠나. 내가 알아보니 동아일보가 글을 두 번, 세 번 거절했다고 하더라. 원고가 많이 고쳐졌다던데. 그러나 박경리 씨 이름으로 나왔으니까…박경리 씨가 애정을 갖고 썼다고 하니 고맙게 생각한다. 따님(김영주 시민위 역사문화분과위원장)이 불교미술가인데 그 분이 막무가내로 원상 그대로 해야 한다고 한다. 세느강이 자연 하천인가. 세월이 지나면 도시 환경과 자연 조건 다 바뀌는데 옛날 그대로 (복원)할 수가 있나(선대인, 2004).

이처럼 이명박은 박경리 선생의 글을 따님인 김영주 선생이 대신 썼을 것이라고, 그렇지 않더라도 아무튼 김영주 선생의 말만 듣고 썼을 것이라고 말했다. 이명박은 박경리 선생을 심각하게 모욕했던 것이다. 이에 대해 박경리 선생은 3월 11일 〈한겨레신문〉과 가진 인터뷰에서 정치인들은 늘 남이 대신 써준 원고를 읽기 때문에 그렇게 생각하는 모양이라며 '대꾸할 필요도 없는 난센스'라고 말했다(〈한겨레〉, 2004년 3월 17일).

---

* 이 발언이 큰 문제가 되자 이명박 시장은 3월 10일 〈미디어 다음〉에 연락해서 이 부분을 빼달라고 요구했다. 〈미디어 다음〉은 이 요구를 받아들였다. 따라서 〈미디어 다음〉에서는 이 부분을 볼 수 없게 되었다. 그러나 원본은 이미 잘 갈무리되어 인터넷에서 쉽게 찾아볼 수 있었다.

이 일련의 사건은 하나의 사건에서 비롯되었다. 그것은 2004년 2월 24일에 있었던 실시설계 심의회의였다. 서울시에서 청계천 복원 시민위원회에 실시설계의 심의를 요청했고, 이에 따라 2004년 2월 24일에 시정개발연구원 회의실에서 심의회의가 열렸다. 바로 이 자리에 제출된 실시설계 보고자료가 결정적 근거가 되어 박경리 선생이 〈동아일보〉에 서울시의 청계천 복원사업을 통박하는 글을 쓰게 되었던 것이다.

실시설계란 실제 시공을 위한 설계를 뜻한다. 그런데 서울시의 실시설계는 청계천 복원을 '도심형 하천복원'으로 규정했다(서울특별시 청계천복원추진본부, 2004). 다시 말해서 청계천을 역사유적으로 보지 않고, 단순한 도심 하천으로 제시했던 것이다. 따라서 이 실시설계대로 공사를 하면, 청계천의 본래 모습은 완전히 사라질 것이었다. 그 대신에 서울시는 인공둔치를 만들고 벤치를 설치하고 산책로를 개설해서 '하천공원'을 만들기로 했다. 소중한 역사유적을 없애고 그 자리에 하천공원을 만들겠다고 한 것이다.

사실 청계천 복원사업의 문제는 이미 2003년 6월에 기본설계가 발표되면서 명확하게 드러났다(서울특별시 청계천복원추진본부, 2003). 이 때문에 청계천연대는 2003년 8월에 기본설계의 문제를 분야별로 나누어 검토하는 작업을 벌였다. 그리고 2003년 9월 8일에 시청앞에서 그 결과를 발표하는 기자회견을 갖고 기본설계의 철회와 전면적인 재설계를 요구했다(청계천연대, 2003). 그 내용은 크게 두 가지로 줄일 수 있는데, 하나는 서울시가 역사복원을 내세우면서 역사유적 청계천을 모두 파괴하고 그 자리에 현대식 도심하천공원을 만들려 한다는 것이었고, 다른 하나는 생태적 복원을 내세우면서 실제로는 하류의 물을 끌어올리는 흘려보내는 반생태적 콘크리트 인공수로를 만들려 한다는 것이었다.

1910년대의 청계천 모습

  그렇다면 올바른 청계천복원사업은 어떤 것이었나? 간단히 말해서 그것은 청계천의 본래 모습을 최대한으로 되살리는 것을 뜻했다. 사실 청계천은 서울의 가장 중요한 역사유적이었다. 서울을 둘러싼 도성, 그 안에 있는 궁궐들과 함께 청계천은 600년 역사도시 서울을 대표하는 역사유적이었다. 따라서 청계천 복원사업은 당연히 이러한 청계천의 역사성을 되살리는 사업이어야 했으며, 나아가 이를 통해 일제의 침략 이후 줄곧 훼손되어온 서울의 역사성을 되살리는 사업이어야 했다. 그것은 다음의 사진에서 볼 수 있듯이, 석축으로 둘러싸이고 여기저기 모래가 쌓여 있으며, 그 안에서 사람들이 빨래를 하고 목욕도 하는 정겨운 모습이다.

  본래 청계천은 자연하천이었으나 태조가 한양천도를 하면서 부분적으로 개수했고, 태종은 1406년에 최초의 청계천 치수사업을 벌였고, 1411년에는 '개거도감'을 설치해서 개천을 정비했다. 태종 때에 청계천을 개천이라 부르게 되었다. 세종도 아버지 태종을 이어서 개천을 정비했다. 그러나 청계천이 그 모습을 크게 바꾼 것은 영조 때의 일이었다. 영조는 1760년에 '준설사'를 설치해서 청계천을 준설했고, 그 과정을 『준설계첩』의 글과 그림으로 기록했다. 그리고 영조는

254

1760년의 청계천 준설을 기록한 준설계첩
영조가 동대문 옆 오간수문 위에 행차해서 사람들이 준설하는 것을 보고 있는 모습을 그린 기록화.

1773년에 청계천의 둑을 보호하기 위해 청계천의 양쪽에 석축을 쌓았고, 청계천의 둑 위에 버드나무를 심어서 서울은 '유경柳京' 곧 '버드나무 도시'라는 이름을 얻기도 했다(임종국, 1996).

이 때문에 2002년 11월에 시민위 역사문화분과는 영조 49년(1773년)에 완성된 청계천의 형태를 기준으로 청계천의 옛모습을 되살려야 한다고 결정했다. 좀더 구체적으로 말해서, 그것은 다음과 같은 네 가지 요건으로 제시되었다.

첫째, 하천의 형태를 복원해야 한다. 본래 청계천은 하류로 갈수록 넓어졌으며, 영조 때의 석축으로 상당히 직선화되었으나, 어느 정도 굽이치는 형태를 하고 있었다. 그런데 이명박은 하천의 너비를 일률적으로 정하고 직선화해서 청계천의 형태를 완전히 바꿔놓는 공사를 벌였다. 이 때문에 광통교를 복원하자면 그 길이를 늘려야 하고, 수표교를 복원하자면 그 길이를 잘라야 하게 되었다. 광통교의 길이는 약 12m인데 그 부근의 하천 너비는 약 22m로 정해졌다. 서울시는 광통교에 다른 다리를 잇대어 늘리겠다는 안을 내놓았다. 또한 수표교의 너비는 약 27m인데 그 부근의 하천 너비는 23m로 정해졌다. 서울시는 원래 수표교보다 짧은 모형다리를 놓겠다는 안을 내놓았다(서울특별시 시정개발연구원, 2003: 79~117). 이명박의 청계천 복원공사는 '프로쿠스테스의 침대'와 비슷하다. 프로쿠스테스는 다리가 침대보다 짧으면 잡아 늘리고 길면 잘라내는 식으로 사람을 죽였다. 비슷한 방식으로 이명박은 광통교와 수표교를 망쳤다. 사실 청계천이라는 하천 자체가 역사유적이다. 이명박은 이 하천의 형태를 파괴하면서 수표교와 광통교마저도 복원될 수 없도록 만들었다.

둘째, 인공둔치를 만들지 말아야 한다. 이명박은 일률적으로 인공둔치를 만들고, 그 위에 산책로를 만들었다. 청계천을 콘크리트 인공수로와 콘크리트 하천공원으로 만든 것이다. 그러나 본래 청계천에는 인공둔치가 없었다. 물살에 따라 이곳에 쌓였던 흙이 저곳으로 옮겨갔다. 청계천은 자연미 넘치는 석축 아래서 굽이쳐 흘렀으며, 이렇게 흐르면서 편안하고 아름다운 '천변풍경'을 연출했다(박태원, 1938; 임인식·임정의 편, 1995). 인공둔치를 만든 것은 청계천의 이러한 자연성을 망가뜨린 것이면서, 나아가 역사유적 청계천을 현재의 이용대상으로 보는 개발주의를 강행한 것이다.

셋째, 호안석축을 온전히 복원해야 한다. 20만 명이 넘는 인력이 동원되어 쌓은 엄청난 역사유적인 청계천의 호안석축은 일제 시대와 박정희 시대를 거치면서 크게 훼손되었다. 호안석축을 복원하는 것은 청계천 복원사업의 핵심과제였다. 망가지지 않은 석축을 찾아내고, 시멘트로 뒤덮인 석축을 되살리고, 완전히 사라진 석축을 다시 쌓아야 했다. 호안석축을 원형대로 복원하는 것은 청계천의 본래 모습을 되살리게 되는 것이었다.

"2004년 6월까지 청계천에서 발굴된 호안석축은 542m에 이른다. 이를 구간별로 보면, 모전교 상류 북쪽 57m·남쪽 58m, 모전교~광통교(광교 네거리) 사이 북쪽 31m·남쪽 86m, 광통교~장통교(장교 네거리) 사이 남쪽 240m, 장통교~수표교 북쪽 30m, 효경교 북쪽 40m 등이다. 특히 광통교와 장통교 사이에서 발굴된 240m의 장대한 석축은 청계천 유적 가운데 최대의 석조 구조물이라 할 수 있다. 특히 이 구간에서는 층계형의 석축과 수조로 추정되는 구조물, 무너진 석축을 보수한 흔적 등도 함께 확인됐다"(〈한겨레신문〉 2004년 6월 14일).

그러나 서울시는 홍수피해에 대처한다는 명목으로 어렵게 남아 있던 호안석축마저 모두 없애고 하천 너비를 넓혀서 거대한 시멘트 옹벽을 쌓았다. 이에 대해 시민위 건설안전분과에서는 서울시의 계산이 잘못되었으며, 호안석축을 모두 원형대로 복원할 수 있다는 연구결과를 제출했다(정동양, 2004). 그러나 서울시는 이런 중요한 의견을 일방적으로 묵살하고 원래의 호안석축을 모두 없애고 청계천의 모습을 완전히 파괴하는 방식으로 공사를 강행했다.

네째, 다리를 최대한 온전히 복원해야 한다. 청계천에는 많은 다리들이 있었다. 이 다리들을 가능한 한 원래의 자리에 원래의 모습대로 복원해야 해다. 특히 시민들의 관심을 끈 것은 광통교과 수표교의 복원이었다. 두 다리는 청계천의 상징처럼 알려졌기 때문에 이명박도 여러 차례 두 다리를 원래대로 복원하겠다고 공약했다. 그러나 이명박은 자신의 공약을 어기고 결국 두 다리를 복원하지 않았다. 그 이유로 서울시는 교통문제와 홍수문제를 들었다. 그러나 이에 대해 시민위는 청계고가도로의 철거로도 일어나지 않은 교통대란이 광통교를 복원한다고 해서 일어날 리 없다는 것과 홍수문제는 서울시가 자료를 과장했을 뿐만 아니라 청계천의 본래 모습을 되살릴 수 있는 공법을 검토조차 하지 않았다는 사실을 지적하였다(청계천복원시민위원회 비상대책위원회, 2004).

청계천 복원에서 가장 명심했어야 하는 것은 청계천 전체가 600년 역사도시 서울을 대표하는 역사유적이라는 사실이었다. 따라서 동아 일보사 옆에서 시작해서 신답철교에서 끝나는 5.8km의 청계천 구간 전체를 역사유적으로 간주하고 청계천 복원사업을 벌여야 했다. 그렇게 해서 가능한 한 청계천의 본래 모습을 되살리는 것이 올바른 청계천 복원사업이었다. 그러나 서울시는 거대한 시멘트 옹벽을 쌓아서 청계천의 본래 모습을 모두 없애버리는 공사를 벌였다. 이 때문에 시민위와 청계천연대는 서울시가 벌인 공사를 '청계천 파괴공사'로 규정했다(청계천복원시민위원회, 2004).

● '복원'의 방식: '삼각체계'는 작동했는가?

청계천 복원사업의 가장 큰 제도적 특징으로 '삼각체계'를 들 수 있다. 청계천복원추진본부(추진본부)와 청계천복원연구지원단(연구단)과 청계천복원시민위원회(시민위)가 결합해서 청계천 복원사업을 추진한다는 것이었다(〈한겨레〉, 2002년 7월 11일). 여기서 가장 중요한 기구는 다시 말할 것도 없이 시민위였다. 시민위는 서울시가 일방적으로 청계천 복원사업을 하지 않는다는 것을 보여주기 위해, 또한 실제로도 그렇게 하지 못하도록 하기 위해 조례를 제정해서 만들어졌던 것이었다.* 시민위의 기능은 다음과 같은 네 가지였다.

　1. 청계천 복원사업에 관한 주요 정책의 심의

---

* 정식명칭은 '서울특별시 청계천복원시민위원회 설치 및 운영에 관한 조례'이다. 2002년 9월 12일에 조례 제4032호로 제정되었다.

2. 청계천 복원사업에 대한 평가
3. 청계천 복원 관련 사항에 대한 조사 및 연구
4. 청계천 복원 관련 이익단체·시민의견 수렴 및 대시민 홍보활동 등

이 기능은 두 가지로 줄일 수 있는데, 하나는 올바른 청계천복원사업이 이루어지도록 관련 정책을 심의·평가하는 것이고, 다른 하나는 시민들에게 청계천복원사업을 잘 알려서 갈등이 빚어지는 것을 가능한 줄이는 것이다.

이와 관련해서 이명박은 2002년 7월 3일자 〈한겨레〉에 실린 인터뷰 기사에서 다음과 같이 말했다.

권태선 질문) 청계천 복원 주장을 폈던 학자들이 대거 시정인수위원회에 들어갔는데 그동안 경험을 보면 처음에 의욕을 가지고 참여했던 민간위원들이 업무를 집행하는 과정에서 집행주체인 공무원들과의 갈등이나 이견으로 제 기능을 발휘하지 못하는 경우가 많았다. 이런 갈등 소지를 미리 방지할 장치를 마련하고 있는가?

이명박 답변) 그 점에 대해서는 우려의 소지가 있다는 점을 잘 알고 있다. 민간위원들의 의욕을 행정 쪽에서 백업할 수 있는 시스템을 만들기 위해 노력할 것이다. 민간위원회 밑에 기획단을 두되 공무원 중심의 기획단에도 민간위원을 포함시키도록 하겠다. 서울시 공무원들 가운데서도 복원 찬성론자들이 많이 있어 그렇게 걱정하지 않는다.

이 답변에서 이명박 시장은 '민간위원회 밑에 기획단'을 두겠다는 뜻을 밝혔다. 그러나 실제로는 그렇게 되지 않았고 추진본부와 시민위를 나란히 두는 방식으로 되었다. 결국 '삼각체계'는 형식적인 면에서도 이명박 시장이 취임 직후에 밝힌 답변보다 훨씬 후퇴한 것이 되어 버렸

다. 그렇기는 해도 심의와 평가의 기능을 할 수 있도록 조례로 규정했기 때문에 시민위가 단순한 '들러리 위원회'가 되지는 않을 것으로 보였다. 그러나 서울시는 결국 시민위를 '들러리 위원회'로 만들어 버렸다.

일부러 조례를 제정해서 시민위를 만들었으므로 시민위의 활동과 반응은 이명박이 청계천 복원사업을 제대로 했는가를 살펴볼 수 있는 중요한 지표가 되었다. 그러나 '삼각체계'는 결국 제대로 작동하지 않았다(노수홍, 2004). 이명박은 시민위를 사실상 '방패막이'로 이용하려 했을 뿐이었다.* 시민위가 지적한 문제를 제대로 고치지 않은 채 실시설계를 제출하고, 시민위가 실시설계의 수용거부를 공식적으로 밝혔는데도 '복원공사'를 강행한 것은 그 생생한 예였다. 이제 주요 사건을 통해 '삼각체계'의 작동 여부에 대해 살펴보자.

시민위의 활동에서 가장 중요한 것은 추진본부가 마련한 설계안을 심의하는 것이었다. 이것은 기본계획(2003년 2월), 기본설계(2003년 7월), 실시설계(2004년 2월)의 3단계로 이루어졌다. 시민위는 기본계획에 대해 받아들일 수 없는 것이나 기본설계에서 보완하겠다는 약속을 받고 조건부로 승인했다. 그러나 기본설계에서 보완하겠다는 약속은 제대로 지켜지지 않았다. 이에 대해 시민위 역사문화분과는 2003년 7월 20일에 발표한 성명서**에서 다음과 같이 비판했다.

이번에 발표된 기본설계에서 분명하게 확인된 사실은 서울시 청계천

---

* 청계천복원사업의 가장 큰 장애는 교통문제와 청계천 주변 상인의 저항이었다. 이 문제를 시의 힘만으로 풀 수는 없었다. 이를 위해 이명박 시장은 시민위를 구성할 생각을 했던 것 같다. 시민위를 내세워 청계천 복원사업은 시민의 뜻이라는 것을 보여주고, 또한 시민위로 하여금 상인을 포함한 시민의 저항을 무마하도록 했던 것이다. 이 구상은 큰 성공을 거두었다. 그러나 이명박이 올바른 청계천 복원사업을 추진하지 않았기 때문에 결국 이명박은 시민위의 강력한 저항에 직면하게 되었다.
** 시민위 역사문화분과는 초기부터 추진본부와 큰 갈등을 빚었다. 이 성명서를 계기로 시민위 역사문화분과는 서울시의 행태를 공개적으로 비판하기 시작했다.

복원 추진본부(추진본부)가 '청계천 복원'을 내걸고 또 다른 '청계천 복개'를 추진하고 있다는 것이다. 추진본부는 종묘, 고궁, 도성과 함께 서울을 대표하는 역사 유적인 청계천을 복원해서 서울의 역사와 문화를 되살리려는 데는 아무런 관심도 없는 것으로 보인다. 추진본부의 진정한 관심사는 세운상가를 중심으로 한 도심 낙후지역의 대대적인 재개발이고, 그 일환으로서 청계천의 역사를 없애는 '청계천 공원' 만들기를 추진하고 있을 뿐이다. 그러나 이 공원조차 조잡하기 짝이 없는 것이다. 2km밖에 안 되는 짧은 구간을 10개의 주제로 나눠 놓았다. 회의에 참석한 한 건축공학 교수는 학부생조차 이런 식으로 설계하지는 않는다고 힐난했다(시민위 역사문화분과, 2003).

이처럼 기본설계를 둘러싼 갈등은 얼마 지나지 않아 결국 서울시에 대한 시민위의 전면적인 불신과 저항으로 이어졌다.

기본설계안은 2003년 6월에 제출되었다. 이에 관한 시민위원회의 심의회의는 7월 11~12일에 속초의 서울시공무원교육관에서 열렸다. 이 자리에는 반드시 설계안을 작성한 회사의 설계책임자가 참석해서 설계안에 대해 시민위원들에게 설명해야 했다. 그런데 어쩐 일인지 설계회사에서는 아무도 오지 않았다. 멀리 속초까지 심의를 위해 갔던 시민위원들은 황당할 수밖에 없었고 서울시에 강력히 항의했다.

2003년 10월 16일에 열린 서울시의회의 시정질의에서 민주노동당의 심재옥 의원은 양윤재 본부장에게 어떻게 해서 이런 일이 일어났는가에 대해 물었다. 이에 대해 양윤재 본부장은 다음과 같이 답변했다.

그 분들은 속초에 온천이나 하러 가겠다고 내려가신 분들이다. 그런 상황에서 실시설계 마련하느라고 바쁜 실무자들을 오라가라 하는 것이 옳은 것이냐? (이에 심재옥 의원이 그 발언에 책임질 수 있느냐고 재차 질문. 양윤재는 책임질 수 있다고 답함.)

이것은 명백한 '망언'이었다. 기본설계를 심의하러 속초까지 간 시민위원들을 가리켜 '온천이나 하러 간 사람들'이라고 시의회에서 공식적으로 답변한 양윤재 본부장의 자질은 물론이고 정신상태까지 의심하지 않을 수 없는 '망언'이었다. 이 '망언'에 대해 시민위가 분노한 것은 당연한 일이었다. 시민위는 2003년 11월 3일자로 이명박에게 공문을 보내 강력히 항의했다. 그 주요내용은 다음과 같다.

> 5) 양윤재 본부장의 답변은 본위원회의 존재를 부정하고 청계천복원을 추진본부의 계획대로 서둘러 강행하려는 의도를 노골적으로 표시한 것이다.
>
> …
>
> 9) 본 위원회는 양윤재 본부장의 직위해제와 올바른 청계천복원을 위한 실질적인 실시설계의 심의, 독립적인 활동 등이 확실히 보장될 때까지 위원회의 모든 활동을 중단한다(시민위, 2003).

그러나 이 비상식적 사건은 시민위의 강력한 항의에도 불구하고 양윤재와 이명박이 시민위원들에게 사과하는 것으로 끝나고 말았다. 그렇기는 해도 이 사건을 통해 시민위와 서울시의 관계는 극히 악화되었다.* 예컨대 2004년 1월 초에 시민위원들에게 보낸 신년 연하장에서 권숙표 시민위 위원장은 서울시가 시민위의 의견을 묵살하고

---

* 양윤재 본부장의 '망언' 사건과 관련한 자료들은 참여연대 홈페이지에 '잠망경'이라는 이름의 칼럼란을 통해 발표된 홍성태의 글(2003)에서 모두 볼 수 있다. 양윤재는 '성공한 권력형 비리'로 손꼽히는 2000년의 분당 파크뷰 용도변경 비리사건에 깊숙이 연루된 인물이기도 하다(허만섭, 2003). 그런데 2004년 7월에 이명박은 이렇듯 커다란 비리혐의를 갖고 있는 사람을 서울시 행정부시장에 임명했다. 서울시공무원노조와 시민단체들의 비판은 완전히 묵살되었다. 그러나 10개월 뒤인 2005년 5월에 양윤재는 대검에 긴급체포되었고, 대법원은 뇌물수수로 징역 5년형을 확정했다. 그런데 이명박은 대통령이 되고 2008년 8월에 양윤재를 사면했고, 12월에는 국가건축정책위원회 위원에 임명했다. 이명박은 그야말로 모든 면에서 비리사회 한국의 대표자이다.

있는 것에 대해 강하게 비판했다.

그러나 이런 비판에도 불구하고 서울시는 문제를 바로잡지 않은 실시설계안을 제출했다. 그 결과 2004년 2월 24일에 열린 실시설계안 심의회의에서 시민위 역사문화분과는 심의 자체를 거부하고 퇴장했다. 결국 시민위는 3월 16일에 서울시로 공식적인 결의안을 보냈다. 권숙표 위원장의 이름으로 보낸 이 결의안의 내용은 "서울특별시의 청계천복원사업 최종실시설계안을 심의한 결과 시민위원회가 올바른 청계천복원을 위하여 요구한 역사문화복원과 그와 관련된 하천단면이 설계에 제대로 반영되지 않아 시민위원회는 서울특별시의 최종 실시설계안을 수용할 수 없다"는 것이었다. 한마디로 말해서 시민위는 이명박 시장의 청계천복원공사를 올바른 청계천복원공사로 인정할 수 없다는 것이었다.

그러나 이명박은 시민위의 이처럼 명백한 반대를 묵살하고 '청계천파괴사업'을 강행했다. 이명박은 시민위를 통해 시민의 뜻을 받아들이겠다고 약속했다. 그래서 조례를 제정해서 시민위를 만들었다. 그러나 시민위의 뜻을 이렇듯 묵살함으로써 이명박은 시민의 뜻을 저버렸다. 그는 시민위를 우롱했고 시민을 속였다.

● **맺음말**

청계천 복원사업은 생태문화도시 서울을 향한 역사적인 전환이었어야 했다(홍성태, 2005). 그러나 이명박은 처음부터 그렇게 할 생각이 없었다. 청계천 복원사업은 2년 2개월만에 모두 마치도록 되어 있었다. 그 가운데 2개월은 철거공사기간이었으므로 결국 순전한 복원사업기간은 정확히 2년이었다. 이명박과 양윤재는 2002년 9월에 복원공사를 시작해서 2002년 9월에 끝낸다는 일정을 짜 놓고 이 일정에 맞추어 공사를 강행했다.

그러나 100년 동안 줄곧 파괴의 길을 걸어야 했던 600년 역사유적을 불과 2년 안에 모두 복원한다는 것은 있을 수 없는 일이었다. 5.8km에 이르는 긴 구간에서 쏟아져 나오는 유물과 유적을 제대로 수습하는 데만도 최소 몇 년의 시간이 필요했다. 제대로 복원을 하려면 우선 '발굴'부터 제대로 해야 했다(청계천연대, 2004). 서울시는 시민위의 제안을 적극적으로 받아들여 '올바른 복원'을 위해 최선을 다했어야 했다.

이런 당연한 요구에 맞서서 서울시는 '시민의 불편'을 최소로 줄이기 위해 공사를 최대한 빠르게 마쳐야 한다고 주장했다. 그러나 시민환경연구소가 2004년 3월 초에 시행한 여론조사에 따르면, 무려 70%에 이르는 시민들이 서울시가 일정에 쫓겨 문화재와 생태계의 복원에 소홀하다고 답했다. 또한 노점상들도 자신의 생계에 커다란 타격을 입히고 시작된 청계천복원사업이 올바른 내용으로 이루어질 것을 촉구하고 나섰다(전국노점상연합회, 2004).

이명박 시장은 가장 강력한 반대세력이었던 점포상을 설득하는 데는 상당히 성공했다. 그러나 청계천 복원사업의 정당성의 원천이었던 시민위와 전면적인 갈등을 빚으면서 그 정당성을 크게 잃었다. 또한 서울의 자연과 역사를 위해 많은 활동을 벌이고 있는 시민단체들도 서울시의 청계천 복원사업을 강력히 비판했다. 이명박은 천박한 '이익의 정치'에서는 상당히 성공했으나 소중한 '가치의 정치'에서는 크게 실패했던 것이다.

이명박은 청계천 복원사업의 이름으로 '청계천 파괴사업'을 강행했다. 그 결과 한강 물을 역류해서 흘려보내는 콘크리트 인공수로를 만들었다. 올바른 청계천 복원은 상류의 백운동천, 청풍계천, 삼청동천 등이 대체로 살아나는 것을 기반으로 청계천의 자연과 역사를 되살리는 것이다. 그러나 이명박은 600년 동안 제 자리를 지키고 있던 광통교마저 150m 위로 이축하고 개조하는 문화재 훼손마저 저질렀다. '4대강 살리기'를 내세운 '4대강 죽이기'의 문제는 이미 청계천 복원사업에서 잘 드러났다(홍성태, 2010, 2011).

사실 청계천 복원은 주변의 재개발을 위한 수단이었다. 청계고가도로 때문에 청계3가에서 5가에 이르는 구역은 재개발되지 못하고 있었다. 이 지역을 재개발해서 테헤란로처럼 만드는 것이 이명박 시장과 양윤재 본부장의 실제 목적이었고, 청계천 복원사업은 자연과 문화에 대한 시대의 요청과 큰 반향을 일으키며 이 목적을 추구할 수 있는 길을 크게 열어주었다. 이런 점에서 청계천복원사업은 신개발주의의 전형적 사례였다.

궁극적으로 청계천 복원은 이명박의 대통령 출마를 위한 수단이었다. 청계천 복원사업이 2003년의 서울시정에서 최고시정으로 뽑힌 데서 알 수 있었듯이, 청계천 복원사업은 이명박의 야욕을 이루어줄 수 있는 기반이 되었다. 이명박은 청계천 복원사업을 자신의 정치적 야욕을 위한 수단으로 추구했다. 역사 복원의 일정이라고 할 수 없는 무리한 일정 자체가 그 중요한 증거였다. 이명박은 겉으로는 소중한 '가치의 정치'를 내세우고 속으로는 철저히 천박한 '이익의 정치'를 철저히 추구했던 것이다.

구개발주의와 신개발주의는 본질적으로 같다. 그것은 성장주의에 뿌리를 두고 있으며, 권력자의 정략에 크게 좌우된다(홍성태, 2007). 이명박의 청계천 복원사업은 이런 사실을 잘 보여주었다. 이명박은 자신이 천박한 '이익의 정치'를 철저히 펼치고 있다는 사실을 시민들이 모를 것으로 여겼다.* 실제로 많은 시민들이 이명박 덕에 돈을 벌 수 있으리라는 기대로 이명박을 적극 지지했고, 그 결과 이명박은 토건족의 대표답게 토건국가의 문제를 극단화해서 이 나라를 망쳤다(홍성태, 2011).

___참고

2002~2004년의 청계천 복원사업 관련 주요 회의와 활동

2003년 1월: 청계천 복원 기본계획 심의회. 2003년 1월에 제출된 기본계획의 심의에서 가장 큰 문제로 지적되었던 것은 서울시가 이때부터 이미 청계천을 현대식 하천공원으로 만들 계획을 밀어붙이고 있다는 것이었다. 이것을 고치겠다는 약속을 듣고 시민위에서는 기본계획을 승인했으나, 2003년 6월에 제출된 기본설계에서 서울시는 문제를 고치기는커녕 더욱 악화시켰다. 시민위의 반발을 에둘러가기 위해 서울시는 2003년 7월 15일 갑자기 문화재전문가자문회의라는 것을 열었다. 그런데 이 자리에 참여한 문화재전문가들도 서울시의 기본설계에 대해 '청계천을 복원하려는 것이 아니라 새로운 청계천을 만들려는 것'이라고 지적했다(시민위 역사문화분과, 2003)

2003년 6월: 2003년 6월에 속초에서 실시설계 심의회의가 열렸으나 서울시는 정작 설계자들을 부르지 않았다. 이에 대해 서울시의회에서 심재옥 의원이 양윤재에게 그 이유를 따지자 양윤재는 심의를 위해 속초까지 간 위원들을 '온천에 목욕이나 하러 간 사람들'이라고 망언했다.

2004년 3월 5일: 이명박과 양윤재가 청계천 복원사업 관련 문화재

---

* 이명박 시장은 기자들에게 공공연히 "좋게든 나쁘게든 무조건 많이만 써 달라. 차기 대선까지는 아직 몇 년 더 남았다. 그때 가면 사람들은 모든 것을 기억하기보다 그저 '이명박'이란 이름 석자만 기억할 것이다"고 말했다(문성일, 2004). 이명박은 이렇듯 사람들을 공공연히 무시하며 참담한 악행들을 저질렀다.

파괴와 직무유기 혐의로 서울중앙지검에 고발되었다. 고발인은 김영주(토지문화관장, 청계천복원시민위원회 역사문화분과 위원장), 박상환(성균관대 교수, 민주화를위한전국교수협의회 공동의장), 강내희(중앙대 교수, 문화연대 집행위원장), 홍성태(상지대 교수, 참여연대 정책위원장, 청계천복원시민위원회 역사문화분과 간사위원), 황평우(한국문화유산정책연구소 소장, 문화연대 문화유산위원회 부위원장)의 5명이었으며, 담당 변호사는 법무법인 한결의 백승헌, 여영학, 성종규, 문건영의 4명이었다.

2004년 2월 24일: 청계천 복원의 실시설계 심의회에서 가장 강하게 항의한 것은 역사문화분과였지만, 건설안전분과와 도시계획분과에서도 중요한 지적이 있었다. 먼저 건설안전분과는 청계천의 원래 모습을 되살리는 방식으로 홍수처리를 얼마든지 할 수 있다는 것을, 도시계획분과는 청계천에 하천공원을 만드는 것은 예산낭비일 뿐이라는 것을 지적했다. 또한 본회의 위원인 이희덕 선생은 실시설계에 관한 심의를 받지 않고 광교의 상판 공사를 하는 등 서울시가 불법공사를 벌이고 있다고 지적했다(홍성태, 2004ㄴ).

2004년 4월: 서울시는 2004년 4월에 세운상가 일대의 재개발계획을 공식적으로 발표했다. 그러나 실제로 이 계획은 이명박의 취임 직후부터 마련되었던 것이다. 이 계획의 골자는 세운상가를 철거하고 그 자리는 공원으로 만드는 대신에 주변의 낙후지역을 재개발해서 25층짜리 고층건물 8동을 짓는다는 것이었다. 이 계획은 2003년 6월 9일에 추진본부 회의실에서 열렸던 청계천주변 상인들과 추진본부의 간담회에서 공개되었다. 이 자리에 참석한 시민위원들은 양윤재 본부장이 자랑스럽게 공개하는 이 계획을 보고 깜짝 놀라지 않을 수 없었다. 시민위와 아무런 상의도 없이 주변지역 재개발에 관해 추진본부가 확고한 계획을 이미 마련했기 때문이었다.

2004년 6월 25일: 권숙표 청계천복원시민위원장 항의 사퇴. 시민위 위원장은 권숙표 선생과 이명박 시장이었다. 그러나 이명박은 어디

까지나 시민위의 원활한 활동을 위한 형식적 위원장이었고, 실질적
위원장은 환경공학계의 원로인 권숙표 위원장이었다. 서울시는 권
숙표 위원장에게 실시설계를 심의해 달라고 계속 졸랐다. 이에 대한
항의의 뜻으로 권숙표 위원장은 2004년 6월 25일에 위원장직을 사퇴
하였다. 그러자 서울시는 7월 5일에 직원을 권숙표 선생 댁으로 보
내 조례에 있지도 않은 명예위원장을 맡아달라고 졸랐다. 권숙표 선
생이 거절하자 서울시 직원은 명예위원장 증서를 현관에 몰래 두고
떠났다. 권숙표 선생은 7월 7일에 이 증서를 등기로 되돌려 보냈다.
서울시가 참으로 사악하고 무례하게 시민위원회를 이용하고자 했는
가를 잘 보여주는 사건이었다.

___ **참고자료**

강홍빈(2004), ‘신개발주의 비판 – 균형발전과 신개발주의의 갈등’,
        한국공간환경학회/걷고싶은 도시 만들기 시민연대 심포지
        엄 격려사
길윤형(2004), ‘청계천보다 잔인한 동대문’, 『한겨레21』 2004년 7월 1일
김규원(2002), ‘청계천에 생명을(10) 누가 처음 꿈꿨을까?’, 『한겨레
        신문』 2002년 6월 28일
노수홍(2004), ‘청계천복원시민위원회의 활동과 문제점’, 청계천연
        대·청계천복원시민위원회 공동주최 토론회 발표문, 2004
        년 6월 9일
문성일(2004), ‘이명박 프로젝트 – 청와대를 향하여!’, 『머니투데이』
        2004년 2월 16일
문화연대(2004), ‘양윤재 서울시 부시장 선임을 반대하고 뇌물수수
        관련 수사를 촉구한다!’
문화연대 외(2003), {2003 도시시민탐사 – 청계천 탐험}, 미간행

박경리(2004), ‘청계천, 복원 아닌 개발이었나’, 『동아일보』 2004년 3월 6일

박태원(1938), 『천변풍경』, 깊은샘(1989년 복간, 1994년 개정판)

법무법인 한결(2004), ‘고발장’

서울역사박물관(2014), 〈안녕! 고가도로〉

서울특별시 시사편찬위원회(1996), ‘성곽의 훼철’, 『서울육백년사』 (seoul600.visitseoul.net/)

서울특별시 청계천복원추진본부(2002), 『청계천의 역사와 문화』

_______________________________(2003), 『청계천복원 건설공사 기본설계보고(제1공구)』

_______________________________(2004), 『청계천복원사업 설계보고』

서울특별시 시정개발연구원(2003), 『청계천복원 타당성 조사 및 기본계획 – 역사문화부문』

선대인(2004), ‘이명박 시장, 청계천 공사를 말하다’, http://media.daum.net

손정목(2003), 『서울도시계획이야기』 제5권, 한울

송도영(2003), ‘청계천 공구상가의 공간구조와 사회적 성격’, 『에코』 2003년 상반기호

시민위 역사문화분과(2003), ‘청계천복원사업은 역사복원사업이다 – 기본설계는 완전히 다시 작성되어야 한다’

안병옥(2003), ‘자연의 정원화와 사회적 실험실로서의 청계천 복원’, 『에코』 2003년 상반기호

임인식·임정의 편(1996), 『그때 그 모습』, 도서출판 발언

임종국(1996), 『한국사회풍속야사』, 서문문고(초판은 1980년)

전국노점상연합회(2004), ‘우리 노점상들은 청계천이 제대로 복원되기를 간절히 원한다 –국제노점상대회 청계천 페스티벌을 개최하며–’

정동양(2004), ‘청계천 교량복원과 홍수문제’

조명래(2003), ‘청계천의 재자연화를 둘러싼 갈등과 쟁점’ 『에코』

2003년 상반기호

청계천복원시민위원회(2003), '2003년 11월 3일 청계천복원위원회가
    서울시장에게 보낸 공문'

__________________(2004), '서울시는 청계천 파괴공사를 즉각 중
    단하고 올바른 청계천복원공사를 실시하라!'

청계천복원시민위원회 비상대책위원회(2004), '청계천복원 문화재전
    문가 자문위원회는 청계천 파괴를 정당화하지 마라!'

청계천살리기연구회(2002), 『제3회 청계천살리기 심포지움 - 도시
    하천의 복원과 문화』

청계천시민위원회(2014), 〈청계천 역사성 및 자연생태성 회복(안)〉,
    2014년 3월 12일

청계천연대(2003), '청계천복원공사 기본설계에 대한 평가'

__________(2004), '문화유적 파괴하는 청계천복원공사 즉각 중단하
    라! ~ 청계천! 부분발굴 안 된다. 전면 발굴하라!'

허만섭(2003), '분당 파크뷰게이트 검찰 수사기록 - 청계천복원본부
    장 특혜 분양·성남시장에 3000만원·DJ 일가 묘도 단장',
    『신동아』 2003년 7월호

홍성태(2003ㄱ), '청계천의 공간문화 :파괴, 정체, 그리고 희망', 『에
    코』 2003년 상반기호

______(2003ㄴ) '이명박 시장의 청계천역사파괴사업', www.people-
    power21.org

______(2004ㄱ), 『서울에서 '서울'을 찾는다』, 궁리

______(2004ㄴ), '이명박 시장을 고발한다 - 청계천복원사업은 어디
    로 가고 있나?', 『문화과학』 2004년 여름호

______(2005), 『생태문화도시 서울을 찾아서』, 현실문화

______(2007), 『개발주의를 비판한다』, 당대

______(2010), 『생명의 강을 위하여』, 현실문화

______(2011), 『토건국가를 개혁하라』, 한울

서울 한강의 진정한 복원을 위해

● 한강의 파괴적 개발

겸재 정선의 그림에서 볼 수 있듯이, 또한 1960년대 이전의 사진에서 볼 수 있듯이, 본래 서울의 한강은 대단히 아름다운 생명의 강이었다(최완수, 2004; 김한용 외, 2002). 곳곳에 여울이 있고, 아름다운 백사장이 드넓게 펼쳐져 있었으며, 풍요로운 습지와 강둑도 끝없이 이어져 있었다. 그러나 박정희와 전두환의 군사-개발독재에 의해 서울의 한강은 고층 아파트와 자동차 도로로 차단된 삭막한 콘크리트 수로가 되고 말았다. 과연 우리는 세계인이 부러워하는 천혜의 한강을 되찾을 수 있을까? 그럴 수 있다. 전부는 아니어도 상당한 부분을 되찾을 수 있다. 문제는 우리의 자각과 의지이다.

모든 도시는 강에 의지해서 건설되고 유지된다. 서울은 한강에 의지해서 건설되고 유지되는 '한강의 도시'이다. 한강은 태백산이 발원지인 남한강과 금강산이 발원지인 북한강이 경기도 양평군 양수리에서 합류해서 이루어진다. 본류인 남한강의 길이는 394.25km이고, 제1지류인 북한강의 길이는 325.5km이다.* 여기서 두 강의 길이는 각각의 발원지에서 두 강이 합쳐지는 양수리까지의 길이이다. 남한강과 북한강이 경기도 양평군 양수리에서 만나서 비로소 한강**을 이루는 것이다. 양수리에서 김포군 월곶면의 하구까지 한강의 길이는 103.25km이고, 한강의 서울 구간은 41.5km이다(서울특별시, 2010).

---

* 다른 자료에서는 남한강의 유로연장은 375km, 북한강의 유로연장은 317.5km로 제시되어 있다(한강유역환경청, 2010).

** 한강은 보통 '큰 강'이라는 뜻으로 해석되지만, 두 강이 합쳐서 한 강이 되었다는 뜻으로 해석할 수도 있을 것이다.

다른 강들과 마찬가지로 한강은 수만 년 전에 형성된 지질과 지형을 따라 곳곳에서 습지와 모래밭을 만들어내면서 유유히 굽이쳐 흐르는 대단히 아름다운 자연의 강이었다. 그러나 근대화와 함께 한강은 크게 훼손되어 그 아름다움을 크게 잃은 것은 물론이고 생태적 특성과 가치마저 크게 잃고 말았다. 여기서 특히 중요한 것은 쿠데타로 권력을 잡은 박정희 정권이 1962년부터 강행한 '조국 근대화'였다. '독재적 산업화'를 핵심으로 하는 '조국 근대화'의 목표는 노동과 자연에 대한 '이중의 착취'를 통해 급속한 경제성장을 이루는 것이었다. 그 결과 급속한 경제성장은 이루어졌으나 사회의 불안은 계속 심화되었고 국토의 파괴는 극히 악화되었다(홍성태, 2000, 2007).

급속한 경제성장에 초점을 맞춰서 흔히 박정희 정권의 근대화를 '압축적 근대화'로 부른다. 그러나 이것은 너무나 피상적인 것이다. 압축은 자연적으로 이루어진 것이 아니었다. 박정희 정권은 압축을 위해 엄청난 폭력을 행사했다. 이런 점에서 박정희 정권의 근대화는 '폭압적 근대화'라고 해야 한다(홍성태, 2007). 1990년대 초에 미국에서 고안된 '돌진적 근대화'(정확히는 '근대화를 향한 돌진')라는 표현도 역시 극히 피상적이다. 돌진은 저절로 이루어지지 않았으며, 그 내용은 더욱 더 모호하다. 조희연이 제안한 '동원된 근대화'는 권력에 의한 동원이라는 특징을 잘 보여주지만 역시 그것이 폭력에 기반하고 있다는 사실을 제대로 보여주지 못한다.

정수장의 건설, 다리의 건설, 제방의 건설, 강변의 매립 등 한강의 근대화는 일제 때부터 시작되었지만, 한강의 본격적인 파괴적 개발이 이루어진 것은 박정희 정권에 의해서이다. 일제에 의한 '한강의 근대화'는 '식민지 근대화'로 파악된다. '식민지 근대화'는 식민지의 자연과 사람을 모두 지배국의 이익을 위한 수단이자 대상으로 만드는 변화이다. 본래 근대화는 반자연과 비인간의 문제를 안고 있으

나 '식민지 근대화'는 지배국과 식민지 사이의 총체적 불평등을 매개
로 해서 이 문제를 극단화할 수 있다. 박정희와 전두환의 개발독재
는 '식민지 근대화'의 문제를 전면화하는 것이었으며, 이명박과 오세
훈의 '신개발주의'도 '식민지 근대화'의 문제를 더욱 확대하는 것이었
다. 특히 이명박의 '4대강 살리기'는 사실상 '대운하 1단계'이자 '4대
강 죽이기'로서 '식민지 근대화'의 완성이라고 할 수 있었다. 이렇듯
우리는 '4대강 살리기'를 '식민지 근대화'의 연장으로 파악해야 한다.
이런 사실을 올바로 이해하기 위해서는 근대화에 대한 비판적 관점
을 올바로 확립해야 한다. 근대화는 일방적으로 칭송될 수 있는 역사
적 변화가 아니다. 우리는 근대화의 성과와 문제를 총체적으로 인식
해야 한다. 근대화에 대한 비판적 인식이야말로 근대화에 대한 총체
적 인식을 보장한다. 우리는 '비판적 근대화 이론'에 입각해서 근대화
를 이해해야 한다. 그 핵심에 생태적 전환의 인식이 자리잡고 있다.*

　한강의 변화는 크게 네 단계로 나누어 살펴볼 수 있다. 그리고 그
것은 개발을 내건 대대적 파괴 또는 파괴적 개발의 지속적 확대로 요
약할 수 있다. 첫째 단계는 일제 시기의 변화, 둘째 단계는 박정희-
김현옥의 '한강개발'에 의한 변화, 셋째 단계는 전두환의 '한강종합개
발사업'에 따른 변화, 넷째 단계는 오세훈의 '한강 르네상스'에 의한
변화이다. 이제 진정한 한강 복원을 적극 추진해야 한다. 이를 위해
서울환경운동연합과 여러 전문가들이 2010년 3월에 진정한 한강 복
원 계획을 발표했고(서울환경운동연합 엮음, 2010), 박원순 시장의
서울시는 2012년 4월에 한강시민위원회를 구성했으며, 한강시민위
원회는 2013년 3월 20일에 '한강 자연성 회복 기본구상'을 발표했다
(한강시민위원회, 2013).

---

* 이러한 비판적 근대화와 생태사회학의 관점에서 한강을 비롯한 여러 강들의 변화와 '4대강
살리기'의 문제를 연구해야 한다(홍성태, 2010).

● '조국 근대화'와 한강

박정희 정권은 강력한 경제성장 정책을 강행했다. 여기에는 두가지 배경이 있었다. 첫째, 박정희가 미군의 묵인 아래 쿠데타를 일으켜서 권력을 장악한 1960년대 초의 한국은 세계적으로 손꼽히는 가난한 농업국이었다. 이 때문에 가난에서 벗어나는 것은 그야말로 국민적 염원이었다. 둘째, 정치적 정당성이 원천적으로 결여된 박정희 정권은 급속한 경제성장을 통해 자신의 능력을 입증하고 정치적 정당성을 확보하고자 했다. 이 때문에 박정희는 군사작전을 벌이는 것과 같은 방식으로 경제성장을 강행했다.*

박정희 정권이 '조국 근대화'를 내걸고 강행한 경제성장 정책은 서울과 부산을 두 축으로 하는 국토의 양극화 전략을 통해 구현되었다. 이로써 수도권과 영남을 중심으로 하는 국토의 불균형구조가 형성되었다. 그런데 사실 이보다 더 중요한 것은 '조국 근대화'를 통해 토건국가의 구조가 확립되었다는 것이다. 이로써 개발을 발전과 동일시하는 개발주의가 만연하게 되었다. 박정희 정권에 의한 토건국가와 개발주의의 확립은 민주화에도 전혀 약화되지 않고 오히려 강화되어 이 나라의 '진정한 선진화'를 가로막고 있다(홍성태, 2009). 잘 알다시피 서울은 이러한 토건국가와 개발주의의 문제를 보여주는 가장 중요한 장소이다. 박정희 정권은 다른 어떤 곳보다도 먼저 서울의 대대적인 개발을 통해 자신의 능력을 과시하고자 하는 공간정치를 펼쳤기 때문이다. 지금 우리가 알고 있는 서울의 특징, 특히 행정구역과 도시구조는 모두 박정희 정권의 '조국 근대화'의 직접적인 산물이다(홍성태, 2005).

한강을 비롯한 서울의 근대화는 일제의 식민통치로 시작되었다.

---

* 이런 점에서 박정희 정권의 경제성장 방식을 '군사적 개발주의'(military developmentalism)나 '군사적 성장주의'(military growthism)로 부를 수 있다(홍성태, 2007).

그러나 그 본격적인 변화는 박정희 정권에 의해 이루어졌다. 박정희 정권의 '조국 근대화'는 정치적 근대화를 사실상 원천적으로 부정하고 무조건적 경제성장을 추구한 '파행적 근대화'이자 '기형적 근대화'였지만, 이와 함께 그것은 전국적 차원에서 사회의 모든 면에 걸쳐 근대화를 추구한 '본격적 근대화'였다. 그리고 그 물질적 핵심은 공업화와 도시화였으며, 서울은 이런 변화를 대표하는 공간이 되었다. 우리는 고가도로와 고층건물이 급속히 건설된 서울의 도심뿐만 아니라 대규모 준설과 도로의 건설로 급속히 본래의 모습을 잃게 된 한강에서도 이 사실을 여실히 확인할 수 있다(손정목, 2003).

급격한 인구증가에 따라 서울의 행정구역은 1963년에 거의 현재와 같은 정도로 확장되었다. 지금의 강남 지역이 대부분 이때 서울로 편입되었다. 서울의 변화를 주도한 사람은 '불도저 시장'으로 알려진 김현옥이었다. 1926년에 태어난 김현옥은 1962년에 준장으로 예편해서 부산시장에 취임했으며, 이어서 1966년 4월 1일에 서울시장에 취임해서 1967년 9월 22일에 〈한강개발 3개년 계획〉을 발표했다(서울특별시사편찬위원회, 2001: 336). 이에 따라 한강은 대대적인 파괴적 개발을 겪게 되었다. 도시학자로서 서울시 부시장을 역임한 강홍빈은 이와 관련해서 다음과 같이 지적했다.

한강변이 상전벽해의 변화를 시작하는 것은 1968년 '불도저' 김현옥 시장이 '한강개발 삼개년 계획'을 착수한 것이다. 세운상가, 낙원상가, 청계천 고가도로, 광화문 지하도 등을 건설하면서 온 서울 장안을 파헤친 불도저 시장은, 제일한강교에서 김포 비행장까지 제방을 쌓아 '자동차 전용도로'를 만들면서 이만사천 평의 금싸라기 택지가 '저절로' 생겨나는 것을 목도한다. 여기에 착안한 김 시장은 1968년부터 그 스스로 '민족의 예술'이라며 찬탄하던 '한강개발 삼계년 계획'에 착수한다. 그 핵심은 윤중제를 쌓아 여의도를 개발하는 것이었지만, 또 하나의 핵심은 한강변 칠십사 킬로미터 양안에 제방도로를 만들면서 겸해서 육십구만칠천 평의 택지를 조성하는 일이었다. 사업비는 택지의 매각으로 조달할 구상이었다(강홍빈, 2002: 129~130).

〈한강개발 3개년 계획〉은 강변도로 건설, 공유수면 매립, 여의도 윤중제 건설, 잠실 개발 등을 핵심으로 했다. 그러나 사실 그 기본은 공유수면 매립을 통한 거대제방을 쌓는 것이었다. 요컨대 강 안쪽으로 거대제방을 쌓고, 제방 위에는 자동차 전용도로를 건설하고, 제방을 쌓아서 확보한 부지는 택지로 조성해서 매각하고, 택지에는 중산층 아파트를 건설해서 분양하고, 모래와 자갈은 골재로 사용하는 것이 〈한강개발 3개년 계획〉의 골자였다. 이명박과 한나라당이 강행한 '4대강 살리기'는 사실상 박정희 정권의 '한강개발'을 그대로 답습한 것이었다.* 그리고 박정희 정권의 '한강개발'에서 가장 큰 재미를 본 것은 바로 현대건설이었다. 현대건설 사장 출신 이명박은 '한강개발'의 방식을 전국의 모든 강에서 강행했던 것이다. 〈한강개발 3개년 계획〉의 결과로 한강은 수만 년 동안 지켜온 본래의 모습을 크게 잃어버리게 되었다. 이미 1960년대 초부터 각종 하수와 폐수가 쏟아져 들어와서 한강의 물을 식수로 쓸 수 없게 되었을 뿐만 아니라 수영도 할 수 없게 되었다. 그러나 '조국 근대화'의 18년을 지나면서 한강은 물이 더러워지는 것을 넘어서 아예 제 모습을 거의 전부 잃어버리게 되었다. 그 문제를 서울특별시사편찬위원회는 다음과 같이 지적했다.

1967년 한강 개발이 시작되어 1970년대 말 잠실지구 개발이 일단락될 때까지 한강변은 무서운 속도로 변화하였다. 강변도로가 만들어지면서 시가지와 강변은 완전히 차단되어 버렸다. 강변도로를 만들면서 쌓

---

* 그러나 2010년대의 한국은 1970년대의 한국과 크게 다르다. 강을 파괴하고 혈세를 탕진하는 토건업을 축소하는 것이야말로 2010년대의 한국이 추구해야 하는 '진정한 선진화'의 길이다.

한강 매립으로 건설된 아파트 단지 ~ 반포와 잠실
자료: 서울특별시사편찬위원회(2001), 『한강의 어제와 오늘』

은 제방 안쪽에 대규모의 택지가 조성되고 이들 택지에 예외없이 고층 아파트가 들어서면서 강변 경관은 고층 아파트 단지가 지배하게 되었다. 한강은 이후 '88서울올림픽'을 앞두고 한강종합개발사업이 추진되기까지 20년 가까운 기간 동안 시민에게서 멀어진 공간이 되었다. 한강변의 수려한 경관은 사라져 버렸고, 배를 타고 한강을 건너는 일도 옛이야기가 되어 버렸다(서울특별시사편찬위원회, 2001: 172~173).

● 한강종합개발의 문제

전두환은 박정희보다 더 악랄하게 폭력을 휘둘러서 권력을 장악했다. 그는 1979년의 12·12 군사반란에 이어 1980년의 5·17 군사반란을 일으켜서 권력을 장악하고, 이에 항의하는 광주의 시민들을 무참히 학살했으며, 나아가 저항하는 시민들을 구금하고 고문했고 언론을 장악해서 사실을 왜곡하고 호도했다. 전두환 정권은 박정희 정권과 마찬가지로 급속한 경제성장을 통해 원천적으로 결여된 정치적 정당성을 확보하려고 했다. 그리고 여기서 또 다시 서울이 핵심적인 장소로 활용되었다. 전두환 정권은 박정희 정권과 마찬가지로 서울을 활용한 공간정치를 통해 자신들의 능력과 성과를 과시하고자 했던 것이다. 이로써 서울은 박정희 개발독재의 폐해에서 벗어나는 것이 아니라 더욱 강력한 전두환 개발독재의 폐해로 고통받게 되었다.

서울의 변화와 관련해서 전두환 정권은 박정희 정권이 추구한 정책을 사실상 그대로 물려받았다. 그것은 거대화, 고층화, 아파트화, 자동차화 등으로 요약할 수 있다. 그런데 박정희 개발독재 18년 동안 급속한 경제성장이 이루어졌고, 이것은 서울의 변화에도 고스란히 반영되었다. 그 결과 서울의 내적 구획선은 청계천에서 한강으로 확대되었고, 서울은 고층 건물들이 늘어선 화려한 소비생활의 중심지로 변모했다. 박정희 개발독재가 청계천을 대표적인 상징공간으로 삼았다면, 전두환 정권은 한강을 대표적인 상징공간으로 삼았다. 이것은 다음과 같은 형태로 나타났다. "1970년대까지 서울 근대화를 상징하는 경관요소가 청계고가도로와 3·1빌딩이었다면, 1980년대 서울 현대화를 상징하는 경관요소는 올림픽대로와 63빌딩이었다"(서울특별시사편찬위원회, 2001: 174). 올림픽 유치는 그 중요한 계기였다. 1981년 9월에 올림픽을 유치하게 되자 전두환은 한강의 모래와 자갈을 골재로 활용해서 서울의 (재)개발을 촉진할 것을 지시했다. 이로부터 〈한강종합개발사업〉이 비롯되었다(서울특별시사편찬위원회, 2001: 358).

정부가 한강종합개발을 시작한 속내는 한강의 모래와 자갈을 활용하기 위해서였다. 88올림픽을 유치한 후 급하게 닥친 개발 압력. 그 때 눈에 들어온 것이 한강의 백사장이다. 한강의 은빛 모래는 최상의 건축자재로, 지금 쓰는 바닷모래와는 격이 달랐다 한다. 81년 당시 전두환 대통령의 "서울 지역내 한강골재와 고수부지를 활용하는 방안을 검토하라"는 지시가 바로 한강종합개발이 시작된 단초. 이를 연구해오다 저수로 정비, 시민공원 조성, 올림픽대로 건설, 분류 하수관 설치까지 포함하는 한강종합개발안으로 사업이 확대된 것이다. 그 기간 채취해 판 한강의 골재의 양은 자그마치 6,369만㎥. 액수로도 1,962억원에 달했는데 이 돈으로 한강종합개발 사업비의 절반을 충당했다. 지금 한강변에 줄지어 선 아파트들은 한강 백사장의 모래

　　로 지어진 것들이다(이성원, 2004).

　　〈한강종합개발사업〉은 1982년 9월 28일에 여의도 고수부지에서 기공식을 거행하는 것으로 시작되어 1986년 9월 10일에 준공식을 거행하는 것으로 종료되었다. 그 주요내용은 저수로 정비, 콘크리트 호안 건설, 수중보 건설, 한강시민공원 조성, 올림픽대로 건설, 분류하수관로 건설, 하수처리장 건설 등이었다. 이로써 한강은 강의 모습을 완전히 잃어버리고 거대한 콘크리트 수로와 콘크리트 호수로 변모하고 말았다. 전두환 정권은 이곳에 유람선*을 띄우고 마치 '낙원'이라도 이루어진 양 선전을 했지만 이런 행태 자체가 심각한 비판과 저항의 대상이 되었다. 물론 한강변에 공원을 조성하고 한강에 유람선을 띄운 것을 모두 잘못된 정략의 산물로만 볼 수는 없다. '한강종합개발'은 1980년대에 이르러 한국이 '중진국'이 되면서 폭증한 여가 수요를 충족하기 위한 변화라는 성격도 가졌기 때문이다. 그러나 이런 변화가 올바른 것이 되기 위해서는 자연과 역사를 존중하는 방식으로 이루어졌어야 했다.

　　전두환 정권은 북한이 '수공'을 해 올 것에 대비해야 한다며 국민의 성금을 모아 '평화의 댐'을 건설했다. 그러나 '평화의 댐'에 관한 전두환 정권의 선전은 완전한 거짓말이었다는 사실이 결국 밝혀졌다.** 전

---

* 한강 유람선은 1986년 10월에 운항하기 시작했다. (주)세모가 유람선 운항을 독점했는데 유병언이 전두환의 동생인 전경환과 유착한 결과였다. 유병언은 청해진 해운을 세워서 계속 비리를 저지르며 연안 여객선을 운항하다가 2014년 4월 16일 초유의 '세월호 대참사'를 일으켰다(홍성태, 2014)

** "1993년 감사원 감사 결과 금강산 댐의 위협과 이를 대비하기 위한 평화의 댐의 필요성도 부풀려진 것으로 드러났다. 금강산 댐의 구체적인 위치와 규모에 관한 1차 분석결과는 한국전력 직원 1명에 의해 이뤄진 결과로 매우 허술하였다. 또한 첩보를 수집하여 정확한 위치와 규모를 파악한 후에도 이를 정정하지 않고 최소 70억t, 최대 200억t이라는 건설 불가능한 수치를 발표하여 대북 공세와 국민 경각심 고취에 이용하였다. … 전두환 대통령은 감사원 조사과정에서 댐 건설의 최종 결정에 개입한 정황이 포착되었고 이에 대해 "국가안보를 위한 대응책으로서 모든 가능성을 검토하고 결정한 일"이라고 해명했으며 이후 시민단체로부터 사기와 공갈 혐의로 고발당했으나 무혐의 처분을 받았다. 평화의 댐 건설을 지지하고 공사계획에 참여했던 선우중호 서울대 총장은 북한의 수공 위협이 과장되었음이 밝혀지자 학생들에게 사과했다"(〈위키백과〉, '평화의 댐').

두환 정권은 국가를 거대한 유언비어의 주체로 만들어 버렸던 것이다. 전두환 정권은 '한강종합개발사업'으로 마치 한강이 되살아난 것처럼 선전했지만 이것도 역시 거의 완전한 거짓말에 가까운 것이었다. 김포에서 팔당까지 한강변을 콘크리트 호안으로 뒤덮는 것은 싱싱하게 살아 있는 생명의 강을 회색의 콘크리트 수로로 완전히 바꾸는 것이었다. '한강종합개발'은 '한강개발 3개년 계획'에서 자행된 한강의 파괴를 개선하는 것처럼 보였지만 실상은 콘크리트 호안과 보를 건설해서 그것을 더욱 더 확대하는 것이었다. '한강종합개발'의 가장 큰 문제는 이로써 사람들이 콘크리트 수로와 콘크리트 호수를 가장 좋은 강인 것으로 오해하게 만들었다는 것이다. 진정한 강 살리기를 위해 우리는 무엇보다 이 점을 올바로 인식하고 시정하기 위해 노력해야 한다.

전두환 정권의 '한강종합개발'은 실로 '한강종합파괴'였다. 수질을 개선하고, 강변 휴식공간을 설치하고, 강변 접근로를 확충하는 등의 성과도 있었지만, 강의 본래 형태와 특성이 크게 파괴되었다는 점에서 '한강종합개발'은 사실 '한강종합파괴'에 가까웠다. 강을 직강화하고 콘크리트 호안과 보를 건설하면 강의 수질은 더욱 더 나빠진다. 한강의 수질이 개선된 것은 하수처리를 실행해서 각종 오폐수의 유입을 줄였기 때문이지 한강의 콘크리트 직강화와 보 건설 때문이 아니었다. 또한 강변 휴식공간과 강변 접근로의 확충은 박정희-김현옥의 '한강개발 3개년 계획'의 문제를 부분적으로 개선했다는 점에서 성과인 것이지 한강의 복원이라는 점에서는 대대적인 콘크리트 호안과 보의 건설 때문에 오히려 더 큰 파괴가 이루어졌다.

이런 점에서 한강의 진정한 복원은 무엇보다 '한강종합개발'의 폐해를 시정하는 것이어야 한다. 그것은 무엇보다 콘크리트 호안과 보의 철거로 이루어질 수 있다. 이 과제는 결코 이상적인 것이 아니라 실질적인 것이며, 먼 미래에 할 수 있는 일이 아니라 지금 바로 할 수 있는 일이다. 박정희와 전두환의 개발독재를 거치며 그야말로 종합적으로 파괴되어 콘크리트 수로가 되어 버린 현재의 한강을 모범으로 삼아서 '4대강 살리기'를 한다는 것은 너무나도 터무니없는 일이 아닐 수 없다. 아마도 이것은 '4대강 살리기'의 실체가 '4대강 죽이기'라는 것을 잘 보여주는 또 하나의 증거라고 해야 옳을 것이다. '한강종합개발'의 문제를 서울특별시사편찬위원회는 다음과 같이 지적했다.

1982년 9월에 착공한 한강종합개발사업의 주된 내용을 보면 ① 행주대교에서 팔당댐에 이르는 52km에 인공저수로를 만들어 수상교통로로 활용하며, 여러 수상경기를 열 수 있는 시설을 건설해 쾌적한 생활공간을 만들고, ② 210만평의 고수부지를 조성해 체육공원·편의시설·광장·공원녹지 등을 개발하며, ③ 서울시의 교통체증 현상을 줄이기 위하여 대규모의 강변도로를 건설하고, ④ 한강수의 오염을 막기 위하여 대규모의 하수처리장을 건설해서 현재 심각한 문제가 되고 있는 한강의 비정상적 생태계를 정상적인 생태계로 살린다는 등 한강을 지역주민에게 되돌려 주자는 친수 목적에 근거하였다. 그러나 정작 이러한 한강종합개발사업은 한강의 자연하천의 모습을 앗아갔으며, 생물 서식지 교란으로 한강 생태계를 크게 바꾸어 놓는

한강종합개발사업의 결과 – 콘크리트 호안과 위락공간 조성
63빌딩은 1985년 5월에 완공되었다.
자료: KTV, 1986년 9월 12일 촬영

결과를 초래하였다. … 한강의 하천환경이 최대로 자연에 가깝게 복
원될 때에야 비로소 시민들이 한강을 찾아 하천에서 물놀이를 하고
축제를 열며 물 문화를 꽃피울 수 있을 것이다(서울특별시사편찬위
원회, 2001: 61~62).

● 한강 르네상스의 문제

한국은 박정희에서 노태우에 이르기까지 무려 32년 동안 군사-개발
독재를 겪었다. 그 과정에서 이루어진 경제성장은 노동과 자연에 대
한 '이중의 착취'에 의한 것이었다. 급속한 경제성장의 이면에서 사
회와 자연의 파괴라는 심각한 문제가 커지고 있었다. 만일 이 나라에
서 독재적 근대화가 아니라 민주적 근대화가 이루어졌더라면, 아마
도 급속한 경제성장을 이루면서 사회와 자연의 파괴를 크게 줄이고
복지국가를 이루었을 것이다. 독재는 파괴와 부패의 원천이다. 모든
독재가 결국 쇠망하는 것은 이 때문이다. 그런데 우리의 민주화는 사
회의 파괴에 대해서는 비교적 적극적으로 대응하고자 했지만 자연의
파괴에 대해서는 그렇게 하지 못하는 식으로 추진되었다. 그 결과 민
주화에도 불구하고 우리의 자연은 더욱 더 크게 파괴되고 말았다.
　그러나 민주화는 사회의 파괴뿐만 아니라 자연의 파괴에 대한 우
려도 크게 제기될 수 있는 조건을 제공했다. 그리고 지구적인 차원에
서 생태위기가 악화되면서 자연의 파괴를 누구도 무시할 수 없는 시
대가 되었다. 한국의 보수 세력은 본래 반민주와 반자연의 세력이지
만 민주화와 생태화의 변화를 이제는 무시할 수 없게 되었다. 그들
은 개발에 대한 국민의 기대가 여전히 높은 것을 적극 파고들어서 권
력을 장악했다. 그러나 아무 것도 바뀌지 않은 것은 아니었다. 그들

은 시대의 변화를 적극 인정하고 추구하는 것처럼 보이게 하는 데 성
공했다. '신개발주의'가 바로 그것이다. '신개발주의'는 자연과 문화
를 전면에 내걸고 있다는 점에서 '구개발주의'와 다르다. 그러나 사실
'신개발주의'는 자연과 문화를 대대적으로 파괴하고, 망국적인 투기
와 부패를 부추기며, 양극화의 악화를 조장한다는 점에서 '구개발주
의'와 다르지 않다(조명래 엮음, 2005; 홍성태, 2007).

한국에서 '신개발주의'를 대표하는 사업은 이명박의 '청계천복원사
업'이다. 이 사업은 '복원'을 내세우고 이루었지만 실제로는 청계천
의 완전한 파괴로 귀결되었다.* 그러나 이 사업은 고가도로를 철거하
고 도심 수변공간을 건설했다는 점에서 시민들의 커다란 지지를 얻
을 수 있었다. 이 사업의 '성공'을 계기로 전국에서 '신개발주의'의 광
풍이 불게 되었다. 이명박의 뒤를 이어 서울시장에 선출된 오세훈이
대표공약으로 내건 '한강 르네상스'는 이명박의 '신개발주의'를 이어
받은 것이었다.** 〈한강종합개발사업〉의 뒤를 잇는 종합개발사업을
표방한 이 사업의 주요내용은 도시공간구조 재편, 워터프런트 타운
조성, 한강변 경관개선, 서해연결 주운 기반조성, 한강 중심의 Eco-
Network 구축, 접근성 향상, 한강변 역사유적 연계강화, 테마가 있는
한강공원 조성 등이었다.

프랑어인 르네상스^{renaissance}는 '재생'을 뜻한다. '한강 르네상스'가
한강의 재생이나 복원을 뜻한다면, 무엇보다 수중보와 콘크리트 호
안의 철거를 추진해야 할 것이다. 2007년 7월 3일 서울시는 한강 르
네상스 마스터플랜(안)을 발표해서 '한강 르네상스'를 통해 '콘크리트

---

* 이명박은 어렵게 남아 있던 호안마저 완전히 파괴해서 없애는 역사파괴행위를 저질렀으며,
한강의 물을 거꾸로 끌어올려 흘려보내는 완전한 인공하천을 만들었다. 도시학자 강병기는
청계천을 세계에서 가장 긴 옆으로 누운 분수라고 비판했다(홍성태, 2005).
** 이명박의 '4대강 살리기'는 사실상 청계천식 '신개발주의'를 전국의 모든 주요 하천으로 확대
한 것이다(홍성태, 2010).

호안 총 62km 중 18km(29%)를 자연형으로 전환하는 사업'을 추진하겠다고 발표했다. 그 뒤 2008년 4월 22일 서울시는 기존의 계획을 크게 확대해서 "한강의 자연성 회복작업을 본격적으로 진행한다"는 계획을 발표했다.

서울시는 20일 오후 3시 암사동 한강둔치 생태공원 조성 착공식을 시작으로 한강의 자연성 회복사업을 본격적으로 진행한다고 22일 밝혔다.
서울시 관계자는 한강르네상스 프로젝트의 일환인 이번 암사동 생태복원 사업(사업비 약 38억원)은 콘크리트 인공호안 1.03km를 철거한 후 생태공원을 만드는 것으로 10월초에는 시민들에게 완전 개방할 예정이라고 전했다.
한강르네상스 프로젝트의 자연성회복사업 계획에 따르면, 현재 한강호안의 약 86%를 차지하는 콘크리트 호안 72km 중 유속이 빨라 풀이 자랄 수 없거나 선착장 같은 곳을 제외한 약 87%인 62km를 자연형 호안으로 개선해서 생태하천으로 만든다는 구상으로, 7개 대상지에 총 941억원을 투입할 예정이다(이동근, 2008).

그리고 다시 2009년 9월 7일 서울시는 '제2의 밤섬'을 한강의 여러 곳에 조성하겠다는 계획을 발표했다. 2011년까지 세 곳, 2014년까지 다섯 곳, 모두 여덟 곳의 한강 생태공원을 조성하겠다는 내용이었다.

2011년까지 자연의 푸르름을 그대로 담은 '제2의 밤섬'이 서울 도심 한강변에 들어선다. 서울시는 716억 원을 들여 이촌한강공원과 잠실한강공원, 양화한강공원 등에 생태공원을 새로 조성한다고 7일 밝혔다. 세 개 공원 모두 도심 한가운데 자리한 데다 시민들의 접근성을 강화할 '한강공원 2단계 특화사업' 대상지역이어서 시민들이 일상 속에서도 쉽게 찾을 수 있을 것으로 보인다.

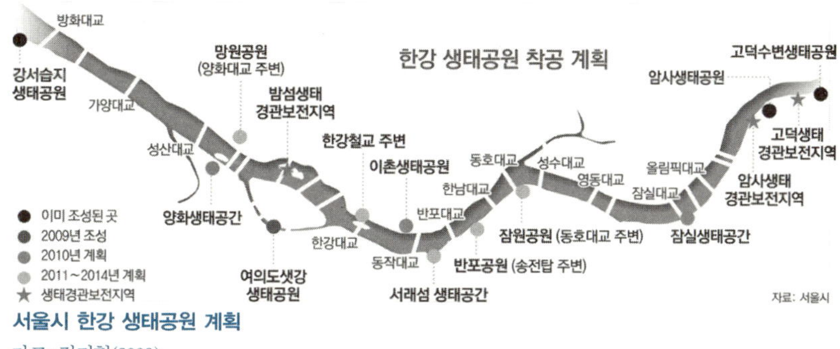

서울시 한강 생태공원 계획
자료: 김지현(2009)

동작대교와 반포대교 사이 구간 25만㎡(약 7만4000평)에 들어서는 이촌한강생태공원에는 다양한 양서류를 불러들이기 위한 0.3m 이내 얕은 습지를 비롯해 갈대와 억새풀로 가득한 들판 등이 조성된다. 잠실한강공원과 양화한강공원 내 생태공간은 각각 '물고기 관찰이 가능한 생태공원'과 '여의도샛강과 연계된 공원'을 콘셉트로 꾸며진다. 시는 이 3개 생태공원 외에도 2014년까지 반포공원 서래섬 주변지역과 한강철교 북단 주변 등 5곳도 생태공원으로 조성해나갈 계획이다(김지현, 2009).

그러나 이러한 서울시의 '한강 자연성 회복작업'은 그 자체로 심각한 불신과 우려의 대상이 되었다. 서울시는 한강의 자연을 회복한다면서 어렵게 조성된 모래밭을 파헤쳐 없앴고, 자연의 적응력과 복원력을 보여주듯이 잘 자란 식물들을 마구 베어 없앴으며, 심지어 콘크리트 호안에 부직포를 깔고 흙을 뿌려서 식물을 심는 엉터리 화단공사를 벌였다(서울환경운동연합, 2008). 이명박과 오세훈이 시장이었던 시절에 서울시는 잘 보존해야 할 것을 보존하지 않은 것은 물론이고 복원해야 할 것도 제대로 복원하지 않았다.

분명히 '한강 르네상스'는 진정한 복원의 과제를 추구하는 것이 아니라 또 다른 대형개발사업을 추진하는 것에 초점을 맞추고 있었다.

그 핵심은 '서해연결 주운'과 '워터프런트'의 두 가지였다. 먼저 '서해연결 주운'은 쉽게 말해서 '한강운하'를 뜻했다. 이것은 망국적인 '한반도 대운하'의 서북단에 해당하는 것이었으며, 뒤에는 역시 망국적인 '경인운하'와 연계되어 추진되었다. 5천톤급 유람선을 띄워서 용산에서 출발해서 경인운하를 통해 중국을 오가도록 하겠다는 이 구상은 터무니없는 것이 아닐 수 없었다. 이렇게 큰 배를 띄우기 위해서는 한강이 대대적으로 파괴될 수밖에 없을 뿐만 아니라 용산에서 인천까지 가는 데만 4시간이 걸려서 아무런 경제성도 가질 수 없기 때문이었다.* 다음에 '워터프런트'는 한강변에 초고층·초호화 주거 및 상업지구를 건설하겠다는 것을 뜻했다. 그 핵심은 마포대교 옆에 한강운하의 터미널을 만들고, 이것을 무려 30조 원을 들여 건설하겠다고 했던 용산 국제업무지구와 연결하는 것이었다. 이를 위해 서울시는 준공된 지 채 5년도 안 된 마포대교 북단 서쪽 강변의 아파트들을 철거하겠다고 해서 큰 논란을 야기했다.

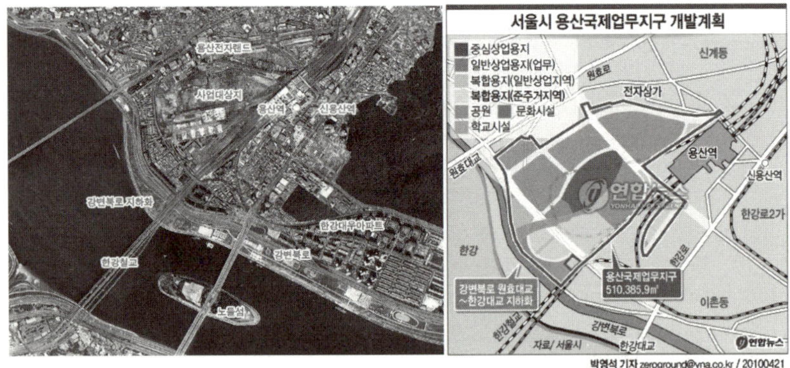

용산 워터프런트와 국제업무지구 개발계획
자료: 왼쪽: 구글지도, 오른쪽: 〈연합뉴스〉, 2010년 4월 21일

---

* 더욱이 5천톤급 유람선은 3백톤급 정도의 한강 유람선에 비하면 엄청나게 큰 배이지만 인천에서 중국을 오가는 2만5천톤급 유람선에 비하면 대단히 작은 배이다. 안전과 편의의 면에서도 서울시가 운항하겠다는 유람선은 큰 문제를 안고 있는 것이다.

개발독재의 폐해를 바로잡고 한강을 되살리는 것이 아니라 한강과 그 주변을 더욱 더 철저히 거대하게 개발하겠다는 것이 '한강 르네상스'의 실체였다. 2007년 7월에 서울시에서 발표한 〈한강 르네상스 마스터플랜〉을 보더라도 이 점을 잘 알 수 있었다. 대부분의 내용이 한강변의 초고층·초호화 재개발 계획들이었기 때문이다. 그러나 시민사회에서는 이미 1990년대 초부터 한강의 생태적 재생을 요구했고, 서울시에서도 2000년대 초부터 한강의 생태적 재생을 주창했다. 이 때문에 시민사회는 '한강 르네상스'의 한강 복원계획에 대해 깊은 관심을 기울였다. 그러나 그 결과는 너무나 엉터리였다. 이에 대해 서울환경연합에서는 다음과 같이 비판했다.

오세훈 서울시장은 친환경도시 건설을 목표로 주창해 왔고 정책의 큰 줄기로서 한강르네상스 계획을 추진해왔다. 한강르네상스는 '회복'과 '창조'라고 하는 두가지 큰 기조를 내세우고 있다. … 서울시민들은 80년대 한강종합개발로 파괴된 한강 생태계를 복원하고 시민의 접근을 개선하자는 취지에 공감하고 긍정적으로 평가했다. 콘크

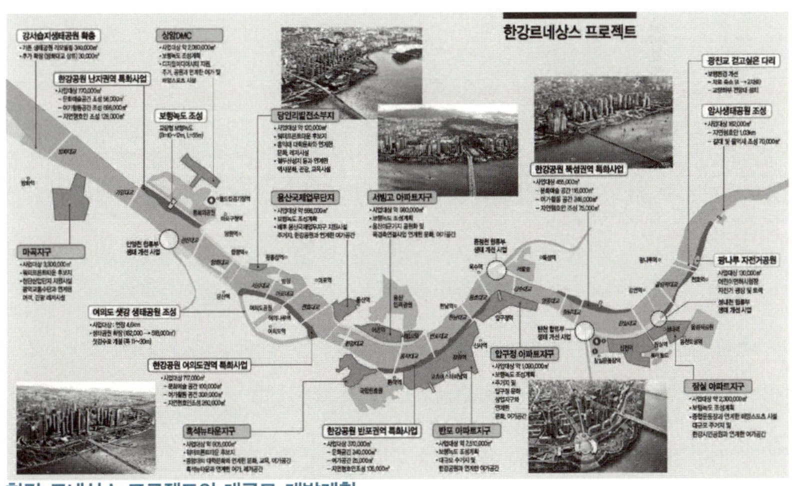

한강 르네상스 프로젝트의 대규모 개발계획

자료: 서울시(2007)

리트 호안을 자연형 호안으로 바꾸고, 바람길을 조성하는 등의 정책
은 무척 반가운 일이었다. 하지만 오세훈 시장의 한강 르네상스 계획
은 시간이 흐르고 실체가 드러날수록 실망과 의구심만 키우고 있다.
자연생태계를 복원하고 접근성을 개선하겠다는 주장은 한강변 고밀
도 도시개발 계획이 되고 말았다. 특히 '한반도 운하' 계획을 수용하
고, '한반도 운하' 계획의 일부인 '서해 연결 한강 주운 기본계획'이라
는 간판을 달고 추진되면서 이제 한강 르네상스 계획은 비논리와 몰
상식의 결정판이 되었다(신재은, 2008).

● '한강의 경악'을 기억하라

군사-개발독재 세력은 1960년대~80년대의 놀라운 경제성장에 대해
흔히 '한강의 기적'이라고 칭송한다. 2차 세계대전의 패전국이었던
독일이 놀라운 경제부흥에 성공한 것을 '라인강의 기적'이라고 부르
는 것에 비유한 것이다. 그러나 이 비유는 사실 틀린 것이다. 독일의
경제성장을 '라인강의 기적'이라고 부르는 것에는 합당한 이유가 있
다. 라인강은 독일 내륙의 광공업지대와 북해의 항구를 이어주는 물
길로서 크게 활용되었기 때문에 독일의 경제부흥을 '라인강의 기적'
이라고 불렀던 것이다. 그러나 우리의 한강은 1960~80년대의 놀라운
경제성장에 라인강처럼 이바지하지 않았다. 독일의 라인강은 식수
원이 아니어서 물길로 활용되었지만 우리의 한강은 식수원이어서 물
길로 활용될 수 없었다. 우리의 한강은 우리의 생명을 지키는 생명의
젖줄로서 중요했던 것이다.

우리는 한강을 생명의 젖줄로서 지키기 위해 애써야 한다. 그러나
개발독재는 그렇게 하지 않았다. 박정희와 전두환의 개발독재는 '한
강의 기적'을 외쳤지만 실제로 이루어진 것은 '한강의 경악'이었다(홍

성태, 2000). 우리는 진정한 '한강의 기적'을 이루기 위해서 먼저 '한강의 경악'에 대해 잘 알아야 한다. '한강의 경악'은 일제가 강행한 '식민지 근대화'로부터 시작된 역사적 현상이며, 개발독재 세력이 정치적 지지를 얻기 위해 벌인 막개발에서 비롯된 정치적 현상이다. 따라서 '한강의 경악'을 해결하는 것은 일제와 개발독재에 의해 형성된 비정상성을 극복하는 것이기도 하다.

콘크리트 수로와 콘크리트 호수로 파괴되어 버린 서울의 한강이 생명의 젖줄로 되살아나도록 하기 위해 우리는 '한강의 기적'이라는 거짓을 직시하고 '한강의 경악'이라는 현실을 기억해야 한다. 그런데 '한강의 경악'은 어떤 것인가? 그것은 어떻게 형성되었으며, 어떻게 변해왔는가? 강은 강물과 강바닥과 강변이 한 몸을 이루고 있는 물리적 실체이며, 그 안에서 수많은 생명체들이 어우러져 살아가는 생태계이다. 따라서 '한강의 경악'은 이러한 물리적 실체와 생태계가 파괴된 것에 의해 확인될 수 있다. 그리고 물리적 실체는 무엇보다 섬 파괴, 모래밭 파괴, 강변 파괴 등 3대 파괴를 통해 확인할 수 있다. 다음 페이지의 〈표〉는 파괴의 주요내용을 시기별로 정리한 것이다.

시기적으로 보아서 '한강의 경악'은 대체로 박정희 정권 때에 이루어졌다. 섬과 모래와 강변이 거의 모두 박정희의 개발독재 18년 동안에 사라졌다. 이 시기에 한강의 수질도 크게 악화되었다. 박정희 정권은 강변도로를 건설해서 사람들의 접근을 사실상 차단했을 뿐만 아니라 모래를 파내고 강변을 매립해서 사람들의 휴식공간을 없앴고, 오폐수를 마구 배출해서 물을 마시는 것은 고사하고 들어가는 것도 불가능하게 만들었다. 박정희 정권에게 한강은 골재밭이자 하수구이자 심지어 공짜 택지였다. 전두환 정권은 그 문제를 바로잡는다면서 실제로는 겨우 남아 있던 강을 완전히 파괴해서 콘크리트 수로와 콘크리트 호수로 만들어 버렸다. 전두환 정권에 의해 한강은 겉보

주요 주체	주요 사업	주요 파괴
박정희/김현옥	'한강개발' 등	*섬 파괴: 선유도, 밤섬, 뚝섬, 여의도, 난지도, 저도, 잠실도 등 *모래밭 파괴: 노량진, 합정동, 이촌동, 압구정동, 뚝섬, 잠실, 광나루 등 *강변 파괴: 강변도로 *주요 원인: 공유수면 매립, 아파트, 도로 건설
전두환/염보현	'한강종합개발' 등	*섬 파괴: 당정섬 등 *모래밭 파괴: 전체 구간을 평탄화 *강변 파괴: 올림픽대로, 고수부지 공원 *주요 원인: 수중보, 콘크리트 호안, 도로 건설
이명박, 오세훈	'한강 르네상스' 등	*섬 파괴: 밤섬 등 *모래밭 파괴: 여의도 *강변 파괴: 용산 등 *주요 원인: '한강 운하', 강변 초고층 개발

기에는 화려하고 산뜻하고 즐거운 곳이지만 실상은 물고기가 알을 슬 곳조차 없는 삭막한 곳이 되어 버렸다. 오세훈은 한강의 재생을 전면에 내걸고 있으나 실제로는 '한강 운하'와 강변 초고층 개발을 강행해서 '한강의 경악'을 더욱 더 악화시키려 했다.

● 진정한 한강 복원을 위해

박정희 정권은 '조국 근대화'의 이름으로 한강의 파괴를 자행했고, 전두환 정권은 '물의 공원'을 만든다면서 한강의 파괴를 자행했고, 오세훈은 '한강의 재생'을 외치면서 한강의 파괴를 자행하려 했다. 정녕 서울의 한강은 이렇게 파괴의 길로 계속 내몰려야 하는가? 사실 이명

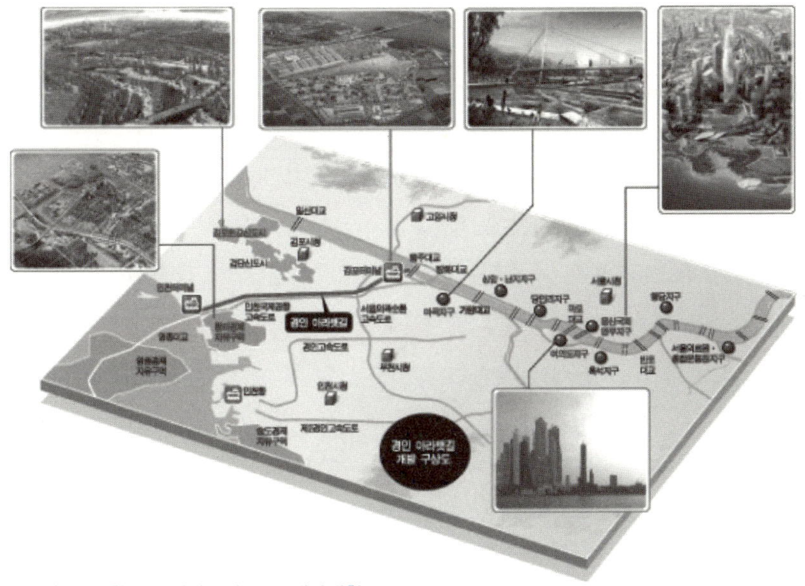

경인운하와 한강 르네상스의 주요 개발계획
〈매일경제〉 2009년 5월 11일

박과 한나라당이 국민적 반대와 우려에도 불구하고 강행한 '4대강 살리기' 때문에 우리의 생명을 지탱하는 4대강이 모두 크게 파괴되고 죽음을 증상을 보이게 되었다.* 오세훈은 망국적인 '4대강 살리기' 및 '경인운하'와 긴밀히 연결된 '한강 르네상스'를 강행해서 서울의 한강을 개발독재 시대 때보다 더욱 거대하고 파괴적인 개발의 광풍 속으로 몰아넣으려고 했다.

서울의 한강이 이명박 정권에 의해 '4대강 살리기'의 모범으로 제시된 만큼 그 문제를 널리 알리고 진정한 복원의 내용을 제시하는 것은 대단히 중요한 역사적 과제가 되었다. 무엇보다 중요한 것은 시민들이 강에 관해 올바른 인식을 갖고 한강의 복원을 추구하는 것이다.

---

* 실제로는 5대강과 그 13대 지천이 이 사업의 대상이었다. 무려 18개에 이르는 이 나라의 주요 하천들이 모두 죽을 위기를 맞게 되었던 것이다.

서울의 한강도 아름답고 풍요로운 생명의 강으로 되살아날 수 있다. 서울의 한강은 삭막한 시멘트 도시 서울을 상징하는 공간이 아니라 생명과 자유가 넘치는 아름답고 풍요로운 자연의 공간이 되어야 한다. 이 과제는 콘크리트 댐과 콘크리트 호안에 갇혀 있는 한강이 최대한 본래의 모습을 되찾을 수 있도록 하는 것으로 달성될 수 있다. 이것이 바로 진정한 복원이다. 잠실보와 신곡보를 철거하고 콘크리트 호안을 대부분 철거해야 한다. 이렇게 하면 예전만큼은 아니어도 아름답고 풍요로운 모래밭과 습지가 상당히 회복될 것이며, 따라서 한강은 콘크리트 호수와 콘크리트 수로에서 자연의 강으로 되살아나게 될 것이다(서울환경운동연합 엮음, 2010; 홍성태, 2010).

30년이 넘는 긴 세월 동안 진행된 개발독재를 통해 자연의 파괴에서 막대한 이득을 취하는 거대한 토건국가의 구조가 정립되었다. 서울과 그 인근의 한강에서도 100km가 넘는 강변이 콘크리트 호안과 도로로 파괴되었으며, 아름답고 풍요롭던 수천만 평의 모래밭이 모두 사라져 버렸고, 시나브로 토건족과 투기꾼이 지배하는 세상이 되어 버렸다. 이 과정에서 우리의 자연이 크게 망가졌을 뿐만 아니라 자연에 대한 우리의 인식 자체가 크게 왜곡되고 말았다. 강은 단순히 물길이나 물그릇이 아니다. 강은 강물, 강바닥, 강주변이 어우러진 전체이며, 그 안에서 무수한 생명체들이 살아가는 지극히 복잡한 생태계이다. 한강의 진정한 복원을 위해, '4대강 살리기'로 파괴된 강들을 되살리기 위해, 우리는 우선 강이 무엇인가에 대해 깊이 성찰해 볼 필요가 있다.

토건국가의 너머에서 아름답고 풍요로운 생태복지국가의 전망이 자라고 있다(홍성태, 2007, 2011). 우리는 '선진국'에서 이런 사실을 생생히 확인할 수 있다. 독일 뮌헨의 이자르 강은 콘크리트 호안을 없애자 아름답고 풍요로운 생명의 강으로 되살아났다. 시민들은 이곳에서 자연의 풍요를 만끽하며 몸과 마음의 안식을 찾는다. 서울의 한강도 이렇게 되살아날 수 있다. 고덕지구, 밤섬, 저도, 장항습지 등 아직 살아 있는 곳과 어렵게 되살아나는 곳도 적지 않다. 사람들이 평화롭게 강수욕을 즐기는 2010년대 이자르 강의 모습이나 1960년 대 한강의 모습은 지금 여기서 실현될 수 있는 한강의 미래이다.

독일 이자르 강의 복원 과정
임혜지(2009)

복원된 독일 이자르 강의 모습
임혜지(2009)

살아 있는 강변의 모습 (한강 고덕지구)
출처: 생명의 강을 모시는 사람들(2009)

1960년대 초 한강대교 부근 한강 강수욕
출처: 미상

__참고자료

강홍빈(2002), 『서울 에세이』, 열화당
김지현(2009), "제2의 밤섬' 서울 8곳에 더 만든다', 〈동아일보〉 2009

년 9월 8일

김한용 외(2002), 『한국 사진과 리얼리즘』, 눈빛

서울특별시(2006), '한강의 길이', http://www.visitseoul.net/visit2006/

__________(2007), 〈한강 르네상스 마스터플랜〉

서울특별시사편찬위원회(2001), 『한강의 어제와 오늘』

서울환경운동연합(2008), '한강르네상스, 콘크리트 부직포로 덮고 화단조성', 2008년 9월 1일

서울환경운동연합 엮음(2010), 『한강의 기적』, 이매진

손정목(2003), 『서울 도시계획이야기1』, 한울

신재은(2008), '한강 르네상스, 무엇이 문제인가 - 서울시의 개발계획으로 변질된 한강 르네상스 사업', www.kfem.or.kr

이동근(2008), '한강, 20년만에 콘크리트 벗는다', 〈뉴시스〉 2008년 4월 22일

이성원(2004), '그림같은 백사장… 골재채취·개발로 사라져', 〈한국일보〉 2004년 7월 30일

조명래 엮음(2005), 『신개발주의를 멈춰라』, 환경과생명사

동양방송 뉴스(1968), '한강에서 수영을', http://tv.joins.com/channel/tv_player.asp?mov_id=2009_0701_173454&categoryID=101001000

최병성(2010), 『강은 살아 있다』, 황소걸음

최완수(2004), 『겸재의 한양 진경』, 동아일보사

한강사업본부(2014), 〈2030 한강 자연성 회복 기본계획〉, http://opengov.seoul.go.kr/sanction/1176566

한강시민위원회(2013), 〈한강 자연성 회복 기본구상〉, 2013년 3월 20일

한강유역환경청(2010), '한강 소개', http://www.me.go.kr/hg

한국방송공사 환경스페셜(2000), '강의 해방'

홍성태(2000), 『위험사회를 넘어서』, 새길

______(2005), 『생태문화도시 서울을 찾아서』, 현실문화연구

______(2007), 『개발주의를 비판한다』, 당대

______(2009), 『민주화의 민주화』, 현실문화연구

______(2010), 『생명의 강을 위하여』, 현실문화연구

______(2011), 『토건국가를 개혁하라』, 한울

______(2014), '세월호 참사 통해 본 한국 사회의 성찰', 〈월간중앙〉
　　　　2014년 7월호

___송현동의 가치와 발전 방향

● 송현동의 공간 정치

서울은 한국의 공간적 중심이고, 종로는 서울의 공간적 중심이다. 정치적인 면에서 뿐만 아니라 역사적인 면에서도 그렇다. 사실 여기서 더 중요한 것은 역사적인 면이다. 역사는 도시의 공간적 정체성의 근간을 이루기 때문이다. 도시의 곳곳에 새겨진 역사를 없애는 것은 세계 어디에도 없는 그 도시만의 공간적 정체성을 없애는 것이다. 그것은 결국 그 도시만의 가치를 없애는 것이다. 도시의 역사를 지키는 것은 도시의 가치를 지키는 것이다(홍성태, 2012). 이런 도시의 역사와 가치라는 관점에서 종로는 대단히 중요하다. 종로를 지키는 것은 서울의 핵심을 지키는 것이다.

흔히 서울은 '600년 역사도시'라고 한다. 이 역사가 서울의 공간적 정체성의 근간이며, 이것을 가장 잘 간직하고 있는 곳이 종로 지역이다.* 종로는 조선 때부터 서울의 중심이었기 때문이다. 종로에는 궁궐이 많이 남아 있을 뿐만 아니라 옛 주거와 골목도 많이 남아 있다. 여기서 가장 중요한 곳은 바로 경복궁과 창덕궁 사이의 '북촌'이다. 송현동은 경복궁의 바로 옆이면서 북촌의 서남쪽 진입부에 해당된다. 지금 송현동은 거의 대부분 '빈 땅'이다. '빈 땅'의 크기는 1만 평이 넘는다. 이곳의 변화에 따라 종로의 상태가, 나아가 서울의 상태가 크게 발전하거나 퇴락할 수 있다.

---

* 종로는 서울 도성 안의 동서로 놓여 있는 길의 이름이지만 이 길로 대표되는 서울 도성 안의 지역을 뜻하기도 한다. 이 글에서는 뒤의 의미를 쓴다.

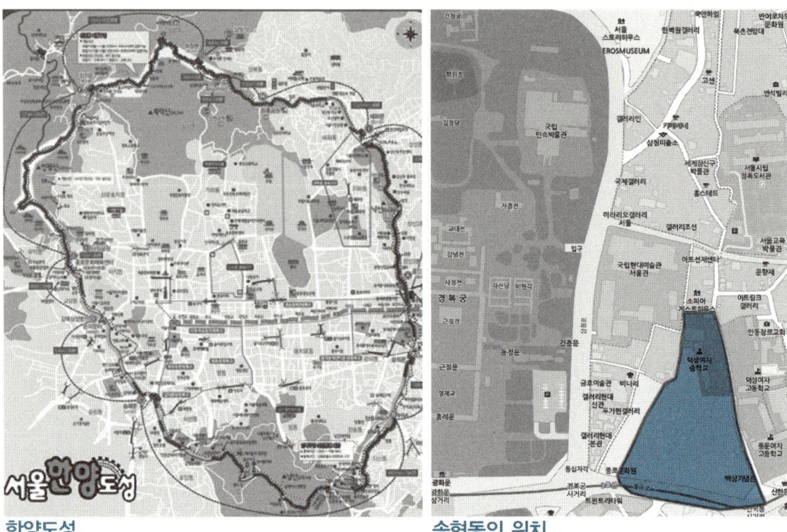

한양도성
출처: 서울시 지도

송현동의 위치
출처: 네이버 지도

　본래 서울은 네 개의 산(백악, 목멱, 인왕, 타락)에 의지해서 건설된 '생태 도시'였으며, 네 개의 산을 이어서 건설된 18km 길이의 성곽으로 둘러싸인 '성곽 도시'였다.* 세계적으로 아름다운 '생태 도시'이자 '성곽 도시'였던 서울은 일제와 독재를 거치며 대대적으로 망가지고 말았다. 천박한 정치와 경제의 지배 속에 서울은 그 우아한 문화를 크게 잃고 말았던 것이다. 서울이 진정 세계적인 문화도시로 거듭나기 위해서는 자연과 역사를 기준으로 서울의 문제를 파악하고 개혁을 추구해야 한다(김원, 1999; 정기용, 2008ㄱ; 홍성태, 2005).

---

* 서울시는 '한양 도성'을 유네스코 세계문화유산으로 등재하기 위해 애쓰고 있다. 그러나 '한양 도성'은 1/3이 유실된 상태이며, 박정희 독재 때부터 시작된 그 복원사업은 상당히 엉터리로 진행되었고, 동대문 디자인 플라자 건축으로 동대문 옆 이간수문 구간이 훼손되었고, 상당한 구간에서 일반 건물의 담장이나 축대로 사용되고 있고, 잘 보전된 인왕~백악 구간은 군 부대가 각종 시설로 점거하고 훼손하고 있다. 이 때문에 '한양도성'의 유네스코 세계문화유산으로 등재되기 어려울 것으로 보인다.

서울 종로의 송현동은 서울의 진정한 선진화를 위해 관건적인 의미를 갖고 있는 곳이다. 이런 점에서 우리는 지금 송현동에서 벌어지고 있는 '공간 정치'에 크게 주목해야 한다.* 이곳은 경복궁 옆이자 북촌의 입구로서 무엇보다 그 역사성을 살리는 곳이 되어야 하며, 재벌의 사익이 아니라 시민의 공익을 위한 곳이 되어야 한다. 현재 송현동은 학교들과 인접해 있어서 결코 호텔이 들어설 수 없는 곳이다. 그런데 지금 이곳을 소유하고 있는 한진 재벌은 대법원 판결도 거부하고 이곳에 한사코 호텔을 짓겠다고 한다. 한진 재벌은 법을 무시하고 대법원의 판결을 무시하고 송현동에서 해서는 안 되는 개발을 강행하며 역사, 교육, 시민의 공익을 위협하고 있는 것이다.

● 한진의 송현동 개발계획의 문제

송현동의 소유권 변화

송현동이라는 지명은 본래 이곳에 소나무 숲 언덕이 있던 것에서 유래됐다. 지금의 안국동 네거리에서 삼청동 네거리로 넘어가는 율곡로 구간은 낮은 언덕 지역인데 조선 때는 이곳이 소나무 숲이어서 '소나무 언덕'이라는 뜻의 '송현松峴'이라는 지명이 붙게 됐다. 지금의 송현동은 미 대사관 직원 숙소 터가 대부분을 차지하고 있으며, 이 터의 북쪽 담장에 덕성 여자중학교가 바로 붙어 있다. 조선 말에 이 땅

---

* 송현동에서 전개되고 있는 '공간 정치'는 재벌이 실질적인 지배력을 행사하는 '재벌국가'의 문제를 아주 잘 보여준다. 한진 재벌은 송현동에 호텔을 짓기 위해 대통령, 정부 부서, 새누리당 등을 모두 동원한 정치를 펼치고 있다.

은 부유한 세도가였던 윤덕영·윤택영 형제*가 대부분 소유하고 있었다. 그 뒤 조선이 망하고 일제의 식산은행**이 이 땅을 매입해서 여기에 직원들의 숙소를 지었다. 그리고 해방 뒤에는 미국 정부가 한국 정부로부터 이 땅을 넘겨받아 소유해서 여기에 미국 대사관 직원의 숙소를 지었다.

여기서 미국 정부가 이 땅을 소유하게 된 과정을 좀더 살펴볼 필요가 있다. 1948년 8월 15일 한국 정부가 수립되고 외국 정부와 맺은

---

* "윤덕영(尹德榮, 1873~1940년)은 조선과 대한제국의 관료로, 본관은 해평이다. 대한제국 제2대 황제였던 순종의 두번째 황후인 순정효황후의 백부이다. 또 순종의 장인인 해풍부원군 윤택영의 형으로, 일제 강점기에 조선귀족 작위를 받았다. … 이토 히로부미가 안중근의 저격에 사망하자 이완용 등과 함께 장충단에서 이토 추도회를 열었다. 대한제국 융희 4년인 서기 1910년 한일 병합 조약 체결 때에는 윤택영, 민병석과 함께 대궐 안의 반대를 무마하면서 고종과 순종을 협박하고 국새를 빼앗는 따위의 방법으로 늑약 체결에 가담하여 일본제국으로부터 훈1등 자작(子爵) 작위를 받았다. … 영친왕의 결혼식을 나흘 앞두고 고종이 갑자기 사망하였는데, 소문으로 떠돌던 고종 독살설에서 윤덕영은 고종을 독살한 인물로 의심 받고 있다." "윤택영(尹澤榮, 1876~1935년)은 조선의 문신이자 정치인이며 대한제국의 관료, 일제 강점기의 조선 귀족이었다. 조선 순종의 장인이다. 조선의 마지막 부원군이나 정작 사위인 순종보다는 두 살 어렸다. … 1910년 10월 16일 일본 정부로부터 후작 작위를 받았다가, 채무 관계로 파산 선고를 받아 1928년 불명예 실작하였다. 이후 후작 작위는 회복되었고, 윤택영 사후에 차남 윤의섭이 습작했다. 윤택영은 헤픈 씀씀이로 부채를 쌓아 '채무왕(債務王)', '차금대왕(借金大王)'으로 불렸고, 1920년 아들 윤홍섭과 함께 베이징으로 달아나 그곳에서 사망했다. 한편 아들 윤홍섭은 일본 유학 중 만난 신익희, 김성수, 장덕수 등과 꾸준히 연락하며 독립운동에 투신하였고, 창씨개명도 거부하였다."(〈위키백과〉, '윤덕영', '윤택영') 윤덕영은 서울 옥인동에 큰 한옥과 멋진 별장(벽수산장)을 짓고 살았는데, 그 집과 터를 보존하는 것이 이미 오래 전부터 중요한 문화적 과제로 제기되었다. 또한 윤덕영의 딸과 사위도 옥인동에 벽수산장과 구름다리로 연결된 멋진 양옥을 짓고 살았는데 이 양옥은 1972년에 박노수 화백이 구입해서 살다가 서울시에 작품과 함께 기증해서 2011년부터 '박노수 미술관'으로 공개되고 있다(김유경, 2012).
** "조선총독부의 산업정책을 금융 측면에서 뒷받침했던 핵심 기관 중 하나이다. 1918년 10월에 대한제국 말기에 설립된 한성농공은행 등 농공은행 6개를 합병해 설립되었으며 일본 제국의 식민지 경제 지배에서 동양척식주식회사와 함께 중요한 축이 되었다. 1920년부터 1934년까지 실시된 산미증식계획에서 자금 공급을 담당하는 기관으로서의 역할을 했다. 중일전쟁 이후로는 약 8년 동안의 전시체제 속에서 채권 발행과 강제 저축을 통해 조선의 자금을 흡수하여 일본 정부와 전쟁 수행을 위한 군수산업 부문에 이를 공급하는 역할을 담당했다"(위키백과, '조선식산은행').

조약 제1호는 '대한민국 정부 및 미국 정부간의 재정 및 재산에 관한 최초협정'이었다(안치용, 2012). 이 조약은 1948년 9월 11일에 서울에서 체결되었는데, 9조의 라 항은 "대한민국정부는, 본조 조건하에 미국정부가 상호협정으로써 취득할 수 있는 재산의 소유권을 미국정부의 요구에 응하여 양도함"이라고 규정해서 한국 정부는 미국 정부가 원하는 재산의 소유권을 협정가격으로 양도하도록 했다. 이 협정의 '보충'에서는 미국이 원하는 7건의 부동산이 제시되었는데 6번째가 바로 송현동 땅과 그곳에 있던 건물들이었다.* 이렇듯 협정을 통해 한국 정부가 미국 정부에게 이 땅과 건물들을 양도했지만 이것은 사실 일방적이고 불평등한 양도였다.**

미국 정부는 1970년대 말부터 보안 문제 때문에 미국 대사관의 이전을 추진했으며, 이와 함께 미국 대사관 직원 숙소 터의 매각을 추진했다. 1984년 10월에 미국 정부와 한국 정부는 을지로의 미국 문화원 건물***과 부지를 정동의 미국 대사관저에 붙어 있는 경기여고 부지와 맞교환하기로 합의했다. 미국 정부는 정동의 미국 대사관저와 경기여고 부지에 새로 미국 대사관, 대사관저, 대사관 직원 숙소 등을 지으려고 했다.**** 그리고 미국 정부는 이 건축에 필요한 건축비를

---

* 조약은 '국가법령정보센터' 홈페이지에서 볼 수 있다. "(바) 전군정청 제2지구전부 급 기대지상에 있는, 약 43동의 가옥 급 기타 건물 차는, 차지역에 있는 식산은행 소유재산 전부를 포함함. 송현동 49의 1 전부.사간동의 96, 97의 2, 98, 99, 102, 103의 1, 104의 1, 급 104의 2, 급 기대지상의 기타 건물 약 9,915평."

** 건축가 김원이 지적하고 있듯이, 이 땅은 애초에 미국 정부의 편의를 위해 제공된 것이니 미국 정부는 이 땅을 기업에게 매각하는 것이 아니라 한국 정부에 매각해서 '반환'했어야 했다.

*** 현재 서울시청 을지로 별관이고, 등록문화재 제238호이다. 이 건물은 1938년에 미쓰이 물산 경성지점으로 지어졌고, 1948년에 미국이 무상양도받았다.

**** 2002년에 미국 정부는 건축가 마이클 그레이브스의 설계로 건축을 강행하려 했으나, 이곳은 덕수궁 터여서 한국 시민단체들의 강력한 반대에 부딪혔고, 결국 용산 미군기지의 한쪽에 12층 높이로 짓기로 했다. 그러나 이렇게 옮기는 댓가로 미국 정부가 사용하는 땅의 면적은 약 3만평 정도로 원래 정동에서 사용하려고 했던 땅의 3배 정도로 넓어졌다.

마련하기 위해 1997년 8월에 송현동 땅을 삼성생명에게 1400억원에 팔았다. 그러나 1997년 12월에 외환위기로 달러화가 급등하자 삼성 생명은 200억원의 계약금을 포기하고 계약을 파기했다. 그러나 삼성 생명은 다시 이 땅의 매입을 추진해서 결국 2000년 2월에 미국 정부 는 삼성생명에게 이 땅을 1400억원에 팔았다(조한, 2012).

삼성생명은 송현동의 미국 대사관 직원 숙소 터에 미술관을 주축으로 하는 '복합문화시설'을 지으려고 했으나 주변에 학교들이 있고 경복궁을 비롯한 문화재들이 있어서 결국 그 계획을 포기했다. 이 땅은 주변에 덕성여중, 덕성여고, 풍문여고 등의 학교들이 밀집해 있는 곳일 뿐만 아니라 경복궁의 바로 옆에 위치한 곳으로서 교육적, 역사적 중요성이 대단히 큰 곳이다. 이런 곳에 '복합문화시설'을 짓는 것은 당연히 잘못이다. 삼성생명은 2008년 6월에 이 땅을 대한항공(한진재벌)에 2900억원에 팔았다. 그런데 대한항공은 삼성생명이 추진했던 '복합문화시설' 계획보다 훨씬 더 문제가 큰 호텔 건축계획을 강행하고 있다.

한진의 송현동 개발계획

대한항공은 송현동 땅에 지상 4층, 지하 4층의 '7성급 호텔'을 짓겠다고 한다. 그리고 주변과 어울리게 한옥형 호텔을 짓겠다고 한다. 그러나 이곳은 애초에 호텔을 지어서는 안 되는 곳이다. 아무리 최고급 한옥형 호텔이라고 해도 마찬가지이다. 경복궁 바로 옆에 호텔이 들어서면 경복궁의 가치를 크게 훼손하게 될 것이며, 북촌 서남쪽 입구의 교통을 더욱 심하게 악화시킬 것이고, 보도변 상가를 조성하게 되면 북촌의 정취가 크게 망가지고 말 것이다.* 대한항공이 제시하는

---

* 그런데 대한항공이 송현동에 짓겠다는 호텔은 150실 정도의 규모밖에 되지 않는다. 이 정도의 작은 규모로 어떻게 수익을 거두겠다는 것인가? 대한항공은 다른 목적으로 송현동에 호텔을 지으려고 하는 것이 아닌가?

한진의 송현동 호텔 완성도
출처: 김원

최고급 한옥형 호텔이라는 것은 결국 호텔을 지을 수 없는 곳에 호텔을 짓기 위한 발상의 산물인 것으로 보인다. 대한항공의 송현동 호텔 건축 계획은 그야말로 모든 면에서 큰 문제를 안고 있다.

그런데 대한한공이 짓겠다는 한옥형 호텔의 실체는 과연 어떤 것인가? 2014년 4월 16일에 열린 토론회에서 건축가 김원은 그 실체를 공개했다. 이에 따르면 한옥은 달랑 작은 건물 한 채이고, 모든 공간을 상자형 양식 건물이 가득 채우게 되어 있다. 대한항공이 한옥형 호텔을 짓겠다고 하는 것은 분명히 사람들을 속이는 것이다. 대한항공은 경복궁과 북촌의 역사성을 대대적으로 파괴할 호텔을 지으려 하고 있다.

가장 큰 문제는 대한항공의 송현동 호텔 건축계획이 사실상 정부를 동원해서 법을 무력화하는 방식으로 강행되고 있다는 점이다. 이른바 '재벌국가'의 문제를 실감하게 하는 또 하나의 사례인 것이다(홍성태, 2009). 재벌국가는 재벌이 경제는 물론 정치도 지배하는 국가를 뜻한다. 재벌은 막대한 재산을 온갖 탈법과 편법으로 세습하며, 그 재산으로 경제와 정치를 사실상 지배하는 한국 사회의 진정한 지배주체이다.

한진 재벌은 법을 무시하는 방식으로 송현동 호텔 건축을 강행하고 있다. 대한항공의 송현동 호텔 건축계획은 무엇보다 먼저 '학교보건법'을 정면으로 위배하는 것이다. '학교보건법'에서는 학교 출입문으로부터 50m 이내('절대정화구역')에는 호텔을 짓지 못하도록 하고 있으며, 학교 경계선으로부터 200m 이내('상대정화구역')에는 학교환경위생위원회의 심의를 거치도록 하고 있다. 송현동 땅의 일부는 '절대정화구역'에 해당되며, '상대정화구역'인 곳에 대해서는 심의에서 거부되었다. 그러자 대한항공은 황당하게도 소송을 제기했으나 당연히 대법원까지 세 차례 소송에서 모두 패소했다. 그러나 대한항공은 놀랍게도 여기서 물러나지 않고 '헌법 소원'을 제기했다. 한진 재벌은 '학교보건법'도, '대법원'도 다 무의미한 것으로 여기고 있는 것이다.

가장 놀라운 것은 이명박 정부의 행태였다.* 문화부와 국토해양부가 나서서 대한항공의 잘못된 계획을 지지했으며, 특히 문화체육부는 2심 재판이 진행되고 있던 2011년 6월에 명백히 대한항공을 위한 '관광진흥법 일부개정안'을 국회에 제출했다. 당시 이 개정안은 다행히 민주당의 적극적인 노력으로 폐기됐다. 그런데 이명박 정부에 이은 박근혜 정부의 행태도 대단히 놀랍다. 문화부는 정권이 바뀐 뒤인

---

* 오세훈도 서울시장 때 이 잘못된 계획을 적극 지원했다. "2009년 국정감사 때 오세훈 전 서울시장은 "서울에 한옥호텔을 짓겠다는 민간업체가 있어 이를 긍정적으로 검토하고 있다"고 밝혔습니다. 또한 궁궐 바로 옆에 한옥호텔이 들어오면 서울을 대표하는 랜드마크로서 홍보효과도 있을 뿐 아니라, 정상회의나 해외 귀빈 초청 행사에도 효용가치가 높다고 주장했었습니다"(조한, 2012).

재계의 요구
출처: 〈한국일보〉 2013년 8월 30일

2013년 6월에 또 다시 '관광진흥법 일부개정안'을 국회에 제출했다.*
이런 상태에서 2013년 8월 28일 청와대에서 열린 대통령과 재계의 간담회에 참석한 한진 재벌의 조양호 회장은 노골적으로 법 개정을 통해 송현동에 호텔을 지을 수 있게 해 달라고 '건의'했다(〈한국일보〉 2013년 8월 30일). 한진 재벌은 아예 대통령을 로비의 수단으로 여기는 것이다.

이렇듯 황당할 정도의 무리한 방식으로 강행되고 있는 대한항공의 송현동 개발계획은 여러 문제들을 지니고 있다. 그것은 크게 다음과 같은 네 가지로 정리될 수 있다.

첫째, 교육적 문제이다. 송현동 땅 옆에는 덕성여중, 덕성여고, 풍문여고 등의 학교들이 밀집해 있다. 이런 곳에 호텔을 짓는다는 것은 교육과 학교의 중요성을 무시하는 것이다. 한진 재벌의 송현동 호텔 건축계획은 명백히 반교육적 계획이다. 둘째, 법률적 문제이다. 현행 법에서 당연히 허용되지 않는 것이라는 사실이 대법원에서도 명확히 확인됐으나 한진 재벌은 '헌법 소원'을 제기한 것은 물론이고 아예 문화관광부와 새누리당을 통한 법의 개정을 추진해서 법의 안정성 자

---

* 그 내용은 '관광진흥법 16조의 6항'을 신설해서 '유흥시설, 사행행위장 또는 미풍양속을 해치는 부대시설이 없는 관광숙박시설에 한해 '학교환경위생정화구역' 내에 설치를 허용(절대정화구역 포함)'하는 것이다(정세균 의원실, 2013).

체를 위협하고 있다. 셋째, 역사적 문제이다. 송현동 땅에서는 많은 유적과 유물들이 발굴됐다. 더욱이 송현동 땅 옆에는 경복궁은 물론이고 광화당, 종친부, 사간원, 소격서, 감고당, 별궁 등 중요한 유적들이 산재해 있다. 이런 곳에 호텔을 짓는다는 것은 우리의 소중한 역사를 무시하는 것이다. 넷째, 반공익 문제이다. 송현동 땅은 교육과 역사의 면으로만 보더라도 커다란 공익의 가치를 지니고 있다. 이런 곳에 재벌의 호텔을 짓는 것은 시민의 공익을 무시하고 재벌의 사익을 최대한 추구하는 것이다.

● 송현동의 위치와 가치

송현동의 위치

2013년 8월 말 현재, 대한항공의 송현동 호텔 건축계획은 '학교보건법'에 막혀 진행되지 못하고 있다. '학교보건법'은 학교 근처에 호텔이 들어서지 못하도록 규정하고 있다. 그러나 대한항공은 대법원까지 3심을 패소하고도 계속 호텔의 건축을 강행하고 있다. 그리고 문화부는 '학교보건법'을 무력화하기 위해 '관광진흥법'을 개악하려는 시도를 계속 강행하고 있다. 문화부는 대한민국의 정부기관이 아니라 대한항공의 대리기관인가? 문화부의 '학교보건법' 개악 시도가 성공하면, '학교보건법'이 무력화되어 학교 주변 환경이 초토화되고 말 것이다.* 이 점에서 송현동을 지키는 것은 대단히 중요하다. 그런데 이런 교육적 차원을 넘어서 공익을 위한 송현동의 공간적 가치는 대

---

* 그런데 이런 심각한 반교육적 상황에 대해 교육부는 적극적으로 대처하지 않고 있다. 한진 재벌의 위력이 이토록 막강한가? 재벌은 나라의 백년지대계인 교육조차 자신의 이익을 위해 위협할 정도로 사악한가?

단히 크다.

　송현동이 어떻게 변해야 하는가에 대해 논하기에 앞서서 송현동의 가치에 대해 가능한 상세히 살펴볼 필요가 있다. 물론 여기서 가치는 돈으로 환산되고 교환되는 경제적 가치가 아니라 그렇게 될 수 없는 문화적 가치를 뜻한다. 오늘날 우리는 '문화의 시대'를 살고 있다. 경제도 문화를 무시하고 훼손하는 것이 아니라 문화를 존중하고 보호하는 것으로 바뀌지 않으면 안 된다.* 그러나 한국의 경우는 여전히 문화가 제대로 존중되고 보호받지 못하고 있다(홍성태, 2006). 송현동의 가치를 올바로 인식하고 개발하는 것은 '문화의 시대'를 올바로 구현하는 시대적 과제와 직결되어 있다. 송현동은 서울 도심의 개발 가치가 큰 '빈 땅'이 아니라 바로 이런 천박한 개발주의의 관점을 바로잡기 위한 '빈 땅'이다(홍성태, 2007). 우리는 송현동을 더 큰 공간적, 사회적 눈으로 바라봐야 한다.

　송현동의 가치를 올바로 파악하기 위해서는 그 지리적 위치가 아니라 문화적 위치에 주의해야 한다.** 송현동은 단순히 서울 도심의 북쪽에 자리잡고 있는 작은 동네가 아니다. 송현동은 서울 도심의 장소와 건물로서 가장 중요한 경복궁의 바로 옆에 있으며, 경복궁과 창덕궁 사이에 있는 유서깊은 동네인 북촌의 서남쪽 진입부에 해당되는 곳에 자리잡고 있다. 따라서 송현동의 변화는 경복궁과 북촌의 변화와 직결되어 있다. 송현동이 어떻게 변화하는가는 경복궁과 북촌이 어떻게 변화하는가의 차원에서 살펴봐야 하는 것이다. 경복궁과

---

* 스티브 잡스는 기술이 인문과 교양과 결합되어야 한다고 설파했다. 이미 오래 전에 2세대 사회학자 김진균은 "기술이나 테크놀로지의 발전은 능률의 원리에서 항상 그 타당성을 찾아왔으며, 근본적으로 인간의 행복이라는 차원에서는 오히려 테크놀로지가 갖는 사회적 의미나 영향이 비판을 받아왔다"고 지적했다(김진균, 1978). 오늘날 경제의 핵심이 된 기술도 문화를 존중해야 한다. 아름다움과 인간다움을 저버린 기술은 삭막한 효율의 세상을 만들 수 있을 뿐이다.
** 지리적 위치와 문화적 위치는 무관하지 않다. 전자가 어떤 장소를 물리적 관점에서 파악하는 것이라면, 후자는 그것을 문화적 의미에서 파악하는 것이다. 그 핵심에 역사가 놓여 있다.

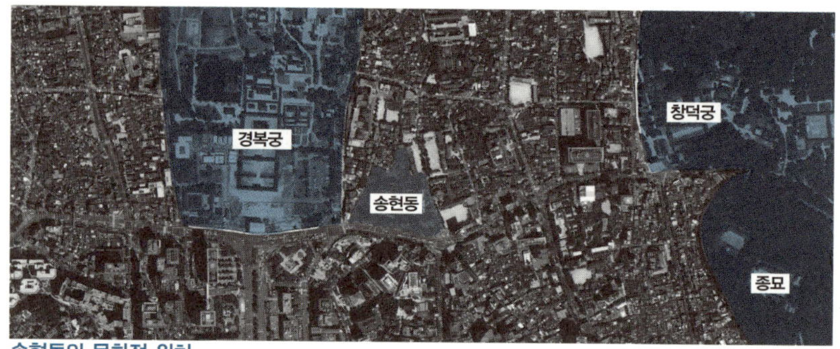

송현동의 문화적 위치

북촌이 중요하다고 하면서 송현동은 그와 무관하게 다루겠다는 것은 잘못이다. 송현동은 경복궁과 북촌의 중요 부분이기 때문이다. 송현동은 경복궁과 북촌을 잇는 중심이라는 대단히 중요한 문화적 위치에 놓여 있는 것이다.

송현동의 가치

송현동의 가치는 크게 역사적 가치와 생태적 가치로 나누어 살펴볼 수 있다. 공간은 시간을 담는 그릇이거니와 송현동은 조선 초기부터 현대까지의 역사를 잘 간직한 곳이다. 2009년 6~7월에 대한항공이 이곳을 가득 메우고 있던 아름드리 나무들과 수십 년의 시간을 지니고 있던 건물들을 모두 파괴해 없앤 것은 대단히 유감스러운 일이다. 그러나 그렇다고 해서 이 땅의 역사적 가치가 완전히 사라진 것은 아니다. 이 땅은 여전히 조선 초기부터 현대까지의 역사를 잘 간직한 곳이다. 이곳을 보존하고 복원하는 방식으로 이용하는 것은 경복궁과 북촌을 지키고, 나아가 서울의 정체성을 지켜서 서울의 진정한 선진화를 이루는 과제와 직결되어 있다. 일제와 미국이 멋대로 이용해서 훼손해 온 이 땅이 이제 본래의 가치를 지킬 수 있도록 해야 한다.

자연과 역사와 시민을 존중하는 건축을 위해 평생을 바쳤던 '감응의 건축가' 정기용은 유적의 보존과 관련해서 다음과 같이 주장했다.

> 쇼에(Françoise Choay)는 유럽 사회가 자행한 현대 도시의 파괴를 두 가지로 분류하여 지적한다. 하나는 전쟁을 통해서 도시 전체를 송두리째 쓸어버리는 것이고, 또 다른 하나는 CIAM(근대 건축 국제회의, 1933년)으로부터 촉발되어 현대화와 부동산 투기의 이름으로 자행되어 온 점진적인 파괴다. … 쇼에는 … 현대 사회에서 과거 유적을 보존한다는 것은 창조와 개혁에 필수적인 '뿌리와 기억들을 갖기 위함'임을 강조한다. 즉, 유적을 보존하는 행위는 창조와 개혁을 정체시키는 것이 아니라 오히려 그 원동력이 됨을 역설하는 것이다(정기용, 2008ㄴ: 47~48).

'600년 역사도시' 서울의 발전을 고민하는 사람이라면 누구나 생각해 봐야 할 주장이 아닐 수 없으며, 송현동의 변화와 관련해서도 우리가 깊이 새겨야 할 의미깊은 주장이 아닐 수 없다. 대한항공은 그냥 호텔을 짓는 것이 아니라 한옥형 '복합문화센터'를 짓는 것이라고 주장하는데, 정말 문화를 존중한다면 이곳의 문화적 핵심인 역사를 파괴하지 말고 보호해야 할 것이다.

송현동의 또 다른 중요한 가치는 생태적 가치이다. 북촌은 집들이 빼곡히 들어서서 자연이 제대로 존중되지 못하고 있다. 대한항공이 2009년 6~7월에 없애버린 송현동의 울창한 숲은 북촌 전체에 굉장한 활력을 주는 것이었다. 시멘트로 포장되지 않고 건물이 들어서지 않은 땅은 그 자체로 커다란 생태적 가치를 지니며, 여기에 풀과 나무가 자라서 숲을 이루게 되면 그 생태적 가치는 더욱 더 커지게 된다. 송현동은 여전히 커다란 생태적 가치를 지니고 있다. 이것을 올바로 살리는 것은 북촌과 서울을 위해서도 대단히 중요하다. 서울은 본래 자연과 어우러진 '생태도시'였으며, 이런 서울의 본래 모습을 되찾는 것은 오늘날과 같은 생태위기 시대에 세계적인 의미를 갖는 것이다.* 1만 평이 넘는 '빈 땅'인 송현동은 서울 도심의 생태적 전환을 위한 중요한 보존지이다.

송현동은 교육적인 면은 물론이거니와 역사적인 면에서, 생태적인 면에서 북촌을 넘어서 서울 전체를 위해 대단히 큰 가치를 갖는 곳이다. 바로 이 때문에 삼성, 한진 등의 재벌들이 이 땅을 개발하기 위해 애썼고 애쓰고 있는 것일 것이다. 그러나 이곳을 재벌의 '복합문화센터'나 '호텔'로 만든다면, 그것은 모든 시민들이 누려야 할 공익을 희생해서 재벌의 사익을 보장하는 것이며, 길이 후손에게 물려줘야 할 유산을 재벌이 파괴하고 소유하게 하는 것이다. 송현동 땅은 최근에 크게 논란이 되었던 북촌의 '화동 고개'나 '종친부 뒷담장'과 비교가 안 될 정도로 크고 중요하다. 송현동을 지키지 못한다면, '학교보건법'이 무력화되어 전국 모든 학교들의 주변 환경이 크게 망가질 것이고, 북촌과 서울의 파괴가 걷잡을 수 없이 심각해지고 말 것이다.

● 송현동의 발전 방향

송현동의 개발과 발전

송현동은 아름다운 서울을 망친 천박한 정치와 경제의 지배를 타파

---

* 물론 완전한 생태적 복원은 불가능하다. 그러나 이명박의 '청계천 복원'과 같은 사기적 방식이 아닌 실질적 방식의 생태적 복원이 상당한 정도로 가능하며 필요하다. 이명박의 '청계천 복원'의 실체는 전기 동력기로 한강 물을 역류시키는 콘크리트 인공 수로를 만드는 것이었다. 이 점에서 그것은 '명박천 개발'이라고 부르는 것이 옳다(홍성태, 2005). '명박천'은 또 다른 자연 훼손과 혈세의 낭비라는 심각한 문제를 일으키고 있다.

하고 우아한 문화를 되살리는 곳이 되어야 한다. 그것은 재벌의 고급 호텔을 짓는 것으로는 결코 이루어질 수 없다. 우리에게 진정으로 필요한 것은 '경복궁 옆 재벌 호텔'이 아니라 '경복궁 옆 시민 공원'이다. 송현동은 재벌의 막무가내 개발이 아니라 시민의 사려깊은 발전을 위한 곳이 되어야 한다. 송현동이 망가지면, 북촌이 망가지고, 서울이 망가진다. 송현동에 재벌의 호텔이 들어선다면, 그것은 재벌에게 엄청난 특혜를 주는 것이면서, 주변 지역의 유흥적 상업화를 촉진하는 것이다. 문제는 명확하다. 해서는 안 되는 일을 하고 있는 재벌이 문제의 근원이고, 그 재벌의 편을 들고 있는 정부 부서가 문제의 동력이다. 한진 재벌의 송현동 호텔 건축계획은 '재벌국가'의 문제를 보여주는 중요한 사례이다.

여기서 잠시 개발과 발전에 대해 생각해 보자. 우리는 30년에 걸친 박정희-전두환-노태우의 군사-개발독재를 거치면서 개발을 발전과 같은 것으로 여기는 인식을 갖게 되었다. 그러나 개발은 발전과 같은 것이 결코 아니며, 그것은 발전의 필수조건일 수는 있어도 충분조건일 수는 없다(홍성태, 2007). 개발은 인간의 이익을 위해 현재의 상태를 변형하는 것이고, 발전은 현재의 상태보다 더 나은 상태로 변모하는 것이다. 개발은 발전으로 귀결될 수도 있고 아닐 수도 있다. 우리는 단순히 이용의 편리나 경제적 편익이 아니라 역사와 자연의 가치를 존중하는 개발을 추구해야 한다. 그렇게 해야 개발이 발전으로 귀결될 수 있다. 역사는 문화의 근간이고, 자연은 역사의 원천이다. 자연이 망가지면 자연 속의 존재인 우리도 망가지고, 역사가 망가지면 역사 속의 존재인 우리도 망가진다.

송현동은 서울만의 자원인 오랜 역사를 간직한 곳이면서 서울에 가장 부족한 자원인 자연을 살릴 수 있는 곳이다. 송현동의 올바른 발전은 역사와 자연을 파괴하는 것이 아니라 보호하는 것으로 이룰

송현동의 미 대사관 직원 숙소 터

사진 설명: 2009월 6~7월에 대한항공이 숲과 건물들을 파괴하기 전과 후의 송현동 모습.

출처: 한강문화재연구원(2009)

수 있다. 사실 이렇게 역사와 자연을 보호하는 것은 어느 곳에서나 긴요한 과제이다. 그러나 송현동은 경복궁의 바로 옆이고 북촌의 서남부를 이루는 곳으로서 역사와 자연을 지키는 것이 다른 어느 곳보다 중요한 상태이다. 송현동에서 재벌의 막무가내 개발이 이루어지면, 어느 곳에서도 재벌의 막무가내 개발이 이루어질 수 있을 것이다. 송현동에서 역사와 자연을 지키고 살리는 것에 성공한다면, 그것은 북촌을 넘어서 서울의 올바른 발전을 위한 중요한 사례가 될 것이다. 송현동의 올바른 발전은 북촌과 서울의 올바른 발전으로 나아가는 관건적 의미를 갖는다.

송현동의 발전방향

서울은 자연과 역사를 지키고 살리는 변화를 추구해야 한다. 서울에 현대적인 것과 인공적인 것은 이미 넘쳐난다. 서울은 오랜 역사를 자랑하나 실제로 그 역사를 찾아보기 어려운 도시가 되었고, 본래 아름다운 자연에 기대어 만들어진 도시였으나 이제는 자연을 만나기가 어려운 도시가 되었다. 정기용은 역사를 지키고 살리는 것이 이 시대의 건축인들에게 부여된 사회적 소명이라고 주장했다.

파괴와 건설로 사라져가는 근대의 유적은 도처에 있다. 그것들이 단순한 회상이나 기억의 대상이 아니라 다시 생명을 불어넣을 창조적 힘이 가해질 때 유적은 단순한 유물이 아니라 동시대의 예술적 가치로 환원될 것이다. 파괴로부터 시작하는 건설이 아니라 있는 것으로부터 재창조되는 것이 절실한 시점이다. 건축인들이야말로 그들이 이 시대에 사회적 소명이 있다면 바로 이런 일들을 그의 개별적 작업에서 실천해내는 것이다. 시간은 선형적인 것이 아니라 원래 순환한다는 사실을 자각하면서 말이다. 우리들은 이제 파괴의 발톱에서 신음하는 시간과 기억들을 구출하여 그들이 존재할 공간을 만들어주어야 한다. 왜냐하면 시간과 기억은 우리들이 거주하는 집이기 때문이다(정기용, 2008ㄴ: 49).

여기에 우리는 자연을 지키고 살리는 과제를 더해야 한다. 자연이야말로 우리들이 거주하는 집이고 결국 돌아가야 하는 집이기 때문이다.

이렇듯 송현동의 발전 방향은 네 가지로 정리할 수 있다. 첫째, 이 땅은 공익의 가치가 대단히 크기 때문에 재벌의 사익이 아니라 시민의 공익을 위한 곳이 되어야 한다. 재벌이 이 땅을 소유하고 있다고 해서 교육과 역사를 무시하고 '호텔'을 지어 사익을 추구하는 것은 잘못이다. 둘째, 이 땅을 비롯해서 어디서나 경제적 이익이 아니라 교육의 가치를 우선시해야 한다. 사회의 지속과 발전을 위해 교육보다 중요한 것은 없다. 경제적 이익을 내세워서 교육을 무시하는 나라의 미래는 결코 밝을 수 없다. 재벌의 이익을 위해 정부가 나서서 '학교보건법'을 무력화하는 것은 너무나 잘못된 것이다. 셋째, 이 땅의 역사적 가치를 잘 지키고 살려야 한다. 이 땅은 조선 초기부터 현대까지 오랜 역사를 담고 있다. 더욱이 이 땅은 경복궁의 바로 옆이며 북촌의 서남부를 이루는 곳이다. 이런 곳에 호텔을 짓겠다는 것은 역사를 무시하는 것을 넘어서 파괴하고 우롱하는 것이다. 넷째, 이 땅의 생태적 가치를 잘 살려야 한다. 이 땅에는 조선 때에 소나무 숲이 있었던 곳이고, 현대에는 플라타너스, 포플라, 은행나무 등의 여러 나무들이 울창한 숲을 이루고 있었던 곳이다. 만일 이 숲을 되살려서 공원을 만든다면 경복궁 동남쪽과 북촌 서남쪽에 굉장한 생태적 활력이 생겨날 것이다. 이 땅에는 참으로 놀라운 가능성이 들어 있다.*

● 맺음말

수단과 방법을 가리지 않고 돈을 버는 것은 잘못이며, 돈이 많다고 해서 무엇이나 만들 거나 가지려고 하는 것도 잘못이다. 돈을 버는 것도 쓰는 것도 모두 사회 안에서 사회를 존중하며 이루어져야 한다. 교육을 무시하고, 역사와 자연을 훼손하고, 그저 많은 돈을 벌고자 한다면, 누가 그 기업을 좋은 기업이라고 하겠는가? 오늘날 한국은 돈이 지배하는 '돈 사회'이며, 가장 돈이 많은 재벌이 지배하는 '재벌국가'라고 할 수 있다. '돈 사회'와 '재벌국가'는 경제적으로 대단해 보여도 그 속은 삭막하기 이를 데 없다. OECD 최고의 자살율은 그 단적인 지표이다. 이제 재벌부터 나서서 사회 질을 높이기 위해 애쓰도록 해야 한다.** 역사와 자연을 지키는 것은 그 핵심적인 과제이다.

　이런 관점에서 한진 재벌이 송현동 땅에 호텔을 건축하는 것이 아

---

* 2011년에 종로구는 이 땅과 현재의 종로구청 부지를 교환해서 이 땅에 종로구청과 공원을 짓는 방안을 제시했다. 2013년 9월에 건축가 김원은 종로구청의 제안을 발전시켜 구청, 미술관, 공원이 어우러진 구상을 발표했고, 이어서 12월의 경실련 주최 토론회에서 현재 불법시설인 높은 담장부터 철거해서 시민들이 이 땅의 가치를 체감할 수 있도록 하자고 제안했다(〈중앙일보〉 2013년 10월 30일, 〈뉴스1〉 2013년 12월 9일).

** 이제까지 행태로 보았을 때, 재벌이 스스로 그렇게 할 리는 없어 보인다. 재벌이 법을 지키고 공익을 위하도록 하기 위한 시민운동이 더욱 더 활발히 펼쳐져야 할 것이다.

니라 역사~자연 공원을 조성해서 시민에게 기부한다면 아주 좋을 것이다. 한진 재벌이 시민의 공익을 위해 막대한 기부를 하고 북촌과 서울의 올바른 발전을 위해 엄청난 기여를 하는 것이다. 이런 기대는 정녕 꿈에 불과할까? 한국의 재벌들이 언제나 열심히 칭송하는 미국의 재벌들은 천억원 대를 넘어서 조원 대로 기부를 한다. 록펠러, 모건, 카네기, 밴더필트 등 그 목록은 대단히 길게 이어진다. 2013년 4월에도 뉴욕의 메트로폴리탄 박물관은 1조원 대의 기부를 받았다. 한국의 재벌들은 기부를 못하는 것이 아니라 안 하는 것이다. 한국의 재벌들은 왜 미국의 재벌들을 따라하지 않는가?

문화부가 '학교보건법'의 무력화를 위한 '관광진흥법'의 개악을 계속 추진하는 것은 한진 재벌의 이익을 위해 교육과 학교 환경의 희생을 요구하는 것이다. 여기서 나아가 문화부는 한진 재벌의 이익을 위해 경복궁과 북촌의 역사를 크게 망칠 위험을 강요하고 있는 것이다. 문화부가 정말로 해야 할 일은 이렇듯 교육과 역사를 위협하는 것이 아니라 재벌들이 교육과 역사를 위해 적극 거액을 기부하도록 권장하는 것이다. 문화부가 고치기 위해 애써야 하는 것은 '관광진흥법'과 '학교보건법'이 아니라 세법과 기부금법이다. 미국의 재벌들도 1910년대에 이루어진 세법과 기부금법의 개정을 통해 비로소 본격적으로 거대한 기부자로 변모하게 되었다. 우리도 할 수 있다.

송현동의 올바른 발전을 위해 가장 중요한 것은 교육, 역사, 자연의 가치에 대한 시민들의 올바른 인식일 것이다. 사실 다수의 시민들은 이미 올바른 인식을 갖고 송현동의 올바른 발전을 요구하고 있다. 이런 상황에서 서울시와 종로구가 적극 나서서 송현동의 올바른 발전을 추구할 필요가 있다. 사실 이 소중한 땅이 망가지지 않게 해야 할 가장 직접적인 책임은 서울시와 종로구에 있을 것이다. 서울시와 종로구가 시민과 함께 송현동의 올바른 발전을 위한 노력을 더욱 더 적극 실행해야 한다. 북촌의 '화동 고개'와 '종친부 뒷담장'에 대한 시민들의 뜨거운 관심과 참여를 떠올린다면, 서울시와 종로구가 해야 할 일은 이미 명확하다. 일제의 침략과 함께 삽시간에 사라진 송현동의 울창한 숲을 되살리기 위한 노력을 이제 서둘러 시행해야 하지 않나?

__참고자료

김원(1999), 『우리 시대 건축이야기』, 열화당

김유경(2012), '김유경의 문화산책 〈21〉 서촌 4 – 옥인동 송석원의 윤덕영 한옥', 〈프레시안〉 2012년 6월 20일

김진균(1978), '테크놀로지적 사회구조론', 김진균(1983), 『비판과 변동의 사회학』, 한울

안치용(2012), '대한민국 조약 1호를 아시나요 – 미국이 찜하면 한국은 무조건 소유권 넘긴다', http://andocu.tistory.com/

정기용(2008ㄱ), 『서울 이야기』, 현실문화

______(2008ㄴ), 『사람 건축 도시』, 현실문화

정세균 의원실(2013), '문화체육관광부 발의 『관광진흥법』 개정안의 문제점'

조한(2012), 'TBS 교통방송 〈서화숙의 오늘(4부): 도시는 살아있다 (홍대 조한 교수)〉, 경복궁/여자중고등학교 바로 옆에 관광호텔?', 2012년 7월 19일

홍성태(2005), 『생태문화도시 서울을 찾아서』, 현실문화

______(2006), 『현대 한국 사회의 문화적 현성』, 현실문화

______(2007), 『개발주의를 비판한다』, 당대

______(2009), 『민주화의 민주화』, 현실문화

______(2012), 『사회로 읽는 건축』, 진인진

송현동의 개발에 관한 제안들

송현동은 경복궁과 북촌, 인사동의 역사성을 지키고, 덕성여중고와 풍문여고를 지키는 방식으로 개발되어야 한다. 이를 위한 제안들이 여러 전문가들과 시민단체들을 통해 이미 2001년부터 제시되었다.

역사 복원

삼성이 2000년 2월에 송현동 부지를 매입하고 2001년에 '복합문화공간'을 개발하겠다는 계획을 세우자 당시 문화연대 공간환경위원회 위원장이었던 건축가 정기용, 부위원장 홍성태 등은 이곳의 역사를 복원해서 경복궁, 북촌, 인사동의 역사성을 지켜야 한다고 제안했다. 이런 노력은 여론에 상당한 영향을 미쳐서 삼성은 개발계획을 유보했고, 결국 송현동 부지를 대한항공에 매각해 버렸다.

문화 공원 구상

2011년에 종로구청은 대한항공에 대해 송현동 부지와 종로구청 부지를 맞바꾸자고 제안했다. 미국 뒤쪽인 종로구청 부지는 시내이며

교통이 편해서 호텔을 짓기에 아주 적합한 곳이다. 건축가 김원은 2013년 10월에 이 안을 발전시켜서 경복궁, 국립현대미술관 서울관, 학교들 등과 어울리는 문화 공원을 조성하는 안을 발표했다. 이 안은 이곳의 문화적 가치에 부합하는 훌륭한 제안이다.

'책의 전당' 구상

2014년 2월 11일 오후 2시 서울 태평로의 프레스센터(언론재단) 건물 19층 기자회견장에서 출판문화계를 대표해서 한상완 대한기록협회 회장, 윤희윤 한국도서관협회 회장, 박은주 한국출판인회의 회장, 김언호 출판도시문화재단 이사장 등이 송현동에 '책의 전당'을 짓자는 구상을 발표하는 기자회견을 열었다. 그 핵심은 송현동은 경복궁에서 인사동으로 이어지는 역사문화 지역의 핵심에 위치하고 있으므로 한진의 호텔은 다른 곳에 짓도록 하고 송현동은 우리의 역사문화를 알릴 수 있는 시설로서 '책의 전당'을 설립하자는 것이다.

"출판문화계가 옛 미국 대사관 숙소 터인 경복궁 옆 서울 송현동 대지에 '책의 전당' 건립을 제안했다. 책나라연대와 책읽는사회 문화재단, 출판도시문화재단, 한국기록관리협회, 한국도서관협회, 한국출판인회의 등은 11일 정부에 책의전당 건립을 건의하고 나섰다. 이들은 "송현동 부지는 경복궁에서 인사동으로 이어지는 역사문화벨트 한가운데 위치해 있다"면서 "이런 역사적 사실을 떠올려 본다면, 독립국가의 위신을 바로 세운다는 차원에서도 이 부지의 활용은 중요한 의미가 있다"면서 이같이 주장했다. ...
한진그룹은 이곳에 7성급 한옥호텔 개발 사업을 추진했다. 그러나 서울중부교육지원청은 법에 따라 '학교환경위생정화위원회'를 열고 불허를 결정했다. 경복궁에서 약 100m 떨어진 곳이다. 풍문여자중·고등학교, 덕성여자고등학교에서는 50m에 불과한 '상대적 정화구역'이다. 학교보건법에 따라 숙박시설은 학교 주변 50m 이내에 설치할 수 없다. 2010년 12월 한진은 서울중부교육지원청에 소송을 제기했지만, 2012년 6월 대법원에서 패소했다. 그러자 같은 해 8월 "모든 종류의 호텔을 학교보건위생 저해 시설로 규정하는 학교보건법은 위헌"이라며 헌법소원을 제기했다. 그 해 10월 정부는 유해한 부대시설이 없는 관광숙박시설에 대해서는 정화위원회의 심의를 받지 않아도 되는 '관광진흥법 개정안'을 제출했다. 일부에서 '대한항공 특혜법'이라는 의혹을 제기하고 나선 이유다. 한진그룹은 송현동에 호텔뿐 아니라 다목적 공연장과 갤러리, 쇼핑센터와 같은 복합 문화단지를 건설하겠다는 입장인 것으로 알려졌다.

책나라연대 등이 주장하는 책의전당은 도서관·박물관·기록관을 융합한 것이다. 한진그룹, 정부와는 아직 구체적인 논의를 하지 않았다. 한상완 한국기록협회 회장은 "제안을 하는 것이다. 이제부터 이야기를 해보자는 것"이라고 말했다. 송현동에 호텔 대신 왜 책의전당이냐는 물음에는 "최초의 금속활자인 직지를 만든 나라인데 이런 인프라를 세계에 알릴 수 있는 종합적인 공간과 상징성이 이쪽 벨트라고 생각했다"고 답했다. 세종문화회관, 경복궁, 국립현대미술관, 국립민속박물관 등의 문화자원과 연계한 문화벨트를 만들자는 것이다. 한진그룹의 일방적인 희생을 요구하는 것은 아니라는 입장이다"('호텔말고 '책의 전당' 짓자, 송현동 미국대사관 숙소 터에', 〈뉴시스〉 2014년 2월 11일).

___ 추기 2

박근혜 정부의 '학교보건법' 무력화 시도

송현동의 위기는 대한항공의 법을 무시한 잘못된 행태와 그것을 옹호하는 이명박-박근혜 정부의 잘못된 행태에서 비롯되었다. 특히 박근혜 정부는 이명박 정부의 잘못된 규제완화가 세월호 대참사와 같은 참혹한 사건을 빚었음에도 불구하고 규제완화를 내걸고 사법부를 완전히 무시하고 학교보건법을 무력화해서 한진 재벌의 잘못된 요구를 실현해주려는 잘못을 저지르고 있다. 참으로 개탄스럽고 한심스럽다. 정부가 나서서 사법부를 무시하고 학교보건법을 무력화하고 역사와 교육을 대대적으로 파괴하려 하는 것은 그야말로 망국적인 것이 아닐 수 없다. 이런 짓은 정부의 존재이유와 존재가치를 스스로 저버리는 것이다. 송현동의 위기는 서울의 위기이며, 역사와 교육의 위기이고, 정부의 위기이다. 이 정부의 규제완화 주장은 너무나 잘못된 것이다.

2014년 3월 20일에 열린 '규제개혁 점검회의'에서 박근혜 대통령은 규제는 암이라는 극히 잘못된 주장을 펼쳤다. 정부는 여러 규제를 통해 공익을 지켜야 한다. 필요한 것은 규제의 개선이지 일방적인 완화나 철폐가 아니다. 그 중에서도 교육을 지키는 것은 가장 근본적인 과제이다. 그런데 박근혜 정부는 한진 재벌이 학교 옆에 유흥시설인 호텔을 지을 수 있도록 하기 위해 '학교보건법'을 무력화하려 하고 있다. 이미 사법부에서도 한진 재벌의 시도가 불법이라고 판결한 것을 박근혜 대통령이 나서서 뒤집으려 하고 있다. 박근혜 정부는 학교를 지키는 것이 아니라 한진 재벌을 지키기 위해 사법부를 무시하고 '학교보건법'을 무력화해서 학교를 망치려 하는 것이 아닌가?

"지난 20일 규제개혁 점검회의에서 "학교 앞 호텔을 유해시설로 규정한 학교보건법을 개정해 달라"는 한 기업인의 요구에 박근혜 대통령은 "청년들이 취직할 수 있는 일자리를 막고 있는 것은 죄악이다"라고 답했다. 이후 관련 부처는 학교 앞 호텔 건설을 가능하도록 관련법 개정안과 훈령 마련에 분주하게 움직였다.

당장 현오석 부총리 겸 기획재정부 장관 주재로 27일 열린 경제관계 장관회의에서 관광호텔 허용을 위한 법제도 정비 및 공무원의 관행 개선 등이 논의됐다. 교육부는 학교정화위원회가 호텔 건립 금지 결정을 한 이유를 기업인에게 '친절하게' 알려주는 내용의 교육부 훈령을 다음 달 제정할 계획이다. 앞서 25일에 안전행정부는 서울 영등포구청에 (주)한승투자개발이 호텔을 짓기 위해 낸 사업계획을 조속히 승인하도록 권고하는 등 전국 지방자치단체에 비슷한 협조를 구

했다. 문화체육관광부는 유흥시설이 없는 관광호텔은 학교위생정화
위원회 심의 없이 정화구역 내 설치를 허용하는 것을 골자로 하는 관
광진흥법 개정안을 추진하기로 힘을 모았다. …

사법부가 관련 법률을 정밀하게 적용해 판단한 사안을 규제 개혁을
내세워 행정부가 뒤엎는 셈이어서 우려가 커지고 있다. 대한항공이
호텔 건립 불허를 취소해 달라고 행정법원에 낸 소송에서 재판부는
"국가의 장래를 짊어질 학생들을 위해 학교 주변에 학습이나 학교보
건위생에 해를 끼칠 시설이 들어서지 못하도록 해주는 것이 바람직
하다"고 판시했다. 재판부는 또 "7성급 관광호텔 역시 숙박업소인 이
상 일반적인 숙박업소와 마찬가지로 윤락행위와 음란행위, 사행행위
등 불건전한 행위가 발생할 가능성은 상존한다"고 강조했다. 대한항
공은 서울고등법원과 대법원에 잇따라 상소했지만 모두 패소했다.
특히 대법원은 "정화구역 안에서의 호텔영업을 금지함으로써 토지
나 건물주 혹은 호텔 영업자가 입게 될 불이익보다 학생들의 건전한
육성 및 학교 교육의 능률화 등의 공익이 결코 작지 않다"고 판시했
다. 대한항공이 추진하는 7성급 관광호텔도 일반 호텔과 다를 바 없
다는 것도 재차 강조했다.

사법부의 판단을 행정부가 법을 바꿔 추진하면서 민주주의의 근간인
삼권분립이 심각하게 위협받을 수 있다는 지적이 당장 나온다. 김인
회 인하대 법대 교수는 "호텔 짓는 것에 대해 관련 기관이 거부 처분
한 게 정당하다고 사법부가 판단했는데 이를 뒤집어엎는 것은 굉장
히 부적절하다"고 말했다. 대한항공 호텔 건립 부지에 인접한 학교
장도 우려의 목소리를 높였다. 덕성여중 백영현 교장은 28일 CBS 취
재진과 만나 "호텔이 지어지면 교실 건물과 호텔 건물이 바로 맞닿게
된다"며 "아이들이 수업하는 6층 교실에서 호텔 객실을 내려다볼 수
도 있어 걱정이 태산"이라고 말했다. 백 교장은 또 "감수성 예민하고
한참 호기심 많은 아이들이 공부하는 학교 옆에 호텔이 들어서면 교
육적으로 심각하게 문제가 된다"며 "학교 입장에서도 등하교부터 정
상적인 교육 활동에 방해를 받는 것으로 절대 용납할 수 없다"고 비

판했다. 학부모단체도 예외는 아니다. 참교육을 위한 전국 학부모연대 이정숙 사무처장은 '관광객 유치에만 중점을 두고 학교정화구역을 축소하는 것은 잘못된 정책'이라고 목소리를 높였다. 이정숙 처장은 이어 "처음에는 유해시설이 없다고 해도 관광객을 유치하는 숙박업소가 들어서면 주위에 노래방이나 단란주점 등이 마구 들어설 게 불을 보듯 뻔하다"고 우려했다"('대법원 위에 규제 개혁? 대법원 위에 호텔 건축?', 〈노컷뉴스〉 2014년 3월 29일).

___DDP라는 괴물에 대해

• 문제를 밝히는 것의 중요성

DDP는 '동대문 디자인 플라자'의 영문 첫글자를 모은 것이다. DDP를 운영하는 서울디자인재단은 DDP를 '세계 최초의 '디자인·창조산업의 발신지'이자 서울의 미래 성장을 견인하는 '창조산업의 전진기지'를 위해 건립된 세계 최대 규모의 3차원 비정형 건축물'로 소개하고 있다(www.seouldesign.or.kr). 디자인을 다루는 공적 기구에서도 박정희식 '세계 최초', '세계 최대'를 내세우고 있다. 이런 식으로 이 건물이 '서울의 미래 성장을 견인'할 수 있을까에 대해서도 크나큰 의문이 들지만 일단 여기서는 이 건물의 문제에 대해 살펴보고자 한다.

DDP는 완공되었으니 이제 문제는 접어두고 활용에 초점을 맞추자고 한다. 그렇게 하는 게 과연 옳은 것일까? 아니다. 결코 그렇지 않다. '소 잃고 외양간 고치기'라는 말이 있다. 뒤늦은 헛수고라는 말이다. 그러나 또 소를 잃지 않으려면 외양간을 잘 고쳐야 한다. 허술한 외양간 때문에 소를 잃고도 외양간을 고치지 않는 것이야말로 잘못된 것이다. 오래 전에 검찰은 전두환-노태우의 군사반란에 대해 "성공한 쿠데타는 처벌할 수 없다"고 공표해서 세상을 경악하게 했다. 성공한 쿠데타를 처벌할 수 없다면 어떻게 민주주의를 지킬 수 있겠는가? 이런 주장들은 모두 잘못을 용인하는 '기정사실 인정론'이다. 이렇게 '기정사실 인정론'이 횡행하는 곳에서는 아무리 큰 잘못도 결코 바로잡을 수 없다. 그 결과 '삼풍백화점 붕괴', '세월호 대참사'와 같은 일어나서는 안 되는 사건들이 계속 일어나게 된다.

DDP를 에펠탑과 비교하기도 한다. 현재는 반대가 크지만 곧 명물이 될 것이라는 주장이다. 1889년 프랑스의 파리에 에펠이 거대한 철탑을 세웠을 때 비판의 목소리가 드높았다. 그러나 현재 에펠탑은 그야말로 프랑스와 파리의 상징이다. DDP도 최고의 명물이 될 수 있을지 모른다. 그러나 현재 DDP는 명물이 아니라 괴물이며, 에펠탑이 아니라 이명박의 '4대강 살리기 사업'과 비교되어야 한다. 이명박은 '강 살리기'를 내걸고 싱싱하게 살아 있는 강들을 죽이는 짓을 벌였다. 그 결과 2013년 1월에 발표된 감사원의 감사결과에서도 '4대강 살리기 사업'은 총체적인 비리와 부실의 사업으로 규정되었다. DDP에 대해서도 감사원의 감사가 진행되어야 할 것이다. 괴물을 명물로 바꾸기 위해서도 우선 괴물의 내력을 잘 밝혀야 한다.

DDP는 5천억원의 혈세를 투입해서 건축되었다. 정말로 좋은 건물이라면 5천억원이라는 막대한 혈세를 투입했어도 아무런 문제가 없을 것이다. 그러나 여기에 심각한 의문과 의혹이 있다. DDP는 세계 최대의 '비정형 건물' 또는 '조형적 건물'이다. 이 건물은 '쓰는 건물'이 아니라 '보는 건물'로서 놀이동산에 어울리는 건물이다. 이런 건물이 공공기관으로서 시내 한복판에 들어서게 된 과정을 철저히 살피고 문제를 낱낱이 밝혀야 한다. 이런 건물이 20개는 들어서야 서울이 선진 도시가 되는 것이라는 주장도 제기됐다. 이런 '보는 건물'에 혈세를 탕진해서 서울을 망하게 하겠다는 것인가? DDP의 문제를 밝히는 것은 서울을 지키기 위해 대단히 중요한 과제이다.

MBC의 인기 오락 프로그램인 '무한도전'에서는 이 건물을 지구를 침략한 외계인의 우주선으로 제시했다. 외계인은 지구인의 능력에 굴복해서 우주선을 남겨두고 지구를 떠났다. 그러나 진정 떠나야 할 것은 사실 몇 명의 외계인이 아니라 기괴한 형태의 거대한 우주선이다. DDP는 지구를 침략한 외계인의 우주선으로 제시될 정도로 괴물이다. 이왕 엄청난 혈세가 투여되었으니 괴물을 명물로 만들기 위한 노력을 강화하자는 주장도 일리가 있지만, 괴물이 만들어진 과정을 바로잡지 않으면 괴물들이 창궐하고 말 것이라는 사실에 더 주의해야 한다.

● DDP라는 괴물의 탄생

DDP는 기이한 형태의 큰 건물인데 살림터, 배움터, 알림터 등의 공간들로 나뉜다. 원래는 'DDP와 공원DDP & Park'으로 추진되었으나 동대문 운동장 터의 발굴조사에서 엄청난 크기의 유구가 발굴되었고 많은 양의 유물들이 쏟아져 나왔기에 'DDP와 동대문 역사문화공원'으로 바뀌었다. DDP가 들어선 자리는 동대문 운동장이 있던 곳일 뿐만 아니라 조선 때는 한양도성, 이간수문, 하도감이 있던 곳이었다. DDP는 애초부터 이 땅의 역사를 완전히 무시하고 추진된 건물이었던 것이다.

그런데 본래 플라자plaza는 스페인어로 '넓은 마당'을 뜻한다. 그 어원은 '넓다'는 뜻의 그리스어 plateia와 라틴어 platea이다. 스페인의 도시는 중심부에 플라자 즉 광장을 만들고 그 주위에 행정청사, 법원, 중심 교회가 들어서는 형태로 조성되었다. 그런데 1922년에 미국에서 Country Club Plaza라는 상가가 문을 열면서 플라자는 (복합)상가를 뜻하게 되었다(Wikipedia, 'plaza'). 그러니까 DDP는 '동대문 디자인 광장'은 전혀 아니고 '동대문 디자인 (복합)상가'라고 해야 할 것이다.

오세훈은 서울시장에 취임하고 '명품 도시'를 만든다며 근대 문화유산인 동대문 운동장을 파괴하고 발굴된 하도감 유구도 크게 훼손하고 DDP의 건축을 강행했다. 이명박은 청계천의 유구를 모두 없애고 콘크리트 인공수로를 만들었고, 오세훈은 거대한 역사 유구를 대

DDP의 건축 과정

2006년 7월	오세훈 서울시장 취임
2006년 8월	동대문 운동장 공원화 및 대체 야구장 건립 추진 계획 수립
11월	동대문 운동장 부지 시민아이디어 공모
2007년 8월	국제지명초청 현상설계 당선작 선정
	(자하 하디드의 '환유의 풍경')
10월	월드디자인플라자 건립 및 운영 기본계획 수립
2009월 4월	DDP 공사 착공 및 홍보관 개관
	문화재 발굴 및 복원 작업
10월	동대문 역사문화공원 개장
2010년 9월	DDP 운영계획 수립
2012년 1~7월	시민, 상권, 전문가 등 의견수렴
10월	DDP 마스터플랜 수립
11월	DDP 운영준비 검토·보완계획 수립
2013년 11월	DDP 건축 완공
2014 3월	2014년 3월 21일 개관

DDP의 구성과 운영

완공일	2013년 11월 30일
개관일	2014년 3월 21일
대지면적	62,962m²
건축면적	25,104m²
연면적	86,547m²
규모	지하 3층, 지상 4층
운영	5개 시설 15개 공간 운영

~알림터(알림 1관, 알림 2관, 국제회의장),
　배움터(디자인 박물관, 디자인 전시관, 상상놀이터, 디자인 둘레길),
　살림터(살림 1관, 살림 2관, 잔디사랑방, 디자인 나눔관),
　동대문 역사문화공원(동대문 역사관 1398, 동대문 운동장 기념관,
　이간수 전시장, 갤러리문門, 8거리 등)이 유기적으로 연결돼 운영
~동대문 라이프사이클에 맞추어 24시간 다채로운 프로그램 운영
~역사자원, 공간자원, 창조자원으로 나누어 DDP 내 60개 관광 명소화

부분 없애고 DDP를 건축한 것이다. 이명박과 오세훈에 의해 자행된 서울 도심 역사의 파괴는 대단한 것이다.

　DDP는 기괴한 형태라서 그 크기를 그냥 눈으로 봐서 가늠하기 어려운데, 지하 3층과 지상 4층의 건물에 알림터, 배움터, 살림터의 3개 시설이 중심을 이루고 있다. 그러나 DDP의 정체는 아주 모호하고 기이하다. 오세훈 시장 때부터 서울시는 세계적인 명품 건물이라고 대대적으로 선전해왔지만 그 실체는 여러 전시, 행사, 교육, 놀이, 장사 등을 모두 하는 그저 그런 '복합상가'인 것으로 보이기 때문이다.

● DDP라는 괴물의 문제

DDP의 문제는 여러 면에서 제시할 수 있다. 여기에 쏟아부은 5천억 원의 세금을 위해서, 이런 허황된 일을 또 벌이지 않기 위해서, DDP의 문제를 잘 기록하고 정리해서 개혁해야 한다. 여기서는 역사의 문제, 공모의 문제, 형태의 문제, 비용의 문제, 홍보의 문제 등으로 나누어서 살펴보자.

역사의 문제

DDP가 들어선 곳은 한양도성이 지나가는 곳이다. 서울시는 한양도성의 유네스코 세계문화유산 등재를 추진하고 있는 데* 땅 속에서 보존되고 있던 이간수문을 비롯한 DDP 옆의 한양도성이 모두 DDP의 마당 장식물처럼 보이게 되고 말았다.

---

* 한양도성은 2012년 11월에 유네스코 세계문화유산 잠정목록에 등재되었다. 한양도성에 관해서는 서울시의 '서울 한양도성 홈페이지' http://seoulcitywall.seoul.go.kr/front/index.do 를 참고.

한양도성의 이간수문과 하도감 유구

더 큰 문제는 DDP가 들어선 곳이 조선 때 훈련도감의 분영인 하도
감이 있었던 곳이고, 일제 때 동대문 운동장이 들어선 곳으로서, 한
양-경성-서울의 역사를 고스란히 간직한 역사적인 장소였다는 것
이다(김병희, 2009). 오세훈이 이런 소중한 역사 유구들의 발굴에도
불구하고 DDP의 건축을 강행해서 땅 밑에서 어렵게 보존되고 있던
600년 서울의 역사가 대대적으로 파괴되었다. 이 유구들이 발굴되었
을 때 DDP를 취소하고 이 유구들을 유네스코 세계문화유산으로 등
재하는 것을 추진했어야 했다.

동대문 운동장 땅 속에서 제 모습을 드러낸 건 서울성곽만이 아니다.
조선 시대 군부대인 훈련도감에 속한 하도감 터 다섯 곳도 발견되었
다. 390칸 규모의 하도감은 조총창고, 화약창고 등의 시설을 갖추었
던 것으로 추정되는데, 동대문 운동장에서 그 중 일부인 건물 터, 우
물과 배수 시설, 각종 유물이 발굴되었다. 특히 철제무기를 만들 때
사용한 아궁이로 추정되는 곳도 발견되었다. 아궁이에 새카맣게 그

328

을린 흔적조차 그대로 남아 있었다.

일제 강점기 일본은 하도감의 기와를 뜯어내 돌과 섞어 도로로 만들고, 그 옆에는 수키와와 암키와를 나란히 놓아 배수로를 만들었다(〈서울 스토리〉, '조선시대 군영 터, 하도감 터', http://www.seoulstory.org/search/view/2009).

공모의 문제

DDP는 국제 설계경기 공모를 통해 설계안을 확정했다. 그런데 여기에 중대한 의혹이 제기되었다. 승효상, 조성룡 등 한국을 대표하는 건축가들이 설계경기에 참여했으나 한국의 건축가들을 들러리로 세우고 형식적인 설계경기를 해서 가장 유명세를 타고 있는 자하 하디드를 선정했다는 의혹이 제기된 것이다. "심사위원 7명 중 과반수 이상 4명이 외국인이 선정되었고, 심지어 발표도 영어로 해야 했다. 정부기관에서 하는 사업임에도 불구하고, 동대문의 역사적 가치에 대한 심사항목은 포함되지 못했었단 얘기다"(SBS '현장 21'의 2012년 11월 14일 보도와 이에 대한 한 블로거의 의견 http://7895bus.tistory.com/entry/동대문-디자인-플라자).

2014년 3월 14일에 자하 하디드를 만나 인터뷰를 했던 〈한국일보〉의 기자는 당시의 문제를 밝힌 글에서 공모와 관련해서 다음과 같이 썼다.

"오세훈 전 서울시장의 퇴진 이후 'DDP 논란'이라는 화살은 방향을 잃은 채 표류해왔다. 정작 비난을 받아야 할, 2007년 국제 공모 당시 하디드의 설계안을 뽑았던 심사위원들(외국인 2명, 한국인 3명)은 어딘가에 박혀 쥐 죽은 듯 입을 다물고 있다"(황수현, 2014).

이 5명의 심사위원들은, 특히 3명의 한국인 심사위원들은 무슨 근거로 장소의 역사를 완전히 무시한 자하 하디드의 설계를 선정했는지에 대해 소상히 밝혀야 한다.

형태의 문제

무한도전에서는 DDP를 우주선에 비유했지만 사실은 거대한 거머리
와 같은 형태이다. 차도 쪽의 둥근 부분을 보면 우주선을 떠올릴 수
도 있지만 위에서 전체를 보면 살찐 거대한 거머리를 너무나 닮았다.
거머리가 서울을 대표하는 형상인가? '조형적 건축'이라는 점에서도
DDP는 문제가 많다. 요컨대 이 건물은 기괴한 건물이라고는 할 수
있어도 결코 멋있는 건물이라고는 할 수 없다. 더욱이 이 건물의 전
체 모습은 주변의 고층 건물에서나 볼 수 있다. 길을 걷는 시민의 눈

DDP의 조감도

DDP의 1층 외부

에 보이는 것은 삭막한 콘크리트 벽이나 알루미늄 패널이다.

자하 하디드는 현장에 한번도 오지 않은 상태로 그냥 '그림'을 그렸으며, 사실 이 '그림'도 자하 하디스가 아니라 그 사무실의 직원이 그린 것으로 밝혀졌다. 그리고 개관을 앞두고 한국을 방문한 자하 하디드는 2014년 3월 14일 〈한국일보〉 기자와의 인터뷰에서 서울의 역사에 관한 기자의 질문에 대해 황당한 말을 하다가 화를 내고 인터뷰를 중단해 버렸다. 이에 대해 담당 기자는 사태의 전개와 자하 하디드의 문제에 대해 날카롭게 정리한 글을 발표했다.

> "전세계에 쌍둥이 같은, 그것도 매번 지역적 맥락을 무시하는 랜드마크를 짓는 건축가에게는 정말 아무런 문제가 없을까. 그가 예술가이기에 앞서 지역 주민의 삶이 담기는 건물을 짓는 건축가라면, 아니 건축가이기 전에 한 인간으로서 세계화의 부작용과 근대 건축의 한계에 대해 생각해본 적이 있다면 어떻게 이런 건물을 계속 지을 수 있을까.
>
> 14일 인터뷰를 앞둔 심정은 우려 반, 기대 반이었다. … 그러나 인터뷰 중 드러난 하디드의 생각은 정말 뜻밖이었다. "서울은 급격한 발전으로 인해 정체성을 잃어가고 있습니다. DDP 같은 현대식 건물이 동대문의 새로운 지역 정체성을 만드는 데 도움을 줄 겁니다." 서울의 정체성이 모호한 것은 사실이지만, 지역적 맥락에서 벗어난 우주선 같은 건물이 그 정체성을 구축할 것이란 말은 잘 이해가 되지 않았다. "도시 정체성을 처음부터 다시 만들란 얘기냐"란 질문에 그는 "옛날 건물을 다시 지을 수는 없지 않느냐"고 반문했다. 그가 말한 옛날 건물은 고궁이었다. DDP를 둘러싼 건물들과 그곳을 중심으로 진행되는 서울의 삶이 그의 눈에는 보이지 않았던 모양이다. 이 얘기를 꺼내려고 하자 하디드는 극도로 불쾌감을 표시하며 예정된 인터뷰 시간을 절반도 채우지 않은 채 "그만하겠다"고 했다"(황수현, 2014).

DDP의 내부는 기형적이어서 보통 건물처럼 이용할 수가 없다. 내부의 벽도 곡면이어서 뭔가 전시하기 위해서도 전시벽을 새로 설치해야 하며, 복도를 걷다 보면 기울어진 벽 때문에 몸이 기울어진 느낌을 갖게 된다. 자하 하디드는 이런 특이한 공간감을 추구한다고 하는데 이런 특이한 공간감은 놀이동산에나 맞는 것이다. 자하 하디드는 일반 건물이 아니라 놀이동산이나 실험적인 건물에 걸맞은 건축가이다. DDP에는 심지어 내부에 커다란 육교를 설치해 놓은 방도 있다. 불필요한 시설로 엄청난 공간의 낭비를 야기하고 설계비와 건축비의 낭비를 초래한 것이다. DDP는 공공기관의 시설이나 5천억원의 세금을 써서 실현된 것은 그 기능이 아니라 건축가의 사적 욕망이다. DDP는 자하 하디드에게는 꿈의 건축이겠으나 서울에게는 대재앙이다.

 DDP는 주변과 적극 소통하는 방식으로 운영될 것이라고 한다. 그러나 DDP는 주변과 소통하기 어려운 건물이다. DDP는 그 안팎이 모두 주변에 눈을 감고 담을 쌓고 혼자 웅크리고 있는 폐쇄적인 형태로 지어진 건물이기 때문이다. 지금 DDP는 외부에 대해 꼭 닫힌 채 그저 바라볼 것만을 요구하는 거대한 거머리나 우렁이의 꼴을 하고 있기 때문에 결코 주변과 제대로 소통할 수 없다. DDP가 주변과 소통하는 기능을 제대로 하기 위해서는 그 폐쇄적인 형태를 전면적으로 개축하지 않으면 안 된다.

비용의 문제

자하 하디드의 설계는 2007년 8월에 선정되었으며, 설계가 선정된 뒤에 지하 1층과 지상 3층의 계획이 지하 3층과 지상 4층의 계획으로 대폭 확대되었고, 2008년 6월 착공과 2010년 3월 완공의 계획은 2009년 4월 착공과 2014년 3월 완공으로 바뀌었다. 이에 따라 공사비는 2,274억원 → 3,441억원 → 3,934억원으로 늘어났고, 설계비는 79억원 → 136.6억원 → 155.7억원으로 늘어났다. 관련 비용을 모두 감안한 전체 공사비는 무려 5천억원 규모에 이르렀다(SBS '현장 21'의 2012년 11월 14일 보도와 이에 대한 한 블로거의 의견 http://7895bus.tistory.com/entry/동대문-디자인-플라자). 공사 기일의 변경에는 문화재 발굴조사가 큰 영향을 미쳤다. 그런데 공사 규모의 확대는 그것과 무관한 것이다. 아니, 그 자리에서 엄청난 역사 유구가 발굴되었으니 건물의 규모를 확대하는 것이 아니라 축소했어야 옳았다. 세금을 써서 하는 공사에서 이렇게 설계가 선정된 뒤에 대폭 설계를 변경하는 것은 심각한 의혹을 야기할 수밖에 없다. 토건족이 항용 사용하는 '선정 뒤 설계 변경을 통한 설계비와 공사비의 증가' 방법에 해당되는 사례로 볼 수 있기 때문이다. 자하 하디드는 서울의 역사와 주변의 상태를 모두 무시하고 하고 싶은 대로 마음껏 기괴한 건축을 하고 선정될 때 정해졌던 것보다 두 배 정도 많은 돈을 벌었다. 이에 대해 세밀한 감사가 있어야 할 것이다.

그나마 다행인 것은 엄청난 규모의 유지비를 완전히 자급하도록 한 것이다. 오세훈 때는 매년 유지운영비 398억원에 적자 206억원을 예상했다. 매년 206억원의 세금을 써야 했던 것이다. 이에 대해 박원순은 서울시장이 되어 2012년 12월 11일에 DDP의 운영비를 321억원으로 줄이고 모두 자급하도록 하는 DDP 자급 계획을 발표했다. 그런데 여전히 큰 문제는 이렇게 크게 줄어든 운영비를 자급하는 것도 너무나 어려운 일이라는 것이다. 박원순의 DDP 자급계획으로 DDP의 운영비는 77억원이 줄었지만 DDP가 벌어야 할 돈은 115억원이나 늘었다. 과연 이것이 가능할 것인가? 크게 우려하지 않을 수 없다.

오세훈은 생산유발효과 23조원, 일자리 창출 20만명, 외국인 관광객 280만명 등 허황된 숫자를 내세워 DDP를 선전해서 공사를 강행했다. 설계비와 건축비의 폭증과 함께 이 허황된 홍보는 DDP 건축의 전체 과정에 대해 면밀한 감사를 실시해야 하는 중요한 증거라고 할 수 있다. 이 엉터리 선전은 DDP가 올바른 근거 위에서 지어진 건물이 아니라는 것을 명백히 입증하는 것이다. 무려 5천억원의 세금이 여기에 쓰였다. DDP가 들어선 곳을 모두 한양도성과 하도감의 역사유적공원으로 만들고, 5천억원을 복지, 교육, 생태, 문화에 썼어야 했다. 누가 이런 엉터리 숫자를 만들었는가에 대해 철저히 규명하고 엄벌해야 한다. 이런 엉터리 숫자를 내세운 '행정 사기'는 세금을 탕진하고 비리를 조장하는 중대한 잘못이다.

사고사회 한국을 만드는 비리의 문제를 DDP의 건축에서도 짐작할 수 있다. 오세훈에게 배상을 청구해야 한다고 주장하는 시민들도 있다. DDP의 문제는 다양하고 복합적이다. 선전물들을 보면, 시민들이 속지 않는 것이 얼마나 어려운가를 알 수 있다. 그런 만큼 엉터리 숫

DDP 선전판

자와 화려한 그림을 내세운 선전의 문제에 대해 사기와 비리의 엄담
이라는 차원에서 강력히 대응해야 한다. DDP도 그 좋은 예에 해당될
것이다.

● DDP와 세계적 건축가 마케팅

DDP는 오세훈이 이른바 '명품 도시'를 내걸고 강행한 전시행정의 산
물이다. 오세훈은 DDP의 건축을 강행해서 서울시에 엄청난 재앙을
안겨 주었다. 사실 오세훈은 DDP만이 아니라 세빛둥둥섬(1,500억원
규모), 서울시 신청사(3,600억원 규모), 가든 파이브(이명박 때 시작,
2조원 규모), 한강 르네상스(6,000억원 규모) 등 심각한 문제를 안고
있는 거대한 토목-건축 사업들을 강행한 '토건 시장'이었다.

　오세훈의 '토건 전시행정'에서 새로운 점은 '명품'을 전면에 내걸었
다는 점에 있다. 오늘날 한국 사회에서 '명품'은 서구의 고가 상품을
뜻한다. 사실 '명품'은 유명한 제품이라는 뜻과 훌륭한 제품이라는 뜻
을 함께 갖고 있다. 일단 유명한 제품이 되면 그 수준보다 그 이름 자
체가 훨씬 더 중요해진다. 대다수 사람들이 그 수준이 아니라 그 이
름을 보고 구입하기 때문이다. 이름이 수준을 결정해 버리는 셈이다.
그런데 서구의 '명품'이 널리 존중되는 데에는 세계체계의 불평등 문
제도 구조적으로 개입되어 있다. 세계체계는 중심-반주변-주변의
불평등 구조로 작동하고 있으며, 중심인 서구에서 유명한 제품은 반
주변-주변에서 거의 무조건 훌륭한 제품으로 통용된다. 샤넬, 구찌,
루이 뷔통 등의 제품은 그 단적인 예이다. 그런데 패션의 영역을 넘
어서 건축의 영역에서도 비슷한 문제가 이미 널리 퍼져 있다. 자하
하디드는 그 대표 주자들 중의 한 명이다.

DDP의 홈페이지는 자하 하디드를 '세계적 건축가'로 소개하고 있다. 오늘날 한국 사회에 널리 퍼져 있는 이런 표현은 세계적인 인물이니 그 주장이나 작품에 대해 이의를 제기하지 말라는 압박의 의미를 담고 있다. 그러나 자하 하디드는 특이한 외형의 건물로 유명한 건축가이지 실제로 유용한 건물의 건축가는 아니다. 자하 하디드에 대해서는 건축의 가장 근원적인 차원에서부터 심각한 논란을 벌일 수 있다. 사실 자하 하디드는 건축가가 아니라 거대한 입체 조각을 만드는 조각가로 규정할 수도 있다. 여기서 나아가 DDP 부지의 역사, 주변과의 연계 등을 모두 무시한 것을 보면 자하 하디드는 결코 좋은 건축가가 아니다. 건축가 정기용이 지적했듯이, 좋은 건축은 건물이 들어설 장소의 특징을 잘 검토하는 것으로 시작된다(정기용, 2008). 자하 하디드에 대해 중국의 지식인들이 강력한 항의의 뜻을 밝히고, 일본의 지식인들이 큰 우려를 밝히는 것은 결코 이상한 일이 아니다. 자하 하디드는 대단히 문제가 많은 건축가이다. 더욱이 자하 하디드는 거대한 거머리 형태의 동굴 건물을 짓게 하고는 산을 만들어서 기쁘다거나 자기는 서울의 역사에 대해 아무런 책임이 없다며 언론의 인터뷰도 제 멋대로 중단했다. 자하 하디드는 극심한 오만의 상태에 빠져 있거나 기본적인 인성에도 큰 문제가 있는 것이다.

DDP를 통해 자하 하디드는 '세계적 건축가 마케팅'의 문제를 명확히 입증했다. 그것은 문화적 식민성의 문제를 악화시키고, 혈세를 낭비하고 공간을 왜곡하는 전시행정을 정당화한다. '세계적 건축가 마케팅'을 활용한 '명품 전시행정'은 신개발주의의 한 표현이다. 신개발주의는 자연과 문화를 전면에 내세운 개발주의이다. 개발주의는 개발을 발전과 같은 것으로 여기게 한다. 그러나 개발은 발전으로도, 퇴보로도 귀결될 수 있다(홍성태, 2007). 우리는 개발의 과정과 내용을 면밀히 검토해서 추구해야 한다. 신개발주의는 자연과 문화를 전면에 내세워서 발전을 추구하는 것처럼 보이게 한다. 그러나 '세계적 건축가 마케팅'에서 잘 드러나듯이 그것의 실제 목적은 권력과 자본의 욕망을 충족하는 것이다. 효율을 내세운 구개발주의도, 문화를 내세운 신개발주의도 사실상 모두 '토건 도시'를 추구한다. 진정한 '명품 도시'는 오랜 시간에 걸쳐 쌓인 역사를 보호하고, 현재 살고 있는 사람들을 존중하는 '생활 도시'이다.

자하 하디드와 같은 '세계적 건축가'는 너무나 비싸서 큰 기업이나 큰 공공기관만이 설계를 맡길 수 있다. 큰 기업과 큰 공공기관은 이익을 위해 신개발주의를 추구하며 예술을 추구하는 것으로 미화하기 위해 '세계적 건축가'를 적극 내세운다. '세계적 건축가 마케팅'과 '건축 예술 마케팅'의 결합은 큰 기업과 큰 공공기관의 탐욕을 충족시키고, 해당 지역의 자연과 역사와 사회에 대한 파괴를 정당화하는 중요한 방법이다. 2000년대 이후 한국과 중국은 이런 파괴적 개발의 건축 마케팅이 가장 활성화된 나라가 되었다. 다시 자하 하디드를 인터뷰했던 〈한국일보〉 기자의 비평을 인용한다.

오세훈 전 서울시장에 대한 비판 중 핵심은 그의 유치한 문화적 취향이다. DDP를 비롯해 오페라하우스, 세빛둥둥섬은 구질구질한 것은 싹 밀어버리고 반짝거리는 새 것으로 채우려고 했다는 점에서 닮은꼴이다. 혹자는 "딱 봐도 누구의 치적인지 기억할 수 밖에 없는 건축물이라는 점에서 자하 하디드는 동아시아 정치인들이 원하는 바를 정확히 짚어내고 있다"고 평했다. 나는 여기에 형태뿐 아니라 가치관까지 정확히 일치한다고 보태고 싶다. …
유명 건축가의 건물이라면 도시의 격을 높일 수 있을 것이라 믿는 천박한 건축주, 그리고 자신의 판타지를 이루는 것 외에는 아무 관심이 없는 건축가. DDP는 이 둘의 조합이 만들어낸 서울의 기묘한 자화상이다(황수현, 2014).

● DDP를 어떻게 할 것인가?

DDP는 막대한 혈세를 투여해서 엄청난 역사를 파괴하고 완공되었다. 개관을 앞두고 그 운영계획과 활용방안이 발표되었다('동대문디자인플라자(DDP), 디자인 중심에 서다', 〈뉴시스〉 2014년 3월 17일). 그러나 그 전망은 여전히 불투명하다. 연간 321억원으로 정해진 운영비의 자급은 대단히 어려울 것으로 보인다. 2층의 박물관에서는 간송미술관의 국보급 그림들을 전시하고, 1층의 전시관에서는 스포츠용품을 전시한다는 활용계획도 이해하기 어렵다. 애초에 '디자인플라자'라는 개념 자체가 불명확한 것이었다. 한국에서 '플라자'는 대체로 '(복합)상가'의 뜻으로 쓰인다. DDP의 본색은 '창조산업을 위한 전진기지'가 아니라 '디자인을 내세운 복합상가'인가?

DDP를 그대로 올바로 활용할 수 있는 방안은 없는 것 같다. 유지 운영에 쏟아 부어야 할 막대한 혈세의 낭비라도 줄이기 위해서는 아마도 다음의 세 방안을 추진해야 할 것이다. 첫째, 부분 이용이다. 거대한 전체를 가동하지 말고 부분만 이용해서 비용을 줄이는 것이다. 둘째, 전면 개축이다. 현재의 '보는 건물'을 '쓰는 건물'로 전면적으로 개축하는 것이다. 현재 상태로는 편리성과 안전성의 면에서 결코 잘 활용할 수 없을 것 같다. 셋째, 매각이다. 전체를 매각하거나 부분을 매각하거나 해서 서울시의 부담을 줄이는 것이다. 물론 구매자가 있을 것인가도 큰 의문이다.

여기서 우리는 1967년에 박정희와 김현옥이 김수근의 설계로 건축을 강행해서 여전히 서울 도심의 최대 흉물로 남아 있는 '세운상가'를 떠올릴 필요가 있다. '세운상가'는 당시 최첨단 도심 건물을 내걸고 지어졌다. 그러나 역사와 생활을 무시하고 지어진 거대한 '세운상가'는 서울 도심을 망치는 최악의 흉물이 되고 말았다. 2006년에 서울시장에 취임한 직후 오세훈은 세운상가를 철거하고 종묘 앞에서 남산까지 이어지는 녹지 공원('세운 초록띠 공원')을 만들고 주변에는 무려 36층에 이르는 건물들을 짓겠다는 무모한 계획을 추진했다. 2013년 6월 서울시는 이 무모한 계획을 폐기하고 주변의 분할 재개발을 추진하기로 결정했다. 이로써 서울시는 작은 녹지 마당의 조성에 그친 '세운 초록띠 공원'의 조성을 위해 1천억원을 날린 셈이 되었다. 이어서 서울시 도시재정비위원회는 2014년 2월 25일 세운상가 7개 동을 개량하고 주변을 171개 지역으로 나누어 50m(16층)~90m(30층)으로 재개발하는 〈세운재정비촉진지구에 대한 재정비촉진계획 변경안〉을 의결했다. 그런데 7월 9일 문화재위원회가 종묘의 바로 앞인 '세운 재정비 촉진지구'의 4구역에 대한 SH공사의 개발계획 심의를 마쳤다. 이로써 종묘 앞 경관의 심각한 훼손과 함께 SH공사는 최대 1240억원의 적자를 보게 되었다(음성원, 2014). 문화재위원회는 서울시의 역사파괴적 개발을 방조한다는 비판을 받아야 마땅할 것이고, SH공사는 현재의 문제를 회피하려 무모한 개발을 강행해서 문제를 더 키우고 있다.

안타깝게도 우리는 박정희-김현옥의 반민주적이고 반문화적이었던 재개발로 급조된 '세운상가'의 경험에서 올바른 교훈을 얻지 못했다. 잘못의 반복과 확대를 막기 위해 DDP에 대한 철저한 감사로 잘못을 명확히 밝혀야 한다. DDP에 관한 여러 의혹과 문제들을 기정사실로 인정하고 그냥 끝내서는 절대 안 된다.

2014년 6월 4일의 지방선거에서 박원순은 재선되었다. 그는 9월 4일에 〈서울시정 4개년 계획〉을 발표했고, 9월 18일에 건축가 승효상을 서울시 총괄건축가 1호로 위촉했다. 박원순과 승효상은 보존, 재생, 연결을 서울의 새로운 변화 방향으로 추진하고 있다. 보존, 재생, 연결은 50년 넘게, 아니 100년 넘게 난개발에 시달린 서울에서 대단

히 중요한 개념이다. 그러나 세운상가 고가보도의 복구는 박정희 정
권의 정치적 과시를 위해 김현옥-김수근이 이른바 '입체도시'를 내걸
고 강행했던 잘못을 재연하는 것으로 보인다. 세운상가는 서울의 허
리를 관통하는 거대한 콘크리트 말뚝이다. 서울의 보존, 재생, 연결
을 위해 세운상가는 대대적인 해체나 축소의 대상이다. 그리고 올바
른 보존, 재생, 연결은 사람들이 지상에서 편히 걷고 살 수 있는 것으
로 시작되어야 할 것이다. 목표가 옳다고 그것을 추구하는 방법도 다
옳은 것은 아니다. 보존. 재생, 연결의 내용에 대해 진정 열린 논의가
충분한 시간을 갖고 풍부히 행해지길 바란다.

___**참고자료**

김병희(2009), '잃어버린 도성의 기억을 복원, 동대문 운동장 및 야구
　　　　장 부지 발굴 현장', http://www.cha.go.kr
리처드 로저스(1997), 이병연 옮김(2005), 『도시 르네상스』, 이후
문화연대 공간환경위원회(2002), 『문화도시 서울, 어떻게 만들 것인
　　　　가』, 시지락
사사키 마사유키(2001), 정원창 옮김(2004), 『창조하는 도시』, 소화
서정일(2009), '동대문, 그라운드 제로 2008', 도시재생네트워크
　　　　(2009), 『뉴욕 런던 서울의 도시재생 이야기』, pixelhouse
정기용(2008), 『사람 건축 도시』, 현실문화
제인 제이콥스(1961), 유강은 옮김(2010), 『미국 대도시의 죽음과
　　　　삶』, 그린비
홍성태(2007), 『개발주의를 비판한다』, 당대
　　　　(2012), 『사회로 읽는 건축』, 진인진

황수현(2014), '자하 하디드와 오세훈… '판타지형' 닮은 꼴', 〈한국일보〉 2014년 3월 18일

SBS '현장 21'(2012), '5천억짜리 건물, 용도는?…디자인 서울의 그늘',
http://news.sbs.co.kr/sports/section_sports/sports_read.jsp?news_id=N1001482552

___서울역 고가공원 계획과 고가도로의 문제

• 서울역 고가공원 계획의 문제

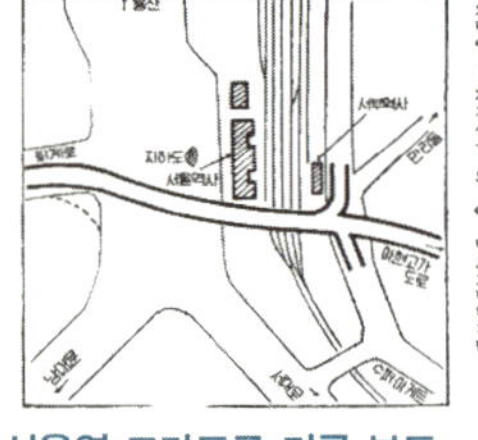

서울역 고가도로 기공 보도
〈경향신문〉 1969년 4월 4일

서울역 고가도로 준공식, 1970/8/15
출처: e영상역사관

서울역의 북쪽으로 지나가는 서울역 고가도로는 1969년 4월 4일에
착공되어 8월 15일에 박정희 부부가 참석해서 준공식을 했다.* 서울
역 고가도로는 아현 고가도로, 청계 고가도로와 함께 1966년 4월 1일
에 박정희에 의해 서울시장으로 임명되어 서울의 파괴적 개발을 급

---

* 같은 날 남산 제1터널의 준공식도 했다. 2014년 10월 12일의 서울역 고가도로 보행 개방
과 관련해서 서울시는 박정희 부부가 1970년 5월 29일에 서울역 고가도로 준공식에 참여했다
고 보도자료를 배포했으나 이것은 잘못이다. 서울역 고가도로는 1969년 3월 19일에 착공해서
1970년 8월 15일에 준공될 예정이었으며, 정부의 공식 영상과 사진을 제공하는 'e영상역사관'
도 박정희 부부가 8월 15일에 준공식에 참석해서 찍은 사진들을 제공하고 있으며, 신문 기사
도 박정희 부부가 8월 15일에 남산 제1호 터널과 서울역 고가도로의 준공식에 참석했다고 보
도했다(〈동아일보〉 1970년 8월 15일). 서울시는 'e영상역사관'에서 분명히 8월 15일의 사진이
라고 제공한 것을 5월 29일의 사진이라고 배포했다. 그 결과 2014년 10월 12일의 서울역 고가
도로 보행 개방을 보도한 모든 언론이 그렇게 보도했다. 어떻게 해서 이런 거대한 잘못이 빚
어진 것일까?

속히 강행한 김현옥이 건설한 3대 고가도로였다.

김현옥(1926~1997)은 서울시장에 취임한 직후인 1966년 5월에 〈서울 도시계획 기본계획〉을 추진해서 8월 13일에 그 발표했다. 김현옥이 '불도저'로 불릴 정도로 강력히 강행한 서울의 파괴적 개발은 이렇게 본격화되었다. 김현옥의 서울 개조에서 가장 큰 역할을 한 전문가는 건축가 김수근(1931~1986)이었다. 그는 1961년에 김종필(1926년생)을 만나 극히 친해져서 박정희 시대를 대표하는 건축가가 되었던 김수근이었다(손정목, 2003ㄱ: 265~272). 김현옥은 1966년 7월에 김수근을 만나서 서울 도심의 허리를 대대적으로 파괴하는 거대한 콘크리트 말뚝이 될 '세운상가'의 설계를 맡겼으며, 1967년 8월 8일 오전의 기자회견에서 김수근의 스케치를 제시하며 서울의 도심 관통 고가도로 계획을 발표했다(손정목, 2003ㄴ: 192~193). 이른바 '입체도시' 계획의 강행이었다. 그러나 김수근은 르 코르뷔지에의 잘못된 구상이었던 파리의 거대한 주상복합 단지와 거대한 고가도로 계획을 모방한 것이었다. 이렇게 해서 서울에서 지하도와 육교에 이어 고가도로가 건설되기 시작했다.* 청계, 아현, 서울역 고가도로가 그 3대 고가도로였다. 청계 고가도로는 2003년에 철거됐고 아현 고가도로는 2014년에 철거됐다. 너비 8.4m, 길이 914.5m, 높이 17m의 서울역 고가도로는 2008년에 안전성 검사에서 D등급을 받았다. 이에 따라 서울시는 2009년에 서울역 고가도로의 철거 계획을 세웠으나 비용 문제로 철거를 2015년

---

* 김현옥은 왜 이렇게 고가도로의 건설에 '광분'했을까? 정말 교통을 위했다면 지하철을 추진하는 것이 옳았다. 서울의 지하철은 김현옥의 전임인 윤치영이 그 계획을 본격 시작했고, 김현옥은 그 건설을 주저하다 '서울시 지하전철 계획안'(1970년 2월)을 제출했고, 김현옥의 후임인 양택식은 시장이 되자 그 건설을 바로 추진했다('서울 지하철 시대', 〈교통신문〉 2006년 10월 25일). 김현옥이 지하철을 무시하고 고가도로에 매달렸던 것은 아마도 그것이 눈에 확 띄기 때문이었을 것이다. 그는 '시민아파트'를 산자락에 급조했는데 박정희가 쉽게 볼 수 있도록 이렇게 했다(〈위키백과〉, '와우아파트'). 김현옥의 그릇된 욕심 때문에 서울에 불필요한 고가도로들이 난립하게 되었고 서울은 오랫동안 엄청난 고통을 겪어야 했던 것이다.

으로 미루고 버스와 대형 화물차량의 통행을 막았다.

사실 서울역 고가도로의 문제는 이미 오래 전부터 잘 알려진 것이었다. 1994년 10월 21일 성수대교 붕괴사고가 발생하고 서울의 여러 시설들에 대한 무서운 사실들이 드러났다. 이미 1985년 10월에 작성된 감사원의 감사 보고서에서 성수대교는 물론 거의 모든 교량과 고가도로들이 붕괴 우려가 있는 것으로 지적되었으나 전두환 독재 정권이 그 공개를 막고 아무런 조치도 취하지 않았던 것이다.*

> 성수대교 붕괴사고는 이미 85년 감사원 감사에서 붕괴 위험에 처해 있다는 판결을 받은 '인재'였던 것으로 드러났으며 서울시는 이같은 경고에도 불구하고 예방조치를 제대로 취하지 않은 것으로 밝혀졌다. 또 성수대교뿐만 아니라 영동·광진·잠실·마포·한남·천호·양화대교 등을 비롯한 거의 전 교량과 청계고가도로, 아현고가도로, 서울역 고가도로 등도 붕괴 우려가 있는 것으로 지저적된 것으로 뒤늦게 밝혀졌다.

---

* 당시 전두환 독재는 언론사에 안기부와 기무사의 요원들을 상주시키고 보도를 철저히 검열했으며 언론사에 은밀히 '보도지침'을 보내서 그에 따라 보도하도록 강요했다. "당시 《한국일보》 기자로 재직하던 김주언은 보도 지침의 존재를 알리기 위해 1985년 10월 19일부터 1986년 8월 8일까지 10개월 동안 시달된 584개 항의 보도 지침 내용을 《한국일보》가 보관 중이던 자료철에서 복사해서 월간 잡지 《월간 말》에 넘겨주었다. 《월간 말》지는 1986년 9월 6일에 특집호 〈보도지침—권력과 언론의 음모〉를 발간하였고, 9일 천주교정의구현전국사제단과 공동으로 명동성당에서 〈보도지침 자료공개 기자회견을 하면서…〉라는 성명서를 발표하였다. 이를 통해 보도 지침의 존재가 알려지게 되었다. 12월 10일에 민주언론운동협의회 사무국장 김태홍이, 12일에 실행위원 신홍범이 남영동 치안본부 대공분실로 연행되어 구속되었다. 김주언도 15일에 대공분실로 연행되었고 17일에 구속되었다. 검찰은 세 언론인을 국가보안법 위반, 외교상 기밀 누설, 국가 모독, 집회 및 시위에 관한 법률 위반을 들어 기소하였다. 종교 단체와 민주 단체 등은 항의 성명을 발표하고 석방 운동을 벌였다. 사건은 국외에도 알려 영국의 인권 단체 엠네스티와 미국의 언론 단체 언론인보호위원회도 정부에 서한을 보내고 석방을 요구하였다. 김태홍, 신홍범, 김주언은 1987년 6월 3일 집행유예로 풀려났고, 1995년 12월 12일 대법원 무죄확정 판결을 받았다"(〈위키백과〉, '보도지침').

그러나 이같은 감사원의 지적은 5공화국 당시 86년 아시안게임과 88년 올림픽을 앞두고 공개되지 않고 쉬쉬하면서 안전조치도 제대로 취하지 않은 채 넘어간 것으로 드러나 충격을 더해주고 있다('교량·전철 총체적 부실', 〈매일경제〉 1994년 10월 22일).

서울역 고가도로는 이미 1985년에 철거됐어야 하는 시설이었다. 그러나 그로부터 23년이나 지나서 오세훈 시장 때 서울시에서 비로소 그 철거가 확정되었다. 박원순 시장도 그 철거를 추진했다. 그런데 박원순은 2014년 6월 4일의 서울시장 선거에 임해서 돌연 서울역 고가도로를 공원화하겠다는 공약을 발표했으며, 6월 28일에 열린 제247회 서울시의회 정례회 4차 본회의에서는 다시 그 철거를 약속했으나, 9월 23일 뉴욕의 하이라인 파크를 답사하는 자리에서 서울역 고가공원 계획을 다시 발표했다(〈뉴시스〉 2014년 10월 27일). 이에 대해 남대문 시장 쪽의 상인들은 손님들이 크게 줄어든다며 강력히 반대하고 나섰고, 서울역 뒤 만리동의 '서울역 센트럴자이' 쪽에서는 최대 수혜지라며 강력히 찬성하고 나섰다.

서울역 고가도로는 교통시설로 더 이상 사용할 수 없다면 철거해야 옳을 것이다. 마치 서울역 고가도로를 그냥 서울역 고가공원으로 전환하는 것처럼 제시하는 것은 사실과 크게 다른 것이다. 그냥 전환하는 것이 아니라 너무 위험해서 300억원 이상의 세금을 투여해서 거의 새로 고가를 건설해야 하기 때문이다. 이 고가는 중요 문화재인 서울역의 경관을 크게 훼손하고 있고, 서울역 뒷쪽으로 거대한 세 개의 '발'을 갖고 있어서 그 일대의 교통과 지역 상태에 큰 악영향을 미치고 있다. 서울역 고가도로는 박정희 독재 정권의 폭압적 근대화가 아니었다면 애초에 들어설 수 없는 시설이었다. 박원순은 뉴욕의 '하이 라인 파크'를 모범으로 제시하고, 여기에 파리의 '프롬나드 플랑테’도 덧붙여 제시하고 있다.* 그러나 ‘하이 라인 파크’는 고층 건물들 사이를 지나가는 고가철도를 보도공원으로 바꾼 것이고, ‘프롬나드 플랑테’는 한적한 파리 동쪽 외곽의 고가철도를 보도공원으로 바꾼 것이다. 두 곳은 서울역 고가도로처럼 돌연히 제안되어 졸속히 추진되지 않았으며, 황량하고 위험한 아스팔트 도로 위를 가로지르지 않는다. ‘하이 라인 파크’와 비슷한 곳은 성수동의 지하철 2호선 고가철도이며, ‘프롬나드 플랑테’와 비슷한 곳은 한남동의 한강변 철도이다. 아무리 좋은 것도 엉뚱한 곳에서는 나쁜 것이 되기 십상이다.

　서울역 일대에서 필요한 것은 서울역 고가도로 공원이 아니다. 서울역 고가도로를 철거하면 서울역 일대의 도로 경관이 크게 개선될 것이다. 서울역 앞의 도로를 5층 높이에서 가로지르고 있는 서울역 고가도로는 서울역 앞의 경관을 망치는 거대한 시설이다. 서울역 뒷쪽의 문제는 훨씬 더 심각하다. 무려 세 개의 ‘발’을 내리고 있는 서울역 고가도로 아래서 어둡게 짓눌린 서울역 뒷쪽이 예전처럼 만초천과 봉래산의 밝은 동네로 되살아날 것이다. 그리고 서울역과 남대문로, 퇴계로를 지상으로 오갈 수 있도록 건널목을 설치하면 자동차가 지배하고 있는 서울역 앞 도로의 삭막한 상태가 크게 개선될 것이다. 서울역 고가도로 아래에서 서소문 공원 옆의 철도를 복개하고 그 위를 공원으로 만들면 더욱 더 좋을 것이다. 여기는 철도가 상당히 아래에 있어서 바로 복개해도 될 것이다. 박원순이 내걸고 있는 ‘보행도시’는 지상의 보행을 보장하는 것으로 이루어지는 것이지 사람들을 지하와 고가로 다니게 하는 것으로 이루어지는 것이 아니다. 목표가 옳다고 해서 그것을 구현하기 위한 방식이 꼭 옳은 것은 아니다.

---

* 사실 ‘프롬나드 플랑테’가 최초의 사례이고, ‘하이 라인 파크’는 그것을 모방한 것이다. 전자는 1980년에 재생사업이 시작되어 1993년에 공원이 완성되었다. 후자는 2006년에 공사가 시작되어 2014년에 완공되었다.

올바른 목표는 올바른 방식으로 구현될 수 있다.

이런 점에서 세운상가를 연결해서 고가보도를 만들겠다는 구상도 폐기되어야 옳다. 그것은 '애송이' 김수근*이 르 코르뷔지에의 잘못된 발상을 흉내내서 강행한 잘못된 시설로서 도심의 보행을 위한다는 구실을 내세워서 실은 사람들을 건물 위로 올라가게 하고 지상을 자동차들이 점령하게 만든 것이었다. 그것을 없애서 청계로와 을지로의 전망을 다시 탁 트이게 만들고 사람들이 지상으로 편히 걸어 다니게 만든 것은 중요한 개선이다. 세운상가 고가보도를 되살리겠다는 것은 김수근이 박정희를 위해 저질렀던 어설픈 잘못을 재연하는 것일 뿐이다. 종묘와 남산은 고가로 연결되는 것이 아니라 땅의 길로 연결되어야 한다. 이것이 종묘와 남산의 역사를 되살리는 것이면서 올바른 '보행 도시'를 만드는 것이다. 박원순과 승효상의 시대적 사명은 박정희와 김수근의 잘못을 되풀이하는 것이 아니라 그것을 철저히 바로잡는 것이다. 이런 점에서 서울시 총괄건축가 승효상의 '메타시티'는 그 개념도 애매하지만 그 내용은 명백히 심각한 문제를 안고 있다. 그는 '메타시티'를 '연결 도시'로 제시하는데 서울의 도심을 큰 문제를 안고 있는 고가보도로 연결하는 것이 그 실체인 것 같다. 박원순과 승효상이 내세운 '보존, 재생, 연결'의 개념은 모두 서울에서 꼭 필요하고 중요한 것이지만 박정희-김현옥-김수근의 잘못을 '보존, 재생, 연결'하는 것이어서는 안 될 것이다.

박정희의 파괴적 개발을 넘어서, 이명박의 파괴적 개발을 넘어서, 생태문화도시 서울을 위해 해야 할 일이 쌓여 있는데, 엉뚱한 일을 하겠다며 괜한 논란을 일으키고 시간을 허비하는 것은 대단히 안타까

---

* 1967년부터 1972년까지 연차적으로 완공된 세운상가가 건축되기 시작했을 때 김수근은 만 35살이었다. 그는 만 30살이었던 1961년에 박정희 군사반란의 2인자였던 김종필을 알게 되어 박정희의 파괴적 개발을 주도하는 건축가가 되었다. 손정목은 당시의 그를 '애송이'라고 불렀다(손정목, 2003).

운 일이다. 교량을 비롯한 각종 시설의 녹화, 옥상정원과 햇빛발전의 확대, 수십만 개에 이르는 대단히 위험한 전봇대의 철거, 난마처럼 얽힌 수십 km에 이르는 전깃줄의 지중화, 폭탄과 같은 보도 위 대형 고압선 개폐기함의 지중화 등 안전한 생활을 위한 생활공간의 정비 과제도 산적해 있다. 아무쪼록 박원순-승효상이 시대의 사명을 올바로 수행해서 서울이 생태문화도시를 향해 올바로 나아가기를 바란다.

● 고가도로의 문제

서울시 고가차도 현황

설치 이유	설치 시기
지형 높낮이 극복	60년대: 남산육교 70년대: 북악스카이웨이 등 8곳 80년대: 화곡고가 등 4곳 90년대 이후: 서초고가 등 20곳 (총 33곳)
철도 횡단	60년대: 서소문 등 4곳 70년대: 서울역, 도림동 등 11곳 80년대: 삼각지 등 4곳 90년대: 수출의 다리 등 4곳 (총 23곳)
간선도로	70년대: 서빙고 80년대: 워커힐교 90년대: 복정 등 8곳 2000년대: 잠원 등 7곳 (총 17곳)
교차로 소통	60년대: 아현, 노들(2곳) 70년대: 서대문, 구로, 문래, 화양, 강남터미널, 한남2, 홍제 80년대: 노량진, 약수 90년대 이후: 선유, 사당, 영동대교 북단, 이수 (총 16곳)

출처: 〈한겨레〉 2009년 12월 10일

자동차를 위한 도시

오랫동안 육교, 지하도, 고가도로는 필수적인 교통 시설일 뿐만 아니라 사회 발전의 지표처럼 여겨졌다. 그런데 사실 세 시설은 모두 자동차를 위한 것이다. 육교와 지하도는 사람들이 자동차를 괴롭히지 않고 피해 다니도록 만든 것이며, 고가도로는 자동차가 사람들의 방해를 받지 않고 질주할 수 있도록 만든 것이다. 따라서 이런 시설이 많은 도시는 사람보다 자동차를 우선하는 도시로서 결코 '좋은 도시'라고 할 수 없다. 한국에서는 박정희 정권에 의해 세 시설이 본격적으로 설치되기 시작했다. 특히 1966년 4월 1일 만 40살에 서울시장에 취임한 육군 준장 출신 김현옥에 의해 군사작전을 벌이는 것과 같은 방식으로 세 시설이 급증하게 되었다(서울시정개발연구원, 2000: 232~237).

도시는 사람을 위한 공간이지 건물과 차량을 위한 공간이 아니다. 사람이 편리하고 안전하고 쾌적하게 걸어 다닐 수 없는 도시는 결코 '좋은 도시'가 아니다. 1990년대 중반을 지나면서 고성장과 민주화의 성과를 배경으로 보행권에 대한 관심이 커지기 시작했다. 이에 관한 활동을 적극 펼치는 녹색교통운동, 걷고 싶은 도시 만들기 시민연대, 문화연대 등의 시민단체들도 나타났다. 그 결과 2000년대 초부터 서울의 도심을 중심으로 세 시설의 철거가 이루어지기 시작했다. 이 변화의 배경과 의미는 상당히 중요하다. 그것은 1960년대에 박정희 정권이 강행한 '압축적 근대화' 또는 '폭압적 근대화'의 패러다임이 도시의 구성과 운영에서 크게 변화하는 것일 수 있기 때문이다.

이제 특히 중요한 두 고가도로의 철거를 중요 사례로 해서 서울의 변화에 대해 살펴보도록 하자. 서울에서 자동차를 위한 도시의 문제가 크게 개선될 수 있는 길이 열린 것은 분명하다. 그런데 서울은 과연 어디로 가고 있는가? 서울은 과연 '좋은 도시'로 나아갈 수 있는가? 서울은 유럽의 도시들처럼 자전거에 유모차를 매달고 아기들을 태워서 안전하고 편리하게 다닐 수 있는 곳이 될 수 있는가? 두 고가도로의 철거는 진정한 선진화의 맥락에서 어떤 의미와 과제를 안고 있는가?

두 고가도로의 철거

2014년 2월 9일 서울의 아현 고가도로가 폐지되었다. 이어서 3월에 아현 고가도로는 철거되어 영원히 사라졌다. 아현 고가도로는 1968년 2월 3일에 착공되어 같은 해 9월 19일에 준공되었다. 서울시는 폐지 전날인 2월 8일에 시민들에게 아현 고가도로를 걸을 수 있도록 했다. 많은 시민들이 사라지는 아현 고가도로를 찾았다. 오래 전에 참으로 많은 시민들이 이곳을 걸어서 지난 적이 있었다. 바로 1987년 7월 9일 이한열의 장례식 때였다. 당시 대학교 3학년이었던 나도 그 행렬에 참여해서 연세대에서 시청까지 걸어갔다.

아현 고가도로의 폐지는 여러 면에서 중요한 의미를 가졌다. 서울시는 아현 고가도로의 폐지를 서울이 '사람을 위한 도시'로 나아가는 중요한 계기로 제시했다. 정말 그렇게 되어야 할 것이다. 그런데 여기서 아현 고가도로에 대한 두 가지 설명을 잠시 살펴보자.

아현고가도로는 중구 중림동 754번지~마포구 아현동 267번지 사이 548.7m에 이르는 서울에 처음으로 시설된 고가도로로, 1968년 9월 19일 준공되었다. 폭 15m, 연장은 주로(主路)가 771m, 옹벽이 169m, 계 940m이다. 공사비는 2억 8,100만원이 투입되었다. 아현고가도로의 건설로 충정로와 마포가 이어지고, 서소문로와 신촌로가 이어지는 아현동고개 교차점을 고가화함으로써 교차지점에서의 신호대기가 불필요해져서 도심부의 교통 지체를 크게 완화하는 효과를 거두게 되었다(서울특별시사편찬위원회, 〈서울지명사전〉, '아현고가도로').
아현고가도로(阿峴高架道路)는 서울특별시 중구 중림동 754번지에
서 마포구 아현동 267번지를 잇는 940m의 고가 차도였다. 1968년 9
월 19일 서울특별시에서 최초로 건설한 고가차도이며 당시 청계고
가, 서울역고가와 서울시의 근대화 상징물이었으나 이후 안전등급에
서 C등급(조속한 보수가 필요함)을 배정받아 막대한 보수비용과 시
대적으로 노후한 설계로 인하여 사고지역으로 악명이 높았으며 또
지역 경관 및 소통을 막는 주범으로 많은 민원이 서울시에 접수되어
철거하기로 결정하였다(〈위키백과〉, '아현고가도로').

아현고가도로에 대해 서울특별시사편찬위는 교통 지체를 해소했
다고 설명하는 데 비해 〈위키백과〉는 지역 경관을 해쳤을 뿐만 아니
라 교통 지체도 일으켰다고 설명한다. 어느 것이 맞는 설명일까? 〈위
키백과〉의 설명이 맞는 것이다. 사실 아현고가도로는 심각한 교통체
증 문제 때문에 이미 1980년에 그 구조가 변경되었다. 1979년 9월 19
일에 "서울시에 따르면 아현동 고가도로는 신촌 방면에서 도심으로
진입하는 차량을 모두 서소문 쪽으로 쏟아놓아 서소문~시청 간에 심
한 교통체증을 빚고 있기 때문에 서소문로에 놓인 동쪽 통로를 모두
철거하고 이를 충정로 쪽으로 옮기도록 한다"고 보도되었다(〈경향신
문〉 1979년 9월 19일). 문제를 올바로 인식해야 올바로 해결할 수 있
다. 아현고가도로는 교통을 위해서도 없어져야 하는 시설이었다.
　아현 고가도로는 처음으로 준공된 고가도로였으며, 처음으로 착공
된 고가도로는 바로 '3.1 고가도로'(뒤에 '청계 고가도로'로 개명)였
다. 두 고가도로와 서울역 고가도로는 근대화를 대표하는 시설이기
도 했다. 이제 두 고가도로는 사라졌고 서울역 고가도로만 남았다.
그런데 세 고가도로 중에서 가장 특별한 것은 바로 청계 고가도로였
다. 청계 고가도로는 전체 길이가 5km를 넘는 긴 고가도로였으며,

서울의 도심을 관통하는 고가도로였기 때문이었다. 여기서도 두 설
명을 잠시 보자.

> 청계고가도로는 성동구 마장동~남산 1호 터널 간을 잇는 도로시설
> 물로서, 주로 청계천 위에 시설되었는데 1976년 8월 준공되었다. …
> 청계고가도로의 건설로 서울의 도심에서 동부 서울로의 자동차의 진
> 입과 분산에 엄청난 위력을 발휘하였다. 청계천 1가에서 마장동에
> 이르는 10개의 교차점을 신호 대기 없이 일거에 통과가 가능해졌기
> 때문이다(〈서울지명사전〉, '청계고가도로').

> 중구 광교에서 동대문구 용두동에 이르는 길이 5~6km, 폭 16m의 청
> 계고가도로는 1967년 8월 15일에 착공하고, 1971년 8월 15일 완공했
> 다. 이 고가도로는 한국 최초의 본격적 고가도로였다. 청계고가도로
> 아래의 도로는 청계천로라고 불려, 교통을 분산되게 하는 데도 일정
> 한 효과가 있었다. 그러나 주위에는 양복이나 전기부품의 도매상가
> 가 많아, 상하차 작업을 하는 주차 차량이 청계천로에 넘치고, 심각
> 한 교통 정체를 일으키는 것이 된다(〈위키백과〉, '청계고가도로').

  아현 고가도로와 마찬가지로 〈위키백과〉는 〈서울지명사전〉에 비
해 청계 고가도로의 교통 정체 해소에 대해 제한적 의미를 부여하고
있다. 여기서도 역시 〈위키백과〉 쪽의 설명이 사실에 더욱 부합한
다. 청계천로의 교통 정체는 청계고가도로의 교통 정체로 이어지기
일쑤였다. 아현 고가도로와 마찬가지로 청계 고가도로도 교통의 면
에서도 문제가 커서 철거되었던 것이다. 두 사전은 완공 시기의 설명
에서 크게 다른 데, 청계 고가도로는 1971년 8월 15일에 완공되었으
며, 1976년 8월에 태평로까지 연장되었다(〈매일경제〉의 그림 참조).
이 차이가 명확히 제시되지 않아 혼란을 일으키고 있다.

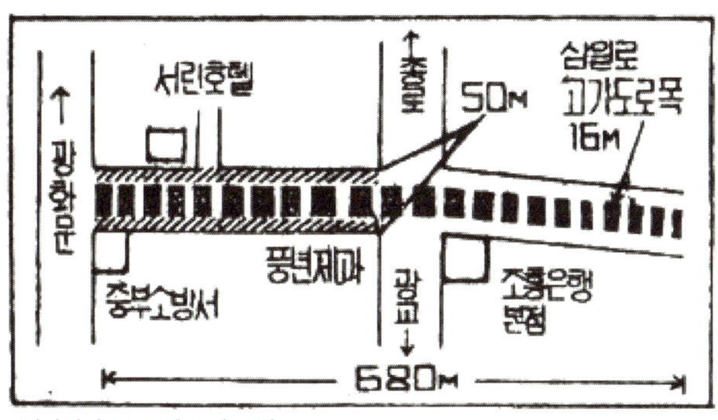

〈매일경제〉 1975년 11월 27일

개발주의의 문제

두 고가도로의 철거는 확실히 고가도로를 크게 중시하던 낡은 시대
가 저물었다는 사실을 보여주는 것 같다. 그런데 1960~70년대 서울
시의 개발정책 담당자였던 도시학자 손정목의 설명에 따르면, 아현
고가도로와 청계 고가도로는 애초에 건설할 필요가 없었던 교통 시
설이었을 수 있다. 그는 청계 고가도로 건설에 대해 당시 서울에는
차량이 별로 없어서 굳이 고가도로를 건설하지 않아도 교통에 아무
런 문제가 없었다고 지적했다(손정목, 『서울 도시계획 이야기5』, 한
울, 2003: 194). 그렇다면 박정희 정권은 왜 고가도로의 건설을 강행
했던 것일까?

　박정희 정권은 군사반란으로 집권했기 때문에 정치적 정당성에 태
생적인 문제가 있었다. 이런 상황에서 박정희 정권은 서울을 대상으
로 급속한 개발을 이루어서 자신의 능력을 널리 과시하고자 했다. 사
실 이런 행태는 전혀 새로운 것이 아니었다. 고대로부터 정치 권력은
도시를 건설하거나 개조해서 자신의 능력을 과시하고자 했다. 많은
사람들이 모여 살며 물리적 시설들이 집적되어 있는 도시는 정치 권
력이 자신을 과시하기 위한 최적의 장소이다. 이것은 도시의 숙명이

다. 그런데 이 숙명은 나쁜 결과를 낳을 수도, 좋은 결과를 낳을 수도
있다. 정치 권력이 '좋은 도시'를 위한 올바른 개발을 적극 추구할 수
도 있기 때문이다. 그러나 그렇게 되기는 결코 쉽지 않은 일이며, 불
행히도 서울은 그런 것과는 거리가 아주 멀었다.

이와 관련해서 특히 중요한 것은 청계고가도로였다. 1960년대에
청계천은 몹시 더러웠고 그 주변에는 판잣집들이 잔뜩 들어서 있었
다. 서울의 도심 한복판이 더러운 하수와 남루한 빈민의 공간이었던
것이다. 박정희 정권은 여기에서 극적인 변화를 연출하고자 했다. 청
계천 판잣집에서 살던 사람들을 모두 강제이주시키고 청계천을 복개
해서 보이지 않게 하는 동시에 그 위로 당시 발전의 상징처럼 제시되
었던 고가도로를 건설했다. 이것은 1964년 도쿄 올림픽을 계기로 일
본 정부가 도쿄의 도심에 고가도로를 건설한 것을 모방한 것이기도
했다. 도쿄와 서울의 도심에 고가도로를 건설한 것은 그 소중한 역사
를 크게 훼손~파괴하는 잘못을 저지른 것이었다. 빈민들을 강제이
주시키는 반인권적 방식으로 불필요한 고가도로를 건설했다는 점에
서 서울의 잘못은 더 컸다.

서울의 개발을 의도대로 이루기 위해 박정희 정권은 부산시장으로
서 큰 '성과'를 거둔 김현옥을 서울시장으로 임명했다. 육군 준장 출
신 김현옥은 군사작전을 펼치는 것과 같은 방식으로 각종 개발을 강
행하는 군사적인 개발주의military developmentalism의 방식으로 급속한/
부실한 서울의 개발을 강행했다. 그 상징적 첫사업으로는 1966년 4
월 19일에 착공되어 9월 30일에 자못 화려하게 개통된 '광화문 지하
도'를 꼽을 수 있다. 그러나 이 지하도는 개통식이 열리고 일주일도
채 되기 전에 천정에 금이 가서 물이 쏟아졌으며 바닥도 주저앉았다.
'불도저 시장' 김현옥이 서울시장 직에서 물러나게 된 사건인 1970년
4월 8일 새벽의 와우아파트 붕괴사고(33명 사망)는 결코 우연한 사

고가 아니었으며 비리와 부실의 필연적인 산물이었다.

김현옥은 1966년에 지하도와 육교의 건설을 강행한 데 이어서 1967년에 청계고가도로의 건설을 강행했다. 김현옥은 취임 2년째인 1967년에 서울의 개발을 더욱 더 강화했다. "1967년, 김현옥 시장은 이 해를 '돌진의 해'로 정하고 그야말로 돌격적인 건설사업을 추진하였다. 특히 도로, 교량 건설에 주력하였는데, 삼각지 입체교차로, 3.1고가도로, 강변 1로 등이 속속 건설되었다"(『서울, 20세기-100년의 사진기록』, 235). 저 악명높은 '세운상가'도 1967년에 착공되었다. '세운상가'는 김수근의 설계였으며, 청계고가도로도 김수근이 설계한 것으로 추정된다(손정목, 앞의 책, 195). 손정목에 따르면, 김수근은 '김현옥 건축-도시계획의 유일무이한 조언자'였다(192). 박정희 정권의 개발주의는 김현옥뿐만 아니라 김수근과도 불가분의 관계를 이루고 있는 것이다.

서울은 '좋은 도시'인가? 우리의 도시들은 서울을 비롯해서 모두 일제의 식민지 근대화와 박정희 정권의 '조국 근대화'에 의해 큰 변화를 겪었다. 그것은 우리의 전통과 생활을 경시하고 서구의 근대에 이루어진 변화를 강력히 이식하는 것이었다. 그런데 그것은 서구처럼 강력하고 체계적인 관리에 의해 이루어진 것이 아니라 그저 서구와 비슷한 외양을 빠르게 추구하는 것이었다. 그 결과 우리의 도시들은 곳곳에 고층 건물들이 난립하고 도로들이 종횡하는 곳이 되고 말았다. 우리의 도시들은 커다란 시멘트 덩어리들이 잔뜩 들어서 있으며 어디서나 자동차들이 우선이어서 사람들이 편하게 걸어 다닐 수 없는 반인간적 회색 도시라는 인상을 강하게 갖고 있다.

사실 유럽의 도시들은 보들레르의 만보객이 잘 보여주듯이 사람들이 거리를 천천히 편하게 걸어 다니면서 거리들, 건물들, 상품들, 사람들을 구경하는 곳으로 개발되었다. 그 결과 도시 전체가 잘 조성되고 관리되는 하나의 멋진 '볼거리'가 되었다. 여기서 가장 기본적인 중요성을 갖는 것은 사람들이 천천히 편하게 걸어 다닐 수 있어야 한다는 것이다. 그러나 우리의 도시들은 사람이 아니라 자동차를 우선하는 도시로 개발되었다. 이 변화는 박정희 정권에 의해 이루어졌다. 박정희 정권은 사람이 아니라 자동차가 중심인 도시를 만들었다. 이 후진적인 문제를 하루빨리 바로잡아야 한다. 진정한 선진화는 사람을 제대로 위하는 것으로 시작될 수 있다.

사람을 위한 도시

로마는 하루 아침에 이루어지지 않았다는 유명한 말이 있다. 신화적 설명에 따르면 기원전 800년 무렵 늑대의 젖을 먹고 자란 쌍둥이 형제 로물루스와 레무스가 로마를 세웠다고 한다. 로마라는 이름은 바로 로물루스에서 비롯된 것이다. 그러나 당시 로마는 잘 알려지지 않은 작은 곳이었다. 로마는 한 도시에서 거대한 제국으로 변했다. 이렇게 되기까지 600년의 시간이 걸렸다. 그 시간은 로마라는 도시가 '영원한 도시'의 모습을 갖추게 된 시간이기도 했다. 태조 이성계는 1392년에 조선을 세우고 2년 뒤인 1394년에 개경에서 한양으로 천도했다. 그러나 한양이 도시의 면모를 갖춘 것은 그로부터 28년 뒤의 일이었다. 한양의 2대 토목시설인 한양도성과 청계천은 각각 숙종(1661~1720)과 영조(1694~1776)에 의해 개축-완성되었으니 한양이 그 면목을 완비하는 데도 대략 300년의 시간이 걸렸던 셈이다.

오늘날 '신도시'는 예전에 비해 아주 빠르게 건설된다. 트럭들, 굴삭기들, 기중기들이 1~2년 바쁘게 움직이면 어느새 도시가 만들어진다. 이런 '신도시'에 비추어 보자면, 로마와 한양의 형성이 모두 이상하고 한심하게 보일 수도 있을 것이다. 그러나 물리적 건설로 도시의 형성이 완료되는 것은 아니다. 도시는 무엇보다 많은 사람들이 모여 사는 곳이기 때문이다. 각종 건물이나 시설은 도시의 목적이 아니라 수단이다. 많은 사람들이 편리하고 안전하고 쾌적하게 모여 살 수있는 것이 도시의 목적이다. 사실 '사람을 위한 도시'는 도시의 본래적인 목적인 것이다. 많은 사람들이 모여 살아가면서 도시의 형태와특색이 형성되며, 또한 변화한다. 모든 도시는 언제나 변화하는 과정속에 있으며, 언제나 형성되는 상태 속에 있다. 중요한 것은 '좋은 도시'를 추구하는 것이다.

그런데 과연 어떤 도시가 '좋은 도시'인가? 이제 도시는 많은 사람들이 모여 사는 곳일 뿐만 아니라 '생태위기'의 강력한 진원지라는 점에서도 '좋은 도시'를 추구하는 것은 대단히 중요하다. 이와 관련해서이미 오래 전부터 다양한 견해들이 제시되었다. 서구에서의 논의는1898년에 영국의 에버니저 하워드가 제안한 '전원도시'로 거슬러 올라갈 수 있다. 그러나 현대의 대도시와 관련된 논의는 1933년에 프랑스의 르 꼬르뷔지에가 제안한 '빛나는 도시'와 1961년에 미국의 제인제이콥스가 발표한 '생활 도시'(필자의 명명)로 대별될 수 있다. 전자는 초고층 건물들과 고가도로들의 도시이고, 후자는 주민들과 보행을 중시하는 도시이다. 오늘날 후자는 '좋은 도시'의 필수조건이다.'감응의 건축가' 정기용은 이런 '생활 도시'를 '기본이 바로 선 도시'라고 표현했다.

도시는 사회의 공간적 구현체이다. 도시는 사회 속에서 사회에 의해 형성되고 변화한다. 영국의 건축가 리차드 로저스는 "도시는 사회를 구현한 것으로, 그 형상은 반드시 한 사회가 공유하고 있는 목표를 염두에 두고 고찰되어야 한다"고 설파했다(『도시 르네상스』, 이후, 2005: 22). 이런 관점에서 로저스는 "도시는 내부의 여러 사회들이 갖고 있는 가치관, 공감대, 결의들의 반영에 지나지 않는다. 그러므로 도시의 성공은 시민과 정부에 의해 결정되며, 시민과 정부가 '사람내음' 풍기는 도시 환경을 만들기 위해 우선순위를 두는 곳에 따라 좌우된다"고 주장했다(16). 그런데 사실 많은 도시들에서 정부와 자본이 결탁해서 시민들을 배제하고 도시의 변화를 주도하며, 시민들은 좌절하거나 현혹되어 정부와 자본을 그냥 추종하곤 한다.

무엇보다 사람을 위한 도시라는 목표를 명확히 세우는 것이 중요하다. 육교, 지하도, 고가도로 등의 교통 시설들을 없애는 까닭은 원활한 교통에 별 도움이 안 되기 때문일 뿐만 아니라 사실 사람을 위해 당연한 조치이기 때문이다. 1990년대 말에 정리해고와 실업의 악화를 보며 김진균은 이 사회가 어쩌다가 이렇게 사람을 위하지 않게 되었냐고 깊이 탄식했다. 우리의 도시는 이미 1960년~70년대에 사람을 위하지 않는 쪽으로 빠르게 변하고 말았다. 사람을 위하지 않는 도시는 후진적인 도시일 뿐이다. 1927년에 프리츠 랑 감독은 영화 〈메트로폴리스〉를 발표했다. 이 SF-사회 영화에서 고층 건물과 고가도로는 발전의 상징처럼 제시되었다. 그러나 그 이면에 깊은 반인권과 불평등의 문제가 강력히 도사리고 있음을 프리츠 랑 감독은 명확히 보여주었다.

자동차를 위한 도시의 시설들을 없애거나 줄이는 것은 사람을 위한 도시의 출발일 뿐이다. 그러나 그것만으로는 충분하지 않다. 신개발주의는 구개발주의의 문제를 해결하는 것처럼 보이지만 실제로는 또 다른 개발주의일 뿐이다(홍성태, 2005). 따라서 사람을 위한 도시가 제대로 만들어지기 위해서는 탈개발주의를 적극 추구해야 한다. 탈개발주의는 반개발주의가 아니다. 그것은 투명하고 민주적인 방식으로 자연과 사람을 존중하는 필수적인 개발을 추구하는 것이다. 구개발주의의 문제에 대한 인식은 계속 커지고 있으나 아직 탈개발주의의 추구는 미약하다. 사람을 위한 도시는 삭막한 고가도로보다, 화려한 건물보다, 잘 자란 한 그루의 나무를, 사람들이 따뜻하게 어울리는 동네를 필요로 한다.

진정한 '명품 도시'는 제이콥스나 정기용이 추구했던 '생활 도시'이다. 이것은 탈개발주의에 입각해 있으며 '창조 도시'의 핵심이기도 하다. '창조 도시'의 사례로 유명한 영국의 게이츠헤드의 도시 정책자들은 주민들의 생활을 존중하는 것이 무엇보다 중요하다고 밝혔다. 주민들이 살기 어렵고 살기 싫어하는 도시에 누가 관심을 갖고 찾아오겠느냐는 것이다. 자동차를 위한 도시가 사람을 위한 도시로 변모하기 위해서는 '생활 도시'의 목표가 더욱 명료히 정립될 필요가 있을 것이다. 그런데 어디서나 '생활 도시'는 부동산의 소유, 임대차, 개발 방식, 투기 등의 문제 때문에 구현되기 쉽지 않다. 한국은 더 그렇다. 그러나 이상은 언제나 현실의 문제를 해결하며 이루어지는 것이다.

__참고자료

한정섭(1967), 서울시 고속전차 건설을 촉구한다, 〈건축계〉 2/2
서울시정개발연구원(2000), 『서울, 20세기-100년의 사진기록』
손정목(2003ㄱ), 『서울 도시계획 이야기1』, 한울
______(2003ㄴ), 『서울 도시계획 이야기5』, 한울
정기용(2008), 『서울 이야기』, 현실문화
홍성태(2005), 『생태문화도시 서울을 찾아서』, 현실문화

Jacobs, Jane(1961), 유강은 옮김(2010), 『미국 대도시의 죽음과 삶』, 그린비
Rogers, Richard(1997), 이병연 옮김(2005), 『도시 르네상스』, 이후

___ 박원순의 서울시정과 탈개발주의

● 박원순 시장의 당선

박원순 서울시장의 당선은 돌발적인 사건이었다. 오래 전부터 박원순의 정계 진출에 관한 여러 제안들이 있었으나 그는 꾸준히 시민운동의 길을 걸었다. 그런데 2011년 여름에 오세훈이 무상급식에 반대하는 정책을 강행하면서 박원순은 갑자기 서울시장에 출마해서 당선되었다. 박원순의 서울시장 출마는 필연적인 것이었을 수도 있다. 그는 오랫동안 자치체의 정책에 초점을 맞춘 활동을 펼쳐왔기 때문이다. 이런 그에게 갑자기 중대한 정치적 기회가 또는 계기가 찾아왔던 것이다.* 그는 전임 서울시장인 오세훈, 이명박과 아주 다른 정책을 추구한 사람이었기에 그의 서울시장 당선은 서울의 큰 변화를 예고했다. 그것은 어떤 내용으로 어디를 향하고 있는가?

오세훈, 이명박이 서울의 행정을 책임졌던 만 9년여 동안 서울에서는 대규모 개발사업이 크게 늘어난 것과 함께 자연 파괴, 역사 훼손, 비리 확대, 불평등 심화, 재정 악화 등 여러 문제들이 늘어났다. 박원순은 바로 이런 여러 문제들을 해결하기 위해 구체적인 정책 지향의 시민운동을 펼쳤던 대표적인 인물이다. 오세훈, 이명박이 박정희, 전두환의 개발독재와 마찬가지로 대규모 개발을 중심으로 서울시정을 펼쳤다면, 박원순은 무엇보다 먼저 복지를 강조하며 자연과 역사의 존중을 함께 추구하는 것으로 보인다. 이런 점에서 보자면, 박원순은 개발독재 이래의 서울시정을 근원적으로 바꾸려 하는 것일 수 있다.

---

* 물론 박원순의 서울시장 당선은 그의 인격이나 능력보다 민주당의 조직과 안철수의 지원에 의한 면이 훨씬 더 크다.

그는 자신의 정책을 '희망'이라는 말로 응축해서 표현했다. 그러나 그 '희망'은 과연 잘 구현되고 있는가?

　오늘날 도시의 개혁은 지구를 지키기 위한 핵심 과제이다. 도시는 지구를 위협하는 생태위기의 주범이기 때문이다. 도시는 전기, 물, 식량 등 온갖 자원을 탕진하고 공기, 물, 흙 등을 온갖 폐기물로 더럽힌다. 생태위기의 가장 중요한 양상인 지구 온난화의 직접적인 원인은 화석연료의 사용으로 말미암아 공기로 배출되는 대규모 이산화탄소이다. 공장, 가정, 사무실, 자동차 등을 통한 이산화탄소의 배출도 주로 도시에서 이루어진다. 도시를 개혁하지 못한다면 인류의 미래는 어둡기만 하다. 서울은 세계적인 대도시로서 이 문제에 대해 큰 책임을 지니고 있다. 오늘날 서울에서 복지의 증진과 생태의 개선은 통합해서 추구하지 않으면 안 되는 과제이다.

　박원순이 오랫동안 시민운동가로서 펼쳤던 많은 활동들에 비추어 보자면, 박원순 서울시정은 오세훈, 이명박의 문제를 해결하는 것을 넘어서 시대의 요청에 부응하기 위해 탈개발주의를 적극 추구해야 할 것이다. 개발독재 이래 지난 50여년 동안 서울은 온갖 개발에 시달려야 했다. 그 결과 벌써 오래 전에 서울은 심각한 난개발 도시가 되었으며, 이 때문에 생태는 물론이고 문화와 복지도 큰 문제에 빠지게 되었다. 이제 서울은 지난 50여년 동안 서울을 장악했던 개발주의의 문제를 깊이 성찰하고 근원적인 개혁을 추구해야 한다. 이런 관점에서 이 글에서는 주요 사업들을 중심으로 박원순 서울시정의 성과를 살펴보고, 적극 추구해야 하는 과제들을 제안해 보고자 한다.

● 탈개발주의의 요청

탈개발주의를 향해

개발주의는 개발을 발전과 같은 여기고 강력히 추구하는 의식이나 태도를 뜻한다. 개발은 발전과 같은 것이 아니다. 개발은 어떤 것을 인위적으로 변형시키는 것이고, 발전은 어떤 것이 더 좋은 상태로 변화하는 것이다. 개발은 발전의 필요조건일 수 있다.* 이 점을 악용해서 개발주의 세력은 개발주의를 널리 퍼트려서 사람들을 현혹하고 불필요한 개발을 끝없이 추구한다. 개발주의 세력이 이렇게 하는 것은 정부 재정에서 제공되는 막대한 개발비와 보상비를 손에 넣을 수 있기 때문이다(홍성태, 2007).

한국에서 개발주의는 개발독재를 통해 널리 확산되었고, 심지어 강고한 구조로까지 확립되었다. 1970년대 초 일본의 다나카 가쿠에이 총리가 강행한 '일본열도 개조계획'**을 통해 형성된 이른바 토건국가가 한국에서도 만들어진 것이다.*** 토건국가는 정부의 조직과 재정에서 토건 분야가 중심적인 위치를 차지하고 있으며, 국책사업이니 공공사업이니 하는 이름으로 불필요한 대규모 토건사업이 끝없이 추진되는 기형적인 개발국가이다. 따라서 토건국가에서는 국토 파괴, 혈세 낭비, 비리 만연 등의 문제가 국가에 의해 계속 나타난다. 토건

---

* 개발은 퇴보, 악화, 파괴로 귀결될 수도 있다. 숲을 모두 개발한 결과 파괴된 고대 메소포타미아 문명, 원자로의 폭발로 폐허가 되어버린 체르노빌과 후쿠시마는 그 단적인 예이다. 모든 개발은 인위적으로 자연을 변형하는 것이기 때문에 퇴보, 악화, 파괴의 문제를 일으킬 수 있다.
** 다나카는 막대한 개발비와 보상비를 농어촌 지역에 보냈고, 농어촌 지역은 그 댓가로 다나카의 자민당을 지지했다. 다나카의 예에서 잘 드러났듯이 토건국가는 불필요한 토건사업을 이유로 막대한 혈세를 나눠 갖는 토건정치와 토건경제를 통해 작동한다.
*** 박정희와 전두환의 개발독재는 30년이 넘는 긴 세월 동안 불필요한 토건사업을 끝없이 펼쳐 토건국가를 확립시켰다. 민주화 과정에서도 이 문제는 사실상 전혀 해결되지 않았으며, 이명박 정권에 이르러 이 문제는 '4대강 살리기 사업'을 통해 극단화되었다(홍성태, 2010).

국가를 혁파하면, 국토 보호, 복지 증진, 신뢰 강화 등을 이룰 수 있는 길이 활짝 열리게 된다. 개발주의와 토건국가의 혁파는 한국의 핵심적인 발전과제이다(홍성태, 2011).

서울시는 이명박이 서울시장으로 재직하던 때(2002년 7월~2006년 6월)에 '뉴타운 사업'에 의해 극심한 개발주의의 덫에 빠지게 되었다. 이명박은 '4대강 살리기 사업'으로 전국적 차원에서 토건국가의 극단화를 강행하기에 앞서서 '뉴타운 사업'을 강행해서 서울시 차원에서 토건국가 문제를 극히 악화시켰다. 이명박에 이어서 오세훈(2006년 7월~2011년 10월)도 '동대문 디자인 플라자', '한강 르네상스 사업', '용산 국제비즈니스 지구 개발' 등의 대규모 개발을 추진해서 서울의 개발주의 문제를 계속 악화시켰다. 이명박과 오세훈은 자연, 역사, 문화를 내세워서 개발주의를 계속 강행했다. 그들이 박정희식 개발주의를 비판하며 추구한 신개발주의는 변형된 박정희식 개발주의였을 뿐이다(조명래 외, 2005).

서울의 진정한 발전은 탈개발주의로 이루어질 수 있다. 탈개발주의는 반개발주의가 아니다. 반개발주의는 비현실적이며 사실상 불가능하다. 우리는 개발 자체를 거부할 수는 없다. 탈개발주의는 개발 자체를 거부하는 것이 아니라 불필요한 개발, 나쁜 방식의 개발을 거부하는 것이다. 논의를 위해 단순화해 보자면, 필요와 방식을 기준으로 개발은 크게 네 유형으로 나뉠 수 있다. 필요는 실수요와 타당성의 조사를 통해 확인할 수 있으며, 방식은 환경영향평가, 문화재 조사 등으로 규제된다. 탈개발주의는 ④유형의 개발(불필요한 나쁜 방식의 개발)이 지배적인 상태를 ①유형의 개발(필요한 좋은 방식의 개발)이 지배적인 상태로 바꾸는 것이다.*

---

* '4대강 살리기 사업'은 실수요와 타당성의 조사를 허위로 하고, 환경영향평가와 문화재 조사도 허위로 해서 강행된 전대미문의 '불필요하고 나쁜 방식의 개발 사업'이었다.

	필요	불필요
좋은 방식	①	②
나쁜 방식	③	④

탈개발주의는 예컨대 '4대강 사업', '새만금 사업', '한탄강댐 건설', '보도블럭 교체' 등과 같이 널리 만연되어 있는 불필요하고 나쁜 방식의 개발을 제거해서 국토 파괴, 세금 낭비, 비리 만연 등의 문제를 크게 줄이게 될 것이다. 탈개발주의는 단지 개발을 축소하고 개선하는 차원을 넘어서 소중한 국토를 보호하고, 복지에 쓸 수 있는 세금을 크게 늘리며, 비리의 원천을 축소하게 된다. 이렇듯 탈개발주의는 시대가 요청하는 진정한 선진화의 전환을 실현하는 것이다.

개발주의의 신화

탈개발주의는 1980년대 이후 생태위기의 악화에 따라 세계적 차원에서 절박한 시대의 요청으로 여겨지게 되었다.* 그러나 사실 탈개발주의는 전통적인 도시의 재생의 면에서도 이미 1960년대 초부터 적극 제기되기 시작했다. 1961년에 미국의 제인 제이콥스Jane Jacobs라는 여기자는 미국의 여러 도시들을 답사하고 취재해서 기존의 도시계획과 도시설계를 근원적으로 재고하고 비판하는 책을 출간했다.** 그녀는 많은 돈을 들이는 휘황한 대규모 개발이 아니라 다양한 공간과 안

---

* 1987년에 유엔의 '세계 환경과 개발 위원회'가 처음으로 제시한 '지속가능 개발'(WCED, 1987)은 미래 세대의 관점에서 현재의 무분별한 개발을 적극 통제하려 했다는 점에서 탈개발주의와 밀접히 연관된다. 그러나 여전히 현재의 무분별한 개발이 지배적인 위력을 발휘하고 있다. 탈개발주의는 결코 쉽게 실현될 수 없다.

** 다음 해인 1962년에 미국의 여류 생물학자인 레이첼 카슨은 『고요한 봄』이라는 책을 출간해서 현대 문명과 생태위기에 관한 인식을 크게 바꿔놓았다. 제이콥스의 책은 전통적인 도시 재생의 문제에 초점을 맞추고 있지만 생태적 인식이 확산되고 있던 시대적 상황을 배경으로 하고 있다.

전한 생활이 도시의 유지와 재생에서 핵심이라고 지적했다. 그녀는 개발주의가 실제로 추구하는 것은 '도시 약탈'이라고 신랄히 비판했다.

> 지출할 수 있는 충분한 돈만 있으면 10년 안에 슬럼을 일소하고, 엊그제만 해도 교외였던 거대한 잿빛의 음울한 지대들의 쇠퇴를 되돌리고, 정처없이 떠도는 중산층과 그들의 세금을 정착시키고, 어쩌면 교통문제까지 해결할 수 있으리라는 희망 섞인 신화가 존재한다. 그러나 이제까지 수십억 달러를 쏟아부어 우리가 건설한 것들을 보라. 저소득층 주택단지는 기존의 슬럼보다도 더 심한 비행과 파괴와 전반적인 사회적 절망 상태의 중심이 되어 버렸다. … 이런 건 도시 재건축이 아니라 도시 약탈이다(Jacobs, 1961: 22).

기존의 도시와 주민들의 생활을 중시하는 면에서 문화연대 공간환경위원회의 연구(정기용 외, 2002)에도 주목할 필요가 있다. '문화도시 서울'에 관한 이 연구에서 정기용은 문화도시를 문화지표, 문화시설, 문화산업 등을 중심으로 생각하는 것이 아니라 도시에서 살고 있는 사람들의 생활을 중심으로 생각해야 한다고 지적했다. 또한 정기용은 외국의 사례를 연구하고 적용하는 것의 문제도 명확히 지적했다. 도시의 조건과 역사가 다르고, 그것을 운영하는 시민들의 의식과 문화도 크게 다르기 때문에, 외국의 사례를 강조하는 것은 사실 개발주의의 문제를 악화시키기 쉽다. 우리의 현실에 대한 구체적인 이해가 무엇보다 중요한 것이다.

> 문화도시를 이루기 위해서는 문화적 지표에 앞서서 기초적인 생활의 측면을 충실히 고려하는 관점이 절실히 요구된다. …
> 외국의 사례들을 적용한다고 해서 좋은 결과가 보장되지 않는다는 것은, 도시에 대한 인식과 도시가 자리잡고 있는 자연환경과 도시를 운영하고 살아가는 방식이 서로 크게 다르기 때문이며, 문화정책들

이 문화를 저해한다는 것은 문화를 현실적인 상황과 일상적인 삶 속에서 바라보지 않고 추상적인 개념과 지표로만 사고하기 때문이다. 또한 이러한 잘못된 관점 속에서 문화는 도시에서 살아가는 사람들이 삶을 통해 생산하는 것이기보다는 경제적으로 생산된 것을 소비하는 것으로 여겨지기 십상이다(정기용 외, 2002: 16~17).

개발주의는 개발을 발전과 같은 것으로 여기는 하나의 강력한 신화를 유포했다. 이 신화의 이면에서 무분별한 개발이 강행되며 파괴와 낭비와 비리의 현실이 크게 자랐다. 1970년의 와우아파트 붕괴, 1995년의 삼풍백화점 붕괴, 2009년의 4대강 사업 등 그 폐해는 명확하다. 흔히 개발주의는 전문가들의 복잡한 주장을 내세워서 지주, 투기꾼, 개발사 등으로 이루어진 개발동맹의 이익을 강력히 추구한다. 이제 개발주의의 신화를 타파하고 개발동맹의 이익이 아니라 주민, 역사, 자연 등 탈개발연대의 가치를 강력히 추구해야 한다.

● 박원순 서울시정의 성과

복지시장의 목표

박원순은 2011년 11월 16일에 '서울시장 취임사'를 발표했다. 서울시장의 취임사는 서울시정의 변화를 가늠할 수 있는 중요한 지표로 쓰일 수 있다. 이런 점에서 이명박, 오세훈, 박원순의 취임사를 분석한 결과도 흥미롭다.

민선 3기 서울시장에 당선돼 2002년 취임한 이명박 전 시장은 취임사에서 '청계천'을 12번, '시정(市政)'을 10번 언급했다. 2006년 당선된 오세훈 전 시장의 취임사에선 '청계천'이 사라진 대신 '문화'(21

회), '세계'(18회), '경쟁력'(12회)과 같은 단어들이 새롭게 등장했다. 2011년 보궐선거로 당선된 박원순 시장은 취임사에선 '복지'(7회)와 '삶'(6회)이 가장 강조됐다. 최근 10여 년 간 서울시정의 발전 방향을 상징하는 키워드는 '청계천'에서 '문화'를 거쳐 '복지'로 변화한 셈이다. 서울연구원은 22일 공개한 '미래서울 2030, 도시생활양식과 도시공간 변화' 연구 보고서에서 이 같은 내용의 역대 민선 서울시장 취임사 담론 분석 결과를 내놓았다(한국일보, 2013년 1월 22일).

2011년의 '서울시장 취임사'에서 박원순은 '무엇보다도 복지시장이 되겠습니다'고 밝혔다. 부패의 척결과 복지의 증진은 참여연대 시절부터 그의 활동을 규정하는 양대 축이라고 할 수 있다. 부패의 척결은 언제나 누구나 동의하는 과제였다. 그러나 복지의 증진은 그렇지 않았다. '보수' 쪽은 복지와 성장의 잘못된 이분법을 만들어 유포했고, 복지를 나태로 몰아서 복지의 증진에 반대했다. 그러나 복지는 사회의 기초인 인권을 지키는 것이며, 사회의 발전을 위한 필수적인 투자이다(홍기빈, 2011). 한국은 복지의 증진을 추구해서 진정한 발전을 이룰 것인가, 복지의 증진을 거부해서 타락할 것인가의 기로에 서 있다(신광영 외, 2011). 이런 점에서 박원순이 '복지시장'을 천명한 것은 시대의 요청에 올바로 부응한 것이다.*

그런데 우리는 박원순이 '새로운 시대를 열어가는 데 가장 중요한 것은 그 새로움의 가치를 바로 세우는 것'이라고 밝힌 것에 더 주목할 필요가 있다. 올바른 가치를 세우는 것은 올바른 목표를 세우는 것의 출발이다.

---

* 박원순은 '희망'을 전면에 내걸고 10대 공약 분야를 제시했으며(민선5기 희망공약), 시민과의 소통과 신뢰를 시정기조로 해서 5대 시정목표를 제시했다(민선5기 희망비전). http://mayor.seoul.go.kr/manifesto_21 참조.

무엇보다 새로운 시대를 열어 가는데 가장 중요한 것은 그 새로움의 가치를 바로 세우는 것입니다. 1%가 99%를 지배하는, 승자가 독식하여 다수가 불행해지는 현상은, 정의로운 사회가 아닙니다. 과도한 경쟁으로 모두가 피폐해지는 삶은, 공정한 세상이 아닙니다. 무차별적인 개발로 환경을 파괴하여 다음세대에게 피해를 끼치는 것은 지속가능한 사회가 아닙니다.

낡은 생각과 낡은 정책을 아무리 새로운 말로 치장해야 정말로 새로운 것이 이루어지지는 않는다. 박원순이 제시한 새로운 가치는 사람과 사람의 공생, 사람과 자연의 공존이라고 할 수 있다. 이 가치는 경제위기와 생태위기가 동시에 진행되는 오늘날 더욱 더 절실한 의미를 지니고 있다. 그의 공약과 정책이 모두 이 가치의 구현을 위해 제시되었다고 할 수 있다. 그런데 과연 이 가치는 어느 정도 실현되었는가?*

탈개발주의의 성과

박원순은 '시민이 시장'이라는 인식 위에서 모든 시민이 함께 만들고 누리는 서울시를 제시하고 있다. 이런 점에서 박원순이 가장 역점을 두었으며, 가장 큰 성과를 거둔 것은 시민과의 소통에서 거둔 성과일

---

* 서울시는 2013년 2월에 시장의 공약 이행율을 연 2회 공개하도록 규정한 '서울특별시 시장 공약 관리규칙'을 제정했다. 2013년 8월 15일 서울시 기획조정실은 '2013년 상반기 공약 이행사항 점검결과' 보고서를 발표했다. 이 보고서는 서울시 홈페이지에서 볼 수 있다(http://mayor.seoul.go.kr/manifesto_34/12). 이 보고서에서 서울시는 "지난 5월 기준 박 시장의 임기(19개월) 동안 전체 공약사업 중 162개 사업이 완료돼 공약이행율은 49.5%라고 밝혔다. … 15개 분야 중 예산상 제약이 적은 시민참여행정(86%), 기존 시설과 인력을 활용한 교육(78%), 시민건강(71%), 여성가족(67%) 분야의 공약 이행률이 높았다. 반면, 도시재생(7%), 안전(22%), 주거안정(28%), 교통(33%) 분야는 완료도가 낮았다. 기획조정실 관계자는 "인프라 구축 등 대규모 예산이 소요되는 중장기 사업이 대부분이고 사회적 합의 도출에 상당시간이 걸리는 경우가 많아 완료도가 저조하다"고 밝혔다"(뉴스1 2013년 8월 15일).

것이다. 널리 알려진 대로 박원순은 트위터, 페이스북을 통한 시민과의 비대면 직접 소통은 물론이고 서울시민청, 현장시장실을 통한 시민과의 대면 직접 소통도 적극 시행하고 있다. 박원순은 시민운동가일 때와 마찬가지로 시민을 존중하고 시민과 소통하는 행정을 구현하기 위해 최선을 다하는 듯하다.

한편 이명박과 오세훈은 시민과의 소통을 전면에 내세우고 실제로는 소수의 전문가들, 공무원들, 사업가들과 은밀히 행정을 실행했다. 청계천 복원사업, 뉴타운 사업, 한강 르네상스 사업, 용산 국제업무지구 개발 등이 모두 이런 문제를 안고 있었다. 특히 이명박의 청계천 복원사업은 조례로 '청계천 복원시민위원회'를 구성해서 훌륭한 연구를 실행하고도 실행은 그것을 무시하고 이명박의 정치 일정에 따라 조잡하고 급박하게 이루어졌다. 이명박 시장 때인 2003년 11월에 청계천의 노점상들은 처절한 탄압을 당했으며, 오세훈 시장 때인 2009년 1월에 용산의 철거 상인들은 더욱 처절한 탄압을 당했다(홍성태, 2005).

물론 시장이 시민들과 소통을 잘 한다고 좋은 도시가 되는 것은 아니다. 박원순 시장이 적극 시행한 소통의 실제 성과는 어떤 것인가? 이제 탈개발, 재정, 복지, 생태, 도시 등 5개 영역으로 나누어 박원순이 거둔 성과에 대해 살펴보자.*

첫째, 탈개발의 성과. 탈개발은 단지 불필요한 나쁜 개발을 하지 않는 것을 넘어서 자연을 지켜서 삶의 기반을 개선하고, 세금을 지켜서 복지 재정을 늘리며, 나아가 산업과 고용을 개선하는 효과까지 거둘 수 있다. 이런 점에서 탈개발은 삶의 질을 향상하기 위한 위한 기반인 사회 질의 향상을 위한 핵심 과제이다. 박원순은 이명박이 강행한 '뉴타운 사업'과 오세훈이 강행한 '한강 르네상스 사업'의 문제를 해결하기 위해 애쓰고 있다. 서울시는 2012년 1월 30일에 '서울시 뉴

---

* 5개 영역은 필자가 도시의 발전을 위해 핵심적인 요소로 생각하는 것을 임의로 선정한 것이다.

타운·정비사업 新정책구상'(이른바 '뉴타운 출구전략')을 발표했다(서울시, 2012). 그 핵심은 소유자 중심에서 거주자 중심으로, 사업성과 전면철거 재개발 중심에서 공동체와 마을 만들기 중심으로 전환하는 것이다.* 2013년 10월에 517개 사업구역을 대상으로 행한 실태조사에 근거해서 '뉴타운 사업'의 조속한 연착륙을 위한 '(뉴타운 재개발) 현장 공공지원 강화책'을 발표했다(이데일리 2013년 10월 31일). 또한 서울시는 한강운하와 서울항 건설의 중단 확정(2012년 6월 28일), 2013년 3월 20일 '한강 자연성 회복 기본구상' 발표, 2013년 4월 2일 한강변의 초고층 난개발을 크게 약화시킬 '한강변 관리 방향 및 현안 사업 가이드라인' 발표 등을 통해 '한강 르네상스' 사업을 사실상 모두 폐기했다(프레시안 2013년 4월 2일). 이로써 서울은 '뉴타운 사업'과 '한강 르네상스'의 문제에서 벗어날 수 있는 길을 찾게 되었다.**

둘째, 재정 개선의 성과. 서울시는 막대한 부채를 지고 있다. 박원순은 7조원의 부채를 줄이겠다고 공약했다. 그러나 사실 더 중요한 것은 부채가 아니라 채무를 줄이는 것이다. 부채는 임대 보증금, 퇴직금 충당금 등을 포함해서 미래에 자원의 유출이 예상되는 현재의 모든 의무이나, 채무는 이자를 붙여 일정 기일에 원리금을 상환해야 하는 차입금, 채증권 등이기 때문이다. 박원순은 2011년 10월부터 2013년 9월까지 1조5,636억원의 채무를 줄였다.*** 이에 대해 '보수' 쪽

---

* '뉴타운 사업'을 비롯한 서울시의 도시재생에 관해서는 http://citybuild.seoul.go.kr/ 참조, 서울시의 도시계획에 대해서는 '서울도시계획포털'(http://citybuild.seoul.go.kr/)을 참조.
** BTO 방식으로 반포 앞 한강에 들어선 '세빛둥둥섬'은 '한강 르네상스'의 일환이었다. 이에 대한 서울시의 감사에서 여러 특혜, 위법, 비리들이 적발되었으며, 2013년 2월 14일 대한변협은 전형적인 세금 낭비 사업으로 규정했다.
*** 한편 "서울시의 채무는 2002년 6조8882억원에서 2006년 11조7174억원으로 증가했으며 2011년 20조원에 육박한 수준으로 더욱 늘었다. 10년 새 3배 수준으로 커진 것이다"(아시아경제, 2013년 10월 24일). 이것은 이명박과 오세훈이 사실상 토건족을 위하고 투기를 부추기기 위해 불필요한 토건사업을 계속 벌인 필연적인 결과이다(손종필, 2013).

은 2013년 초에 다시 모욕성 논란을 제기했는데, 이에 대한 서울시의 설명은 다음과 같다(송영희, 2013).*

> 부채는 '11년말 26조 5,202억원에서 '12년말 27조 4,086억원으로 정확히는 8,884억원 증가하였습니다. 이는 서민들을 위한 임대주택 공급에 따라 임대보증금 5,791억원 등이 증가하였기 때문입니다. 임대보증금은 임대사업을 하는 동안은 불가피한 부채이며, 우리시의 임대주택 공급계획에 따라 보증금총액은 지속적으로 증가할 것입니다. …
> 부채도 재정건전성을 평가하는 중요한 지표입니다만, 앞서 설명한 바와 같이 당장 지급하지 않아도 되는 임대보증금 등이 포함된 개념으로서, 상환기간이 정해져 있고 이자가 발생하는 채무를 집중적으로 관리함이 더 시급하고 적절하다고 판단하여 채무로 정정하여 관리해 나가고 있습니다. … 이에 대해서는 '12.1월 수립한 시정운영계획에도 여러 전문가들의 의견을 반영, 부채가 아닌 채무 7조원 감축으로 계획 수립하여 발표하였고, 서울시의회 시정질문 등에서 부채를 채무로 정정 설명한 바 있습니다.
> 우리 시에서는 그 동안 채무가 급격히 증가함에 따라 시의 재정건전성 악화를 우려하여, 박원순 시장 취임 이후 채무감축을 위하여 지속적으로 노력하고 있습니다. 그 결과 박원순 시장 취임 당시인 '11년 10월 19조9,873억원에 달했던 채무가 '12년말 18조7,212억원으로 1조 2,661억원이 감소하였습니다.

셋째, 복지 증진의 성과. 박원순은 토건을 줄이고 복지를 늘리는 정책을 적극 추진하고 있다. 한국은 돈이 없어서 복지를 강화하지 못하는 것이 아니라 돈을 불필요한 토건사업에 낭비해서 복지를 강화

---

* 사실 부채와 채무의 구분은 이미 오세훈 때부터 서울시에서 명확히 밝혔던 것이기 때문에 논란을 만들 필요가 없는 것이었다(서울마니아, 2011).

하지 못하는 토건국가의 대표적인 예이다. 박원순은 서울에서 이 문제를 해결하려 하고 있다. 그 핵심은 2012년 10월 22일에 발표된 '서울시민 복지기준'이다. 그 기본내용은 다음과 같다(http://welfare.seoul.go.kr/archives/8419).

□ 서울의 높은 물가, 지역별 생활격차 등 지역특수성을 반영한 시민과 함께 만든 전국 최초의 복지기준
□ 시민생활 밀접한 5대 영역별 '최저기준'과 '적정기준' 명시, 102개 사업으로 현실화
　① 소득 : 서울시 특성에 맞는 생계 보장, 소득이 중위소득의 50% 달성 지원
　② 주거 : 임대료 비중이 소득의 30% 넘지 않고, 주거 공간 43㎡ 이상 확보
　③ 돌봄 : 가구소득의 10% 이내 지출로 육아, 어르신, 장애인 돌봄 서비스 이용
　④ 건강 : 경제·지리적 의료서비스 장벽 해소, 건강수준 높이고 지역격차는 해소
　⑤ 교육 : 경제적 부담 완화해 학령기 교육 권리 보장, 의무교육의 질 향상

　박원순은 '2013 희망서울 시정운영계획'의 첫번째 과제로 '시민복지기준 실현으로 시민 누구나 복지를 누리도록 하겠습니다'를 제시했다(http://mayor.seoul.go.kr/manifesto_22). 서울시는 2013년 5월 유엔의 공공행정상을 4개나 받았는데 그 중에서 지역 특성을 반영한 '서울시민 복지기준'은 '시민참여촉진 분야'의 대상을 받았다. 박원순의 복지 정책은 세원이 줄어들고 있는 상황에서 재정의 개편을 통한 복지의 증진으로 이루어지고 있으며, 이것이 서울시의 진정한 선진화를 추구하는 방향으로 나아가기 위해서는 개발주의의 문제

를 더욱 강력히 개혁해야 한다.

넷째, 생태 개선의 성과. 생태 개선은 자연의 보존과 복원을 핵심으로 한다. 서울의 생태 악화는 무엇보다 난개발에 의한 것이다. 서울에서 생태 개선은 산과 들이 마구 개발되어 아스팔트와 콘크리트로 뒤덮이고 아파트를 비롯한 고층 시멘트 건물들이 크게 늘어나는 것을 막아야 이루어질 수 있다. 이런 점에서 현재 서울의 생태 악화에서 가장 큰 문제는 무엇보다 이명박과 오세훈의 '뉴타운 사업'이다. 북한산 자락의 저층 주거를 일시에 모두 없애고 아파트를 지은 은평 뉴타운의 경우에 재개발하고 불과 2년만에 평균기온이 무려 1.4도나 높아진 것으로 나타났다. 은평 뉴타운은 북한산 자락이나 자연성이 대단히 좋은 곳이었다. 이 때문에 이명박과 오세훈은 은평 뉴타운을 '생태 주거 단지'로 만든다고 대대적으로 선전했다. 그러나 그 결과는 전혀 그렇지 않았다.

기상청에 따르면 재개발을 전후한 2년 사이 서울 은평 뉴타운 2지구의 연평균 기온이 지점별로 최대 1.4도까지 오른 것으로 조사됐다. 기상청은 2007~2009년 은평 뉴타운 2지구 안의 도로, 녹지, 중점개발지역 등 9개 지점의 온도와 습도를 측정해 이 같은 결과를 얻었다. … 도로가 깔리고 아파트 등이 들어서면서 연평균 습도는 감소했다. 물을 머금고 있는 녹지가 줄었기 때문이다. 도로로 개발된 원예단지 쪽의 습도는 76.94%에서 70.86%로 6.08%포인트 줄었다. 은평메디텍고와 은평체육센터 일대 습도도 각각 0.4%포인트, 0.89%포인트 감소했다. 은평 뉴타운 재개발 사업은 부동산 경기 부양 등을 위해 정부 주도로 2002년 10월 첫 삽을 떴다. 기상청이 관측한 은평 뉴타운 2지구는 5,134세대, 7만2,000㎡ 규모로 2007년 공사를 시작해 2009년에 완공됐다"(〈한국일보〉 2013년 4월 30일).

박원순의 '뉴타운 출구 전략'은 탈개발과 주거 복지의 면에서 중요할 뿐만 아니라 생태 개선의 면에서도 중요하다. 좀더 직접적인 생태 개선 정책은 한강을 대상으로 추진되고 있다. 2013년 3월 21일에 발표된 '한강 자연성 회복'이 그것이다. 이 사업은 박정희~전두환의 개발독재 이래 지속된 인위적 개조와 이용 중심의 한강 정책을 근본적으로 전환해서 올바른 한강 복원을 이루려는 것이다. 이명박과 오세훈은 극심한 반생태성은 물론이고 반경제성의 문제를 안고 있는 한강 운하를 강행하려 했다.* 서울의 진정한 선진화를 위해 하루빨리 이런 후진성의 문제를 직시하고 한강을 본래의 '생명의 강'으로 살려야 한다. 2013년에 서울시는 이를 위한 계획을 수립하고 사업을 시작했다.

> 서울시와 한강시민위원회가 '한강을 생명의 강으로 살리겠다'고 선언했다. 2030년 한강의 미래상을 '두모포에 큰 고니 날아오르고, 아이들 멱을 감는 한강'에 두고, 한강의 자연성을 지속적으로 회복해 나간다는 것이 주요 골자다. …
> 새로운 한강정책의 핵심 가치와 철학은 강과 사람의 관계개선을 통한 '자연과 사람의 공존'이다. 시는 앞으로 한강의 자연하천으로서 상실된 기능을 회복함은 물론 본래 갖고 있었지만 훼손된 생태적, 역사·경관적 가치를 복원함으로써 동식물과 사람 모두가 행복한 한강을 만들어 나간다는 목표를 세웠다. …
> 자연성 회복은 인공시설 설치와 같이 자연에 인위적인 변화를 주는 것이 아니라, 콘크리트 호안 등 인공시설물을 철거한 후 하천 스스로 제 모습을 찾을 수 있도록 도와주는 순응적인 방법으로 이뤄진다(서울시~한강시민위원회, 2013).

---

* 강을 운하로 만든다는 것은 강을 콘크리트 인공수로로 만드는 것이다. 이렇게 하면 강의 본래 형태가 완전히 파괴될 뿐만 아니라 강 생태계가 완전히 파괴된다.

다섯째, 도시 개혁의 성과. 서울은 1천만 명이 넘는 인구가 모여 있는 세계적인 대도시이다. 그런데 서울은 단순한 세계적인 대도시가 아니라 세계적인 문제 대도시이다. 서울은 1㎢당 인구밀도가 17,000명이 넘는 초과밀도시이며, 국토의 불과 0.6%밖에 되지 않는 곳에 전체 인구의 22% 정도가 모여 사는 초집중도시이며, 정치와 경제와 문화의 주요 기관과 시설이 거의 모두 모여 있는 초집적도시이다.* 이 때문에 행정수도 사업이라는 강력한 인위적 분산책까지 실행되었다(국정브리핑 특별기획팀, 2007: 275~288).

서울의 도시 개혁은 서울의 내부 개혁과 서울의 집중 완화로 이루어진다. 박원순은 서울의 집중 완화에 찬성해왔다. 서울의 집중 완화는 사실 서울의 진정한 발전을 위한 필요조건이다. 서울의 내부 개혁은 2014년 4월에 발표된 〈2030 서울 도시기본계획〉에서 세부적으로 제시되었다. 박원순은 서울시 역사상 처음으로 시민들의 참여를 통해 이 법적 계획을 수립했다.** 여기서 제시된 공간구조 개편의 핵심은 '3도심 7광역중심 12지역중심'으로 요약된다. 특히 도심이 1곳에서 3곳으로 늘어난 것은 초유의 변화이다.

한편 서울의 내부 개혁에서 핵심은 '뉴타운 사업'과 같은 개발사업

---

* 서울은 국토의 0.6%밖에 되지 않지만 서울을 위해 경기도, 강원도, 충청남도, 충청북도 등의 여러 지역들이 직접적인 규제를 받고 있다. 서울에 상수를 공급하기 위한 수계 규제는 그 대표적인 예이다. 서울은 남한강과 북한강에 의지해서 유지되고 있으며, 두 강이 흐르는 모든 지역이 강력한 규제를 받는다.

** 참고로 '2030 서울 도시기본계획'의 법적 성격은 다음과 같다. "2030 서울플랜은 2030년까지 서울시가 추구하는 변화의 방향을 담고 있는 법정 최상위 계획으로서, 공간계획뿐 아니라 향후 서울시의 모든 부문별 계획과 정책 수립의 기본 방향을 제시하는 역할을 하고, 시민 생활에도 광범위한 영향을 미치게 된다. 도시기본계획은「국토의 계획 및 이용에 관한 법률(국토계획법)」에 의해 수립되는 20년 장기 목표의 법정계획이며, 이번 계획은 1990년 최초의 법정 도시기본계획이 수립된 이후 네 번째로 수립되는 계획이자,「국토계획법」상 5년마다 재정비해야 하는 규정에 따라 2006년에 수립된 2020년 목표 도시기본계획을 대체하는 계획이다"(http://citybuild.seoul.go.kr/archives/25496).

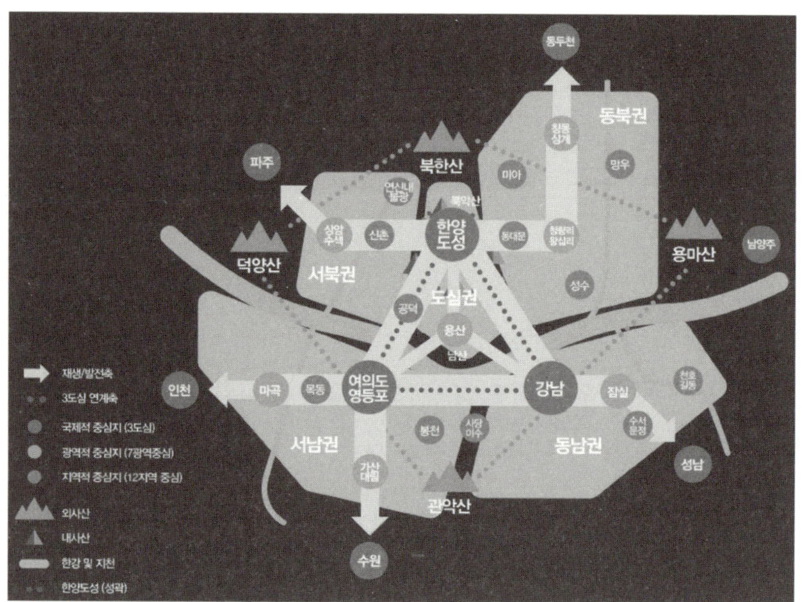

'소통과 배려의 공간구조'

출처: 서울시(2014), 〈2030 서울 도시기본계획〉, 147쪽.

을 가능한 한 신중히 추진하는 것이다.* 박원순은 공간 구조를 다핵
화하고, 대규모 개발사업을 줄이고, '마을'을 보호하는 방식으로 더
많은 사람들이 편안하게 살 수 있는 도시를 만들고자 한다. 이를 위
해 〈2030 서울도시기본계획〉은 최초로 생활권 계획(5개 권역=대생
활권과 140개 지역(소생활권) 계획을 제시했다(서울시, 2014의 5장).

● **박원순 서울시정의 과제**

박원순은 기존의 서울시와는 많이 다른 서울시를 만들고자 한다. 그

---

* '뉴타운 사업'은 개발동맹의 이익을 위해 삭막한 시멘트 도시 서울을 더욱 삭막한 시멘트 도
시로 만들고, 시민들의 주거 안정을 극심하게 위협하고, 역사와 문화마저 대대적으로 훼손하
는 개발사업이다.

376

것은 공무원과 전문가 중심에서 시민 중심으로, 폐쇄와 불통에서 공개와 소통으로, 개발 위주에서 보호 중시로, 자연 무시에서 자연 중시로, 역사 훼손에서 역사 보호로, 시혜에서 복지로 등 여러 면에서 확인된다. 그러나 이러한 변화는 이제 2년여밖에 되지 않았고, 이에 반대하는 세력은 대단히 강하며, 박원순 서울시정도 여러 문제를 이미 드러냈다. 이제 박원순 서울시정의 과제를 탈개발, 재정, 복지, 생태, 도시 등 5개 영역으로 나누어 간략히 제시해 보고자 한다.

첫째, 탈개발의 과제. 서울은 여전히 강력한 개발의 압력과 유혹에 시달리고 있다. 박원순 시장은 이명박과 오세훈의 '뉴타운 사업', 오세훈의 '한강 르네상스 사업', '용산 국제업무지구 개발' 등의 문제를 해결하기 위해 애쓰고 있다. 그런데 이와 함께 박원순은 예전부터 진행되어 온 경전철을 찬성하고 있어서 큰 논란을 빚고 있다*. 경전철은 그 편리성과 수익성이 모두 큰 의혹의 대상이다. 따라서 경전철에 대한 더욱 열린 토론과 검토가 필요하다. 나아가 탈개발의 과제가 더욱 명확히 추진되기 위해서는 불필요한 개발 사업들을 폐기해야 할 뿐만 아니라 이런 사업들을 추진하는 조직들을 축소통폐합해야 한다. 사업과 문제가 아니라 그것을 만드는 주체에 주의하는 것이 더욱 더 중요하다. 이와 함께 운영의 민주화를 더욱 강화해야 한다. 행정조직과 위원회의 운영을 모두 공개해서 모든 사업이 투명하게 진행되도록 해야 한다. 이런 점에서 '세빛둥둥섬'과 마찬가지로 '동대문 디자인 플라자'와 '서울시 신청사'에 대해서도 전면적인 감사를 시행하고 개축을 추진해야 한다. 두 건물은 형태의 문제에 앞서서 기본적

---

* 서울시는 경전철을 고건 시장 때인 2000년부터 추진하기 시작했는데 수익성과 파괴성의 문제에 대해 계속 커다란 논란을 빚었다. 이런 상황에서 박원순은 2013년 7월 24일 기존의 경전철을 9개 노선+1개 지하철 연장노선으로 확대하는 내용의 〈서울시 도시철도 종합발전방안〉을 발표해서 논란을 더욱 키웠다('서울 경전철 9개 노선 10년간 단계 구축', 〈경향신문〉 2013년 7월 24일; '서울, 경전철 수요 충분 vs 서두를 일 아니다', CBS 시사자키 2013년 8월 2일).

인 필요를 충족하는 데서도 큰 의혹을 빚었다. 두 건물에 대한 감사와 개축은 서울시의 탈개발을 가늠하는 핵심적인 지표가 될 것이다.

참고로 오세훈의 '용산 국제업무지구 개발'은 이명박의 '뉴타운 사업'보다 경제적 규모가 훨씬 더 큰 사업이었다. 그 사업 규모는 30조 원에 이르러서 단군 이래 최대 개발사업으로 불렸다. 그 대상지역은 경찰의 과잉진압으로 5명의 철거민과 1명의 경찰이 사망한 곳이 아니라 한강로를 건너서 용산역의 서남쪽 지역이다. 서울시는 2013년 9월 12일에 '용산 국제업무지구 지정 해제'를 고시했다. 이로써 이 무모한 사업은 막대한 피해를 남기고 첫삽조차 뜨지 못하고 끝났다. 서울시가 용산역의 서남쪽 일대를 국제업무지구로 지정하고 개발을 추진한 것은 1994년 여름으로 거슬러 올라간다. 당시 서울시는 뚝섬, 여의, 용산, 마곡, 상암 등 5개 지역을 전략거점으로 설정했으며, 가장 큰 비중을 차지한 곳은 용산이었는데, 전체 사업비 4조9700억원 중 1조7000억원이 용산에 배정됐다(한겨레 1994년 9월 9일).

둘째, 재정 개선의 과제. 재정이 제대로 마련되지 않는다면 아무리 좋은 사업도 제대로 실행될 수 없다. 서울시는 전국의 지자체들 중에서 재정 상태가 가장 양호한 지자체였으나 이명박과 오세훈의 대규모 개발사업들이 계속 강행되면서 서울시의 재정도 아주 불량한 상태가 되고 말았다. 현재 서울시는 불필요한 개발사업들을 최대한 줄이는 방식으로 재정 상태를 크게 개선하고자 한다. 이 과제가 올바로 이루어지기 위해서는 불필요한 개발사업들에 대한 철저한 분석과 비판이 올바로 이루어져야 할 것이다. 시민들이 불필요한 개발사업들의 문제를 올바로 인식하고 개발동맹의 문제를 극복하고자 하는 강한 의지를 가져야 비로소 개발주의를 넘어 탈개발주의를 추구하는 정책이 강한 동력을 갖게 된다. 부채와 채무를 둘러싼 지리한 공방보다는 재정 악화에 초점을 맞춰서 그 동안 서울시에서 추진하고 시행했던 개발사업들의 문제를 명확히 정리하고 공표하는 동시에 행정이나 소송을 통한 재정 손실의 만회를 적극 추진하는 것이 실제로 필요하다.

셋째, 복지 증진의 과제. 서울시는 2013년 11월 6일에 '2014년 서울시 예산안'을 발표했다. 복지예산은 6조9077억원으로 전체 예산(순계예산규모 21조5678억원)에서 최대인 32%를 차지했다. 세원은 줄어들고 필요지출은 늘어난 상황에서 복지예산을 늘린 것은 복지에 대한 박원순의 강한 의지를 잘 보여주는 것이다. 이것은 후진적인 토건을 줄이고 선진적인 복지를 늘리는 것으로서 더욱 더 큰 의미를 갖는다. 그런데 토건에서 복지로의 전환에 대해서는 물론이고 복지의 필요와 의미에 대해서도 시민의 인식이 여전히 잘 정립되어 있지 않은 상태이다. 이런 점에서 복지예산의 확대를 위해서도 토건에서 복지로의 전환, 복지의 필요와 의미 등에 대한 시민 교육을 크게 확대할 필요가 있다. 복지에 대한 오해와 무지가 여전히 만연되어 있을 뿐만 아니라 왜곡과 음해도 일상화되어 있는 상황이다. 이런 상황을 바꾸기 위한 노력이 제대로 취해지지 않고 복지예산의 확대는 결국 지속되지 못할 것이다. 올바른 정책을 위한 정치적 의지가 사회적으로 확산되어야 하며, 이를 위해서는 올바른 정책에 대한 적절한 시민 교육이 반드시 필요하다.

넷째, 생태 개선의 과제. 한강의 자연성을 되살리기 위한 계획(서울시 한강사업본부, 2014)이 수립된 것은 대단히 다행스러운 일이다.* 박정희-전두환의 개발독재는 한강을 콘크리트 운하로 만들어

---

* 2014년 8월 12일 박근혜 정부는 〈유망 서비스 산업 육성 중심의 투자활성화 대책〉을 발표했는데, 여기에는 한강에 건축물과 상업 시설을 조성해 관광코스를 만든다는 한강 개발계획이 들어 있다. 이 계획은 '서울 한강을 관광지로 바꾸는 마스터플랜'으로서 커다란 문제를 안고 있다. 그러나 9월 1일 박원순 시장은 최경환 경제부총리를 만나 서울시와 정부가 함께 2015년까지 '한강종합개발계획'('한강 마스터플랜')을 만들기로 했고, 9월 4일에 서울시와 정부의 '한강 개발 태스크 포스' 1차 회의가 열렸다. 정부의 구상은 명백히 한강의 개발과 이용에 초점을 맞춘 것으로 박정희 개발독재 이래 파괴된 한강의 복원과 보존에 초점을 맞춘 서울시의 〈2030 한강 자연성 회복 기본계획〉과 상충되기 때문에 큰 우려가 제기되었다.

버렸고, 이명박은 그것을 모범으로 해서 '4대강 살리기 사업'을 강행
했다. 이런 상황에서 한강의 자연성을 되살리는 것은 '4대강 살리기
사업'의 문제를 해결하고, 박정희-전두환의 개발독재를 해소하는 의
미를 갖는다. 한강의 복원은 일부 콘크리트 제방의 철거로 시작해서
수중보의 철거로 나아가야 할 것이다. 이와 함께 시멘트에 덮인 흙을
되살리는 과제가 추구되어야 한다. 서울은 흔히 시멘트 도시라고 하
거니와 산 중턱까지도 거의 모두 시멘트로 덮여 있기 일쑤이다. '탈
시멘트'는 서울이 추구해야 하는 절박한 과제이다.* 그리고 햇빛발전
을 더욱 확대해야 한다. 한국은 독일보다 햇빛자원이 세배나 더 많
다. 한국은 세계 최고의 햇빛발전 국가인 독일보다 더 좋은 햇빛발전
의 잠재력을 갖고 있다(이필렬, 2001). 서울시가 소유한 모든 건물과
부지를 최대한 활용해서 햇빛발전을 추진하면, 서울은 베를린처럼
명실상부한 '햇빛발전의 수도'가 될 수 있을 것이다. 사실 생태적이
라는 것은 자립적이라는 것을 뜻한다. 자연이 살아 있어서 모든 것을
스스로 충족하는 상태가 생태적인 상태인 것이다. 이런 점에서 서울
의 생태 개선은 대기 개선, 탈시멘트 등을 넘어서 물, 식량, 전기의 자
급을 크게 늘리는 것을 핵심 과제로 추구해야 한다.**

　다섯째, 도시 개혁의 과제. '2030 서울 플랜(안)'에서 공간계획의

---

* 광화문 일대와 강남역 일대의 침수도 주변의 과도한 시멘트화가 큰 원인이며, 2010년부터
시작된 강남역 일대의 침수는 배수로의 기형화가 직접적인 원인이다. 2012년 5월에 발표된
감사원의 감사 결과에 따르면 2008년 11월에 완공된 삼성전자 본사를 비롯한 삼성타운에 지
하 연결로를 만들어주기 위해 서초구가 지하 배수로를 기형화한 것이 직접적인 원인이다. 오
세훈은 대심도 저수지-배수로를 건설해서 침수 문제를 해결하려고 했으나 이것은 문제를 호
도하고 서울의 지하를 더욱 대대적으로 시멘트화할 잘못된 정책이었다. 도쿄의 대심도 저수
지-배수로도 토건족이 주도한 시멘트화의 기형적 산물이다. 이런 대규모 지하 시멘트화와 저
수지화는 지하 수맥의 심각한 변이에 의한 지반 침하-붕괴의 문제를 낳을 수 있다.
** 서울이 물과 전기의 자급을 크게 늘릴 수 있다면, 지역의 자연과 사회를 대대적으로 파괴하
는 댐과 핵발전소와 송전탑을 건설해야 한다는 주장이 크게 줄어들 것이다. 서울의 생태적 전
환은 나라의 생태적 전환을 위한 전략적 의미를 갖는다.

핵심은 "1990년 최초의 법정 도시기본계획 수립 이후 지속되어 왔던 '1도심-5부도심-11지역중심'의 중심지 체계가 '3도심-7광역중심-12지역중심' 체계로 전면 개편된다"는 것이다. 여기서 3도심은 기존의 도심인 도성에 강남(국제업무지구)과 영등포·여의도(국제금융지구)를 추가하는 것이다. 그런데 기존의 도심인 도성은 강남과 영등포·여의도는 갖고 있지 않은 역사성을 갖고 있다. 역사를 고려한 서울성을 간직한 곳이 바로 기존의 도심인 도성이다. 3도심은 이런 점을 오해하고 무시하는 문제를 빚을 수 있다. 또한 박원순은 마을을 중심으로 서울의 내부 개혁을 추진하고 있는 데, 공동체와 긴밀히 결합된 마을에 대해서도 여러 우려가 제기될 수 있다. 마을이 과연 올바로 지켜지거나 만들어질 수 있는가? 정부나 공공기관이 해야 할 일을 마을에 맡기는 것은 아닌가? 시장이 바뀌더라도 마을 사업이 지속될 수 있는가? 마을에 대한 공동체적 환상은 없는가? 자원의 공유*라는 기반이 없이 마을을 유지할 수 있는가? 마을이라는 말은 우리의 마음을 따뜻하게 하는 힘을 갖고 있지만 그것이 정말 사회를 따뜻하게 할 수 있는가에 대해서는 더 깊은 논의가 필요하다.

● 맺음말

서울에는 아주 많은 사람들이 모여 살고 있다. 서울은 수많은 사람들이 자아내는 체계적 복잡성의 위험이 만연되어 있는 곳이다. 서울은 다양성이 넘쳐나는 곳이자 획일성이 지배하는 곳이다. 서울을 잘 살

---

* 과거의 마을은 우물이나 논밭과 같은 자원의 공유를 기반으로 형성되고 유지되었다. 현대의 마을은 공원, 학교, 유치원, 놀이방, 노인정 등을 기반으로 하는가? 한 공간에서 살고 있더라도 사는 시간과 방식이 다른 사람들이 계속 마을을 유지할 수 있는가?

퍼보고 싶은 사람이라면 우선 이런 서울의 위험성과 특수성을 올바로 인식해야 한다. 이를 위해 가장 좋은 방법은 서울의 거리와 골목을 걷는 것이다. 이와 관련해서 정기용은 다음과 같이 제안했다.

> 서울은 하나의 도시가 아니라 수백 개의 각기 다른 동네의 집합이고 연대다. 각기 다른 동네의 분화와 집합은 서울의 다채로운 지형과 함께 천문학적인 수의 네트워크를 이루고 길을 만든다. 어느 누구도 다 걸어볼 수 없는 서울의 미로 속에서 진정한 의미의 서울을 만날 것이다. 도시를 제대로 알아차리는 유일한 방식은 길을 잃어보는 것이라고 한다. 이제 길을 잃으면서 의미의 창고를 열어보기로 하자(정기용, 2008: 8).

서울은 큰 곳이다. 그러나 전국 각지에서 모여든 1천만 명이 넘는 사람들이 살기에는 결코 크지 않은 곳이다. 통계청에 따르면, 2011년 한국의 인구밀도는 498명으로 세계 20위였다. 2011년 서울의 인구밀도는 무려 16,567명이었다. OECD 국가들 중에서 서울의 인구밀도는 압도적으로 높다. 도쿄는 5천명 정도이고, 뉴욕은 2천명 정도이다. 세계적으로 홍콩, 호치민, 타이페이, 충칭, 뭄바이 등이 서울보다 인구밀보다 높은 도시들이다. 서울이 각박하고 삭막한 도시로 느껴지는 것은 인구 과밀과 그에 따른 과잉 개발의 직접적인 결과라고 할 수 있다. 인구 과밀과 과잉 개발의 문제는 빨리 해결할 수 없다고 하더라도, 박정희와 전두환의 개발독재 이래 지속되어 온 시멘트 난개발의 문제는 빨리 해결해야 한다.

탈개발주의는 세계적인 차원에서 확인되는 시대의 절박한 요청이며, 서울같은 대표적인 시멘트 난개발 대도시에서는 더욱 더 그렇다. 나쁜 방식으로 강행되는 불필요한 개발을 하지 않으면, 삶의 기반인 자연을 지킬 수 있게 되며, 삶의 기초인 복지를 늘릴 수 있게 된다. 박원순 서울시정은 과연 탈개발주의를 구현할 수 있을 것인가? 그것은 개발독재의 문제를 근원적으로 시정하는 것이면서, 자연과 복지를 존중하는 진정한 선진화로 나아가는 것이다. 그러나 그것은 이제 겨우 시작되었을 뿐이며, 개발주의의 경로의존성은 대단히 강력하다. 베를린과 같은 도시를 모범으로 삼아 서울의 전환은 더욱 충실히 꾸준히 추진되어야 한다.* 그러나 과연 박원순 서울시정은 지속될 수 있을 것인가?

박원순 서울시정이 거둔 성과는 여전히 취약하고 과제는 대단히 크다. 그 지속 여부는 올바른 정책을 시행하는 것뿐만 아니라 '보수'의 부당한 공격을 이기는 것으로 결정될 것이다.** 결국 가장 중요한 것은 시민의 인식과 선택이다. 시장이 올바른 정책을 추구한다고 해서 시민의 올바른 인식과 선택이 이루어지는 것은 아니다. 이 나라에서는 아직 개발주의가 지배적 위력을 발휘하고 있다. 이 나라에서 탈개발주의는 여전히 취약하며, 그 구현을 위한 노력은 쉽사리 위기에

---

* KBS 환경스페셜의 '베를린은 녹색혁명 중'은 2000년에 방영된 것이지만 복지, 역사, 자연의 가치를 적극 제시하는 박원순 서울시정에 의해 지금 더욱 더 커다란 현실적 적실성을 갖게 되었다.
** 2014년 6월 4일의 지방선거를 한달여 앞둔 5월 2일에 발생한 지하철 2호선의 추돌 사고에 대한 KBS의 보도를 둘러싼 논란은 그 한 예이다. 5월 16일 KBS 노조는 기자회견을 열어서 "서울 지하철 사고를 '키워서 보도하라'는 지시가 윗선에서 내려졌으며 실제로 관련 뉴스가 확대 재생산돼 연일 톱뉴스로 보도된 사실이 KBS 노조 취재결과 드러났다"며 "2일 KBS 뉴스9는 7꼭지, 3일 6꼭지를 보도했고 이로 인해 세월호 보도는 9시20분대로 밀려났다"고 지적했다". "또한 KBS 노조는 KBS가 박원순 서울시장의 사과를 보도하지 않는 등 지하철 사고를 박 시장에 불리하도록 보도했다고 주장했다. … KBS 노조는 "서울 지하철사고는 새누리당에는 호재, 박원순 시장에게는 악재가 됐음을 두말할 필요가 없다"며 "KBS 뉴스가 보인 행태는 지하철 사고 관련 보도를 어떻게든 여권에게 유리하도록 보도하려 한 의도를 드러내고 있다"고 주장했다. 이들은 이어 "더구나 이것이 보도본부 구성원들의 자율적 결정이 아니라 '윗선의 개입'에 의한 것으로 드러나고 있는 이상 사실상 선거개입행위가 아닐 수 없다"며 "KBS 뉴스마저 '윗선의 개입'에 의해 여권 승리를 위한 홍보도구로 전락했다"고 비판했다."이에 대해 KBS는 전혀 사실이 아니라고 반박했으나 이명박 정권 이래 KBS의 편파적인 보도 문제와 관련해서 의혹은 더욱 더 커졌다(〈미디어오늘〉 2014년 5월 16일).

빠지고 만다. 이런 점에서 박원순 서울시정의 지속 여부는 한국에서 탈개발주의의 발전을 가늠하기 위한 핵심적인 지표가 될 것이다.

필자는 박원순의 서울시정이 '박원순 모델'로 정립되기를 바라며 그 방향과 의미를 간략히 정리한 트윗을 썼다. '진정한 선진화'를 위해 우리는 반부패와 탈토건을 기반으로 생태, 복지, 문화를 추구해야 하며, 모든 정책의 바탕에는 언제나 올바른 발전을 위한 진심이 있어야 한다.

> 박원순 모델을 위하여1-박원순 서울시장은 정상적인 그리고 선진적인 발전 모델을 제시하고 있다. 그것은 국토 파괴, 혈세 탕진, 부패 만연 등의 문제를 일으키는 후진적인 토건국가에서 벗어나는 것을 기초로 한다(2012년 5월 10일).
> 박원순 모델을 위하여2-박원순 모델은 탈토건을 기초로 복지, 민생, 역사, 문화, 생태를 추구한다. 이것은 시대의 요구에 부응하는 것이면서 선진국의 길을 올바로 따라가는 것이다. 박원순 모델이 성공해야 한다(2012년 5월 10일).
> 박원순 모델을 위하여3-박원순 서울시장은 사람에 대한 배려, 투명, 소통의 방식으로 복지, 문화, 생태가 존중되는 사회를 추구한다. 박원순 모델은 중대한 역사적 가치를 갖고 있을 뿐더러 그가 진심으로 행하기에 사람들의 가슴에 스며들고 있는 것이다(2014년 6월 11일).

2014년 9월 4일 박원순은 '서울시정 4개년 계획'을 발표했다. 이 계획은 안전, 복지, 경제, 재생 등 4개 분야의 25개 과제로 이루어져 있으며, 서울의 기본을 '개발에서 재생으로' 바꾸는 것이라고 할 수 있다(〈연합뉴스〉 2014년 9월 4일). 이 중대한 전환적 계획에도 여러 문제와 한계가 있을 것이다. 그러나 그 방향은 분명히 옳으며 절실히 필요한 것이다. 시대가 요구하는 성과를 올바로 거두기 위해 불가피

한 시행착오를 최소로 줄여야 하며, 이를 위해 서울시의 조직과 운영
에서 개혁적 안정을 이루고 시민과 더욱 적극적으로 소통해야 할 것
이다.*

___참고자료

국정브리핑 특별기획팀(2007), 『대한민국 부동산 40년』, 한스미디어
김진균(1983), 『비판과 변동의 사회학』, 한울
______(1988), 『사회과학과 민족현실』, 한길사
서울마니아(2011), '서울시의 '빚' 어떻게 해석해야 할까? (채무와 부
         채?)' 서울시 공식 블로그, 2011/10/14, http://blog.seoul.
         go.kr/2007
서울시(2007), '한강 르네상스 마스터플랜', http://hangang.seoul.

---

* 서울 잠실의 롯데 123층 건물과 주변 지역의 안전에 관해 서울시가 과연 위험관리의 원칙
을 지키고 있는가 하는 우려가 제기되었다. 서울역 고가도로의 공원화에 대해서도 교통과 문
화재 보호 등에서 큰 문제를 안고 있는 불필요한 보여주기 행정이라는 비판이 제기되었다. 박
원순이 적극 추진해야 할 사업은 위험하고 난잡하게 경관을 망치는 전봇대~전깃줄의 지중
화, 콘크리트로 둘러싸이고 막혀 있는 한강을 본래의 모습대로 되살리기, 건물의 옥상과 벽면
의 녹화와 햇빛발전 확대 등이다. 탈개발주의의 목표와 과제를 올바로 확립해서 추진하기에
는 상당한 혼란과 갈등이 있을 것이다. 방향이 제대로 서지 않으면 혼란과 갈등은 계속 커질
것이다.
서울시는 건축기본법에 따라 2014년 9월에 건축가 승효상을 '총괄건축가'로 위촉했다. 그는 성
장을 추구하는 '메가시티'가 아니라 자연, 역사, 사람이 연계를 이루는 '메타시티'를 추구해
야 한다고 주장한다. '메타시티'라는 개념은 여러 모로 어색한 것이지만 그가 말하는 내용은 당
연히 깊이 동의하는 것이다. 그러나 그 구체적인 정책은 동의하기 어렵다. 왜 세운상가의 고
가 보도를 되살려야 하는가? 종묘와 남산은 본래 지상으로 이어져 있었으며 그것을 살리는 것
이 자연, 역사, 사람이 올바로 연계되는 것이 아닌가? 그의 스승 김수근이 서울에서 행한 가
장 큰 잘못이 르 코르뷔지에를 섣불리 모방해서 건설한 고가도로와 세운상가가 아니었던가? 서
울시가 김수근의 잘못을 재연하지 않고 올바른 자연, 역사, 사람의 연계를 추구하기 바란다.

go.kr/images/data/renaissance_1211.pdf

______(2012), '서울시 뉴타운·정비사업 신정책구상', 2012년 1월 30
일, http://spp.seoul.go.kr/trackback/tb/b/B0158/11582

______(2013), '서울특별시 시장공약 관리규칙', http://mayor.seoul.
go.kr/manifesto_34/1

______(2013), '서울시 2014 예산안, "꼼꼼예산"으로 편성', http://
spp.seoul.go.kr/trackback/tb/b/B0158/18038

______(2014), 〈2030 서울 도시기본계획〉

______(2014), 〈서울시정 4개년 개획〉

______～2030 서울플랜 수립추진위(2013), 〈2030 서울 플랜(안)〉
http://citybuild.seoul.go.kr/archives/25496

______ 도시계획국(2013), 〈한강 중심의 도시공간 관리방향〉,
http://spp.seoul.go.kr/trackback/tb/b/B0158/15636

______～한강시민위원회(2013), 〈한강 자연성 회복 기본구상〉,
http://spp.seoul.go.kr/trackback/tb/b/B1573/38

새로운 서울을 위한 희망캠프 정책자문위원회(2011), 『박원순 후
보 정책자료 모음집』, http://mayor.seoul.go.kr/manifes-
to_31

손종필(2013), '서울시 빚, 얼마나 되나?', http://www.narasallim.
net/236

송영희(2013), '서울시 부채증가? vs. 채무감축? 사실은 이렇습니
다.', 서울시 홈페이지, 2013/5/21, http://spp.seoul.go.kr/
trackback/tb/b/B1565/60

신광영 외(2011), 『대한민국 복지-7가지 거짓과 진실』, 두리미디어

이필렬(2001), 『에너지 전환의 현장을 찾아서』, 궁리

정기용(2008), 『서울 이야기』, 현실문화

정기용 외(2002), 『문화도시 서울, 어떻게 만들 것인가』, 시지락

조명래 외(2005), 『신개발주의를 멈춰라』, 환경과생명사

한강사업본부(2014), 〈2030 한강 자연성 회복 기본계획〉, http://

opengov.seoul.go.kr/sanction/1176566

홍기빈(2011), 『비그포르스 복지국가와 잠정적 유토피아』, 책세상

홍성태(2005), 『생태문화도시 서울을 찾아서』, 현실문화

______(2007), 『개발주의를 비판한다』, 당대

______(2010), 『생명의 강을 위하여』, 현실문화

______(2011), 『토건국가를 개혁하라』, 한울

Jacobs, Jane(1961), 유강은 옮김(2010), 『미국 대도시의 죽음과 삶』,
      그린비